실습하며 배우는

딥러닝 입문 with Kaggle

장원두 지음

생능출판

저자 소개

장원두

부산대학교 정보컴퓨터공학부/컴퓨터공학과에서 학사 및 석사학위를, 일본 Aizu 대학에서 컴퓨터이공학 박사학위를 받았다. 한양대학교 의공학교실에서 포닥/연구교수로, 몽골국제대학교 IT학부, 동명대학교 전자 및 의용공학부에서 조교수로 근무하였으며, 현재는 부경대학교 컴퓨터공학과에서 조교수로 재직 중이다. 연구 분야는 생체 및 센서 신호와 영상 데이터를 해석하는 패턴인식 알고리즘으로, 관련 연구를 진행하며 다수의 국내외 논문을 출판하였다. (http://biosis.pknu.ac.kr)

실습하며 배우는 **딥러닝 입문** with Kaggle

초판인쇄 2021년 7월 23일
초판발행 2021년 7월 30일

지은이 장원두
펴낸이 김승기
펴낸곳 (주)생능출판사 / **주소** 경기도 파주시 광인사길 143
출판사 등록일 2005년 1월 21일 / **신고번호** 제406-2005-000002호
대표전화 (031)955-0761 / **팩스** (031)955-0768
홈페이지 www.booksr.co.kr

책임편집 양둥글 / **편집** 신성민, 유제훈, 권소정 / **디자인** 유준범
마케팅 최복락, 김민수, 심수경, 차종필, 백수정, 최태웅, 명하나, 김민정
인쇄 성광인쇄 / **제본** 은정문화사

ISBN 978-89-7050-512-1 93000
정가 29,000원

들어가는 말

이제 우리는 정말 인공지능의 시대에 살고 있습니다. 운전하며 길을 찾을 때도, 주차비를 정산할 때도, 친구에게 돈을 보낼 때도, 세탁기를 틀고, 청소기를 돌릴 때도 인공지능을 사용합니다. 몇 년 전의 알파고 이후, 인공지능에 관한 관심은 학계와 기업계를 넘어 전 연령대를 강타하였습니다. 인공지능이라는 용어 자체도 이제는 매우 익숙해졌습니다. 아이들은 게임을 하면서 게임 AI에 대해 평가하고, 어른들은 AI 펀드와 인공지능 청소기를 평가합니다.

최근 딥러닝에 대한 수요가 많이 늘어나며, 딥러닝 자체를 궁금해하는 학생들이 많이 늘었습니다. 딥러닝, CNN, GAN, 강화 학습 등 다양한 정보가 비디어를 통해 전해지고 있으며, 이를 사용하여 무엇인가를 만들고자 하는 학생들의 욕구도 커지고 있음을 느끼고 있습니다. 하지만, 딥러닝을 다루는 전문 서적들은 수학적 기반이 없으면 이해하기가 어렵거나, 개념에 대한 설명이 충분하지 않은 경우가 많아 학부생들이 접하고 배우기에는 어렵다고 생각하였습니다.

이 책은 학생들이 파이썬 코드를 사용하여 딥러닝을 실제로 구현하고 실행시키며 그 개념을 체감하도록 하는 것을 목적으로 기획되었습니다. 여러 가지 딥러닝을 직접 실행시켜 보는 것을 세부 목표로 하기 때문에, 이에 필요한 파이썬 기본 지식에 관한 내용이 포함되었으며, 딥러닝을 개념적으로 이해할 수 있도록 수식을 최소화하고 글과 그림으로 설명하려고 노력하였습니다.

이 책을 집필하며 다른 인공지능 교과서들과 차별화시키고자 했던 점은 1) 전통적인 기계학습에 대한 설명을 최소화하여 딥러닝에 대한 분량을 늘리고, 2) 다양한 딥러닝 알고리즘을 개념적으로 설명하며, 3) 실습을 통해 체득할 수 있도록 하는 것이었습니다. 기존의 인공지능 입문서/실습서가 인공지능 적용 사례를 다루거나, 전통적인 기계학습 분야(선형회귀, 랜덤 포레스트, 서포트 벡터 머신 등)를 포괄적으로 다루는 경우가 많았다면, 본 책은 딥러닝 위주로 분야를 제한하여 개념과 실습을 한 학기에 학습하도록 구성하려 노력하였습니다. 이 책이 딥러닝의 세계에서 여러분을 인도하는 좋은 가이드가 될 수 있길 바랍니다. 강의 동영상은 저자의 유튜브 채널(https://www.youtube.com/user/FlyHeavensky)에 공개되어 있으며 계속 업데이트될 예정입니다. 참고하셔도 좋겠습니다.

이 글은 여러 주변 분들의 도움을 통해서 완성될 수 있었습니다. 책의 기획부터 마무리까지 함께 고민해 주신 김민수 이사님 외 생능출판사의 여러분들, 책의 전반적인 리뷰를 맡아주시고 조언을 주신 여러 교수님들과 위버스컴퍼니의 강대명 엔지니어, AWS 딥레이서 내용 검토에 도움을 주신 메가존클라우드의 김현민 매니저님께 감사드립니다. 무엇보다 여러모로 부족한 사람을 지지해 주시는 부모님과 책에 들어간 다양한 아이디어를 제공해 준 사랑하는 아내, 아이들, 그리고 늘 함께하시는 하나님께 감사드립니다.

2021년 7월
저자 장원두

책의 구성

이 책의 구성은 다음과 같습니다. 1장에서는 인공지능의 개념과 사회 현황을 다루며, 인공지능 기술의 중요성에 대해 설명하였습니다. 이를 통해 인공지능을 통해 무엇을 할 수 있는지를 이해하고, 인공지능을 공부해야 하는 이유를 살펴볼 수 있도록 하였습니다. 2장에서는 인공지능 대회 플랫폼인 캐글을 사용하는 방법을 익힐 수 있도록 구성하였습니다. 캐글은 4~9장에서 계속 활용하게 되며, 이를 통해 학습 결과를 눈으로 확인하고 스스로의 학습 수준을 평가할 수 있게 됩니다.

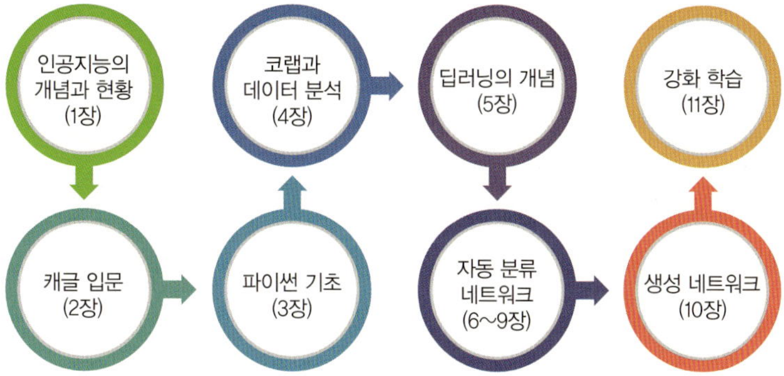

코딩을 처음 접하거나 파이썬에 익숙하지 않은 학생들을 위해, 3장에서는 코딩과 파이썬 기초 사용법을 설명합니다. 파이썬 코딩을 한 장에서 모두 설명하는 것은 쉽지 않으나, 이 책에서는 4~11장에서 사용되는 코딩 기술로 한정하여 내용을 최소화하였습니다. 학생들의 배경에 따라 다를 것이라 생각합니다만, 주 3시간의 수업을 기준으로 2~3주에 공부할 수 있는 분량으로 구성하였습니다. 파이썬 코딩은 별도의 설치 없이 곧바로 코딩을 시작할 수 있는 구글 코랩을 사용하여 설명하였습니다.

4장에서는 파이썬을 사용하여 데이터를 분석하는 방법을 학습합니다. 이 장의 실습을 통해 파이썬에 조금 더 익숙해지고, 데이터의 기초 분석 방법을 익힙니다. 5장부터 11장에서는 딥러닝의 여러 알고리즘들에 대한 이론과, 이를 파이썬으로 구현하기 위한 코딩 기술을 본격적으로 설명합니다. 5장에서는 딥러닝의 기본 개념, 6~9장에서는 자동 분류 네트워크인 다층 신경망, 합성곱 신경망, LSTM 등을 학습합니다. 이 책에서는 복잡한 수식을 최소화하고, 개념 중심으로 설명하기 위하여 노력하였습니다. 각 장의 실습에서는 케라스(텐서플로우) 라이브러리를 사용하여 캐글에서 다운로드 받은 데이터들을 학습하고 테스트하는 코드들이 포함되어 있습니다.

10장과 11장에서는 각각 생성 네트워크와 강화 학습을 다룹니다. 생성 네트워크는 이미지/비디오 등의 자동 편집에, 강화 학습은 게임 AI의 개발에 사용되는 도구입니다. 강화 학습은 다른 네트워크에 비해 구현이 까다로운 편에 속하지만, 이 책에서는 AWS의 딥레이서를 사용하여 실습을 진행하며, 강화 학습의 기초 개념인 보상 함수와 할인율을 익히고, 이것만으로 자율주행 자동차의 시뮬레이션 대회에 참가할 수 있도록 하였습니다.

이 책은 딥러닝에 대한 입문서이며, 이론과 실습을 통해 딥러닝의 주요 개념들을 체득할 수 있도록 구성하였습니다. 이 책을 통해 많은 학생들이 딥러닝을 보다 쉽게 접하고, 이를 활용하여 다양한 애플리케이션들을 만들어 가길 기대합니다.

강의 계획안

1. 코딩 경험이 있는 학생들을 대상으로 하는 경우

C, 파이썬 등의 코딩 경험이 있는 학생들의 경우, 다음과 같이 강의 계획을 구성하였습니다. 1~2주에는 인공지능의 기본 개념과 캐글 사용법을 익힌 후, 3~4주 차에 파이썬 기초 사용법을 공부합니다. 5주 차부터는 본격적인 데이터 분석과 딥러닝을 익히게 됩니다. 3장에 많은 실습과 연습문제를 수록해 두었으나, 학생들의 수준에 따라 문제를 적절히 선별하셔서 일부 문제만 실습/연습문제를 진행/과제로 내어 주시는 것을 추천해 드립니다. 11장에서의 딥레이서 실습을 위해서는 학생들이 미리 AWS에 가입하고, 신용카드 인증을 받아야 합니다. 실습 전까지 학생들이 인증을 완료할 수 있도록, 한 주 전에 미리 과제 등을 통해 안내해 주시기 바랍니다. 딥레이서의 학습은 한 번에 한 시간씩 소요되므로, 기다리는 시간 동안 수업 리뷰 등을 진행하실 시간이 있습니다.

주	교재	학습 내용	과제
1주	1장	수업 소개, 인공지능 개론, 인공지능의 역사와 기술	1장 연습문제
2주	2장	캐글 입문	
3주	3.1~3.5	파이썬 기초(코딩의 개념~함수)	3.1~3.5 연습문제
4주	3.6~3.10	파이썬 기초(조건문~사용자 정의 함수)	3.6~3.10 연습문제
5주	4장	구글 코랩과 데이터 분석의 기초	4장 연습문제
6주	5장	딥러닝의 개념, 데이터 정규화	5장 연습문제
7주	6장	완전 연결층과 타이타닉 데이터	6장 연습문제
8주	중간고사		
9주	7장	이미지 데이터와 합성곱 신경망	7장 연습문제
10주	8장	시계열 데이터와 딥러닝 네트워크	8장 연습문제
11주	9장	순환 신경망과 파라미터 최적화	9장 연습문제
12주	10장	생성 네트워크	10장 연습문제
13주	11.1~11.3	강화 학습과 AWS 딥레이서 이론	11장 연습문제, AWS 가입
14주	11.3~11.4	AWS 딥레이서 실습	딥레이서 대회 참가
15주	기말고사		

2. 학생들의 기본 코딩 실력에 향상이 필요한 경우

후반부의 딥러닝 실습을 위해 학생들의 코딩 실력 향상이 필요한 경우에는 다음과 같이 1장에서 소개하는 딥러닝의 역사 등과 같은 내용을 생략하시는 것을 추천해 드립니다. 이 커리큘럼에서는 첫 주차에 간략히 인공지능의 개념을 설명하신 후, 곧바로 캐글 사용법에 대한 실습을 진행하시고, 2~5주의 4주간 파이썬 기초과정을 진행합니다. 4장에는 코랩에서 파이썬을 사용하여 타이타닉 데이터 등을 분석하는 과정이 기술되어 있지만, 개념만 올바로 잡는다면 딥러닝 실습에 크게 영향을 끼치는 부분은 아닙니다. 파이썬 기초에 할애한 시간을 만회하기 위하여 4장의 실습을 최소화하고 4, 5장을 한 주에 마무리하는 것도 가능합니다. 7주 차부터의 커리큘럼은 위와 같습니다.

주	교재	학습 내용	과제
1주	1~2장	수업 소개, 캐글 입문	1장 연습문제
2주	3.1~3.5	파이썬 기초(코딩의 개념~함수)	3.1~3.5 연습문제
3주	3.6~3.7	파이썬 기초(조건문~고급 데이터 타입)	3.6~3.7 연습문제
4주	3.8~3.9	파이썬 기초(반복문~Numpy 배열)	3.8~3.9 연습문제
5주	3.10	파이썬 기초(사용자 정의 함수)	3.10 연습문제
6주	4~5장	데이터 분석의 기초, 딥러닝의 개념, 데이터 정규화	5장 연습문제
7주	6장	완전 연결층과 타이타닉 데이터	6장 연습문제
8주	중간고사		
9주	7장	이미지 데이터와 합성곱 신경망	7장 연습문제
10주	8장	시계열 데이터와 딥러닝 네트워크	8장 연습문제
11주	9장	순환 신경망과 파라미터 최적화	9장 연습문제
12주	10장	생성 네트워크	10장 연습문제
13주	11.1~11.2	강화 학습	11장 연습문제
14주	11.3~11.4	AWS 딥레이서 실습	딥레이서 대회 참가
15주	기말고사		

강의 및 실습 자료

생능출판사 홈페이지(www.booksr.co.kr)에 회원으로 가입한 교수님과 강사님은 강의 자료와 실습 자료를 다운로드 받을 수 있습니다.

차례

01 CHAPTER 인공지능의 개념

CHAPTER 02 캐글 입문

CHAPTER 03 파이썬과 코딩의 기초

04 CHAPTER 구글 코랩과 데이터 분석의 기초

CHAPTER 05
딥러닝의 개념

CHAPTER 06
완전 연결층과 다층 신경망

CHAPTER 07
이미지를 인식하는 네트워크, 합성곱 신경망

CHAPTER 08
시계열 데이터와 딥러닝 네트워크

CHAPTER 09
순환 신경망과 파라미터 최적화

CHAPTER 10

생성 네트워크

CHAPTER 11

정답을 찾아가는 에이전시 : 강화 학습과 AWS 딥레이서

CHAPTER 01

인공지능의 개념

CHAPTER 01

인공지능의 개념

1.1 인공지능 개념 잡기

1.1.1 인공지능이란 무엇인가?

인공지능(人工知能)은 '사람(人)이 만든(工) 지능(知能)'이라는 뜻이다. 인공 조미료, 인공 눈물, 인공 관절 등등 '인공'이라는 접두어가 붙은 단어를 떠올려 보면 '인공지능'이라는 단어가 좀 더 가깝게 느껴질 것이다. 인공지능이란 즉, 사람이나 동물의 '지능'과 유사하게 동작하는 인공물이라고 할 수 있다.

인류는 탄생 이후 많은 것들을 만들어 왔는데, 그중 많은 것들이 자연에 존재하는 기능을 본뜨고 확장하여 동작하도록 한 것들이었다〈표 1-1〉. 눈의 기능을 확장하여 망원경을 만들고, 새의 날개를 본떠 비행기의 날개를 만들었다. 재미있는 것은, 인공적인 것은 전체적인 기능의 균형이라는 측면에서는 자연의 것들을 따라가기 힘들지만, 특정 기능에 한정한다면 인공적인 것들이 자연의 기능을 능가한다는 것이다. 로봇 팔을 예로 들어 본다면, 부드럽고 약한 물건을 집는 세밀함, 무거운 물건을 들어 올리는 힘 등을 골고루 갖춘 로봇 팔을 만드는 것은 매우 어렵지만, 힘이 센 로봇 팔, 단순한 작업을 수없이 반복하는 로봇 팔 등은 이미 인간이나 동물의 한계를 뛰어넘은 지 오래다.

인공지능은 사람이나 동물이 가지고 있는 **지능**을 본떠 만들어졌다. 자연을 본떠 만들어진 다른 발명품처럼 인공지능도 인간 '지능'의 모든 기능을 가지고 있는 것은 아니지만, 대용량의 계산이나 정보의 취합, 정형화된 데이터의 예측과 분류라는 측면에서는 이미 인간을 추월하여 발전하고 있다.

〈표 1-1〉 자연물과 그를 본따 만들어진 인공물

자연물	인공물	인공물의 강점	인공물의 약점
 눈	 망원경	• 멀리 있는 물체를 선명하게 보여줌.	• 초점의 조정 등이 필요함.
 새	 비행기	• 무거운 짐, 사람 등을 운반할 수 있음. • 속도가 매우 빠름.	• 이착륙이 까다로움. • 화석연료의 소비가 필요함.
 팔	 로봇 팔	• 반복 작업에 용이함. • 일부 부품의 교체로 수리 가능함. • 고중량 물체의 운반이 가능함.	• 세밀하고 부드러운 움직임이 어려움. • 다양한 각도의 움직임이 어려움. • 범용으로 사용하기 어려움.
 두뇌	 인공지능	• 반복 작업을 정확하게 할 수 있음. • 대용량 정보의 취합에 뛰어남. • 정형화된 데이터의 예측과 분류에서 높은 성능을 보임.	• 스스로 성장하는 능력이 부족함. • 예측하지 못한 상황에 대응이 어려움. • 소규모 데이터의 분석이 어려움.

1.1.2 미디어 속의 인공지능

영화 등의 미디어를 통해 접하게 되는 인공지능의 모습은 현실 속의 인공지능과는 사뭇 다르다. 미디어 속에 나타나는 인공지능은 대체로 자의식을 가지고 있으며, 인간과 매우 유사한 사고방식을 가지고 있다. 이와 같은 인공지능의 묘사는 1952년에 출판된 일본 만화인 〈우주 소년 아톰〉, 1974년에 처음 등장한 〈도라에몽〉 등에서도 나타난다. 아톰과 도라에몽은 로봇이면서도 인간의 감정을 느끼고, 인간과 같은 방식으로 생각한다. 이와 같은 형태의 인공지능 로봇에 관한 묘사는 이후의 일본 애니메이션과 미국의 SF 영화에서도 자주 등장하고 있다〈표 1-2〉.

〈표 1-2〉 영화를 통해 등장한 인공지능[1]

		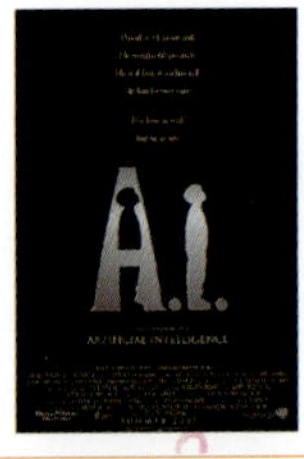	
도라에몽(1974)	매트릭스(1999)	A.I(2001)	이브의 시간(2008)

아이언맨(2008)	그녀(2013)	공각기동대(2013)	엑스 마키나(2015)

각종 미디어 속에서 등장하는 인공지능은 대체적으로 스스로 생각하는 능력을 가지고 있으며, 대부분의 문제를 풀 수 있고, 모든 분야에서 적어도 인간 이상의 지적 능력을 보인다. 로봇 형태를 가지는 경우가 많은데, 이는 인공지능을 독자/관객들에게 하나의 대상으로 개념화시키기 위한 것으로 보인다. 미디어 속 인공지능의 또 다른 특징은 '자의식'을 가지고 있다는 것이다. '자의식'은 '나'를 다른 이들로부터 구분하여 생각하는 능력인데, 자의식으로 인해 우리는 우리 자신의 유익과 만족을 최대화시키기 위해 노력하게 된다. '자의식'이라는 개념이 생소하다면 어린아이들을 생각해 보자. 자의식이 아직 약한 어린이들은 부모가 좋아하는 일들을 하는 것을 즐겨한다. 부모의 만족해하는 모습 그 자체가 자신의 만족감과 거의 동일화되는 것이다. 하지만 사춘기에 들어서 자의식이 강해지면 정서적으로 부모와 분리되는 과정을 겪게 되고, 이를 통해 한 명의 성인으로서 자라나게 된다. 미디어 속 인공지능은 이와 같은 **자의식**을 통해 자신과 인간을 분리하여 생각하며, 인간에게 사용되는 것에 불만을 가지기도, 인간을 지배하려고 하기도 한다.

1) https://movie.naver.com/

하지만 사실 실제 인공지능은 (적어도 아직까지는) 이런 '자의식'을 지니고 있지 못하다. 이것은 '지능'과 '자의식'의 개념이 서로 다르기 때문인데, '인공 자의식(artificial consciousness)'에 관한 논의는 아직까지 철학적인 영역에 머무르고 있으며, 실제적인 하드웨어나 소프트웨어의 구현에 있어서 의미 있는 결과가 보고된 적은 없다. 인공지능의 미래에 대한 다양한 견해들이 있는데, 낙관적인 견해와 비관적인 견해를 가진 사람들의 가장 큰 인식의 차이는 바로 온전한 '인공 자의식'의 개발이 가능할 것인가 불가능할 것인가에 달려 있다고 보아도 될 것이다. 그렇다면 인공지능의 미래는 어떻게 될까? 먼 미래를 예측하는 것은 사실 매우 어렵지만, 가까운 미래는 현재 기술을 바탕으로 어느 정도 예상할 수 있다.

현실 속의 인공지능에 대해 살펴보자. 현실 속의 인공지능은 '똑똑한 계산기'라고 말할 수 있다. 최근 연구 및 개발되고 있는 인공지능들은 주어진 문제에 대해 올바른 정답을 찾아내거나, 사용자가 원하는 방향으로 주어진 데이터를 변형하는 소프트웨어다. 이미지 검색, 자동차 내비게이션, 인공지능 스피커 등, 다양한 영역에서 인공지능이 도입되어 기술을 개선하고 있다. 스마트 에어컨은 바람의 세기와 방향을 인공지능을 사용해 제어하고, 로봇 청소기는 집안의 구조를 기억하고, 최적의 경로로 움직이며 청소한다. 주식거래의 상당수는 이미 인공지능이 수행하고 있으며, SNS 속 자동 태깅과 인공지능 스피커는 이미 생활 속에 깊숙이 들어와 있다.

〈표 1-3〉 생활 속 인공지능[2)]

		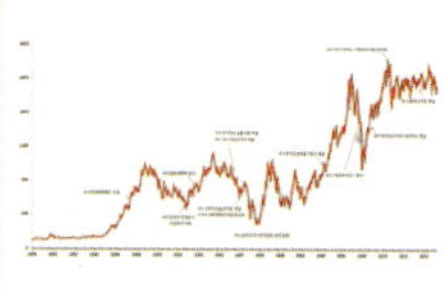	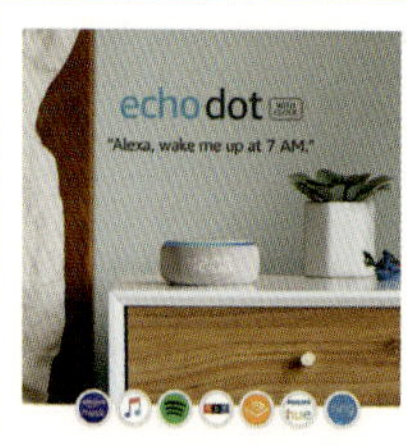
스마트 에어컨(LG)	로봇 청소기(로보락)	주식거래(한국거래소)	인공지능 스피커(아마존)

2) https://kr.roborock.com/
https://www.hankyung.com/finance/article/2016022950406
https://www.amazon.com/

최신 인공지능기술은 매우 급속히 발전하여 각종 영역에서 인간의 능력을 넘어서고 있으며, 이는 여러 업무의 자동화로 이어질 것이다. 전화 및 채팅을 통한 고객상담 업무는 상당수 자동화되고 있는 중이고, 번호판 인식 기술의 성능 향상에 힘입어, 주차장 요금 계산과 지불도 상당수 무인화되었다. 자율주행 차량의 도입은 시간문제인 것으로 보이며, 간단한 뉴스 기사의 작성도 인공지능이 수행할 수 있다. 직업의 변화는 필연적이어서 직군에 따라서 일자리가 감소할 수 있고, 급속한 기술 발전의 속도를 따라가지 못하고 소외되는 이들이 발생할 수도 있다. 물론 변화의 상황은 기회가 될 수도 있으나, 이를 위해서는 눈앞에 다가온 문제들을 직시하고 준비하는 것이 중요하다. 일어날지 일어나지 않을지 모르는 '기계의 인간 지배'보다는 바로 앞에 다가온 문제들을 살펴보고 해결 방안을 찾는 것이 먼저일 것이다. 미래를 올바로 준비하기 위해서는 현재의 기술 상황을 파악하는 것이 중요하다.

〈표 1-4〉 미디어 속의 인공지능과 현실의 인공지능

미디어 속의 인공지능	현실의 인공지능
• 자의식을 가진 지능 • 스스로 생각하는 능력 • 범용성 • 로봇	• 범용 문제 해결사 • 정답을 찾아내는 계산기 • 제한된 활용 범위 • 똑똑한 시스템(Intelligent System) • 소프트웨어

요약

1 인공지능은 사람/동물의 지능을 본따 만들어진 인공물이다.

2 영화 등의 미디어를 통해 대중에 알려진 인공지능은 자의식을 가지고 있는 경우가 많고, 다양한 곳에 적용할 수 있으며(범용성), 스스로 생각하는 능력을 가지고 있다.

3 현실 속의 인공지능은 제한된 활용 범위를 가지고 있지만, 각각의 목적에 따라 사람보다 더 높은 성능을 가지는 똑똑한 시스템(smart system)이다.

4 인공지능은 이미 에어컨, 청소기, 내비게이션 등 우리의 실생활 곳곳에 적용되어 있다.

5 인공지능의 도입으로 인한 변화는 이미 시작되었으며, 점점 가속화될 것으로 보인다.

연습문제

1 최근 인공지능기술의 발달과 더불어, 사회 곳곳에서 인공지능기술이 활용되고 있다. 가깝게는 우리가 매일 사용하고 있는 핸드폰, 인공지능 스피커에 포함된 음성인식 기능이 대표적이다. 인공지능이 포함된 상용 제품/서비스 등에는 어떤 것이 있는지 조사하시오.

2 소설/영화 등에서 나타난 인공지능을 조사하고, 시대에 따라 인공지능에 대한 사람들의 상상이 어떻게 변화되어 왔는지 살펴보시오.

3 인공지능은 왜 중요한가? 인공지능기술의 중요성에 대해 조사하시오.

4 인공지능의 도입으로 인해 일상 속에 나타난 변화를 조사하시오.

5 인공지능의 미래는 부정적일까? 긍정적일까? 둘 중 한 가지 관점을 정하여 자료를 조사하고 이에 대한 간략한 보고서를 작성하시오.

1.2 인공지능의 역사

1.2.1 인공지능 이전 시대

인공지능에 대한 논의가 시작된 것은 1900년대 중반에 이르러서지만, 그 이전까지 기술의 발전 상황에 대해서도 알아 둘 필요가 있다.

프랑스의 철학자이자 수학자였던 블레즈 파스칼은 1642년에 덧셈과 뺄셈이 가능한 기계식 계산기를 발명했고, 이 계산기는 점차 발전하여, 1672년에는 사칙연산이 가능한 계산기(고트프리트 빌헬름 라이프니츠)가, 1820년에는 대량생산이 가능한 소형 계산기(샤를 자비에르 토마스)가 개발되어 1851년부터 상용화되었다. 1822년에는 찰스 배비지가 새로운 해석기관의 설계를 제안하였는데, 이 설계는 현대 컴퓨터의 전신이 되었다. 이즈음에 2차 산업혁명이 시작되었다는 것은 시사하는 바가 크다. 전기가 활발히 이용되기 시작했으며, 대량생산에 필요한 기술이 개발되었다. 영화, 라디오, 축음기 등이 잇따라 발명되며, 사람들은 지능을 가진 기계, 즉 인공지능을 상상하기 시작했다. 1818년 메리 셸리는 죽은 시체와 전기에너지를 사용하여 생각하는 사람을 '인공적'으로 만든 '프랑켄슈타인'에 관한 이야기를 발표했고, 앰브로즈 비어스는 1899년 사람과 대등한 수준으로 체스를 두는 기계에 대한 이야기를 발표했다. 이야기 속의 기계

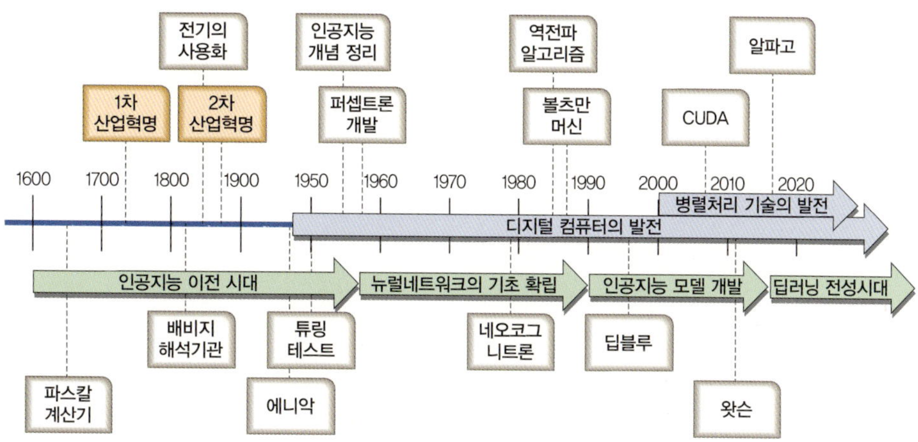

[그림 1-1] 인공지능의 간략사

장치들은 컴퓨터라 불리는 자동 계산 장치가 개발되고 발전하면서 우리의 현실 속으로 들어오기 시작했다.

〈표 1-5〉 컴퓨터 하드웨어의 발전[3)]

	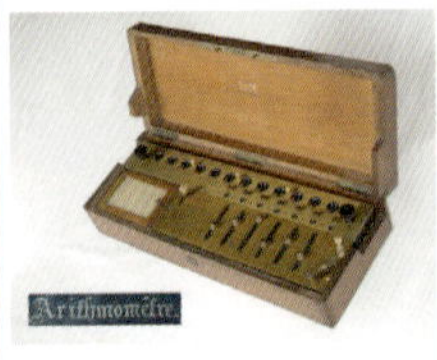		
파스칼의 계산기(1642)	샤를 자비에르의 계산기 (대량생산, 1820)	찰스 배비지의 해석기관 (1837)	에니악(1946)

파스칼 이후 200년 이상 기계식에 머물던 계산기는 짧은 전환기를 거쳐 전자식으로 바뀌어 갔다. 1936년 영국의 수학자 앨런 튜링은 훗날 현대 컴퓨터의 틀이 되는 가상 기계(튜링머신)를 설계하였으며, 이를 만족하는 최초의 전자식 디지털 범용 컴퓨터인 에니악(ENIAC)이 1946년에 개발되었다. 에니악 이전에도 암호 해독기 등의 다양한 계산 기계가 발명되어 사용되었기에 특정 기계를 컴퓨터의 시작으로 정의하는 것이 그리 쉬운 문제는 아니지만, 보편적으로는 에니악이 최초의 컴퓨터로 받아들여지고 있다. 한편으로는 실제로 만들어지지는 않았으나 튜링머신을 만족하는 기계가 이미 설계된 적이 있었다. 1837년에 찰스 배비지는 해석기관이라는 기계의 설계를 제안했는데, 당시의 기술 상황 등으로 인해 완전히 만들어지지는 못했지만, 튜링머신을 만족하는 최초의 기계로 간주되고 있다.

3) https://ko.wikipedia.org/wiki/블레즈_파스칼
https://en.wikipedia.org/wiki/History_of_computing_hardware
https://wikivisually.com/wiki/Charles_Xavier_Thomas

1.2.2 인공신경망의 기초 확립

인공지능에 대한 학문적 논의 또한 튜링에 의해 본격적으로 시작되었다. 튜링은 훗날 **튜링 테스트**라고 불리게 된 인공지능 감별법을 제안했는데, 검사자가 대상이 컴퓨터인지 사람인지 모르는 상태에서 대화를 했을 때, 어느 쪽이 컴퓨터인지 알아낼 수 없다면 그 컴퓨터의 지능은 인간 수준이라고 말할 수 있다는 것이다. 아주 간단한 테스트이지만, 인공지능이라는 개념 자체가 잡혀 있지 않은 상황에서 제시된 '인공지능'에 관한 최초의 검사 방법이라는 점에서 그 의미는 매우 컸다. 이때까지 '인공지능'이라는 용어가 존재하지는 않았으나, 기계가 지능을 가질 수 있는지에 대한 논의가 시작된 것이다.

[그림 1-2] 튜링 테스트

'인공지능(Artificial Intelligence)'이라는 용어는 그로부터 6년 뒤, 미국 다트머스 대학의 교수였던 존 매카시에 의해 만들어졌다. 존 매카시는 인공지능에 대한 토론을 진행할 그룹을 만들고, 〈인공지능에 관한 다트머스 여름 연구 프로젝트〉로 이름 붙여진 8주간의 워크숍을 기획, 진행했다. 이 워크숍에서 논의된 인공지능과 관련된 주제들은 컴퓨팅, 자연어 처리, 뉴럴 네트워크, 자율 성장(Self-Improvement) 등인데, 이 주제들은 여전히 인공지능의 주요 주제들로서 연구되고 있다. 특히 자율 성장은 아직까지 달성되지 않은 미래의 영역이라는 점에서, 이 당시의 연구들이 얼마나 획기적인 것이었는지를 알 수 있다. 한편 이 워크숍의 주제로부터, 각종 인공지능의 기초 연구들이 이미 활발히 연구되고 있던 상황이었다는 점을 유추해 볼 수 있다. 1951년에 체커를 자동으로 두는 프로그램이 개발된 바 있었고, 최신 딥러닝의 기초가 되는 뉴런을 사용하는 인공신경망의 경우 에니악보다 3년 더 빠른 1943년에 개발되어진 상황이었다. 디지털 컴퓨터보다도 더 빨리 인공지능의 기초 이론이 발표되었다는 사실이 의아할 수도 있겠으나, 이 당시의 인공신경망은 인공지능을 위한 것이라기보다는 (당시 인간 두뇌의 신경세포의 동작 방법이라고 추측했던 방식을 본떠) 새로운 형태의 논리 계산 기계를 만드려는 시도였다.

인공신경망의 개발에 중요한 획이 그어진 것은 다트머스 워크숍의 바로 다음 해인 1957년이었다. 코넬 항공 연구소의 프랭크 로젠블라트는 IBM 704를 사용해 인공신경망(퍼셉트론)을 학습시키는 데에 성공하였고, 이 연구가 대중의 주목을 받으면서 인공지능 연구의 붐이 일어났다. 1963년에 MIT는 방위고등연구계획국(DARPA)의 전신인 고등연구계획국(ARPA)으로부터 220만 달러의 연구비를 수주했으며, DARPA는 이후에도 연간 3백만 달러의 인공지능 연구비를 지출했다. 이렇게 찾아온 인공지능의 붐은 인공지능이 기대한 만큼의 성능을 내지 못하면서 1960년대 후반부터 급속도로 냉각되며, 1980년대 중반까지 미국 내에서 인공신경망은 인공지능 연구의 주류에서 사라졌다. 초기의 인공신경망은 입력과 출력의 2개 층으로 이루어진 단층 구조였는데, MIT의 마빈 민스키가 단층 인공신경망의 한계(비선형 문제를 풀 수 없는)를 증명했던 것이 냉각기의 도래에 큰 영향을 끼쳤던 것으로 보인다. 이 기간 동안 다층 신경망 구조가 연구되지 않았던 것은 아니지만, 여러 층으로 된 복잡한 신경망을 학습시킬 수 있는 방법을 찾지 못했던 관계로 주목받지 못했다. 잠시 주춤했던 인공신경망 연구는 1980년대 중반에 여러 층으로 된 인공신경망을 효과적으로 학습시킬 수 있는 역전파(Backpropagation) 알고리즘이 캘리포니아 대학의 데이비드 럼멜하트, 로널드 윌리엄스, 그리고 제프리 힌턴에 의해 발표되면서 다시 관심을 받기 시작했다. 다층 신경망(Multi-Layer Perceptron)은 비선형 문제를 풀 수 있었으며, 데이터 분석, 컴퓨터 비전 등 다양한 분야에 활용되기 시작했다.

1.2.3 다양한 인공지능 이론의 개발

1980년대 중반부터 2010년 중반까지는 다양한 인공지능 이론들이 발표되고 활용되었던 시기이다. 볼츠만 머신(Bolzman Machine), 제한된 볼츠만 머신(Restricted Bolzman Machine), 순환 신경망(Recurrent Neural Network)과 같은 다양한 인공신경망 구조 외에도, 데이터의 분포를 바탕으로 최적 초평면을 찾아주는 서포트 벡터 머신(Support Vector Machine), 체스와 같은 보드게임에서 가능한 경우의 수를 체크하여 최선의 수를 찾는 게임트리(Game Tree), 주어진 데이터에서 추출되는 각종 특징들의 경우의 수를 활용하여 분석하는 의사결정트리(Decision Tree), 솔루션의 각종 특징들을 자르고 이어 붙이며 솔루션을 자동으로 개선하게 만드는 진화 알고리즘(Evaluational Algorithm), 의사결정트리의 과적합 문제를 해결할 수 있는 랜덤 포레스트(Random Forest) 등 다양한 알고리즘이 쏟아져 나왔다. 인공신경망 또한 여러 이론들 중 하나의 알고리즘으로, 연구자에 따라 호불호가 있긴 하였으나 크게 주목받지는 못했다. 오히려 논리적 추론을 기반으로 하는 IBM의 딥 블루와 왓슨이 체스와 퀴즈 쇼에서 각각 사람을 이기면서 유명세를 타면서 인공지능의 주류가 될 것으로 예상되기도 했다.

[그림 1-3] 퀴즈 쇼에 출연한 IBM 왓슨[4)]

4) 〈연합뉴스〉, 2011.

[그림 1-4] 이미지넷 데이터베이스[5)]

2010년대에 들어서면서 이와 같은 상황이 바뀌기 시작했다. 스탠포드 대학의 교수 페이페이 리는 2007년부터 2009년까지 10억 장에 달하는 사진의 분류 작업을 수행하고, 2010년에 1500만 장의 데이터베이스를 공개했다. 페이페이 리는 이 데이터베이스를 사용하여 이미지넷이라는 이미지 인식 경진 대회를 시작했는데, 이 대회에 대중과 연구자, 구글과 같은 대형 IT 기업이 관심을 가지면서 인공지능의 성능이 비약적으로 성장하기 시작했다. 데이터의 양이 많았던 만큼 사진 인식의 정확도를 높이는 것 또한 매우 어려운 문제였는데, 각 연도별 최고 분류 정확도는 2010년에 72%, 2011년에 74%,로 약간의 정체 상태였다. 그런데 2012년 토론토 대학의 알렉스 크리제브스키가 여러 개의 층으로 이루어진 합성곱 신경망 구조를 사용하여 분류 정확도를 10% 가까이 끌어올리게 되면서 인공지능 분야는 전혀 새로운 상황에 접어들게 되었다.

1.2.4 딥러닝 전성시대와 미래

사실 합성곱 신경망(Convolutional Neural Network) 그 자체가 새로운 기술은 아니었다. 합성곱 신경망은 1979년에 일본의 NHK 연구소 연구원이던 후쿠시마 쿠니히코에 의해 네오코그니트론(Neocognitron)이란 이름으로 개발되었으며, 역전파 알고리즘을 사용해서

5) L. Fei-Fei and O. Russakovsky, Analysis of Large-Scale Visual Recognition, Bay Area Vision Meeting, October, 2013.

합성곱 신경망을 학습시키는 방법은 1995년에 발표되었다. 또한, 1999년에는 AT&T 연구소의 얀 레쿤 등이 합성곱 신경망을 학습시키는 경사 학습(Gradient Learning) 방법을 제시한 바가 있다. 1995년의 네오코그니트론 논문을 살펴보면 최신 네트워크 구조와 거의 차이가 없는 것을 확인할 수 있는데, 그렇다면 2012년에 달라진 점은 무엇일까? 그 차이의 핵심은 페이페이 리를 중심으로 한 대용량 데이터의 수집, 그리고 2000년대에 들어서 급속히 발전하기 시작한 컴퓨터 처리 속도의 향상과 병렬처리 기술의 발전에 있다. 적은 양의 데이터에서는 드러나지 않던 인공신경망의 우수성이 학습 가능한 데이터의 양이 늘어나면서 드러나게 되었고, 90년대에는 거의 무한대에 가깝던 계산시간이 컴퓨터 처리 속도가 높아지며 수행 가능한 범위에 들어왔다.

[그림 1-5] NVidia사의 GeForce 3090 그래픽 카드[6]

또 한가지 중요한 포인트는 GPU의 재발견이다. GPU는 원래 컴퓨터 그래픽(Computer Graphics: CG)을 처리하고 화면에 표시하는 용도로 제작되었으며, CG가 점점 복잡해지고 세밀해지면서 GPU의 성능도 함께 향상되었다. GPU에는 여러 개의 코어가 내장되어 개발되었는데, 이것은 동시에 여러 개의 간단한 계산을 수행하여 그래픽 속도를 높이기 위한 것이었다. GPU 제작사인 NVidia는 2006년에 프로그래머들이 GPU를 활용하여 쉽게 코딩을 할 수 있도록 CUDA라고 불리는 라이브러리를 무료로 제공하기에

6) NVidia 홈페이지

이른다. 이와 같이 컴퓨터 그래픽을 위하여 개발되고 사용되던 GPU는 알렉스 크리제브스키가 GPU를 사용한 알고리즘으로 2012년 이미지넷 대회에서 우승하면서 딥러닝 학습에서 반론이 필요 없는 정석이 되었다. GPU에 내장되어 있는 여러 개의 코어를 통해 딥러닝 연산을 병렬적으로 수행하여 기존의 학습을 획기적으로 고속화하는 데에 성공한 것이다.

이미지넷 대회의 최고 분류 정확도는 2016년에 97%, 2017년에는 97.7%에 이르렀는데, 사람의 이미지 인식 정확도가 5% 수준이라는 것을 생각해 보면 현재 인공지능의 이미지 인식 성능이 어느 정도인지 가늠해 볼 수 있다.

이미지넷을 통해 대세가 된 합성곱 신경망은 여러 개의 층으로 이루어져 있다는 점 때문에 '딥 러닝(Deep Learning)'이라는 이름을 얻게 되었다. '딥 러닝'은 본래 학술적인 용어는 아니었으나, 대중에 널리 알려지면서 여러 개의 층을 사용하는 인공신경망들을 통칭하는 명칭이 되었다. 딥러닝이 널리 알려지게 된 것은 딥마인드에서 개발한 바둑 인공지능인 알파고와 이세돌 9단의 맞대결로 인한 바가 크다. 오랫동안 다양한 알고리즘들이 도전장을 내밀었으나 프로 수준을 넘어가지 못했던 바둑의 영역에서 인공지능이 압승을 거두었던 사건은 일반 대중뿐 아니라 인공지능 연구자들에게도 큰 충격을 가져왔다. 알파고의 알고리즘은 이미지 인식 기술에 기반했다. 알파고는 바둑판을 19×19의 이미지로써 인식하여 학습을 수행하였고, 이미지넷 대회에서 축적된 이미지 인식 기술과 강화 학습, 몬테카를로 시뮬레이션 등을 적절히 활용하여 최고 수준의 프로기사를 뛰어넘는 성능을 보여주었다. 그리고, 바야흐로 딥러닝의 전성시대가 시작되었다.

최근 전공을 불문하고 인공지능을 활용하는 연구가 활발히 일어나고 있는데, 이 중 대부분이 딥러닝을 활용한 연구다. 합성곱 신경망의 경우에는 너무 많이 활용되어 최근에는 오히려 식상한 느낌이고, 최근에는 GAN이라 불리는 적대적 생성 네트워크, 자율주행 등에 사용되는 강화 학습 등이 활발히 연구되어지고 있다. 2020년에는 DARPA에서 개최한 전투기 공중전 대회에서 인공지능이 인간 전투기 조종사를 5:0으로 이기기도 했다. 물론 딥러닝이 만능은 아니다. 이전 시대에 개발된 여러 인공지능 이론들이 여전히 곳곳에서 활용되고 있으며, 경우에 따라 딥러닝보다 더 높은 성능을 보이는 경우도 많다. 하지만, 데이터가 충분히 많은 경우에는 딥러닝이 좋은 성능을 보일 것으로 여겨지는 것 또한 사실이다.

앞으로 인공지능은 어떤 방향으로 발전하게 될까? 현재 상황으로써는 당분간 딥러닝의 전성기가 이어질 것으로 보인다. 자율주행 자동차, 선박 등 다양한 영역에서 강화학습을 활용하여 어려운 문제들이 해결되어 나갈 것으로 생각된다.

요약

1 인공지능의 역사는 1) 인공지능 이전, 2) 인공신경망의 기초 확립, 3) 다양한 인공지능 이론의 개발, 그리고 4) 딥러닝이 인공지능의 주류를 이루고 있는 현재로 나누어 생각해 볼 수 있다.

2 인공지능 이전 시기는 전기가 발명되고, 자동 계산기가 점차 발전하여 최초의 컴퓨터가 개발될 때까지의 시기를 말한다.

3 인공지능에 대한 최초의 학문적 정의는 앨런 튜링 박사에 의해 제안된 테스트인 '튜링 테스트'로 알려져 있다.

4 인공신경망의 기초 확립 시기는 인공신경망의 기초 이론이 개발된 1943년부터 다층 신경망의 학습방법인 역전파 알고리즘이 발표된 때까지를 말한다.

5 1980년대 중반부터 2010년대 중반까지는 인공신경망 외에도 다양한 인공지능 이론이 개발되어 서로 경쟁하였다.

6 딥러닝의 대표 이론인 합성곱 신경망은 1979년에 발표되었으나, 많은 계산량 등으로 인해 오랫동안 주목받지 못했다.

7 GPU의 성능 향상, 병렬처리 기술의 증진 등에 힘입어, 딥러닝 이론은 2012년부터 이미지 인식 문제해결의 주류가 되었다.

8 최근에는 다양한 분야에서 딥러닝 기술을 활용한 인공지능 시스템이 개발되고 있다. 미래를 예측하는 것은 어렵지만, 딥러닝의 강세는 한동안 이어질 것으로 여겨진다.

연습문제

1 인공지능 역사에 있어 가장 중요한 시점은 언제라고 생각하는가? 그 이유를 제시하시오.

2 딥러닝 학습에 GPU를 활용한 경우와 그렇지 않은 경우에 발생하는 성능 차이를 인터넷에 공개된 정보를 통해 알아보시오.

3 인공지능의 역사를 간단히 설명하시오.

4 인공지능의 적용이 필요한 분야를 1가지 이상 제시하고, 인공지능이 적용되었을 때의 개선점을 기술하시오.

1.3 국가별 인공지능기술과 과학기술정책

인공지능의 역사 속에서 나타난 많은 기술들은 각국 정부의 과학기술 자금을 통해 연구된 것이다. 최초의 컴퓨터 설계로 간주되는 해석기관을 연구한 찰스 배비지는 영국 정부로부터 10년간 17,000파운드를 지원받았는데, 이것은 현재 가치로 36억 정도 되는 금액이며, 마빈 민스키 등은 미국 DARPA를 통해 인공지능 연구 자금을 지원받았다. 현대에 들어와서는 우리나라를 포함한 대부분의 선진국들이 과학기술정책을 통해 각국의 인공지능기술과 산업을 육성하려고 애쓰고 있다.

세계 각국의 인공지능 정책은 기본적인 방향에서는 매우 유사하다. AI와 관련된 다양한 기술들을 분류, 분석하여 그에 대한 포괄적인 정보를 제공하며, 인공지능기술의 연구와 기술을 사용하는 스타트업을 위해 정부 자금을 투자한다. 다른 한편으로는 초, 중, 고등학교에서부터 시작하는 인공지능 교육 커리큘럼을 만들어 인공지능 인재의 양성에 힘쓰고 있다.

구분		상대수준 (100%)															기술격차 (0년)				
		한국			미국			일본			중국			유럽			한국	미국	일본	중국	유럽
		기초	응용	사업화	기초	응용	사업화	기초	응용	사업화	기초	응용	사업화	기초	응용	사업화					
인공지능	학습지능	80.0	80.7	84.0	100	100	100	85.7	86.4	86.4	87.2	91.5	89.6	94.0	90.7	89.4	2.0	0.0	1.9	1.4	1.5
	단일지능	82.1	82.7	83.5	100	100	100	85.0	85.0	84.0	89.3	91.4	91.4	91.6	89.2	88.1	2.0	0.0	1.9	1.2	1.4
	복합지능	79.6	81.1	80.6	100	100	100	88.8	88.5	88.7	83.7	83.3	84.1	89.8	88.6	88.3	2.0	0.0	1.7	1.9	1.5
상대수준 및 기술격차	평균	80.5	81.4	82.8	100	100	100	86.4	86.6	86.3	86.8	89.0	88.5	92.0	89.6	88.6					
	2018년	81.6			100			86.4			88.1			90.1			2.0	0.0	1.8	1.5	1.4
	2017년	78.1			100			83.0			81.9			88.1			1.8	0.0	1.4	1.4	1.0

[그림 1-6] 주요국의 인공지능기술 수준 비교[7)]

7) 정보통신기획평가원, ICT 기술수준조사 보고서, 2018.

조금 더 구체적으로 들어가면 인공지능 정책에 있어 세부적인 차이를 볼 수 있는데, 이는 각국이 처한 상황에 기인한다. 각 나라별 정책에 대해 조금 더 살펴보자.

1.3.1 미국

미국은 인공지능 분야에서 독보적인 기술을 가지고 있으며, 인공지능기술을 바탕으로 한 기업 또한 압도적으로 많다. 1950년대부터 컴퓨터와 인공지능기술을 새롭게 개발하고 이끌어 온 것이 대부분 미국 대학의 학자들과 기업체들이라는 점은 미국의 우위를 직접적으로 보여준다. 미국은 2018년 AI 이니셔티브라는 이름으로 인공지능 정책을 제시했는데, 이 정책의 핵심은 인공지능 분야에서 미국의 리더십을 계속해서 유지하는 것이다. 공격적으로 인공지능에 투자하고 있는 중국을 따돌리며, 기술적 우위를 유지함으로써 시장을 주도하려 하는 것이다. 이에 따라, AI의 핵심 기술을 새롭게 연구하고 개발하기 위한 연구개발 자금을 활발히 투자하고 있으며, 다른 나라와의 협력을 통해 우호적인 팔로워(Follower)들을 만드려 하고 있다. 미국 AI 국가전략의 5대 핵심 요소는 다음과 같다. 경쟁국에 대한 미국의 견제가 문구에서 확연히 드러난다.

〈표 1-6〉 미국 AI 국가전략의 5대 핵심 요소[8]

구분	설명
연구개발	인공지능 기초 연구개발과 미국 국민에게 직접적으로 도움이 되는 최신 기술에 우선적으로 정부자금 지원
인프라	미국의 전문가, 연구자, 기업가들이 활용할 수 있는 데이터, 모델, 컴퓨팅 리소스를 제공
거버넌스	인공지능이 안전하고 신뢰할 수 있는 기술로써 개발될 수 있도록 가이드라인 설정
인력	AI 관련 기술(컴퓨터과학, 과학, 기술, 공학, 수학)의 전 생애 교육 및 기존 교육과정(고등, 대학, 대학원, 및 초기 단계 연구자) 지원에서 AI에 우선순위 선정
국제적 참여와 미국의 이익 보호	• 국제적 협력을 통해 인공지능 산업과 연구개발을 미국의 가치와 이익에 부합하는 방향으로 활성화 • 미국의 이익을 보호하는 계획을 수립하여 수행

8) 백악관 홈페이지 참고하여 요약

1.3.2 중국

중국은 인공지능의 모든 분야에서 미국을 앞지르려 노력하고 있다. 인공지능 관련 논문 수에서는 이미 미국을 앞질렀으나, 기술적으로 학계를 선도하기보다는 다양한 응용 분야에서 많은 결과를 내고 있다. 재미있는 것은 출판되는 중국 논문의 절반 이상이 중국 정부 기관에 소속된 연구자들이 발표했다는 사실이다. 중국 정부는 2014년부터 공식적으로 인공지능 분야에 접근하기 시작하였으며, 공격적으로 자금을 투자하고 있다. 2020년부터는 6년간 1,727조 원을 인공지능 연구에 투자할 계획인데, 2020년 우리나라의 한 해 예산이 500조 원 정도라는 것을 생각해 보면, 투자의 규모가 어느 정도인지 가늠해 볼 수 있다. 특별히 두각을 나타내고 있는 분야는 얼굴 인식과 자연어 처리 분야이며, 이들 기술을 통해 범죄자의 추적과 체포에 활용하고 있다. 각종 공연장, 축제 장소 등에 감시 카메라를 설치하고, 얼굴 인식 시스템을 통해 수배 중인 사람을 찾는 방식이다. 자연어 처리 분야에서는 중국어 인식과 영어 번역 등에서 성능을 내고 있다. 인공지능 학과를 설립하고, 중고등학교 교과과정에 인공지능을 삽입하여 인공지능 인재 육성에도 힘을 쏟고 있다.

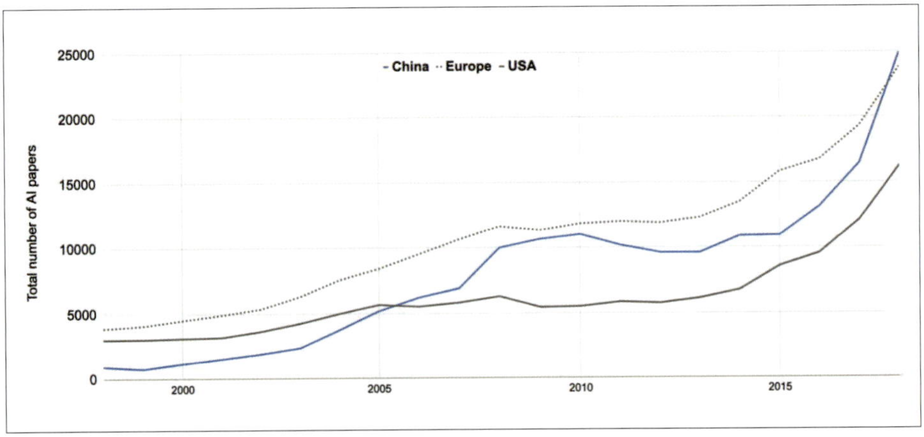

[그림 1-7] 중국, 유럽, 미국의 논문 수 비교 – SCOPUS[9]

9) AI index 2019, 스탠포드대.

1.3.3 유럽

미국의 인공지능기술에 가려졌으나, 정보통신기획평가원의 2018년 평가에서도 볼 수 있듯 인공지능 기초 분야에서 비교적 높은 성과를 보이고 있다. 이는 유럽의 인공지능 분야 논문의 수가 최근까지도 미국, 중국 등에 비해 더 많았으며, 논문의 질적 측면(FWCI)에서도 중국에 비해 지속적으로 강세를 보이는 것에서 드러난다. 반면, 인공지능 산업 부분에서는 상대적으로 낮은 수치를 보인다.

영국은 인공지능 석박사 인력의 양성을 통해 인공지능 산업의 활성화를 꾀하고 있으며, 2018년에 영국 상원의 AI 특별위원회는 영국 국영은행이 25억 파운드(3.9조 원 가량)의 기금을 조성하도록 하였다. 2019년 AI 준비 지수 평가에서 세계 2위를 차지한, 영국 산업 전략의 5대 기초는 〈표 1-7〉과 같다.

〈표 1-7〉 영국 산업 전략의 5대 기초

부문	주요 내용
아이디어	• 2027년까지 연구개발 지원금을 GDP의 2.4%로 향상 • 각종 인공지능 관련 연구 분야에 정부자금 투자
사람	• AI 및 관련 학문 분야의 박사과정생을 2025년까지 최소 1,000명으로 확대 • 산업계와 연계하여 석박사 과정 지원
인프라	• 공공데이터를 활용한 데이터 생산 • 산업계와 연계하여 교류, 공유 프레임워크 개발
기업 환경	• 산 · 학계 대표 인사로 구성된 인공지능 위원회 구성 • 총 75억 파운드 규모의 투자 펀드 설립
지역	• 영국 전역의 기업이 인공지능을 활용할 수 있도록 다양한 캠페인 제공 및 인프라 구축

유럽연합(EU)은 인공지능에 관하여 단일화된 시장을 유지하며, 이 시장에서 미국, 중국의 지배력이 커지는 것을 방어하는 전략을 취하고 있다. 2020년부터는 10년간 매년 200억 유로(약 28조원 상당)를 인공지능 사업에 투자할 예정이다. 또한, 인공지능과 관련된 윤리 가이드라인을 만들어, 자율주행 자동차, 의료, 얼굴 인식 등의 중요 분야에서 인공지능이 활용될 경우 이 가이드라인을 만족시키도록 하였다.

1.3.4 일본

정보통신기획평가원의 2018년 평가에 따르면 일본은 미국, 중국, 유럽에 비해 상대적으로 인공지능 관련 기술 수준은 떨어지는 것으로 분석된다. 인공지능 분야 논문 수에서도 중국, 미국, 인도, 영국, 독일 다음으로, 세계 6위를 차지했다(2015~2018년 기준. 스탠포드 AI index. 2019). 일본은 사회의 세세한 부분까지 규칙이 제정되어 있는 사회이며, 사회의 규칙이나 규제 등이 쉽게 바뀌기 어려운 구조다. 2017년, 일본 정부는 변화를 만들어 내기 어려운 현재의 구조로 인해 일본의 세계 경쟁력이 약화되었다고 판단하고, 이를 해결할 수 있는 '정책 샌드박스'를 추친하기 시작하였다. 일례로, 일본 마에바 시에서는 자율주행 자동차의 실증 시험이 진행중이다. 한편, 일본은 전통적으로 로봇 강국이며, 초고령화 사회인 동시에, 경기가 회복되어 각종 경제 영역에서 심각한 구인난을 겪고 있다. 이와 같은 상황 속에서 일본 기업들은 사람을 대체하는 자동화 로봇의 개발에 힘을 쏟고 있으며, 정부는 '건강수명 연장'을 인공지능 전략의 주요 요소로 관리하고 있다. 일본 인공지능 전략, Society 5.0의 주요 전략분야는 〈표 1-8〉과 같다.

〈표 1-8〉 일본 Society 5.0의 주요 전략 분야[10)]

전략 분야	주요 내용
건강수명 연장	• 종합 데이터베이스 구축 • 원격 진료 및 인공지능 활용 진료 실용화, 간호 로봇 도입
이동 혁명 실현	• 물류용 트럭 자율주행 및 드론 배송 실현 • 자율주행을 위한 제도 정비, 정밀 지도 작성
공급망 첨단화	• 보안을 위한 법, 규정 보완 • 기업 간 데이터 공유
쾌적한 인프라 도시 만들기	• 인프라 점검, 재해 대응 로봇 개발
핀테크	• 금융 관련 오픈 API 추진 • 새로운 결제서비스 창출

10) 미래투자전략, 2017.

1.3.5 대한민국

한국의 인공지능기술은 미국, 중국, 유럽은 물론, 일본과 비교해서도 차이가 많이 난다. 사업화 분야에서 일본과 유사한 수준이고, 인공지능 관련 논문의 수에서는 일본에 이어 세계 7위를 차지하고 있으나, 뚜렷이 강세를 나타내는 인공지능 분야는 없다. 한편, 우리나라는 반도체 분야에서 세계 경쟁력을 가지고 있으며, 최첨단 ICT 인프라는 세계 최고 수준이다. 2019년에 발표된 인공지능 국가전략은 이 강점을 기반으로 하여 전반적인 인공지능 역량을 향상시키려는 노력을 담았다. 국가전략에서 제시된 인공지능 추진 전략은 〈표 1–9〉와 같다.

〈표 1–9〉 인공지능 국가전략[11]

분야	추진 전략	주요 내용
세계를 선도하는 인공지능 생태계	인공지능 인프라 확충	• 공공데이터 전면 개방 • 지역, 전국 단위의 인공지능 거점화 전략 수립
	인공지능기술 경쟁력 확보	• 인공지능 반도체 세계 1위 도약 • 기초, 창의, 도전적 인공지능 연구 개발 투자
	규제 혁신과 법 제도 정비	• 포괄적 최소 규제 계획 수립 • 기본 법제 마련
	인공지능 스타트업 육성	• 각종 투자 펀드 조성 및 인공지능 분야 우대 • 인공지능 올림픽 개최
인공지능을 가장 잘 활용하는 나라	인재 양성과 전 국민 교육	• 인공지능 관련 학과 신설 및 증설, 교수의 기업 겸직 허용 • 초중등 교육 시간 확대 및 교원의 인공지능 과목 이수 지원
	산업 전반의 인공지능 활용 전면화	• 공공데이터 활용하는 대규모 융합 프로젝트 확대 • 산업 전 분야로 인공지능의 활용 확산
	디지털 정부 구현	• 공공서비스에 인공지능 도입
사람 중심의 인공지능	포용적 일자리 안전망 구축	• 고용 형태 다변화에 대응을 위한 사회보험 확대 • 직업훈련 비중 확대 및 국민 취업 제도 도입
	인공지능 윤리 체계 마련	• 사이버 침해 및 역기능 대응을 위한 범부처 협업 체계 구축 • 인공지능 윤리 기준 확립 및 교육과정 개발

11) 한눈에 보는 정책 - 인공지능, 정책위키, 대한민국 정책브리핑

[그림 1-8]은 2021년도 과학기술정보통신부 국가연구개발사업의 예산안이다. 데이터, AI 부분에 1.17조, 과학·AI 혁신인재 부문에 1.36조의 막대한 비용이 투자되고 있으며, AI 반도체 부문에 별도로 1,005억 원이 편성된 것을 볼 수 있다.

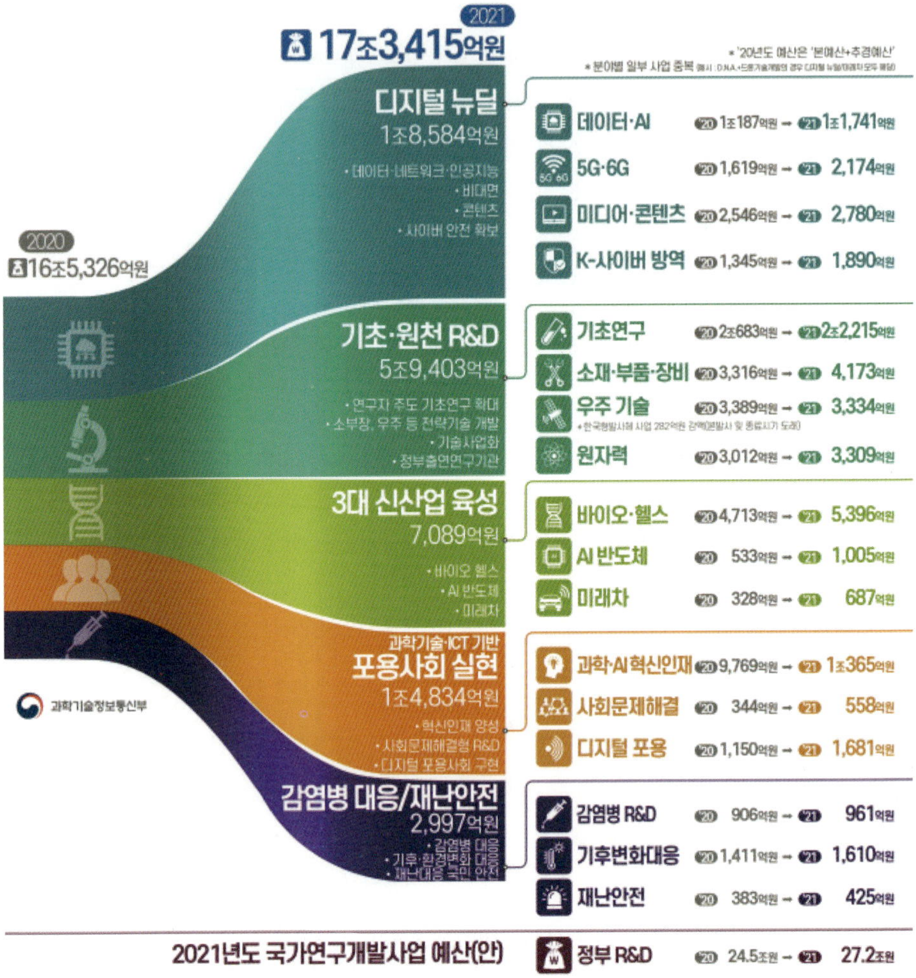

[그림 1-8] 2021년도 과학기술정보통신부 국가연구개발사업 예산안[12)]

12) 과학기술정보통신부

요약

1 과학기술의 발전은 정부 정책과 연구 지원 자금의 편성에 큰 영향을 받는다.

2 미국은 압도적인 자금, 기술력을 바탕으로 현재의 기술적 우위를 유지하고자 하며, 우호적인 팔로워 국가들을 만들고자 하는 것으로 보인다.

3 중국은 막대한 자금의 투자를 통해 미국의 인공지능기술을 추월하려고 노력하고 있다. 미국과 유럽에서 개인정보보호 이슈로 인해 주춤하고 있는 얼굴 인식과 자연어(중국어) 처리 분야에서 성과를 나타내고 있다.

4 국제학계에 발표되는 논문의 수에서 중국은 미국을 이미 추월하였으나, 질적 측면에서는 아직 격차가 크다.

5 일본은 로봇, 헬스케어 분야에서 상대적으로 강세를 나타내고 있으며, 부족한 인력을 대체할 수 있는 인공지능 로봇, 자동화 분야의 투자에 집중하는 것으로 보인다.

6 대한민국의 인공지능기술은 미국, 중국, 유럽, 일본 등에 비해 뒤쳐져 있는 것이 현실이지만, 최첨단 ICT 인프라를 바탕으로 전반적인 인공지능기술 역량을 향상시키려 노력하고 있다.

연습문제

1 과학기술의 발전은 정부 정책과 연구 지원 자금의 편성에 큰 영향을 받는다. 우리나라에서 대학/기업 등에 연구 자금을 제공하는 정부기관의 종류를 알아보시오.

2 각 국가별 인공지능기술 현황(강, 약세 기술 등)을 정리하시오

3 각 국가별 인공지능 정책의 유사점과 차이점을 요약하시오.

4 대부분의 주요 국가에서 인공지능 우대 정책을 펼치고 있는 이유는 무엇인지 쓰시오.

5 우리나라 인공지능기술의 육성을 위해 가장 필요한 정책은 무엇이라고 생각하는지 근거를 들어 설명하시오.

1.4 인공지능기술

1.4.1 인공지능기술 개요

인공지능의 핵심은 주어진 문제를 해결하는 소프트웨어지만, 이를 서포트하는 부가적인 요소도 있는데, 바로 하드웨어와 데이터다. 하드웨어는 소프트웨어를 효과적으로 운영하기 위해 필요하다. 인공지능에서 많이 사용되는 계산을 빠르고 효과적으로 하기 위한 하드웨어가 여러 회사, 학교에서 연구되고 있다. 데이터는 인공지능을 올바로 학습시키기 위해 필요하다. 지금이 수많은 데이터가 쏟아지는 시대이긴 하지만, 아무렇게나 흩어져 있는 데이터로 인공지능이 학습을 수행할 수는 없다. 흩어져 있는 데이터들을 학습용에 맞게 정제하여 준비할 필요가 있다. 이 책에서는 인공지능의 세 가지 요소(데이터, 소프트웨어, 하드웨어) 중, 데이터와 소프트웨어를 살펴보게 될 것이다.

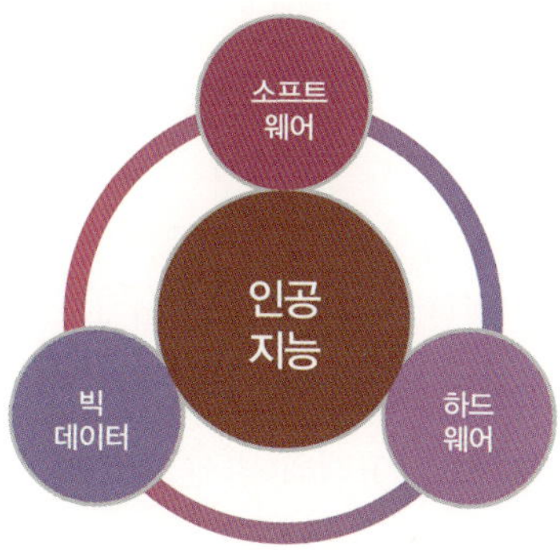

[그림 1-9] 인공지능의 3요소

1.4.2 데이터

우리가 살아가고 있는 이 시대는 빅데이터의 시대라고 칭해도 될 만큼, 우리는 데이터의 대량생산 시대에 살고 있다. 이것은 각종 정보가 디지털화되어 저장되고, 사람들은 SNS를 활발히 사용하며, IoT의 확대로 인해 다양한 장치로부터 데이터가 수집되기 때문이다. SNS에 있는 사진, 카드 사용 정보, 기상정보 등 다양한 정보가 디지털화되어 사용되고 있다.

〈표 1-10〉 빅데이터의 종류

공개/비공개	데이터
제한 공개	SNS 사진, 홈페이지 접속 정보
비공개	카드 정보, 건강보험 정보, 구매 고객 행동 정보,
공개	특허, 논문 정보, 감염병 정보, 대중교통 승하차 정보(개인정보 제외), 주가 정보, 기상 정보 등

데이터의 크기가 점점 커지면서 이 데이터를 인력으로 분류 및 분석하는 것은 매우 어려운 일이 되었으며, 전통적인 통계 분석적 방법은 데이터의 피상적인 이해에 그치고 데이터의 핵심에 접근하기 어려운 경우가 많아졌다. 인공지능은 이와 같은 빅데이터를 원하는 방식으로 가공하고, 분석 및 분류하며, 이를 바탕으로 새로운 데이터를 생성하거나 미래를 예측하는 데에 매우 적합하다. [그림 1-10]은 인공지능과 데이터의 관계를 보여준다. 인공지능은 주어진 데이터를 분석하여 이해하고, 이를 바탕으로 주어진 데이터를 표현할 수 있는 모델을 만들어 낸다. 이 과정을 인공지능의 **학습** 과정이라고 부른다. 일단 데이터 모델이 생성되면, 이 모델을 사용하여 기존의 데이터와 유사한 새로운 데이터를 만들거나 새롭게 주어지는 데이터를 분석, 인식할 수 있으며, 미래의 상황(데이터)을 바탕으로 변화를 예측할 수도 있다. 미국의 기업인 타깃(Target)은 기존 고객들의 구매 정보를 바탕으로 고객의 임신 여부를 예측하는 인공지능을 개발하였고, 이 정보를 사용하여 산모에게 필요한 제품들을 추천하는 시스템을 구축한 바 있다. 타깃의 임신 예측 시스템에 관한 일화[13](본인이 모르던 임신 사실을 컴퓨터가 예측함.)는 인공지능이 할 수 있는 일에 대한 인사이트를 제공해 준다.

13) 2012년에 뉴욕 타임즈에 보도된 바 있다. 사실이 아니라는 주장도 있으나, 데이터 분석으로 무엇을 할 수 있는지를 보여주는 일화임에는 틀림없다.
https://www.nytimes.com/2012/02/19/magazine/shopping-habits.html

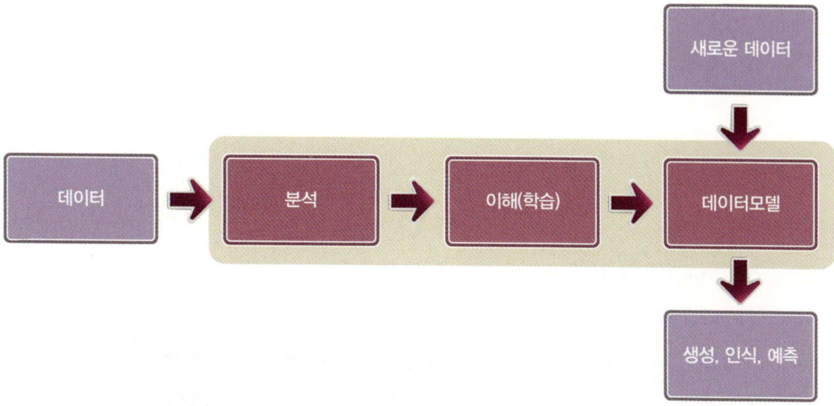

[그림 1-10] 인공지능의 동작 프로세스

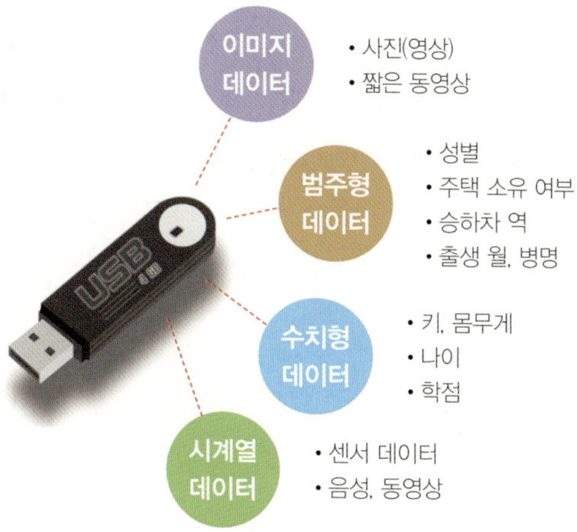

[그림 1-11] 데이터의 종류

데이터는 몇 가지 그룹으로 나누어 생각해 볼 수 있다[그림 1-11]. 먼저 **이미지 데이터**는 사진과 동영상에 포함된 이미지를 의미한다. 사진에 있는 인물이 누구인지, 어떤 물체가 어디에 있는지 등을 알아내는 것이 주된 목적이며, 바둑판을 이미지 형식으로 처리하는 알파고와 같이 다른 데이터를 이미지 형식으로 바꾸어 처리하는 경우도 있다. 짧은 동영상의 경우에는 이미지를 적층시켜서 3차원 데이터로써 사용하기도 한다.

범주형 데이터는 불연속적이고 제한된 값으로 나타낼 수 있는 데이터로, 성별, 주택

소유 여부, 승하차 역, 출생 월, 병명 등의 데이터를 말한다. 일상생활에서 발생하고 설문이나 시스템적으로 수집되는 대부분의 데이터가 여기에 해당한다. 범주형 데이터는 엑셀 등의 스프레드시트 프로그램을 통해 표로 정리된 경우가 많으며, 인공지능에서의 처리를 위해서는 범주형 데이터를 수치형 데이터로 변환하는 과정이 필요하다.

수치형 데이터는 범주형 데이터와 유사하지만 연속된 수치로 나타나는 데이터다. 키, 몸무게, 나이, 학점 등이 대표적이다. 수치형 데이터도 표로 정리할 수 있으며, 데이터의 종류에 따라 수치의 범위가 제각각이어서 인공지능에 사용하기 위해서는 데이터의 범위를 정규화하는 과정이 필요하다.

시계열 데이터는 각종 센서에서 일정 시간 간격으로, 지속적으로 측정되는 데이터다. 시간 축에서 변화하는 데이터기 때문에 '시계열' 데이터라고 부른다. 자이로센서, 압력센서, 마이크, 카메라 등의 센서에서 데이터가 측정되며, 대표적인 데이터로 음성, 동영상 등이 있다. 시간에 따라 데이터의 값이 계속해서 변화하므로 여러 데이터 중 용량이 가장 크다. 센서를 여러 개 사용하는 경우 시간의 흐름에 따라 여러 센서 값 사이의 영향을 알아내야 하는 경우도 있어 데이터의 분석이 복잡하다.

각 데이터의 형태를 [그림 1-12]를 통해서 익혀보자. 이미지 데이터는 각종 이미지들로 이루어져 있다. 사진들의 집합으로 이해하면 되지만, 한 가지 주의해야 하는 점은 각 사진이 무엇을 의미하는지에 대한 정답 데이터가 함께 포함되어 있다는 것이다. 범주형 데이터와 수치형 데이터의 경우에는 표로 정리되어 있다. 시계열 데이터의 경우에는(비디오를 제외하면) 그래프로 표시할 수 있으며, 데이터의 양이 타 데이터에 비해 매우 많다는 것을 확인할 수 있다.

이미지 데이터

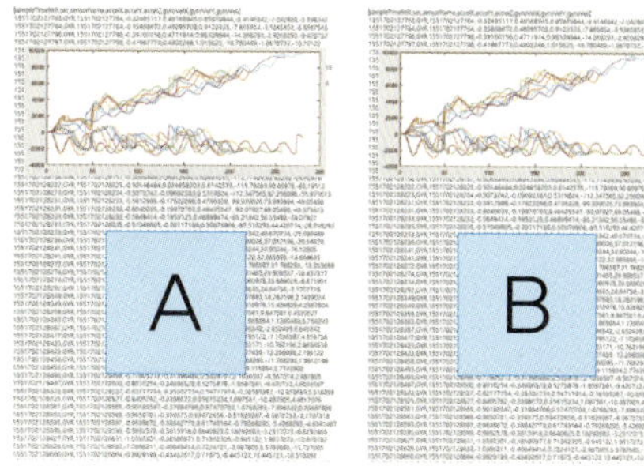

시계열 데이터

시도	시군구	사고유형대분류	사고유형중분류	사고유형
서울	종로구	차대사람	횡단중	횡단중
서울	종로구	차대사람	차도통행중	차도통행중
서울	종로구	차대사람	길가장자리구역통행중	길가장자리구역통행중
서울	종로구	차대사람	보도통행중	보도통행중
서울	종로구	차대사람	기타	기타
서울	종로구	차대차	정면충돌	정면충돌
서울	종로구	차대차	측면충돌	측면충돌
서울	종로구	차대차	후진중충돌	후진중충돌
서울	종로구	차대차	추돌	추돌
서울	종로구	차대차	기타	기타

범주형 데이터

사고건수	사망자수	중상자수	경상자수	부상신고자수
98	1	50	44	10
62	1	19	39	4
23	0	3	19	2
16	0	6	12	3
106	1	30	64	14
30	0	14	42	4
489	0	124	531	85
10	0	1	12	0
166	1	30	205	21
86	2	20	63	17
5	0	0	1	5
14	0	6	11	3

수치형 데이터

[그림 1-12] 데이터별 형태[14)]

1.4.3 소프트웨어: 인공지능 모델

인공지능은 그 기능에 따라 인식, 예측, 생성, 정책(의사결정)의 4가지 모델로 나누어 볼 수 있다. 인식 모델은 주어진 데이터의 카테고리를 자동으로 알아내는 모델을 생성하는 것이다. 이미지, 이산, 연속, 시계열 데이터 등의 다양한 데이터가 입력으로 사용될 수 있으며, 모델에서 출력으로 산출되는 것은 주어진 데이터의 카테고리 정보다. 즉, 얼굴 인식 인공지능 모델이라면 사진의 인물이 누구인지를, 글자 인식 모델이라면 어느 글자인지를 출력으로 나타낸다.

14) 이미지 데이터: https://github.com/yunjey/stargan
범주형 데이터와 수치형 데이터는 공공데이터포털에 공개된 도로교통공단_시도 시군구별 교통사고 데이터(2019) 일부를 표시하였음. http://mmlab.ie.cuhk.edu.hk/projects/CelebA.html

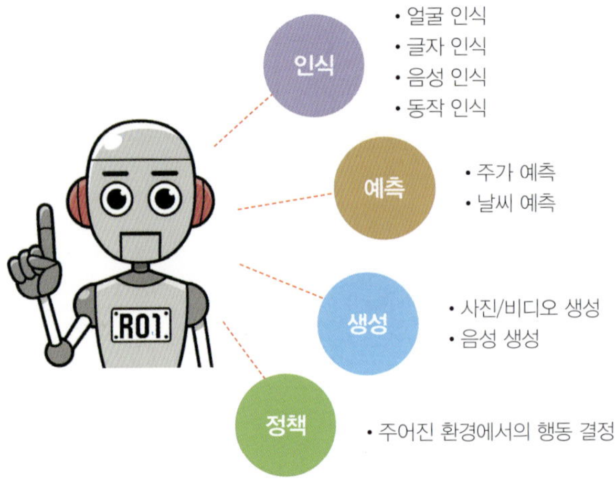

[그림 1-13] 인공지능 모델

데이터 인식은 여러 인공지능 모델 중 가장 안정기에 들어선 기술이다. 다양한 영역에서 활용되고 있다. 데이터 인식을 조금 더 잘 이해하기 위해 커피콩을 판매하는 어떤 회사를 생각해 보자. 이 회사는 로스팅이 적거나 많이 된 커피콩을 따로 분류하여 구분하고, 로스팅이 적게 된 커피콩은 추가 로스팅 작업을, 로스팅이 많이 된 커피콩은 수거하여 버리려고 한다. 커피콩의 분류 작업을 하는 인공지능 시스템을 만드는 방법은 여러 가지가 있겠지만, 커피콩이 지나가는 컨베이어 벨트 위에 카메라를 설치하고, 커피콩이 지나갈 때마다 사진을 찍어, 로스팅 상태에 따라 다른 목적지로 보내는 것이 가장 일반적인 방법일 것이다. 이때 시스템이 올바로 동작하려면, 커피콩의 사진을 입력으로 받아, 입력된 사진의 커피콩 로스팅 상태를 3단계로 나누어 판단하는 작업이 꼭 필요하다.

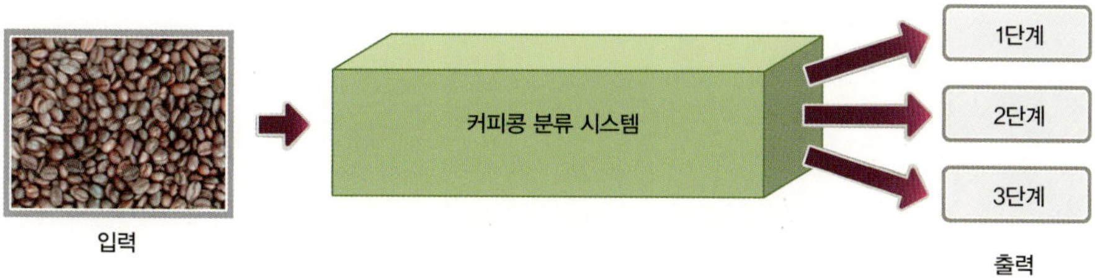

[그림 1-14] 커피콩 분류 시스템. 입력과 출력

커피콩 분류 시스템의 인공지능은 주어진 사진을 3단계로 분류하는 기능으로 충분하지만, 데이터 분류 시스템은 데이터의 종류와 역할에 따라 분류해야 할 그룹이 매우 많아지기도 한다. 예를 들어 페이스북이나 인스타그램에 있는 인물이 누구인지 자동 분류를 하는 인공지능 모델을 설계한다면, 분류해야 할 그룹의 숫자가 억 단위로 늘어날 것이다. 당연한 이야기이지만, 분류해야 할 그룹의 숫자가 늘어나면 인공지능 모델의 설계 또한 매우 복잡해진다.

예측 모델은 주어진 데이터의 미래 데이터를 알아내는 모델이다. 보통 시계열 데이터를 입력으로 받아 미래 특정 시점의 데이터나 연속적인 미래의 시계열 데이터를 출력으로 산출한다. 주가 예측, 날씨 예측 등이 이에 해당한다. 현재의 데이터를 사용하여 미래의 데이터를 예측하고, 예측된 미래의 데이터를 다시 입력으로 사용하여 더 먼 미래를 예측할 수 있다는 특징이 있다.

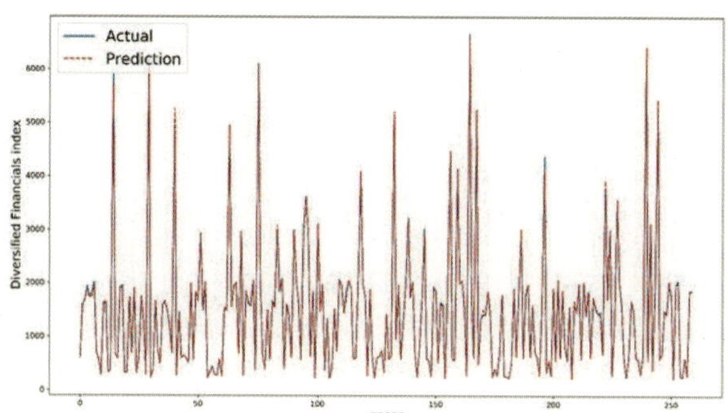

[그림 1-15] 주식의 예측[15]

15) Nabipour et al., Deep Learning for Stock Market Prediction, Entropy, 2020.

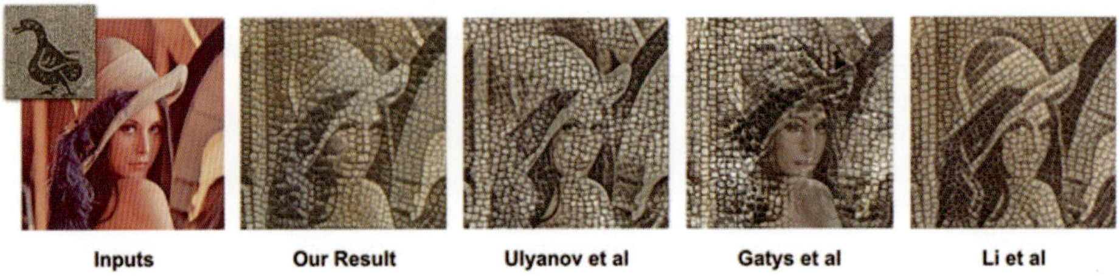

[그림 1-16] GAN을 통해 생성된 이미지[16]

생성 모델은 사진, 비디오, 음성 등을 생성하는 모델이다. 한때, 윤리적 비판으로 인해 주춤했으나, 긍정적인 효과가 강조되며 예술, 컴퓨터 그래픽스 등의 영역에서 활발히 이용되고 있다. 생성 모델을 사용하여 인식이나 예측 성능을 향상시키는 것도 가능하다. [그림 1-16]은 생성 모델을 사용하여 사진을 특정 스타일의 그림으로 변형시킨 결과를 보여준다. 그림이나 사진 외에도 노래, 연주, 목소리 등을 생성하는 데에도 사용된다.

정책 모델은 주어진 환경에서 수행할 행동을 결정하는 인공지능 모델이다. 자동차, 비행기, 선박의 자율 운행, 게임 인공지능의 게임 컨트롤 등이 대표적인 예다. 정책 모델이 다루는 문제는 당장의 정답이 명확하지 않은 경우가 대부분이다. 예를 들어 게임의 특정 시점에서 공격 유닛이 공격을 개시하는 것이 좋은지, 아니면 후퇴하는 것이 좋은

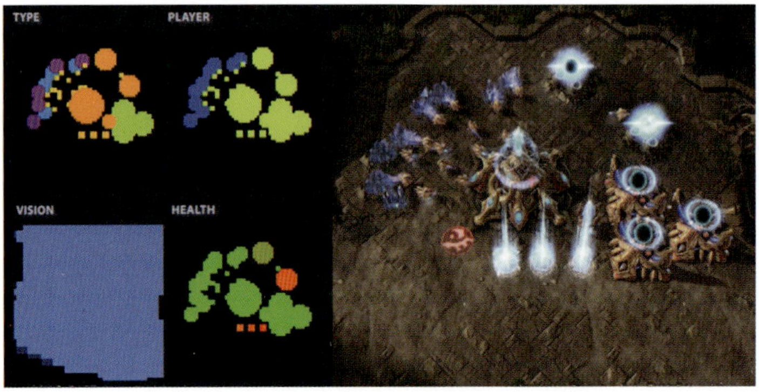

[그림 1-17] 스타크래프트2의 인공지능 플레이[17]

16) C. Li. and M. Wand. https://arxiv.org/

17) https://deepmind.com/blog/article/alphastar-mastering-real-time-strategy-game-starcraft-ii

지는 당장 알 수가 없다. 하지만 시간이 흘러 게임의 최종 승자가 결정되면 처음의 결정이 어떤 의미가 있는지를 알게 된다. 정책 모델은 이런 복잡한 상황 속에서 어떤 결정을 내릴 것인지를 정하는 모델이다. 이와 같은 정책 모델은 최근 많은 발전을 가져왔고, 바둑에서, 또 전투기의 공중전 시뮬레이션에서 인간의 수준을 뛰어넘었다.

인공지능기술이 활용되는 다양한 예는 〈표 1-11〉에 정리되어 있다.

〈표 1-11〉 각종 인공지능기술과 설명

분야	인공지능기술	설명
인식	데이터 분류	주어진 데이터가 의미하는 바를 알아내는 기능. 한정된 카테고리 안에서 분류한다.
	음성 인식	사람의 목소리를 분석하고 이를 텍스트로 바꾸는 기능
	글자 인식	활자체/필기체로 작성된 글자가 어떤 글자인지 알아내는 기능
	서명검증	필기된 서명이 본인의 서명인지 확인하는 기능
	자연어 처리	인식된 음성이나 글자가 의미하는 바를 알아내는 기능
	영상 분류/인식	사진이나 동영상에서 나타나는 물체/얼굴 등을 확인하고, 그 종류/신원을 알아내는 기능
	생체 신호 인식	뇌파, 근전도, 심전도, 안구전도 등 몸에서 발생하는 신호를 분석하고, 그 의미를 알아내는 기능
예측	데이터 예측	주어진 데이터를 바탕으로, 미래의 데이터를 예측한다. (날씨 예측, 주가 예측 등)
생성	데이터 생성	주어진 데이터를 바탕으로, 기존 데이터와 유사한 새로운 데이터를 만든다. (얼굴 생성, 글자 생성, 그림 생성 등)
정책	의사결정	주어진 환경에서 취할 최적의 행동을 찾는 기능 (게임, 자율주행, 전투기 조종 등)

1.4.4 인공지능 알고리즘

인공지능 알고리즘은 크게 기계학습 분야와 비(非)기계학습 분야로 나눌 수 있으며, 기계학습 분야는 딥러닝으로 대표되는 신경망을 사용하는 분야와 비(非)신경망 분야로 나눌 수 있다. 인공지능에는 매우 다양한 이론들이 포함되어 있으므로, 각각의 이론들을 모두 한 권의 책으로 담아내는 것은 쉬운 일이 아니다. 이 책에서는 현재 여러 분야에서 공통적으로 높은 성능을 보이고 있으며 세계적인 주목을 받고 있는, 대표적인 신경망 알고리즘들을 설명할 것이다.

앞 절에서 설명한 각각의 모델과 관련하여 살펴보면 '데이터 인식'을 위해 널리 사용되는 신경망은 **합성곱 신경망**(Convolutional Neural Network: CNN)과 **LSTM**(Long Short-Term Memory)이다. CNN은 에지, 색상의 변화 등과 같은 이미지의 특성 인식에 좋은 성능을 나타내고 있으며, 시계열 데이터로부터 시간 축 상에서 변화하는 신호의 특징을 추출하는 데에도 사용된다. 알파고의 경우, 바둑판을 0, 1, 2의 값을 가지는 이미지로 바꾸어 CNN에 적용하였다.

LSTM은 시계열 데이터로부터 신호의 변화 특징을 효과적으로 학습하기 위한 모델이며, 가속도, 자이로센서 등 각종 디지털/아날로그 센서로부터 의미있는 정보를 뽑아내고 싶을 때 사용한다. LSTM을 사용하면 데이터의 변화를 지속적으로 예측할 수 있어, 데이터 예측에도 많이 사용된다.

[그림 1-18] GAN을 사용하여 생성된 이미지[18)]

18) 위키피디아

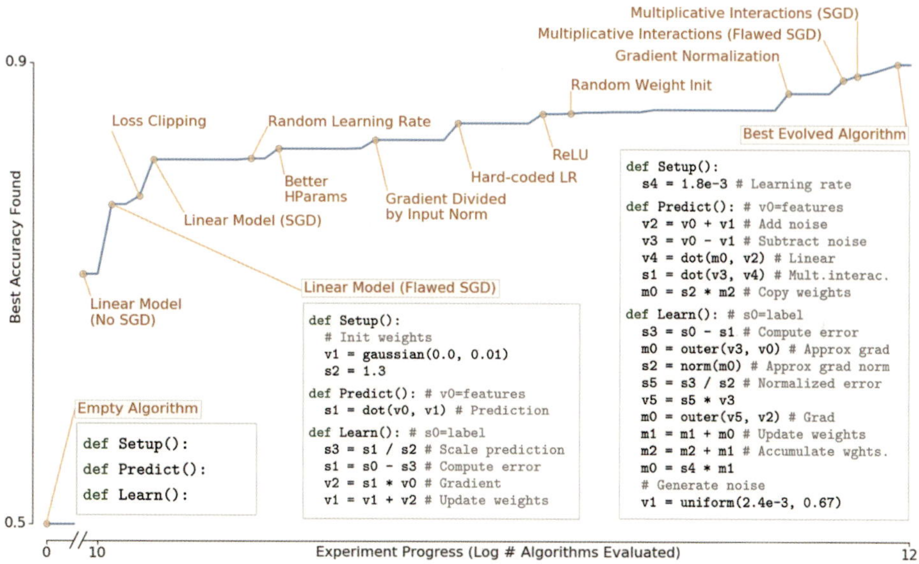

[그림 1-19] 데이터를 자동으로 분석하여 최적의 분류 모델을 찾아가는 인공지능의 예[19)]

데이터 생성에 사용되는 신경망 알고리즘은 **GAN**(Generative Adversarial Networks)이다. 다른 인공지능 알고리즘과는 다르게 GAN은 두 개의 서로 다른 모델을 만든다. 1) 기존 데이터와 유사한 새로운 데이터를 생성하는 인공지능 모델과, 2) 만들어 낸 데이터가 진짜인지, 컴퓨터가 생성한 데이터인지 검사하는 인공지능 모델의 두 모델을 만들고, 두 모델이 서로 경쟁하도록 하여, 생성 모델이 만드는 데이터가 실제 데이터와 더욱 유사하게 되도록 모델을 조정(학습)하는 것이다. GAN은 이미지, 음성, 비디오 분야에서 많은 성과를 내고 있다.

정책 모델을 위해 사용되는 신경망 알고리즘은 **강화 학습**이다. 강화 학습은 주어진 환경에서 최적의 행동(action)을 제시하는 정책 모델을 생성하는 방법이며, 만들어진 모델을 가상 환경에서 시뮬레이션하므로, 특정 환경에서 취할 행동에 대한 가중치를 조절한다. 따라서 주어진 환경에 대해 반응해야 하는 행동의 정답을 직접 알 수 없는 경우에 적합하다. 정답을 모르기 때문에 주어진 환경에 대한 행동을 곧바로 학습시킬 수

19) 구글 AI 블로그. https://ai.googleblog.com/2020/07/automl-zero-evolving-code-that-learns.html

는 없으나, 시뮬레이션을 수행해 본 후, 그 결과가 좋다면 특정 행동에 대한 가중치를 상향 조절(보상)한다. 자율주행 자동차, 게임 등에 널리 사용된다.

인공지능 알고리즘은 급속히 발전하고 있다. 구글은 데이터를 사용하여 인공신경망을 자동으로 설계하는 인공지능을 개발하여 2020년에 발표하였으며, 아마존도 데이터에 맞는 분류 알고리즘을 자동으로 설계하는 서비스(Sagemaker Autopilot)를 제공하고 있다.

Level 1		2. 분석								
		분류 (classification)			군집화 (clustering)			생성 및 의사결정 (generation/decision-making)		
	Level 2	非 기계학습	기계학습		非 기계학습	기계학습		非 기계학습	기계학습	
			非 신경망	신경망 (딥러닝)		非 신경망	신경망 (딥러닝)		非 신경망	신경망 (딥러닝)
2. 인식	이미지·영상	SIFT, SURF	Linear Regression, SVM, HMM, GMM, NNC	CNN, CNN +(a), GAN	Rule -based model	K-means, Fuzzy-C means, GMM, CRF	CNN, GAN	Wiener filter	GMM, CRF	CNN, RNN, DQN, DRQN, A3C, TRPO, DDPG, GAN
	신호	DTW, VQ, Quantization	Linear Regression, GPR, SVM, HMM, Random Forest	RNN, RNN +(a), DBN	N-gram model, Rule -based model	K-means, GMM, HMM, Kalman filter	RNN (LSTM), VAE, GAN	Time -series model	ADP, TD-learning, Kalman filter, Particle filter	DQN, DRQN, A3C, TRPO, DDPG, CNN, RNN
	텍스트·언어	Dictionary-based model	HMM, LDA, MNB	CNN, RNN, RNN +(a), RNNLM	Rule -based model	LSA, PLSA	CNN, RNN, GAN	LP, GA	Q-learning	RNN, GAN, VAE

[그림 1-20] 알고리즘 관점 인공지능기술 분류 체계[20]

20) 양희태 등, 인공지능기술 전망과 혁신정책 방향, 과학기술정책연구원, 2018.

인공지능 구조를 설계하는 것은 숙련된 전문가가 초안을 잡은 후 오랜 시간을 거쳐 최적화시키는 것이 일반적이었으나, 이 발표를 기점으로 인공지능 구조의 설계 또한 상당 부분 인공지능의 영역으로 넘어가게 되었다.

여러 인공지능 기술들 중, 이 책에서는 신경망 알고리즘들만을 다루지만, 신경망 알고리즘이 항상 가장 좋은 성능을 보장하지는 않는다. 데이터의 양과 문제의 복잡도 등에 따라서 다양한 알고리즘이 대안으로 제시될 수 있다. [그림 1-20]은 과학기술정책연구원에서 여러 알고리즘들을 데이터의 종류, 알고리즘의 분류, 분석 목적에 따라 정리해 둔 것이다. 연구자에 따라 알고리즘의 분류는 조금씩 달라질 수 있다는 것을 참고하여 보면 좋다.

요약

1 이 책에서는 '데이터', '소프트웨어', '하드웨어'를 인공지능의 3요소로 정의하였다.

2 적은 수의 데이터는 전통적으로 널리 사용되던 통계적 방법으로 분석 가능한 경우가 많으나, 데이터의 크기가 커질수록 인공지능 기법의 적용이 더욱 필요하다.

3 데이터에는 이미지 데이터, 범주형 데이터, 수치형 데이터, 시계열 데이터 등이 있다.

4 범주형 데이터는 불연속적이고 제한된 값들의 집합이다.

5 수치형 데이터는 연속 공간에서 정의되는 수치 값들의 집합이다.

6 시계열 데이터는 시간의 흐름에 따라 변화하는 데이터다.

7 인공지능은 그 기능에 따라 인식, 예측, 생성, 정책(의사결정)의 4가지 모델로 나누어 볼 수 있다.

8 인공지능 알고리즘은 크게 기계학습, 비기계학습의 두 그룹으로 나눌 수 있으며, 기계학습 그룹은 다시 딥러닝으로 대표되는 신경망 그룹과 비신경망 그룹으로 나뉜다.

9 인식과 예측에 주로 사용되는 딥러닝 알고리즘(구조)은 합성곱 신경망(CNN)과 LSTM이며, 생성을 위해서는 적대적 생성 네트워크(GAN), 정책 학습을 위해서는 강화 학습이 활용된다.

연습문제

1 본문에서 설명한 인공지능의 3요소는 무엇인가? 각 요소를 간단히 요약, 설명하시오.

2 데이터의 종류 4가지를 각각 정의하고, 각각의 데이터를 예를 들어 설명하시오.

3 인공지능의 4가지 모델에 대해 각각 설명하시오.

4 딥러닝 알고리즘과 인공지능과의 개념적 관계에 대해 설명하시오.

5 다음 경우는 어떤 인공지능 모델에 포함되는지 쓰시오.

1) 자율주행 자동차

2) 카메라를 사용하는 범죄자 확인 시스템

3) 비디오에 등장하는 '말(Horse)'에 얼룩무늬를 자동으로 그려 얼룩말처럼 보이게 영상을 변형하는 것

CHAPTER 02

캐글 입문

CHAPTER 02

캐글 입문

2.1 캐글이란

캐글(https://www.kaggle.com/)은 데이터 분석에 관한 온라인 플랫폼이다. 캐글에는 인물 사진부터 미국 대학 농구 데이터까지 다양한 종류의 데이터들이 공개되어 있으며, 이들 데이터를 분석하여 경쟁하는 대회(Competition)가 상시 열리고 있다. 캐글에서 열리는 대회들은 캐글에서 자체적으로 여는 것도 있지만, 많은 경우 각종 회사와 연구 기관들에서 후원하고 있으며, 이들 대회에서 수상하게 되면 막대한 상금이 지급되기 때문에, 캐글은 전 세계의 데이터 과학자, 인공지능 시스템 개발자들이 관심을 가지고 지켜보고 있는 웹사이트라고 할 수 있다.

2.2 캐글 가입하기

캐글 사이트에는 구글 아이디를 사용하거나 그 외의 이메일 주소를 사용하여 가입할 수 있다. 캐글 웹사이트의 메인 페이지[그림 2-1]를 보면 로그인(Sign in)하거나 아이디를 생성(Register)하는 버튼과 링크가 있다. 구글 계정이 있다면, '구글 계정으로 시작하기(REGISTER WITH GOOGLE)'를, 별도의 계정을 만들고 싶다면 '이메일로 시작하기(Register with Email)'를 클릭한다[그림 2-2 ⓐ]. [그림 2-2 ⓑ]와 같이 간단한 몇 가지 정보를 입력한 후, 개인정보보호에 관한 약관[그림 2-2 ⓒ]을 읽고 '동의' 버튼을 누르면 인증코드를 입력하는 화면이 나온다[그림 2-2 ⓓ]. 자신의 이메일로 전송된 인증코드를 입력하면[그림 2-2 ⓔ], 가입이 완료되고 [그림 2-3]과 같은 환영 메시지를 볼 수 있다. 구글 아이디 등을 사용하면 보다 간편하게 시작할 수 있다.

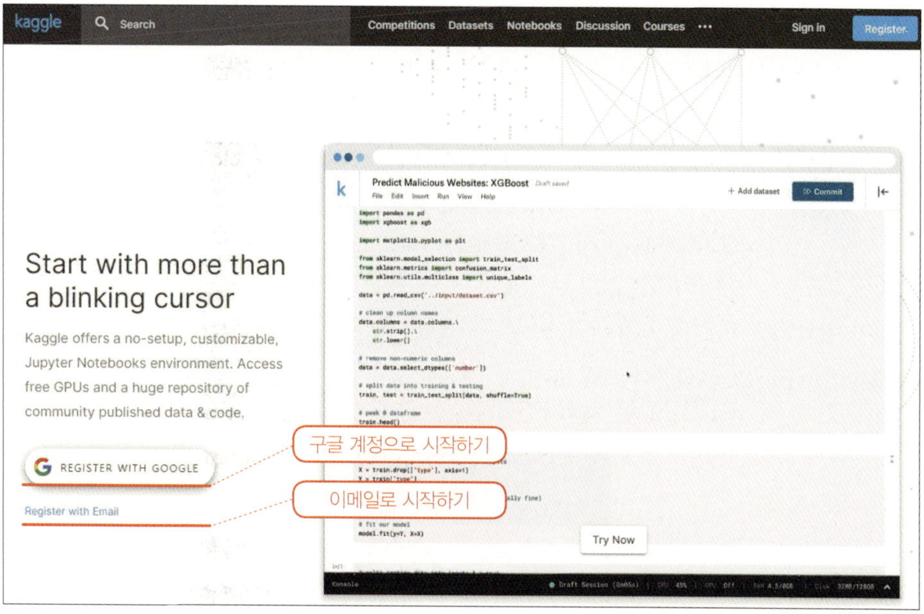

[그림 2-1] 캐글 https://www.kaggle.com/ 시작하기

[그림 2-2] 캐글 가입 과정

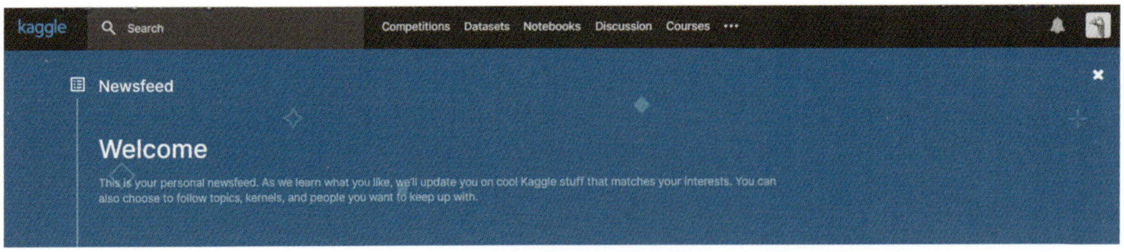

[그림 2-3] 가입이 완료되었음을 보여주는 환영(Welcome) 화면

가입이 완료되면 자신의 프로필을 바꿀 수 있다. 오른쪽 위에 보이는 아이콘을 클릭하고 'My Profile'을 선택한다[그림 2-4].

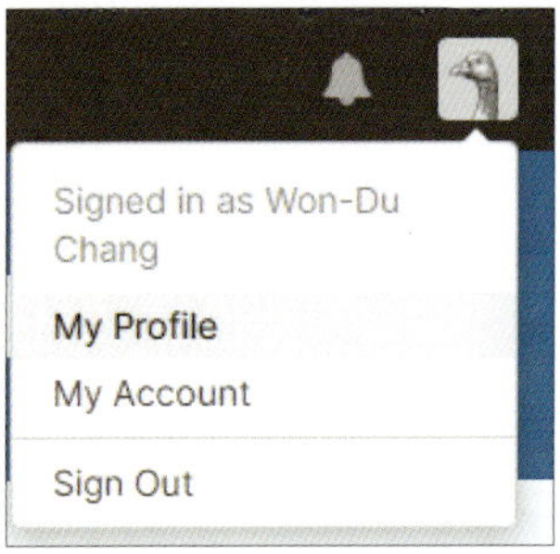

[그림 2-4] 아이콘 메뉴

오른쪽에 보이는 'Edit Profile' 버튼을 누르면 프로파일을 수정할 수 있다[그림 2-5]. 왼쪽의 그림을 눌러 자신의 이미지를 수정하라.

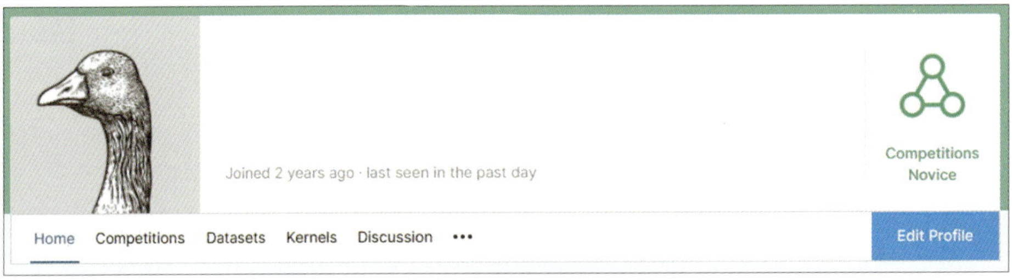

[그림 2-5] 프로필 화면

원하는 이미지를 업로드하고(Upload image), 자른 다음(Crop profile image), 미리보기(Preview image)로 확인하면 자신의 아이콘이 바뀐다[그림 2-6]. 이 책에서는 무료 이미지 사이트인 pixabay(https://pixabay.com)에서 이미지를 가져와 간단히 편집하고 업로드하였다. 각자 개성이 넘치는 아이콘으로 바꾸어 보라.

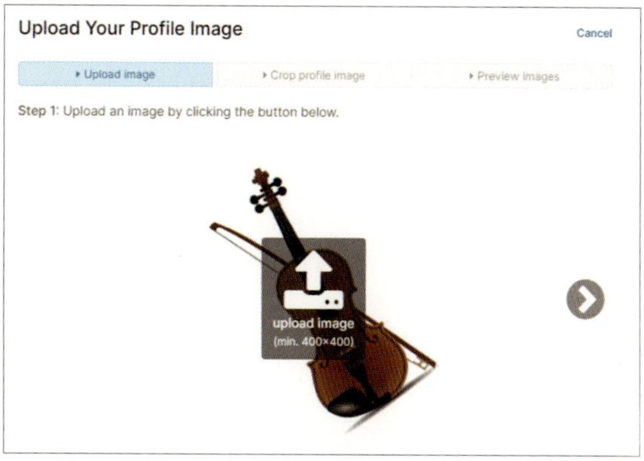

[그림 2-6] 아이콘 선택 화면

2.3 캐글 데이터셋

캐글에는 다양하고 많은 수의 데이터들이 공개되어 있으며, 지속적으로 데이터가 업로드되고 있다. 좌측 메뉴 중 Data를 선택하면 캐글에 공개된 데이터들을 확인할 수 있다. 이 중 2020년 초에 유행한 코로나바이러스의 데이터셋을 클릭해 살펴보도록 하자. 데이터셋의 이름(2019 Coronavirus dataset)으로 검색하면 쉽게 찾을 수 있다. 기본 메뉴로 'Data', 'Task', 'Kernels', 'Discussion', 'Activity', 'Metadata'가 있고, 우측에 'Download'와 'New Notebook' 링크가 있다[그림 2-7]. 각 메뉴에 대한 설명은 〈표 2-1〉을 참조하라.

[그림 2-7] 코로나 바이러스 데이터셋의 메뉴

〈표 2-1〉 캐글 데이터셋 메뉴 설명

메뉴	설명
Data	데이터에 대한 기본적인 설명, 데이터 구조 및 형식 확인
Task	제시된 데이터를 사용하여 정답이 공개되지 않은 데이터의 답을 예측
Kernels	데이터와 관련된 코드, 자료 등을 공유
Discussion	데이터와 관련된 토론
Activity	데이터의 다운로드, 사용 통계
Metadata	데이터와 관련된 각종 정보
Download	데이터 다운로드
New Notebook	파이썬, R 코드를 사용하여 데이터를 분석하는 코드를 웹페이지상에서 직접 작성

표에 설명된 바와 같이 데이터 내용을 확인하려면 'Data' 메뉴를 선택한다. [그림 2-8]과 같이 아래쪽에 표시되는 내용으로부터 데이터셋에 관한 기본적인 정보를 얻을 수 있다. 데이터셋 설명 아래쪽에는 데이터셋에 포함된 파일들의 리스트와 각 파일별 정보가 표시된다[그림 2-9]. 이 데이터는 2020년 1월 21일 기준 코로나19 바이러스 감염자의 지역별 통계다. 이 시점에 베이징의 감염자 수가 10명이었음을 알 수 있다.

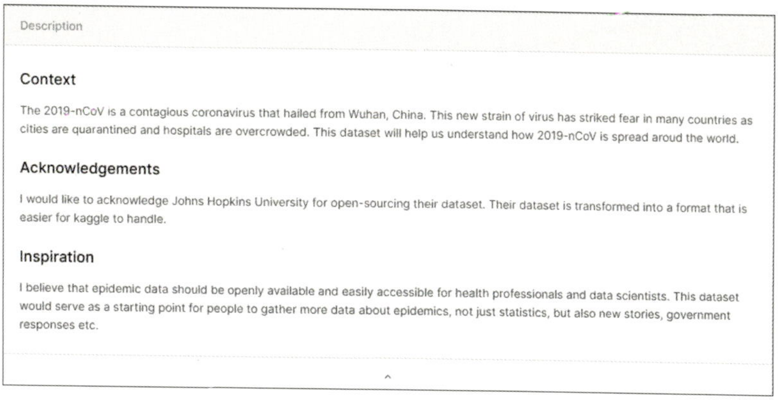

[그림 2-8] 데이터셋 기본 설명

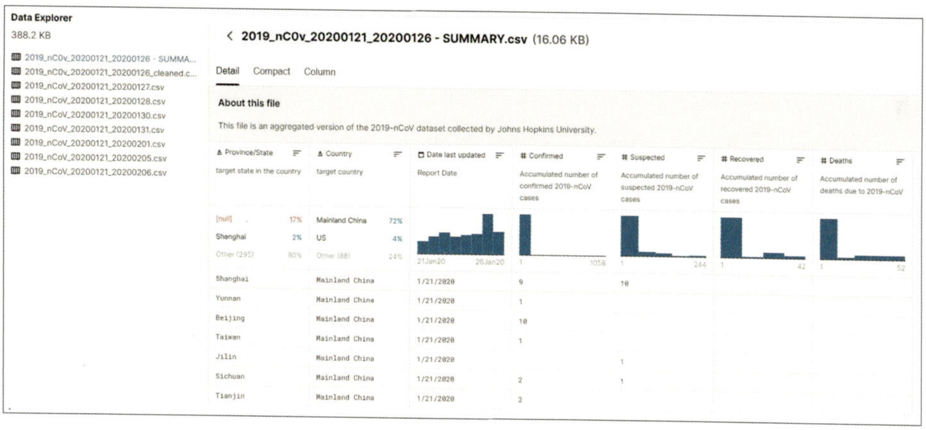

[그림 2-9] 데이터셋에 들어있는 파일 종류, 데이터 미리보기 및 통계

다운로드 버튼을 누르면 압축파일 형태로 데이터셋을 다운로드 받을 수 있다. 7-zip, 알집 등의 압축 소프트웨어를 사용하여 압축을 풀면 각각의 파일들을 직접 확인할 수 있다. 캐글에서 데이터는 보통 csv 형태로 제공되는데, 엑셀 등의 스프레드시트 소프트웨어를 사용하면 그 내용을 쉽게 확인해 볼 수 있다.

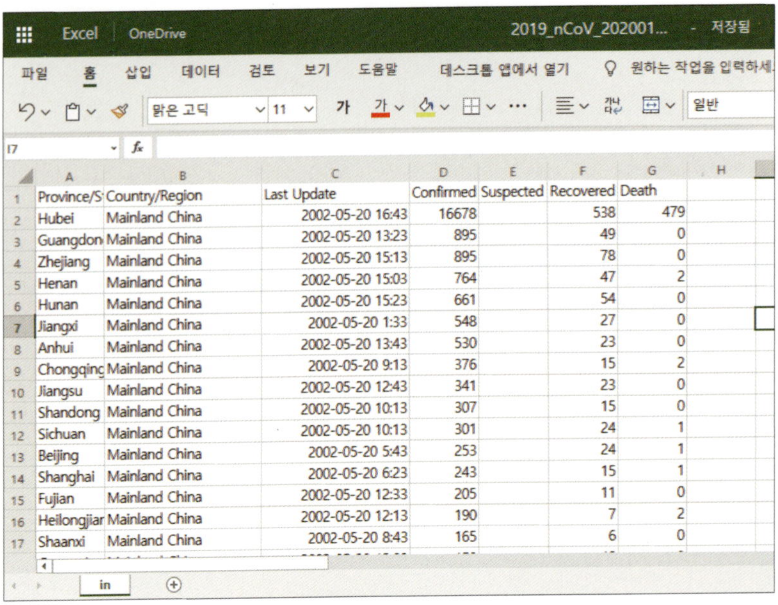

[그림 2-10] 엑셀로 열어 본 csv 데이터 파일

〈표 2-1〉에서 설명한 것처럼 이 데이터셋을 분석하는 프로그램을 웹페이지상에서 바로 작성할 수도 있다. 하지만 프로그래밍을 하기 위해서는 컴퓨터 언어에 대한 기본 지식을 먼저 쌓아야 할 필요가 있다. 다음 장에서 코딩의 기초를 쌓은 후 다시 도전해 보자.

2.4 캐글 경진 대회와 타이타닉 데이터

2.4.1 캐글 경진 대회

좌측 메뉴 [그림 2-11 ⓐ]에서 Competitions를 선택하면 캐글 대회 페이지[그림 2-11 ⓑ]로 이동할 수 있다.

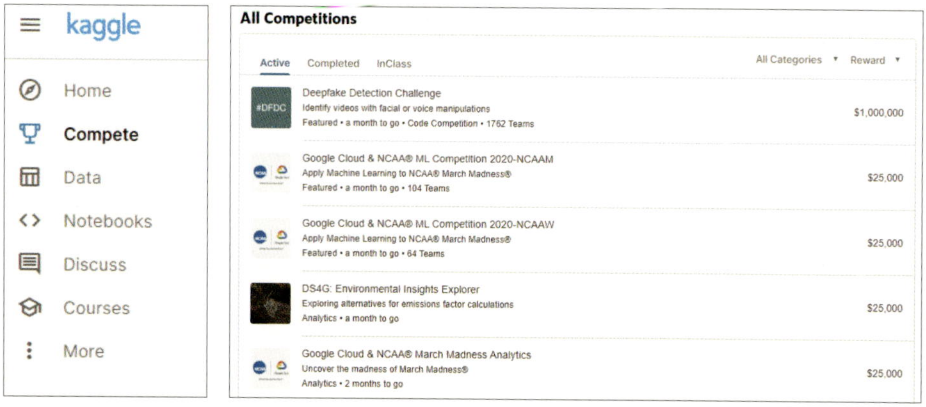

ⓐ ⓑ

[그림 2-11] ⓐ 캐글의 메인 메뉴, ⓑ 경진 대회 페이지

캐글 경진 대회 대회 페이지에는 3개의 탭이 있는데, Active는 현재 열리고 있는, Completed는 종료된 경진 대회이며, InClass는 대학 수업 등에서 학생들을 대상으로 열어 둔 경진 대회이다. InClass의 대회는 별도로 초대를 받아야 참여할 수 있는 경우가 많으므로, 수업 등에서 활용하는 경우가 아니라면 특별히 신경 쓰지 않아도 괜찮다. (자체적인 InClass 대회를 만드는 방법은 9.5절에서 설명한다.)

[그림 2-11 ⓑ]에 나타난 Active한 대회 중, 가장 처음 나오는 것은 Deepfake Detection인데(대회 상황은 계속 업데이트되고 있기 때문에 시기에 따라 다를 수 있음.), 이것은 얼굴 사진이나 목소리가 합성된 것인지 아닌지를 확인하는 것이다. 현재 100만 달러(약 13억 원 이상)의 상금이 걸려 있으며, 1,762개의 팀이 참여하고 있는 것을 볼 수 있다. 그 아래쪽에는 상대적으로 작은 규모의 상금이 걸린 대회들이 보여진다. 처음부터 큰 상금의 대회에 참여할 필요는 없다. 차근차근 실력을 쌓다 보면 큰 규모의 대회에도 참가할 수 있게 될 것이다.

2.4.2 타이타닉 생존자 예측 대회

1912년 4월 15일, 당시 세계에서 손꼽히던 대형 증기선 RMS 타이타닉호는 영국에서 출발하여 미국으로 향하던 중 빙산과 충돌하여 침몰하였다. 타이타닉호는 빠른 속도는 물론이고 각종 편의 설비가 설치된 호화 여객선이었으며, 원격으로 조작할 수 있는 방수 격벽이 설치된 이유로 '가라앉지 않는 배'라는 별명이 붙기도 하였다. 하지만 불의의 사고로 인해 2천명 이상의 승객 중 1,500여명이 숨진 (출처에 따라 수치는 조금씩 다르다.) 대형 재난 사건이 발생하고 말았다. 이 사건은 1997년에 영화로 개봉되면서 다시 한번 세계의 주목을 받게 되었고, 레오나르도 디카프리오가 주연했던 이 영화는 아카데미 영화상 11개 부문에서 수상하며 이 사건을 세인들의 마음에 새겨 놓게 되었다.

ⓐ

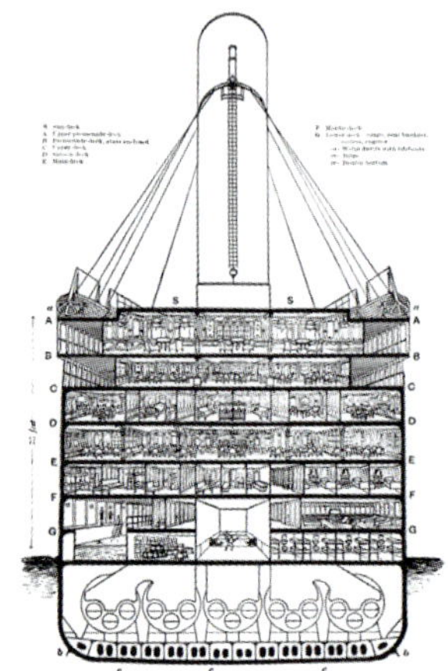

ⓑ

[그림 2-12] ⓐ 〈타이타닉〉 영화 포스터, ⓑ 타이타닉 배의 구조[1]

데이터 분석 측면에서 타이타닉호의 생존자 통계는 몇 가지 살펴볼 만한 부분이 있다. 당시 1등실에 타고 있던 승객 중 어린이는 한 명을 제외하고는 모두 구조되었으나, 2등실에 탑승했던 남자 승객 중에서 구조된 사람은 극히 일부(168명 중 14명)에 불과하였다. 이것은 당시 배의 구조와 선실의 위치, 그리고 여성과 어린이를 우선하여 구명정에 탑승시킨 정책에 기인한 부분이 크다.

이 타이타닉호와 관련된 캐글 경진 대회에 참여해 보자. 따로 상금이 걸려 있진 않

1) 위키피디아

으나, 많은 사람들이 참여하고 있어 정보가 다양하고, 데이터의 양이 그리 많지 않아 비교적 쉽게 시도해 볼 수 있다. 캐글 경진 대회 페이지에서, 우측에 나타나는 All Competition의 카테고리 중 'Getting Started'를 선택한다[그림 2-13].

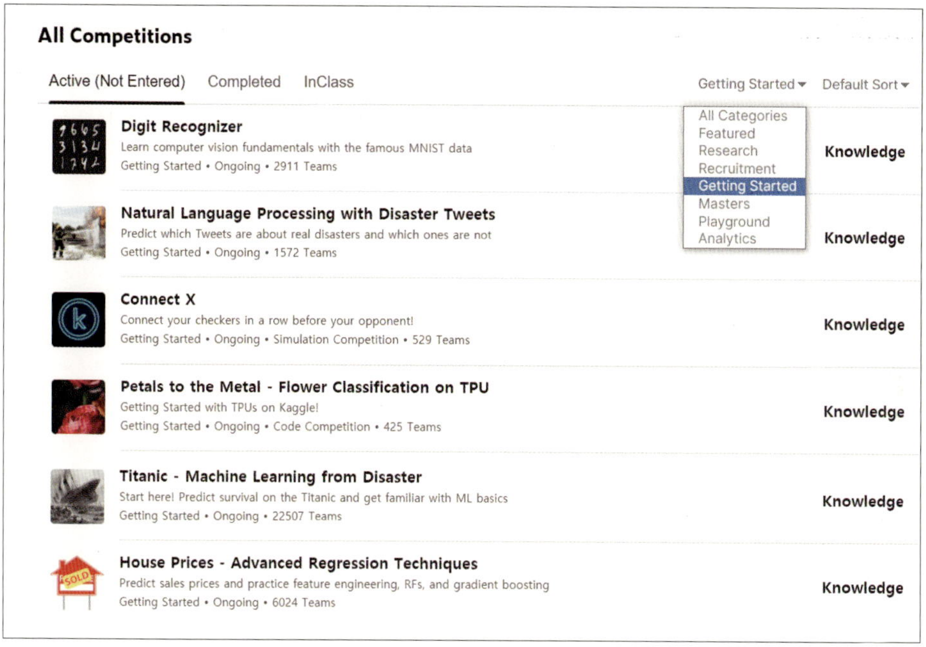

[그림 2-13] 경진 대회 선택 화면

이후 나타나는 경진 대회의 리스트는 시기와 상황에 따라 달라질 수 있으나, 여러 경진 대회 중 참여 예정인 'Titanic: Machine Learning from Disaster'를 클릭하여 들어간다. 경진 대회의 첫 화면[그림 2-14]에서는 경진 대회에 대한 간략한 설명이 있다. 요약하면, 승객에 대한 다양한 정보로부터 해당 승객이 사고로부터 살아남을 수 있을지 예측하라는 것이다.

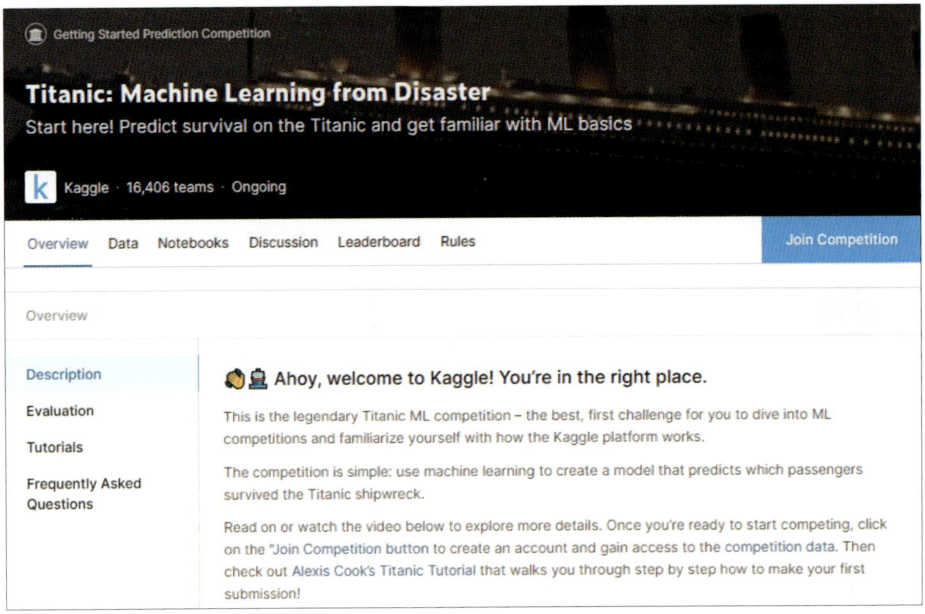

[그림 2-14] 타이타닉 경진 대회 화면

경진 대회 화면의 기본 메뉴는 'Overview', 'Data', 'Notebooks', 'Discussion', 'Leader board', 'Rules', 'Team'으로 이루어져 있으며, 각각의 내용은 〈표 2-2〉와 같다.

〈표 2-2〉 경진 대회 메뉴 설명

메뉴	설명
Overview	경진 대회에 대한 일반적인 설명
Data	경진 대회에서 사용되는 데이터셋에 대한 설명, 데이터 다운로드
Notebooks	경진 대회와 관련된 각종 정보, 공개된 코드
Discussion	경진 대회와 관련된 토론
Leaderboard	순위표
Rules	대회 규칙
Team	팀 생성 및 관리

Join Competition 버튼을 눌러 경진 대회에 참여하자. [그림 2-15]는 경진 대회에 참여하기에 앞서 이와 관련된 규칙에 동의하는지를 묻는 화면이다. I Understand and Accept 버튼을 눌러

동의하면 된다.

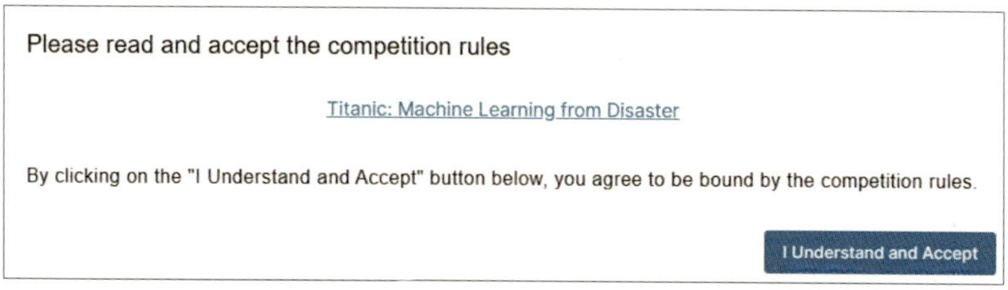

[그림 2-15] 경진 대회 규칙 동의 화면

경진 대회 주 메뉴에서 'Leaderboard'를 누르면 현재까지의 순위표를 볼 수 있다[그림 2-16]. 팀 이름은 왼쪽에, 점수는 오른쪽에 표시된다. 점수는 1점 만점, 최저점은 0점이며, 예측이 정확할수록 점수가 높다. 현재 상위 그룹의 점수는 1점. 즉, 누가 생존하게 될 지 100% 예측한 경우지만, 정답을 알고 있다면 누구나 할 수 있는 것이므로 대단하게 여길 필요는 없다. 정답을 모르는 상태에서 도전한다면 80%를 넘기는 것도 사실 쉽지는 않다.

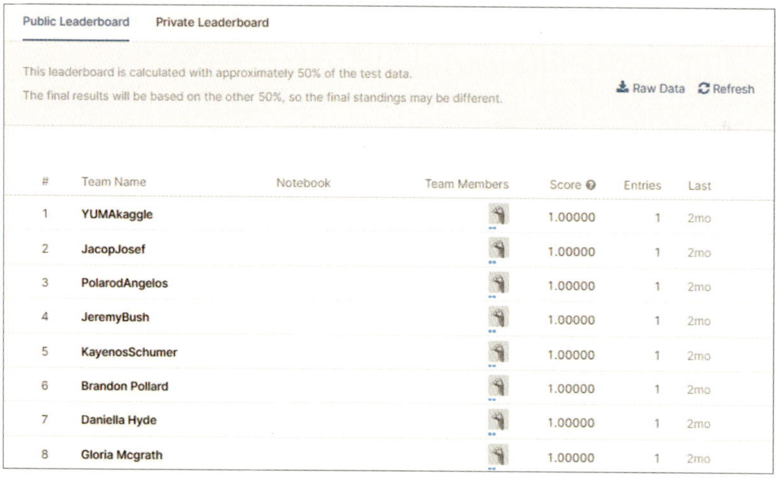

[그림 2-16] 순위표

2.4.3 타이타닉 데이터

타이타닉 경진 대회에 참가하려면 데이터를 내려받아야 한다. 타이타닉 경진 대회 메뉴의 데이터(Data)로 이동하라. 바로 아래쪽의 데이터 설명은 무시하고, 아래쪽에 있는 데이터 파일 섹션[그림 2-17]에서 [Download All] 버튼을 눌러 파일을 다운로드 받으라.

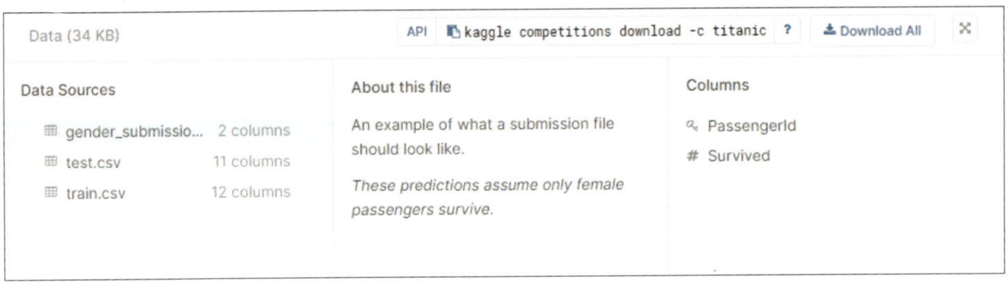

[그림 2-17] 타이타닉 데이터 파일 섹션

[그림 2-18] 다운로드 받은 파일

다운로드 받은 파일을 압축해제하면 [그림 2-18]과 같이 3개의 파일을 볼 수 있다. 압축파일은 윈도우 10의 경우 마우스 오른쪽 버튼을 누르면 나오는 메뉴에서 곧바로 해제할 수도 있고, 알집, 7-zip 등의 별도 소프트웨어를 사용하여 해제할 수도 있다.

3개 파일 중 train, test의 2개 파일이 핵심 데이터 파일이다.(gender_submission은 잠시 무시하자.) 이 2개 파일을 이해하기 위해서는 인공지능 알고리즘 테스트가 진행되는 과정을 먼저 이해해야 한다.

2.4.4 인공지능의 학습과 데이터

[그림 2-19 ⓐ]는 인공지능이 데이터를 학습하는 과정을 간단히 묘사하고 있다. 인공지능에게 데이터가 주어지고, 인공지능은 질문(여기서는 한 자릿수의 덧셈)에 대해 올바른 답을 할 수 있도록 학습한다. 그런데, 이 인공지능이 데이터를 올바로 학습했는지는 어떻게 확인할 수 있을까? 학습에 사용했던 질문을 그대로 사용해 물어보는 것도 하나의 방법이겠지만, 정말 제대로 '학습'했는지를 알기는 힘들다. 사람과는 달리 인공지능의 기억력은 매우 좋아서, '학습'한 것이 아니라 단순히 '암기'했을 가능성이 있기 때문이다.

[그림 2-19] 인공지능의 ⓐ 학습과 ⓑ 테스트

이런 문제를 피하기 위해 인공지능은 일반적으로 별도의 데이터를 사용하여 평가된다[그림 2-19 ⓑ]. 학습 시에 주어지지 않았던 새로운 데이터를 사용해 테스트함으로, 학습 시에 주어진 데이터를 인공지능이 얼마나 일반화하여 이해하였는지를 평가한다. 얼핏 배우지도 않은 것을 시험 치게 만드는 가혹한 조건이라고 여겨질 수도 있으나, 사실 이것은 사람을 포함한 대부분의 동물이 가지고 있는 능력이다.

어린아이에게 고양이와 개를 구분하는 것을 가르칠 때, 우리는 아이에게 고양이와 개 사진을 여러 개 반복하여 보여준다. 한 장의 고양이 사진만 본 아이는 그 사진과 똑같이 생긴 동물만 고양이라고 생각할 수밖에 없지만, 여러 장의 고양이와 개 사진을 보며 설명을 들은 아이는, 점차 고양이와 개의 전형적인 모습을 익혀 나가게 된다. 이 아이가 정말로 고양이와 개를 제대로 구분하게 되었는지 테스트하기 위해서는 미리 보여준 적이 없는 새로운 사진을 보여주면 된다. 공부(학습)했던 사진과 비슷하지만 조금 다른 사진이 고양이인지 개인지 정확하게 말할 수 있게 된다면, 이 아이는 고양이와 개를 구분하는 것을 훌륭한 수준으로 학습했다고 할 수 있을 것이다. 인공지능도 마찬가지다. 사진을 보고 고양이인지 개인지 알려 줄 수 있도록 인공지능을 학습시키기 위해서는 '학습용 데이터'를 인공지능에게 제공해 주어야 한다.

[그림 2-20] 학습용 데이터 vs 테스트용 데이터

이번에는 입장을 조금 바꾸어 인공지능을 만드는 사람의 관점에서 바라보자. 우리에게는 고양이와 개를 찍은 10,000장의 사진이 주어졌으며, 이 10,000장의 사진을 가지고 인공지능을 학습시키고 학습된 인공지능의 능력을 평가해야 한다. 가장 간단히 시도해 볼 수 있는 방법은 10,000장의 사진을 모두 사용하여 인공지능을 학습시키는 것이다. 학습이 완료된 후에 10,000장의 사진을 다시 인공지능에게 주면서 정답을 맞춰보도록 했더니, 99.0%의 정확도로 정답을 맞출 수 있었다고 하자. 이 인공지능은 정말로 99%의 정확도를 달성한 것일까?

그렇지 않다. 이 인공지능이 실제로 사용될 때에는 학습 시에 제공되지 않은 사진을 분류하게 될 것이기 때문이다. 이 때문에 인공지능의 성능을 테스트할 때에는 [그림 2-20]과 같이 학습 시에 사용되지 않은 별도 데이터를 사용하게 된다. 10,000장의 사진 중 7,000장은 학습에, 3,000장은 테스트에 사용하여 99.0%의 정확도를 달성하였다고 한다면, 이때의 정확도는 인공지능의 성능을 올바르게 나타내고 있다고 할 수 있을 것이다.

이제 다시 타이타닉 데이터로 돌아가 보자. 다운로드 받은 타이타닉 데이터에는 train.csv 파일과 test.csv 파일이 있다. train.csv 파일은 앞서 설명한 대로 학습을 하기 위한 데이터이고, test.csv 파일은 학습된 모델을 테스트하기 위한 데이터다. train.csv 파일은 학습용이기 때문에 정답(생존 여부)이 주어지고, test.csv 파일에는 정답이 포함되어 있지 않다. 정답을 예측해서 캐글에 제출하면 채점 후 점수를 알려준다. 다음 장에서는 학습용 데이터를 분석하고, 테스트 데이터에 적용해 보는 실습을 수행할 것이다.

2.4.5 엑셀을 사용하는 데이터 분석

앞서 다운로드 받은 2개 데이터 파일을 사용하여 타이타닉 경진 대회에 답을 제출해 보자. 2.4.3절에서 설명한 바와 같이 train.csv 와 test.csv의 두 개 파일이 핵심이다. 데이터 분석을 위해, 엑셀을 사용하여 train.csv 파일을 열어보자. 엑셀이 없다면, office 365(https://www.office.com/)나 구글 스프레드시트(https://www.google.com/intl/ko_us/sheets/about/) 등의 무료 사이트를 활용하면 된다.

train.csv 파일의 데이터는 총 12개의 항목(Column)과 891개의 행(Row)으로 이루어져 있다[그림 2-21]. 하나의 항목은 한 종류의 정보를 가지고 있으므로, 한 사람당 총 12 종류의 정보를 가지고 있다. 각각의 항목이 의미하는 바는 〈표 2-3〉과 같다. 특정 승객의 생존 여부를 알아보려면, Name 항목에서 이름으로 검색한 후 survived 항목의 값을 살펴보면 된다. 1이면 생존했다는 뜻이다. 예를 들어 35세의 Lily라는 인물(승객 번호 4번)은 여성이며, Survived 항목의 값이 1이므로 구조된 것을 알 수 있다. 이 승객은 기혼자이기 때문에 Mrs로 기록되었고, 당시의 관습에 따라 남편의 이름을 적은 후 괄호 안에 자신의 결혼 전 이름을 기입하였다. SibSp는 함께 탑승한 형제나 배우자의 수를 나타내는데, 남편의 이름으로 검색해 보면, 같은 이름이 승객 번호 138번에 나타나 있는 것을 알 수 있다. 한편, 이 승객이 지불한 1등석의 탑승권 가격은 53.1$인데 3등석에 탑승한 다른 승객의 탑승권 가격과 비교해 보면 차이가 6배 이상 나는 것을 알 수 있으며, 같은 1등석 안에서도 가격 차이가 있었음을 볼 수 있다.

	A	B	C	D	E	F	G	H	I	J	K	L
1	Passenger	Survived	Pclass	Name	Sex	Age	SibSp	Parch	Ticket	Fare	Cabin	Embarked
2	1	0	3	Braund, Mr. Owen Harris	male	22	1	0	A/5 21171	7.25		S
3	2	1	1	Cumings, Mrs. John Bradley (Florence Briggs Thayer)	female	38	1	0	PC 17599	71.2833	C85	C
4	3	1	3	Heikkinen, Miss. Laina	female	26	0	0	STON/O2.	7.925		S
5	4	1	1	Futrelle, Mrs. Jacques Heath (Lily May Peel)	female	35	1	0	113803	53.1	C123	S
6	5	0	3	Allen, Mr. William Henry	male	35	0	0	373450	8.05		S
7	6	0	3	Moran, Mr. James	male		0	0	330877	8.4583		Q
8	7	0	1	McCarthy, Mr. Timothy J	male	54	0	0	17463	51.8625	E46	S
9	8	0	3	Palsson, Master. Gosta Leonard	male	2	3	1	349909	21.075		S
10	9	1	3	Johnson, Mrs. Oscar W (Elisabeth Vilhelmina Berg)	female	27	0	2	347742	11.1333		S
11	10	1	2	Nasser, Mrs. Nicholas (Adele Achem)	female	14	1	0	237736	30.0708		C
12	11	1	3	Sandstrom, Miss. Marguerite Rut	female	4	1	1	PP 9549	16.7	G6	S
13	12	1	1	Bonnell, Miss. Elizabeth	female	58	0	0	113783	26.55	C103	S
14	13	0	3	Saundercock, Mr. William Henry	male	20	0	0	A/5. 2151	8.05		S
15	14	0	3	Andersson, Mr. Anders Johan	male	39	1	5	347082	31.275		S

[그림 2-21] 엑셀에서 살펴본 train.csv 파일

test.csv 파일의 구조[그림 2-22]는 train.csv와 거의 동일하지만, Survived 항목이 빠져 있는데, 이것은 정답을 주지 않은 상태로 테스트를 하기 위함이다(2.4.4절 참조).

〈표 2-3〉 데이터 파일에 담겨 있는 정보

이름	내용
PassengerId	승객 ID
Survived	생존 여부(0: 사망, 1: 생존)
Pclass	탑승권 종류 (1: 1등석, 2: 2등석, 3: 3등석)
Name	이름
Sex	성별
Age	나이
SibSp	형제, 배우자를 합한 수
Parch	부모, 자녀를 합한 수
Ticket	탑승권 번호
Fare	탑승권 가격
Cabin	캐빈 번호
Embarked	탑승지(C: 셰르부르, Q: 퀸즈타운, S: 사우스햄프턴)

	A	B	C	D	E	F	G	H	I	J	K
1	Passenger	Pclass	Name	Sex	Age	SibSp	Parch	Ticket	Fare	Cabin	Embarked
2	892	3	Kelly, Mr.	male	34.5	0	0	330911	7.8292		Q
3	893	3	Wilkes, M	female	47	1	0	363272	7		S
4	894	2	Myles, Mr	male	62	0	0	240276	9.6875		Q
5	895	3	Wirz, Mr.	male	27	0	0	315154	8.6625		S
6	896	3	Hirvonen,	female	22	1	1	3101298	12.2875		S
7	897	3	Svensson,	male	14	0	0	7538	9.225		S
8	898	3	Connolly,	female	30	0	0	330972	7.6292		Q
9	899	2	Caldwell,	male	26	1	1	248738	29		S
10	900	3	Abrahim,	female	18	0	0	2657	7.2292		C
11	901	3	Davies, M	male	21	2	0	A/4 48871	24.15		S
12	902	3	Ilieff, Mr.	male		0	0	349220	7.8958		S
13	903	1	Jones, Mr.	male	46	0	0	694	26		S
14	904	1	Snyder, M	female	23	1	0	21228	82.2667	B45	S
15	905	2	Howard, M	male	63	1	0	24065	26		S
16	906	1	Chaffee, M	female	47	1	0	W.E.P. 57	61.175	E31	S
17	907	2	del Carlo,	female	24	1	0	SC/PARIS	27.7208		C
18	908	2	Keane, Mr	male	35	0	0	233734	12.35		Q

[그림 2-22] 엑셀에서 살펴본 test.csv 파일

이와 같이 캐글 경진 대회에서, 사용자는 제한된 정보들로부터 특정한 항목의 변화를 예측하는 인공지능 모델을 만드는 작업을 하게 된다. 이것은 사실 캐글 경진 대회 뿐 아니라, 인공지능을 사용하는 대부분의 문제에서 사용되는 방식이므로, 타이타닉 문제를 통해 이 방식을 잘 익혀 두어야 한다. [그림 2-23]은 타이타닉 데이터에서 주어지는 정보와 예측해야 하는 출력, 그리고 만들어야 하는 인공지능 모델 사이의 관계를 그림으로 표시한 것이다. '주어지는 정보'는 입력 특징(Input Features), 예측해야 하는 정보는 출력(Output)으로 부르는 것이 일반적이다. 타이타닉 데이터에는 총 12개의 항목이 있으며, 이 중 예측해야 하는 정보인 생존 여부(Survived) 항목과 생존 여부를 판단하는 데에 별다른 의미가 없는 탑승자 번호(PassengerId)를 제외한 10개의 항목이 입력 특징으로 사용된다. 학습용 데이터인 train.csv에서는 입력 특징과 출력이 쌍으로 제공되므로, 이 쌍을 만족시킬 수 있도록 인공지능 모델을 훈련하는 것이 인공지능 학습의 핵심이라고 할 수 있다.

[그림 2-23] 인공지능 모델의 역할

이번 챕터에서는 실제 인공지능 모델을 만드는 것이 아니라, 학습 데이터를 바탕으로 하는 간단한 수동 모델을 만들고, 이를 적용해 보는 연습을 하려고 한다. 인공지능이 해야 하는 일을 사람이 직접 해 보는 것으로 생각하면 된다. 엑셀의 피벗 차트 기능을 사용하여 데이터를 가볍게 살펴보자. 엑셀에서 train.csv 파일을 열고 틀 고정 기능 [그림 2-24]를 사용하여 데이터를 전체적으로 볼 수 있도록 하자.

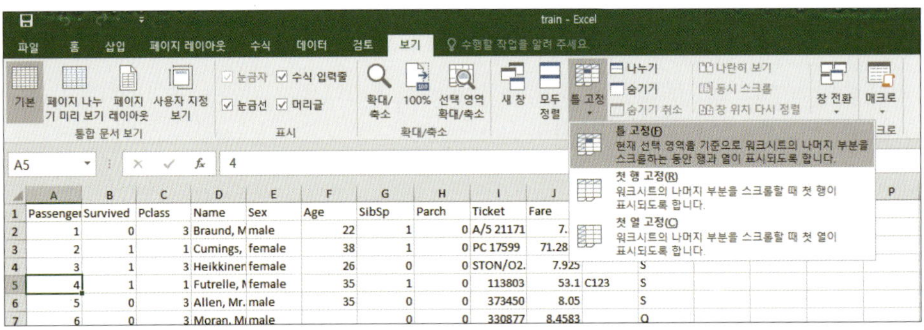

[그림 2-24] 엑셀의 틀 고정 기능

여러 항목 중 성별(Sex) 및 생존 여부(Survived) 데이터를 사용하여, 성별에 따른 타이타닉호 생존자 통계를 살펴보자. 먼저 [그림 2-25 ⓐ]와 같이 성별 항목을 전체 선택하고, 엑셀 삽입 메뉴의 '추천 차트'를 선택하라.

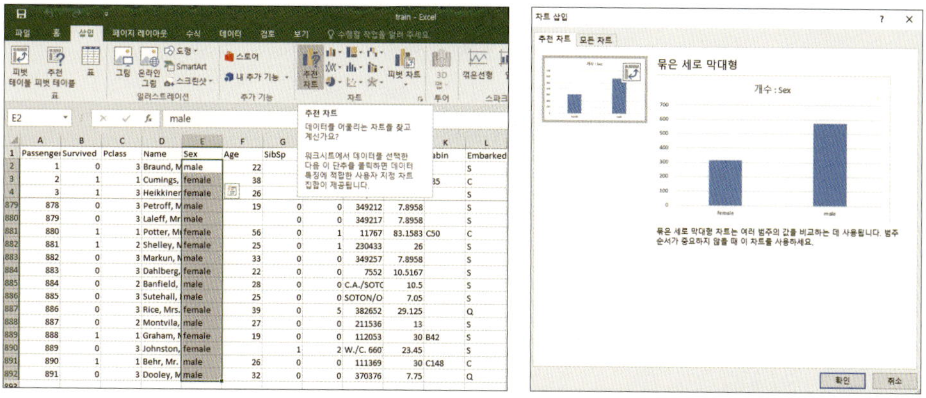

ⓐ ⓑ

[그림 2-25] ⓐ 추천 차트 메뉴, ⓑ 차트 선택 화면

추천 차트에 나타나는 '묶은 세로 막대형'을 확인하고 확인 버튼을 누르면[그림 2-25 ⓑ], 성별에 따른 탑승자의 수 통계가 나타난다[그림 2-26]. 학습용 데이터에 기록된 탑승자는 여성이 314명, 남성이 577명임을 알 수 있다.

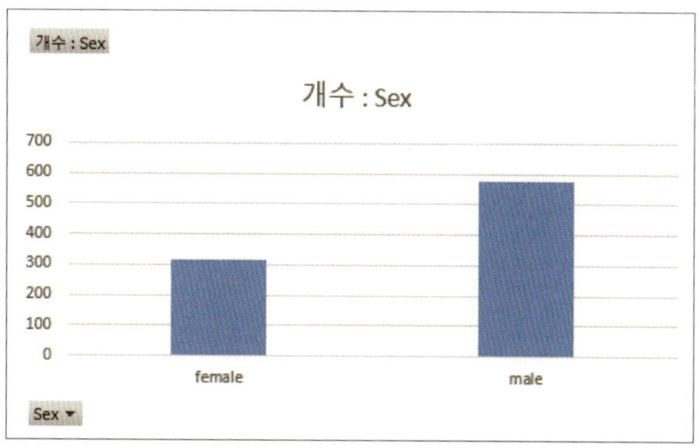

[그림 2-26] 성별에 따른 탑승객 통계

남녀별 생존자 통계를 보기 위해 차트를 클릭한 후 우측의 피벗 차트 필드 섹션에서 Survived를 추가로 선택한다[그림 2-27 ⓐ]. 항목을 올바르게 선택했다면 [그림 2-27 ⓑ]와 같이 남녀별 생존자 수 통계가 나타날 것이다. 여성은 314명 중 233명이, 남성은 577명 중 109명이 생존하였다.

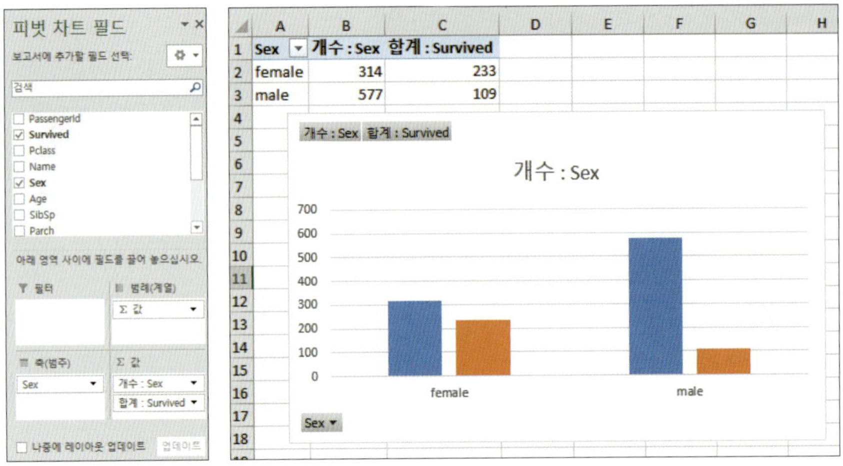

[그림 2-27] ⓐ 피벗 차트 속성 변경 화면, ⓑ 남녀별 생존자 수 통계

train.csv 파일에 기록된 데이터로부터 여성이 남성보다 압도적으로 높은 비율로 구조되었음을 확인할 수 있으며, 여기에서 매우 간단한 모델을 생각해 볼 수 있다. 여성이면 생존하는 쪽으로, 남성이면 생존하지 못하는 쪽으로 답하는 모델이다.

2.4.6 엑셀을 사용하는 단순 예측

이제 대회에 제출할 답안지를 만들어 보자. 먼저, CTRL+N 키를 눌러 새로운 파일을 만들고 first_submit이란 이름으로 저장한다. 이때 파일 형식은 csv로 바꾸어 주어야 한다. 저장할 때 경고창이 뜨는데 이는 그냥 무시하면 된다.(엑셀에서 지정한 각종 서식 등이 지워질 수 있다는 경고문이다.)

파일의 내용은 우선 [그림 2-28 ⓐ]와 같이 만들어 준다. PassengerId 항목은 test.csv 파일에서 복사해 가져오면 되며, 앞서 train.csv 파일에서 연습한 것처럼 '틀 고정'을 사용하면 좀 더 쉽게 내용을 볼 수 있다.

	A	B
1	PassengerId	Survived
2	892	
3	893	
4	894	
401	1291	
402	1292	
403	1293	
404	1294	
405	1295	
406	1296	
407	1297	
408	1298	
409	1299	
410	1300	
411	1301	
412	1302	
413	1303	
414	1304	
415	1305	
416	1306	
417	1307	
418	1308	
419	1309	

ⓐ

	A	B
1	PassengerId	Survived
2	892	0
3	893	
4	894	
401	1291	
402	1292	
403	1293	
404	1294	
405	1295	
406	1296	
407	1297	
408	1298	
409	1299	
410	1300	
411	1301	
412	1302	
413	1303	
414	1304	
415	1305	
416	1306	
417	1307	
418	1308	
419	1309	

ⓑ

	A	B
1	PassengerId	Survived
2	892	0
3	893	1
4	894	0
401	1291	0
402	1292	1
403	1293	0
404	1294	1
405	1295	0
406	1296	0
407	1297	0
408	1298	0
409	1299	0
410	1300	1
411	1301	1
412	1302	1
413	1303	1
414	1304	1
415	1305	0
416	1306	1
417	1307	0
418	1308	0
419	1309	0

ⓒ

[그림 2-28] ⓐ 제출할 파일의 기본 형식, ⓑ 엑셀에서의 수식 복사 방법, ⓒ 완성된 제출 파일

survived 항목의 내용은 수식으로 B2 셀에 [그림 2-29]와 같이 입력한다. 남자면 생존하지 못했다고, 여자면 생존했다고 예측하는 수식이다. (first_submit 파일의 B2 셀은 test.csv 파일의 d2 셀의 값이 'male'이면 0, 'female'이면 1이 된다.) test.csv 파일과 지금 작성 중인 파일은 같은 폴더 내에 존재해야 수식이 올바르게 작동할 수 있다.

B2 | =IF(test.csv!D2="male",0,1)

[그림 2-29] 성별만으로 생존 여부를 예측하는 수식

이후, [그림 2-28 ⓑ]와 같이 B2 칸 우측 하단에 있는 점을 마우스로 아래쪽으로 드래그하면 수식이 자동으로 복사된다.

작성이 완료되면[그림 2-28 ⓒ], 파일을 저장(CTRL+s)하고, 타이타닉 경진 대회 화면

에서 Submit Predictions 버튼을 눌러 캐글 사이트에 제출한다. 저장할 때 뜨는 경고창은 무시한다. 방금 작성한 수식 대신, 결과만 저장된다는 의미다. 화면이 바뀌면 업로드 아이콘( )을 클릭하고 방금 작성한 first_submit.csv 파일을 선택한다. 파일이 정상적으로 업로드되면, 파일에 대한 간단한 설명을 적은 후[그림 2-30], Make Submission 버튼을 눌러 제출한다.

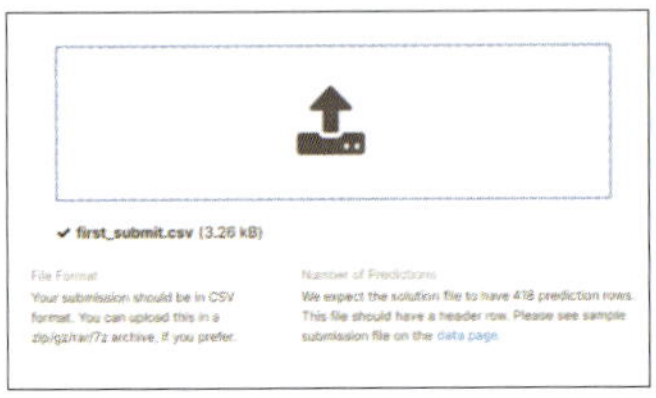

ⓐ

ⓑ

[그림 2-30] ⓐ 파일 업로드 후 화면, ⓑ 파일에 대한 기술 화면

제출이 완료되면 채점 결과가 화면에 나타난다[그림 2-31 ⓐ]. 남/여 구분만으로도 76.6%로 생존 여부를 맞출 수 있다는 것을 알 수 있다.

아래쪽의 링크 Jump to your position on the leaderboard ▾ 를 눌러 순위를 확인할 수 있다[그림 2-31 ⓑ]. 물론 너무 간단한 방법을 사용했으므로, 순위는 크게 기대하지 않는 편이 좋다.

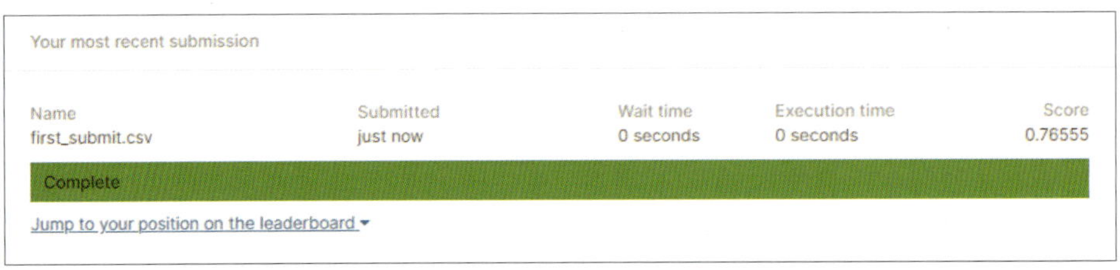

ⓐ

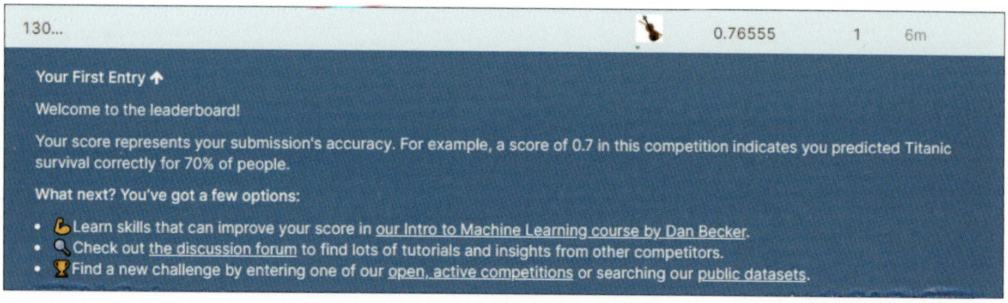

ⓑ

[그림 2-31] ⓐ 제출 결과, ⓑ 순위표

요약

1 캐글은 데이터 분석 성능과 품질을 경쟁하는 온라인 플랫폼이다.

2 캐글의 여러 메뉴 중, 데이터셋에는 무료로 다운로드 받을 수 있는 데이터들이 있으며, 경진 대회(Competition)에서는 데이터 분석 결과를 업로드하여 다른 참가자들과 경쟁할 수 있다.

3 인공지능의 학습은 주어진 데이터를 단순히 기억하는 것을 넘어, 해당 데이터를 일반화하는 성능을 평가하는 것이다.

4 인공지능의 학습을 평가하기 위해서는 학습용과 테스트용 데이터를 분리하여 사용하여야 한다. 이것은 컴퓨터의 기억력이 사람을 아득히 뛰어넘는 수준이어서, 단순히 모든 경우의 수를 기억하는 방법으로 데이터를 학습해 버릴 수도 있기 때문이다.

5 데이터의 기본적인 통계 분석은 엑셀의 기능을 사용하여 수행할 수 있다.

연습문제

1 캐글 웹사이트에 있는 데이터셋을 하나 선택하여 데이터셋의 내용(데이터의 종류 등 기본 정보)을 간략히 정리하시오.

2 인공지능 이론에서 말하는 '학습'의 개념을 사람의 '학습'과 비교하여 설명하시오.

3 본문에서 설명한 '일반화'는 무엇인지 쓰시오.

4 학습용 데이터와 테스트용 데이터를 분리하는 이유를 자신의 말로 예를 들어 설명하시오.

5 타이타닉호에서 사용된 탑승권의 등급에는 어떤 것이 있는가? 탑승권 등급에 따른 생존율을 엑셀을 사용하여 분석하시오.

6 탑승권 등급에 따라 생존 여부를 예측하는 수식을 만들고, 이를 사용하여 도출한 결과를 캐글에 제출하시오.

7 엑셀 수식에 익숙하다면, 성별, 탑승권 등급 등 몇 가지 정보를 조합하여 결과를 개선해 보시오.

CHAPTER 03

파이썬과 코딩의 기초

3.1 코딩이란?
3.2 구글 코랩을 사용하는 파이썬 코딩
3.3 계산식, 라이브러리와 함수
3.4 변수
3.5 함수
3.6 조건문
3.7 고급 데이터 타입
3.8 반복문
3.9 Numpy 배열
3.10 사용자 정의 함수

CHAPTER 03

파이썬과 코딩의 기초

3.1 코딩이란?

컴퓨터의 동작을 제어할 수 있도록 컴퓨터에 내리는 명령문을 **코드**라고 하며, **코딩**은 이와 같은 코드를 작성하는 행위다. 컴퓨터에게 명령을 올바르게 내리는 일은 생각만큼 간단한 일은 아니다. 여기에서 현실 속 컴퓨터는 영화 속 인공지능과 괴리한다. 영화 〈아이언맨〉에서 아이언맨(로버트 다우니 주니어)은 인공지능 비서인 자비스에게 평범한 일상의 언어로 명령을 내리고, 자비스는 아이언맨의 의도를 정확하게 이해하고 명령을 수행한다.

[그림 3-1] 수많은 컴퓨터 언어

현실 속의 컴퓨터가 자비스처럼 쉽게 인간의 언어를 이해할 수 있다면 참 좋겠지만, 컴퓨터에게는 컴퓨터가 이해하기 쉬운 언어가 따로 존재한다. 그것을 '컴퓨터 언어'라고 부르는데, C, C++, C#, Java, 루비, 포트란, 파이썬 등등 수많은 언어가 존재한다[그림 3-1]. 이런 여러 언어로 작성된 명령을 통칭하는 용어가 바로 '코드'이며 '코드'를 만드는 행동을 '코딩'이라고 한다. 앞서 코딩을 '컴퓨터에게 명령을 내리기 위한 행동'으로 설명했는데, 조금 딱딱한 언어로 다시 정의해 본다면, 코딩은 '컴퓨터에게 명령을 내리는 코드를 작성하는 행위'라고 할 수 있다[그림 3-2].

[그림 3-2] 사람의 언어와 컴퓨터 언어

이 책에서는 여러 언어 중 파이썬을 사용하여 인공지능 코딩을 실습할 것이다. 파이썬은 최근 다양한 분야에서 널리 활용되고 있으며, C나 Java 등의 언어에 비해 상대적으로 배우기가 쉽다는 평을 받고 있다. 또한, 구글에서 개발하여 인공지능 연구 및 비지니스 분야에서 널리 사용되고 있는 텐서플로우, 파이토치 등의 도구(인공지능 프레임워크)를 활용하기에도 편리하다.

이 장에서는 파이썬을 사용하는 방법을 배우게 될 것이다. 파이썬을 사용한다는 것은 우리가 내리고자 하는 명령에 맞는 '파이썬 코드'를 작성해서 컴퓨터에 전달한다는 것이다. 파이썬 코드는 [그림 3-3]과 같은 형태를 가진다. 이 코드는 1부터 10까지의 정수를 더하는 코드인데, 지금 시점에서 이 코드를 이해하려고 애쓸 필요는 없다. 지금은 그냥 '파이썬 코드가 이렇게 생겼구나.' 하는 정도로 인식하고 넘어가자.

```python
sum = 0
for i in range(1,11):
    sum = sum + i

print(sum)
```

[그림 3-3] 파이썬 코드
(지금 이해하려 애쓸 필요는 없다.)

파이썬 코드는 메모장, 한글, MS word 등의 다양한 프로그램을 사용해서 작성할 수 있지만, 이 코드를 컴퓨터에 전달해 실행하도록 하기 위해서는 '파이썬 컴파일러'라고 하는 프로그램이 필요하다. 파이썬은 사실 '진짜' 컴퓨터 언어가 아니며, 파이썬으로 작성된 코드를 '진짜' 컴퓨터 언어인 기계어로 바꾸어 주어야 하기 때문이다. 컴퓨터는 내부적으로 0과 1의 정보만을 가지며, 이 때문에 컴퓨터가 가장 기초적으로 이해할 수 있는 명령은 0과 1로만 된 기계어 코드다[그림 3-4].

```
0000 0000 0001 0100 0010 0010 1000 0100
```

[그림 3-4] 기계어

여기서 문제는 인간에게는 이 기계어가 심하게 어렵다는 것이다. 이 때문에 초기의 컴퓨터 과학자들은 사람이 사용하는 언어와 유사하면서도 기계어로 자동 번역할 수 있는 언어를 새롭게 개발하게 되었다. 이렇게 개발된 언어들이 C, 파이썬 등의 컴퓨터 언어다. 컴퓨터 언어는 여전히 사람에게 어렵지만 공부한다면 익힐 수 있는 수준이고, 컴퓨터가 곧바로 이해할 수는 없으나 누군가가 기계어로 번역해 준다면 컴퓨터도 이해할 수 있는 언어가 되었다. 컴퓨터와 인간이 중간 지점에서 타협을 본 것이라 할 수도 있다.

파이썬을 사용해서 컴퓨터에 명령을 내리려면, 이 파이썬 언어를 기계어로 바꾸어 주는 프로그램을 설치해 주어야 한다. 파이썬 인터프리터, 줄여서 그냥 파이썬이라고 불리는 이 프로그램은 https://python.org에서 다운로드 받아 설치할 수 있다[그림 3-5].

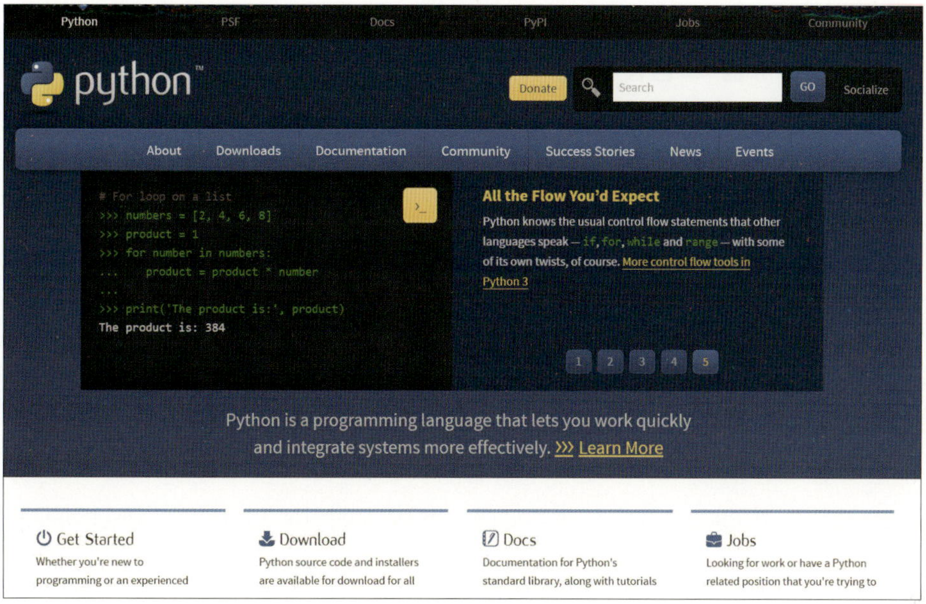

[그림 3-5] 파이썬 웹페이지

파이썬을 사용하는 또 다른 방법은 파이썬 코딩 서비스를 제공하는 웹사이트를 활용하는 것이다. 복잡한 코드를 작성하고 실행하기 위해서는 개인 컴퓨터에 파이썬을 설치하고 실행하는 것이 좋지만, 이 책의 목적은 복잡한 코딩 기법을 배우는 것이 아니라 인공지능의 개념을 익히고 이를 실습해 보는 것이므로, 복잡한 설치 과정은 생략하고 무료로 제공되는 웹사이트(구글 코랩)를 활용할 것이다. 이미 파이썬에 익숙한 독자라면 이 장에서는 구글 코랩(CoLab)을 활용하는 방법만 확인한 후 다음 장으로 넘어가도 괜찮다.

3.2 구글 코랩을 사용하는 파이썬 코딩

구글 코랩(CoLab)은 구글에서 제공하는 파이썬 코딩 공간(웹페이지)이다. 원래 파이썬으로 코딩을 하기 위해서는 프로그램을 다운로드 받고, 설치하고, 경로를 설정하는 등의 여러 복잡한 작업을 해 주어야 한다. 특히 인공지능 관련 코드를 작성하기 위해서는 각종 라이브러리의 설치 등의 작업이 필요하여 초보자에게는 쉽지 않은 일이다. 하지만, 코랩의 경우 이런 작업이 다 되어 있는 컴퓨터(서버)를 웹상에서 서비스로 제공해 주기 때문에 간편하게 코딩을 시작해 볼 수 있다.

구글 코랩의 장점 중 하나는 인공지능 연산에 필요한 고성능 그래픽 카드(GPU)를 무료로 사용할 수 있다는 것이다. 물론 GPU 없이도 인공지능 연산이 가능하긴 하지만, GPU를 사용하면 그 속도를 대폭 단축시킬 수 있어 시간을 효과적으로 사용할 수 있다. 한 번에 사용할 수 있는 시간은 12시간으로 제한되어 있으나, 실습 목적으로 사용하는 수준에서는 충분하니, 특별히 걱정할 필요는 없다.

[그림 3-6]은 구글 코랩에 접속했을 때 최초로 보여지는 화면이다. https://colab.research.google.com/에 접속하고, 우측 상단의 로그인 버튼을 눌러 구글 아이디로 로그인하자. 코랩 위쪽에는 파일, 수정 등의 메뉴가 있고, 왼쪽 사이드 바에서 현재 폴더의 구조(목차)를 볼 수 있다. 처음 접속하면 코랩의 기본적인 사용법을 알려주는 설명서가 자동으로 나오는데, 시간이 날 때 차분히 읽어 보면 도움이 될 것이다.

[그림 3-6] 구글 코랩 웹사이트

코랩을 사용하여 파이썬 코딩을 하기 위해서는 새 노트를 만들어야 한다. 상단 메뉴 중 '파일'을, 세부 메뉴에서 '새 노트'를 선택하여 노트를 만들자.

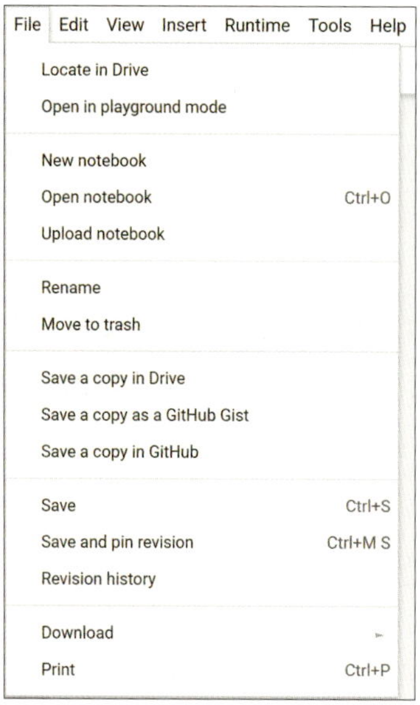

[그림 3-7] 코랩의 메뉴

[그림 3-8]은 새 노트가 만들어진 직후의 화면이다. 왼쪽에 보이는 ≡ 아이콘을 클릭하면 목차를 볼 수 있으나, 아직 아무것도 만들지 않았으므로, 빈 목차만 보인다. 오른쪽의 ▶ 는 코드를 입력하는 곳이다.

[그림 3-8] 새 노트 화면

코드 입력창에 간단한 코드를 입력해 보자. 컴퓨터에서 사칙연산은 +, -, *, / 기호를 사용해서 나타낸다. 곱하기 표시가 수학 기호와는 다르다는 것에 주의하자.

[그림 3-9]와 같이 계산식을 입력하고 버튼을 누르면 그 결과가 자동으로 계산되어 나온다. 12×12와 같은 간단한 곱셈식도, 좀 더 복잡하고 사람이 암산으로 계산하기엔 무리인 계산도 순식간에 할 수 있다.

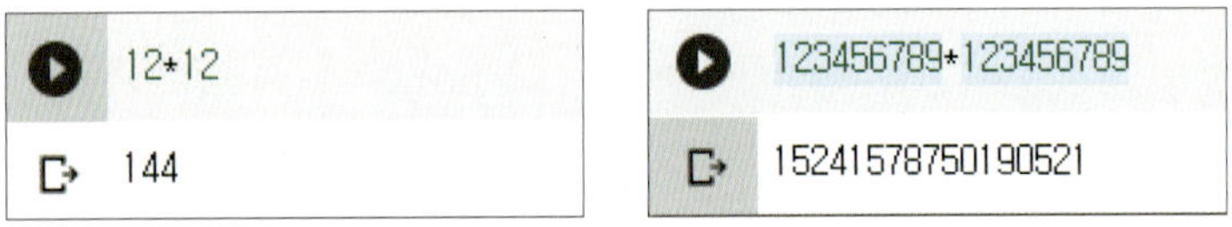

ⓐ ⓑ

[그림 3-9] 계산식 입력 화면

조금 복잡한 식의 경우에는 괄호를 사용하여 어떤 순서로 계산을 할지 컴퓨터에게 알려줄 수 있다. 다음은 키가 178cm이고 몸무게가 80kg인 사람의 bmi를 계산하는 식이다. 괄호를 지우고 계산하면 전혀 다른 결과가 나오게 되니, 주의가 필요하다.

```
80 / (1.78*1.78)
```

괄호를 중첩시켜서 보다 복잡한 식을 나타낼 수도 있다

```
( 10*(3+7) + 5*(2+5) ) / 5
```

파이썬 코드에서 #은 코드에 설명을 적을 때 사용한다. 코드를 작성한 뒤에 설명을 적으면, 나중에 다시 코드를 보거나 다른 사람에게 설명할 때 편하다. 이와 같은 설명을 **주석**이라고 한다. #보다 오른쪽에 있는 글은 실행할 때 무시된다. 만약 여러 줄에 걸쳐 주석을 적으려면, 설명의 앞과 뒤를 큰 따옴표 세 개(""")로 묶으면 된다.

```
# 괄호를 중첩시켜서 만든 복잡한 수식
(10*(3+ ( 10*(3+7) + 5*(2+5) ) / 57) + 5*(2+5) ) / 5
```

요약

1 코딩은 컴퓨터에 내리는 명령문(코드)을 작성하는 행위다.

2 컴퓨터의 내부 동작에 사용되는 코딩 언어는 0과 1로 구성된 기계어이지만, 사람이 이해하기 어렵다.

3 파이썬을 비롯해, C, C++, Java, 등 사람이 이해할 수 있으면서도, 기계어로 쉽게 번역 가능한 코딩용 언어들이 개발되어 사용되고 있다.

4 컴퓨터를 사용하여 코딩을 하기 위해서는 각각의 언어를 기계어로 바꾸어 주는 프로그램, 즉 인터프리터를 설치하여야 한다.

5 구글 코랩은 구글에서 웹상에서 제공하는 파이썬 코딩 공간이며, 인터프리터는 서버에 이미 설치되어 있으므로, 개별적으로 설치할 필요 없이 간편히 사용할 수 있다.

6 코랩의 코드 창을 사용하여 복잡한 수식을 계산해 볼 수 있다.

7 #을 사용하여 코드에 설명을 추가할 수 있다. 이를 '주석'이라고 한다.

연습문제

1 코딩 언어와 인터프리터의 관계에 대해 간단히 설명하시오.

2 코랩에서 사용하는 GPU의 스펙이 어떻게 되는지 인터넷 검색을 통해 알아보시오.

3 지구의 반지름은 6,371km다. 지구가 완전한 원이라고 가정한다면 지구의 둘레 길이가 얼마인지를 코랩을 사용하여 구하시오. 단, pi의 값은 3.141592다.

4 서울과 부산 사이의 도로상 거리는 390.54km다. 부산에서 서울까지 4시간 30분 이내에 가기 위한 자동차의 최소 평균 속도를 코랩을 사용하여 구하시오.

3.3 계산식, 라이브러리와 함수

3.3.1 계산식과 라이브러리(모듈)

앞서 살펴보았듯이, 파이썬을 사용하여 수학 계산을 편하게 할 수 있다. 이번 장에서는 파이썬을 사용하여 수학 계산을 하는 방법을 본격적으로 알아보도록 한다.

우선, 파이썬에서는 수학식에서 사용하는 사칙연산과 괄호를 사용할 수 있다. 곱셈 기호로 *를 사용한다는 점을 빼면 수학에서의 기호, 사용 방법과 동일하다. 사칙연산 외에, 파이썬에는 정수 나눗셈을 계산하는 //, 나머지를 계산해 주는 %라는 기호가 있는데, 앞으로 이를 활용할 일이 제법 있으므로 기억해 두기 바란다. 다음 표의 사용 예를 직접 수행해 보고, 그 결과를 책에 적어 보기 바란다. 암산으로도 충분히 가능하겠지만, 하나하나 타이핑해서 실행 버튼을 눌러 볼 때마다 눈에 보이지 않는 코딩 실력이 상승하니, 꼭 직접 실행해 보기 바란다. 괄호는 연산의 우선순위를 지정하는 데 사용된다. 괄호 안의 식을 먼저 계산(수행)한다. 4 * (3 + 5)라는 식이 있는 경우, 3 + 5를 먼저 계산한 후, 4를 곱한다. 수학식의 중괄호, 대괄호는 코드에서 사용되지 않으며, 모두 소괄호를 사용하여 표시한다.

〈표 3-1〉 파이썬에서 사용되는 연산기호

연산기호	의미	사용 예	결과
+	더하기	35 + 28	
−	빼기	27 - 88	
*	곱하기	34 * 25	
/	나누기	24 / 7	
//	정수 나눗셈	24 // 7	
**	거듭제곱	2**3	
%	나머지	24 % 7	
( )	우선순위 지정	3 * (4 + 7)	

파이썬에서는 간단한 사칙연산 외에도, 삼각함수 등을 사용하는 복잡한 식을 계산할 수도 있다. 수학공부를 하다가 많은 학생들이 좌절을 겪는 곳이 삼각함수가 아닐까 한다. 삼각함수의 값을 알아내기 위해 다음과 같이 입력해 보자.

```
cos(3.141592)
```

3.141592는 원주율인 pi의 값이므로, 위 코드의 결과가 0이 될 것으로 기대를 하겠지만, 실제로 실행시켜 보면, 아래와 같은 결과를 얻는다. 복잡한 영어라고 당황하지 말고 차분히 마지막 줄을 읽어보자. cos이라고 하는 것이 무엇인지 파이썬 컴파일러가 도저히 모르겠다는 응답이다. 코사인 함수라는 것이 무엇인지 컴퓨터에게 알려주지 않았기 때문이다.

```
cos(3.141592)

---------------------------------------------------------------------------
NameError                                 Traceback (most recent call last)
<ipython-input-21-2ad748fbc121> in <module>()
----> 1 cos(3.141592)

NameError: name 'cos' is not defined

SEARCH STACK OVERFLOW
```

[그림 3-10] 코사인 함수를 사용했을 때 발생하는 에러 메시지

코사인 함수가 무엇인지 컴퓨터에게 알려주는 것은 사실 제법 까다로운 일이지만 그렇게 어려운 일을 굳이 직접 할 필요는 없다. 이미 다른 누군가가 미리 만들어 놓았기 때문이다. 코사인 함수뿐 아니라, 수학, 행렬 등과 관련된 다양한 함수를 numpy란 이름으로 한데 묶어 놓았다. 이와 같이 미리 만들어 놓은 코드들의 집합을 '라이브러리'라고 한다(패키지나 모듈이라는 이름으로도 불린다). 라이브러리 함수의 개념을 책장의 칸(라이브러리)에 꽂혀 있는 책(함수)으로 설명할 수 있다[그림 3-11]. 책의 수가 너무 많아 책 이름만으로는 원하는 책을 쉽게 찾을 수 없으며, 제목이 같지만 내용은 다른 책도 있어 책 찾는 것을 더 어렵게 한다. 하지만, 책장 칸의 이름(라이브러리)을 먼

저 찾고 그 칸 안에서만 책을 찾아본다면 보다 손쉽고 정확하게 책을 찾을 수 있을 것이다. [그림 3-11]의 왼쪽 그림은 numpy 라이브러리에 있는 다양한 함수들을 보여주고 있는데, 이번 장에서는 수학 계산과 관련된 함수들만 살펴보도록 한다.

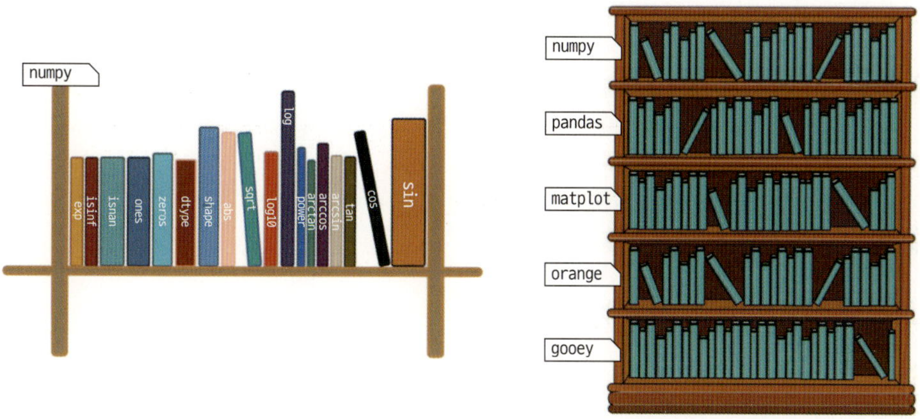

ⓐ ⓑ

[그림 3-11] ⓐ 라이브러리, ⓑ 함수

그럼 numpy 라이브러리를 사용해서 코사인 값을 계산해 보자. 다음 코드를 타이핑하고 실행하면 코사인 값을 확인할 수 있다.

```
import numpy as np
np.cos(3.141592)
```

[그림 3-12] 코사인 함수를 올바로 사용하는 방법과 그 결과

위 코드에서 import는 라이브러리를 사용할 때에 쓰는 명령이다. 여기서는 numpy 라이브러리를 위해 사용되었다. as는 라이브러리의 별명을 만드는 명령이다. 그래서

import numpy as np라고 하면 numpy라는 함수를 np라는 별명으로 사용하겠다는 명령이 된다. 별명은 원하는 대로 바꿀 수 있으니 수정해 보자. 별명을 만드는 것은 코드를 짧게 만들기 위해서다(타이핑의 귀찮음을 조금이라도 줄일 수 있다).

cos 함수 앞에 보면

```
np.
```

이라는 코드가 있다. 이것은 'numpy 라이브러리에 있는'이라는 뜻이다. np는 numpy의 별명으로 앞서 지정했었고,

```
.
```

은 '~~에 소속되어 있는'이라는 뜻이다. π와 e는 np.pi, np.e를 사용하여 표시할 수 있다. 예를 들어, cos(π)나 e+1의 계산은 다음 코드와 같이 할 수 있다.

```
import numpy as np
np.cos(np.pi)
np.e + 1
```

Tips

- 파이썬에서 라이브러리를 사용하려면, 해당 라이브러리를 먼저 설치해 주는 과정이 필요하다. 파이썬 실행 창에서 특정 라이브러리를 설치하려면

  ```
  !pip install [라이브러리 이름]
  ```

  과 같이 명령을 내리면 되며, numpy 라이브러리는

  ```
  !pip install numpy
  ```

  라고 하면 된다. 다만, colab에는 numpy 등의 기본 라이브러리가 이미 설치되어 있는 상태이기 때문에 코랩을 사용한다면 설치할 필요는 없다.

- 라이브러리를 import할 때에, from이라는 키워드를 함께 사용할 수 있으며, from을 사용하면 특정 함수만을 import하는 것도 가능하다. 함수 이름으로 import하는 경우에는 np 등의 라이브러리 이름/별명을 적을 필요가 없지만, 여러 함수의 사용이 필요한 경우에는 번거롭게 될 수도 있다. 다음 코드는 cos 함수만을 골라서 import하여 사용하는 예제이다.

```
from numpy import cos
cos(3.141592)
```

- 이 장에서는 '함수'라고 하는 것을 보다 쉽게 이해하여 사용할 수 있도록, 수학함수의 예를 들어서 설명하였다. 파이썬에서의 함수는 수학함수와 비슷하지만 조금은 다르다. 이에 대해서는 3.5절에서 더 자세히 살펴보도록 하자.

- 하나의 커다란 라이브러리 묶음을 '패키지'라고 부른다. '모듈'은 라이브러리의 최소 단위, '패키지'는 최대 단위라고 생각하면 편하다. '패키지'에는 여러 개의 모듈이 포함될 수 있으며, 큰 패키지의 경우, 하나의 패키지 안에 여러 개의 서브(sub) 패키지가 포함되어 있기도 한다. 반면, 작은 패키지의 경우 하나의 모듈로 이루어진 경우도 있다.

요약

1 파이썬을 사용하여 수학 계산을 편리하게 할 수 있다.

2 파이썬의 사칙연산 기호는 수학 기호와 유사하다. 곱하기(*)와 나누기(/) 기호에 주의가 필요하다.

3 파이썬의 정수 나눗셈 기호(//)와, 거듭제곱(**), 나머지(%) 기호는 연습을 통해 익숙해질 필요가 있다.

4 파이썬에는 불러와서 사용할 수 있는 라이브러리가 다수 존재한다. 라이브러리는 패키지, 또는 모듈이라는 이름으로도 불리며, 미리 만들어 놓은 코드의 집합이다.

5 라이브러리를 불러오기 위해서는 import라는 코드를 사용한다. 'import 라이브러리이름 as 별명'과 같은 방식으로 사용할 수 있다.

6 불러온 라이브러리는 별명 뒤에 점(.)을 붙이고, 그 뒤에 사용할 함수를 적는 방식으로 사용될 수 있다.

연습문제

1 numpy에는 코사인 함수 외에도 사인(sin) 함수, 탄젠트(tan) 함수, 역삼각함수(arccos, arcsin, arctan)가 존재한다. 이 함수들을 사용해서 다음 값을 구하시오.

1) $\sin(\pi/4)$

2) $\arcsin(0.5)$

3) $\tan(\pi/4)$

4) $\mathrm{atan}(0.7)$

2 numpy에는 삼각함수 외에도 다른 수학 함수들이 있다. 기초적인 함수들을 표로 정리하면 다음과 같다. 표의 결과 부분은 실습을 위해 비워 두었다. 직접 실행해 보고 결과를 적어 보시오.

함수 이름	설명	사용 예	의미	결과
sin, cos, tan	삼각함수	`sin(np.pi)`	$\sin(\pi)$	
arcsin, arccos, arctan	역삼각함수	`arcsin(0.5)`	$\cos^{-1}(0.5)$	
exp	지수함수	`exp(4)`	e^4	
power	거듭제곱함수	`power(3,2)`	3^2	
log	자연로그 함수	`log(2.7)`	$\log_e 2.7$	
log10	상용로그 함수	`log10(10)`	$\log_{10} 10$	
sqrt	제곱근	`sqrt(20)`	$\sqrt{20}$	
abs	절댓값	`abs(-3.458)`	$\lvert -3.458 \rvert$	

3 코드를 사용하여 다음 값을 구하시오.

1) 256 / 28

2) 486 % 35

3) 129 × 356

4) (386 + 28) × 25

5) 2867 % 2

4 numpy의 함수들을 사용하여 다음 문제를 해결하시오.

1) $\sin(\frac{\pi}{3})+\cos(\frac{\pi}{3})$

2) $\sin^{-1}(-0.3)+\cos^{-1}$

3) $\log_3 7$

4) $\sqrt{\sqrt{15}+\sqrt{26}}$

Hint!!

3) $\log_a b = \dfrac{\log_e b}{\log_e a}$

4) $\sqrt{\sqrt{4}}$ 와 같이 식이 중첩된 경우에는 sqrt(sqrt(4))와 같은 형태로 코드를 작성할 수 있다.

3.4 변수

3.4.1 변수의 개념

앞의 장에서 수학 함수들을 파이썬에서 사용하는 방법을 알아보았다. 암산으로는 거의 불가능한 복잡한 계산도 파이썬 코드를 사용하면 쉽게 계산해 낼 수 있었다. 하지만, 계산을 통해서 얻어낸 결과를 그 다음 식에 사용할 수는 없다.

예를 들어, 다음과 같이 두 개의 식을 계산하는 코드가 있다고 해 보자. 코랩에서 실행시킨 후 결과를 아래에 적어 보라.

```
125* 13 + 356 * 17
125* 13 - 356* 17
```

사실 위 코드에서 125×13과 356×17은 한 번씩만 계산하면 되는데, 위와 같은 방식으로 계산한다면 불필요하게 반복되는 작업 때문에 시간을 낭비하게 된다. 이를 해결하는 방법은 사실 간단하다. 처음 계산한 결과를 어딘가에 기록(저장)해 놓고, 그 값을 가져다 사용하는 것이다.

위 식에 나오는 125×13의 값을 계산한 후, 그 결과를 기록하는 코드는 다음과 같다.

```
v1 = 125 * 13
```

계산한 결과를 적을 수 있는 '종이'를 컴퓨터가 준비해 두었다고 상상해 보자. 컴퓨터는 계산한 결과를 '종이'에 적고, 그 숫자가 무엇을 의미하는지 구분할 수 있도록 태그(이름표)를 하나 붙여 둔다. 이 태그를 '변수'라고 부르는데, 위 코드에서는 그 태그(변수)의 이름을 'v1'이라고 정했다. [그림 3-13 ⓐ]와 같은 이미지를 상상하면 이해하는 데에 도움이 될 것이다.

이때 종이에 값을 써서 기록해 두는 행위를 '변수에 값을 넣는다'고도 표현한다. 변수로 구분된 컴퓨터 메모리상의 공간에 값을 기록하는 것을, 빈 상자에 값을 보관해 두는 개념으로 생각하는 것이다. 파이썬에서 변수에 값을 넣기 위해서는 = 기호를 사용한다. =는 오른쪽에서 계산한 값을 왼쪽의 변수에 넣으라는 명령이다. 보통 수학에서 '='는 양변의 계산값이 '같다'라는 뜻이지만, 코딩에서는 전혀 다른 의미다. 코딩에서는 코드 한 줄 한 줄이 컴퓨터에게 내리는 명령이라는 것을 꼭 기억하자.

ⓐ ⓑ

[그림 3-13] 계산된 값을 기록해 놓고, 태그를 붙이는 변수

```
변수 이름 = 값
```

과 같은 형태로 코드를 주면, 해당 변수에 값이 들어간다. 이때 해당 이름을 가진 변수가 없는 경우, 컴퓨터는 변수를 새로 만들어 준다. '값' 부분에는 숫자를 직접 입력할 수도 있지만, 앞서 실습했던 것처럼 함수나 계산식을 적어 사용할 수도 있다.

```
변수 이름 = 계산식
```

변수의 값은 필요할 때마다 바꿔서 쓸 수 있다. 값이 바뀔 수 있다고 해서 '변수'라고 부르는 것이다. 종이에 숫자를 썼다가도, 마음이 바뀌면 지우고 새로 쓸 수도 있다는 정도로 이해하면 된다. 다음 코드는 변수 s에 3을 넣었다가, 지우고 다시 4를 넣은 다음 변수의 값을 화면에 표시하는 코드이다.

```
s = 3
s = 4
print(s)
```

변수와 상대되는 개념은 '상수'이다. 상수는 그 값이 고정되어 있다는 뜻인데, 위 코드에서 = 기호 우측에 있는 숫자를 말한다. 3 또는 4라는 숫자는 코드가 작성되어 실행되는 순간 고정되어 변화하지 않는다.

이번에는 계산 결과를 변수에 넣고 화면에 출력하여 확인해 보자. print(변수 이름)는 기록된 값을 불러와 화면에 표시하는 명령(코드)이다. 직접 실행시켜서 결과를 확인하라.

```
v1 =125 * 13
print(v1)
```

이번엔 356 * 17을 계산해서 기록하고 확인해 보자. [그림 3-13]과 같이 두 개의 변수에 계산된 값을 기록해 두는 코드다.

```
v1 = 125 * 13
v2 = 356 * 17
print(v1)
print(v2)
```

위 코드를 조금만 변경하면, 합과 차를 계산해서 보여주는 코드를 만들 수 있다. 코드는 조금 더 길어졌지만, 계산하는 양이 줄었기 때문에 컴퓨터는 조금 더 빨리 결과를 보여주게 된다.

```
v1 = 125 * 13
v2 = 356 * 17
print(v1 + v2)
print(v1 - v2)
```

물론 컴퓨터의 계산능력이 매우 뛰어나기 때문에, 이 정도 계산으로 눈에 띄는 차이가 나타나진 않지만, 추후 인공지능의 학습 등을 위해 복잡하고 많은 계산을 수행하게 되면, 그 차이는 매우 커지게 된다.

3.4.2 변수의 종류

변수에는 숫자 외에도 글자, 논릿값 등을 저장할 수 있다. 여기서 논릿값은 참 또는 거짓의 이진값을 말한다. 〈표 3-2〉는 변수에 저장할 수 있는 데이터들과 그 예를 보여주고 있다.

〈표 3-2〉 변수에 저장할 수 있는 데이터의 종류

변수 종류	저장 가능한 데이터	사용 예
숫자	정수, 실수	d = 3.5
문자열	글자	d = 'I love the number 3'
논릿값	True/False	d = True d = False

숫자형 변수는 수치 값을 저장하는 변수다. 정수와 실수에 대해 사용되는 변수는 서로 다르지만, 간결한 설명을 위해 '숫자'로 통칭하고 넘어가도록 한다.

문자열은 여러 개의 글자로 이루어진 집합이라는 뜻이며, 따옴표로 구분한다. 숫자라도 따옴표로 둘러싸여 있다면 문자열로 처리되며, 따옴표 없이 글자를 사용하면 변수 이름 등으로 오해받을 수 있으니 주의가 필요하다.

논리형 변수는 True 또는 False의 값만을 가지는 변수다.

파이썬의 변수에는 한 가지 종류의 값만을 저장할 수 있다. 예를 들어 문자열을 저장하면서, 동시에 숫자를 저장할 수는 없다. 〈표 3-2〉의 문자열 사용 예를 보면 문자열 안에 숫자가 들어 있으나, 이 경우에는 숫자 정보는 없어지고, 3이라고 하는 글자 정보만 남는다.

이미 만들어진 변수의 종류를 확인하기 위해서는 type이라는 함수를 쓰면 된다. 예를 들어, 다음과 같이 변수 d에 3.5를 넣고 type 함수를 사용하면, 실수를 의미하는 float이란 글이 화면에 나타난다.

```
d=3.5
type(d)
```

이를 활용해서 다음 변수들의 종류를 확인하고 빈칸을 채워 보자. str은 문자열, int는 정수, bool은 논릿값을 의미한다.

코드	type 함수의 결과	변수의 종류
`a = 3`		
`b = -8.4`		
`c = 'K'`		
`d = 'I love you'`		
`e = True`		

파이썬의 변수 이름은 영문자, 숫자, 언더바(_)를 조합해서 만들 수 있지만, 숫자로 시작하거나 키워드는 사용할 수 없다. 파이썬의 키워드는 다음을 참조하라. 지금은 이 키워드를 다 외울 필요가 없다. 이런 게 있구나 하는 정도로 넘어가면 된다.

〈표 3-3〉 파이썬의 키워드

and	continue	for	lambda	return
as	def	from	None	try
assert	del	global	nonlocal	while
async	elif	if	not	with
await	else	import	or	yield
break	except	in	pass	False
class	finally	is	raise	True

Tips

숫자를 문자열로 저장하기

변수 n에 주민등록번호 앞자리를 저장한다고 생각해 보자. 990112라는 값은 문자일까 숫자일까? 둘 다 가능하긴 하지만, 주민등록번호가 0으로 시작할 수도 있다는 것을 생각해 보면, 숫자보다는 문자로 저장하는 것이 나을 것이다. 숫자로 저장하게 되면 맨 앞의 0은 사라지기 때문이다.

3.4.3 변수의 사용 실습

변수는 코딩에 있어서 빼놓을 수 없는 기초 중의 기초이면서, 책 후반부의 인공지능 실습을 이해하기 위해 필수적인 요소이다. 변수의 사용에 익숙해질 수 있도록 몇 가지 실습을 진행해 보자.

1) 2차원 좌표축 상에서 2개 지점의 좌표를 사용하여 직사각형의 위치 정보를 저장하라.

코드

```
x1 = 0
y1 = 0
x2 = 5
y2 = 5
```

2개의 좌표 정보만 가지고 있다면 직사각형의 위치를 특정할 수 있다. 위 코드에서는 4개의 변수를 사용하여 2개 지점의 x, y 좌표를 각각 저장하였다. 두 개 좌표는 각각 (0,0)과 (5,5)다.

2) 2차원 좌표축 상에서 원 2개의 위치와 크기를 특정할 수 있도록 변수를 만들라.

코드

```
x1 = 0
y1 = 0
r1 = 3
x2 = 0
y2 = 5
r2 = 2
```

원의 위치와 크기를 특정하려면 x, y 좌표와 반지름(r) 정보가 필요하다. 위 코드에서는 3개의 변수(x, y, r)를 사용하여 원 1개의 정보를 저장하였고, 변수 이름 뒤에 숫자를 붙여 두 개의 원을 구분하였다.

3) 위 2번 문제에서 2개 원의 중심 간 거리를 계산하고, 그 결과를 화면에 출력하라.

코드

```
import numpy as np
distance = np.sqrt((x1-x2)**2 + (y1-y2)**2)
print(distance)
```

두 개 원의 x 좌표의 차이, y 좌표의 차이를 각각 제곱하고 합한 후 제곱근을 구한다. 제곱근을 구하는 것은 넘파이 라이브러리의 sqrt 함수를 활용하였다. 위 코드의 첫 번째 줄은 numpy 라이브러리를 import하는 코드다.

4) 변수를 사용하여 도서 정보를 저장하라. 저장하여야 하는 도서 정보는 제목, 저자 이름, 출판연도, 가격의 4가지다.

코드

```
title = 'Introduction to AI'
author = 'Jae Chul Lee'
year = 2021
price = 19.99    # 달러
```

4개 변수에 각각의 값을 넣었다. 책과 저자의 이름은 문자열 형식이므로 따옴표를 사용하여 문자열임을 표시하였다. year는 정수형 변수, price는 실수형 변수가 된다.

5) 변수를 사용하여 학생 정보를 저장하라. 저장하여야 하는 학생 정보는 이름, 출생 연도, 성별, 평점의 4가지다.

코드

```
student_name = 'Seo Yeon'
birth_year = 2004
sex = 'F'
gpa = 4.3
```

이번에도 4개 변수를 사용하였다. 변수의 이름을 정할 때 가장 중요한 것은 변수 이름만으로도 그 변수의 값이 의미하는 바가 무엇인지 알 수 있게 하는 것이다. 여기에서는 언더바(_)를 사용하여 단어를 연결하여 변수의 이름을 정했다. 반면, 변수의 이름이 너무 길어지면 사용하기가 어렵고 코드의 가독성이 떨어질 수 있으니, 적절한 길이로 줄여서 표시하는 것도 필요하다.

6) 변수 v에는 다음과 같이 정수형 값이 저장되어 있다.

```
v = 6
```

v의 값에 2를 곱한 후, 그 결과를 변수 v에 저장하고 화면에 출력하라.

코드

```
v = v * 2
print(v)
```

위 코드에서 = 기호는 오른쪽에서 계산된 값을 왼쪽 변수에 넣으라는 뜻이라는 것을 상기하라. 코딩 초심자라면, 이 기호가 양변이 같다는 뜻이 아님에 늘 주의해야 한다.

요약

1 파이썬에서 변수는 컴퓨터 메모리상의 공간에 붙여진 이름표(태그)다.

2 변수를 사용하여 계산된 값을 저장할 수 있으며, 특정 값이 기록된 변수에 다른 값을 덮어쓸 수 있다.

3 코딩에서 = 기호는 오른쪽의 식을 계산한 후, 그 결과를 왼쪽에 있는 변수에 저장하라는 명령이다.

4 변수의 이름은 영문자로 시작해야 하고, 미리 지정된 키워드를 사용하면 안 된다.

5 변수를 사용하여 반복되는 계산량을 줄일 수 있다.

6 변수는 숫자, 문자열, 논릿값을 저장하는 변수들로 구분된다.

연습문제

1 total이라는 이름의 변수를 만들어 보자. 여기서 total은 구입한 물건의 총금액을 의미한다. 1개에 1,200원인 물건을 36개 구입하였을 때의 가격을 변수에 기록하는(넣는) 코드를 작성하시오. 변수에 올바른 값이 들어갔는지를 print(total) 명령을 사용해서 확인하시오.

2 size_area라는 이름의 변수를 만들고, 반지름이 4.5312인 원의 넓이를 계산하여 저장하라. 단, pi는 np.pi를 사용하시오.

3 radius라는 이름의 변수를 만들고 4.53을 저장하시오. 이를 사용하여, 반지름의 길이가 radius이고, 각도가 30도인 부채꼴의 면적을 계산하시오.

4 출생 연도에 따라 나이를 계산하는 코드를 작성하라. 단, 현재 연도는 cur_year라는 변수에, 출생 연도는 birth_year라는 변수에, 나이는 age 변수에 저장하라. 계산된 나이는 print(age) 명령을 사용하여 화면에 출력하시오.

5 핸드폰 사양을 여러 변수에 저장하려고 한다. 어떤 변수가 필요한가? 핸드폰 사양을 변수에 저장하는 코드를 작성하시오.

6 연간 이율이 1.9%인 예금통장에 100만 원의 돈을 입금하였다. 해당 계좌에 입출금이 없으며, 금리가 고정이라고 한다면 2년 후 해당 계좌의 잔액이 얼마가 될지 계산하는 코드를 작성하시오.

7 변수 t에는 현재의 섭씨 기온이 다음과 같이 저장되어 있다.

```
t = 26.5
```

현재의 화씨 기온을 계산하여 새로운 변수 f에 넣고, 화면에 출력하시오.

3.5 함수

3.5.1 함수의 기본 개념

함수는 명령(코드)들을 하나의 덩어리로 묶어 놓은 것을 말한다. 반복되거나 자주 쓰는 명령을 함수로 만들어 코드를 간결하게 작성할 수 있다. 함수는 사용자가 직접 만들 수도 있으나, 파이썬에서 기본으로 제공해 주는 함수도 있고, 각종 라이브러리에 포함된 유용한 함수들도 많다. 라이브러리에 포함된 함수는 해당 라이브러리를 import 하여 사용한다.

먼저, 앞으로 많이 사용하게 될 함수인 print 함수를 살펴보자. print 함수는 앞서 여러 차례 이미 실습을 진행한 바 있다. 함수의 사용법은 간단하다. print라고 명령을 내리면서 괄호 안에 화면에 표시할 문자열이나 변수를 넣으면, 해당 값이 화면에 표시된다. 다음 코드를 실행해 보자.

```
msg = 'Hi~!'
print(msg)
```

여기서 print 함수는 name이라는 변수를 1개 입력으로 받았으며, 함수가 한 일은 변수의 값을 화면에 표시한 것이다. [그림 3-14]와 같이 나타내 볼 수 있다. 함수의 역할은 정해져 있지만, 값을 넣어 주면, 넣은 값에 따라 조금씩 다른 일을 수행한다. print 함수의 경우에는 넣은 입력을 화면에 표시하는 일을 한다.

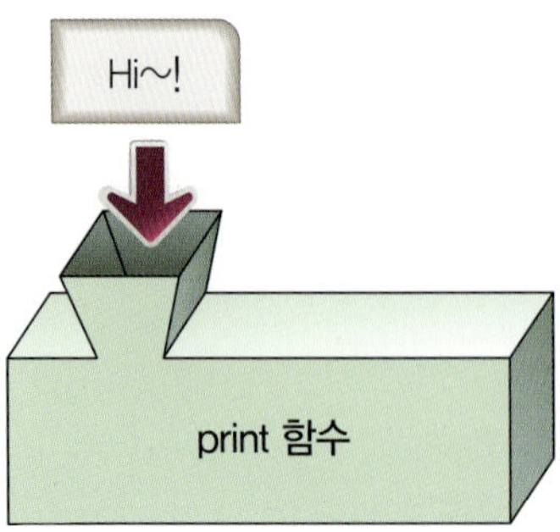

[그림 3-14] 입력을 받아 일을 하는 print 함수

조금 다른 형태의 함수도 있다. 맡겨진 일을 수행한 다음, 결괏값을 알려주는 것이다 [그림 3-15]. 주어진 입력에 대해 미리 지정된 동작과 계산을 수행하고, 그 결과를 알려 주는 형태의 함수다. 우리는 이미 이 형태의 함수도 사용한 바 있다. 다음 코드를 살펴보자.

```
s = np.cos(0)
```

이 코드는 cos(0)를 계산하고, 그 결과를 변수 s에 저장하는 명령이다. 이 코드를 함수의 입장에서 살펴보자. 여기서 sin이라고 하는 것은 numpy 라이브러리에 있는 사인값을 계산해 주는 함수다. 이 함수는 숫자형 변수 1개를 입력으로 받아, 입력받은 숫자에 대한 값을 돌려준다. 이렇게 돌려받은 값은 '반환값'이라고 하는데, 이 반환값은 = 명령을 통해 별도의 변수에 저장하거나, 추가적인 계산 등에 사용할 수 있다.

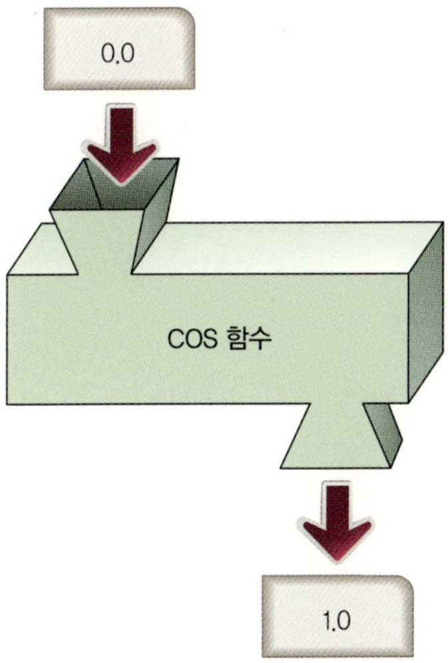

[그림 3-15] 입력과 출력이 있는 cos 함수

이번에는 sin 함수를 사용해서 $\sin(\frac{\pi}{3})$의 값을 계산하고, 그 결과를 변수에 저장해 보자. 코드는 다음과 같다.

```python
import numpy as np
s = np.sin(np.pi/3)
```

위 코드를 실행했을 때 컴퓨터는 먼저 기호 =의 오른쪽에 있는 식을 먼저 계산한 다음, 그 결과를 왼쪽에 있는 변수에 기록한다. 이 과정을 조금 더 자세히 풀어 보면 [그림 3-16]과 같다. 괄호 안쪽에 있는 식부터 계산한다는 것에 주의하자. ① pi/3을 먼저 계산하고, ② 그 결과를 sin 함수에 넣어 결과를 받는다. 함수에서 받아온 결괏값은 함수가 있던 자리를 대신해서 차지한다. ③ = 명령은 기호 오른쪽에 있는 값을 왼쪽에 있는 변수에 넣는 일을 한다.

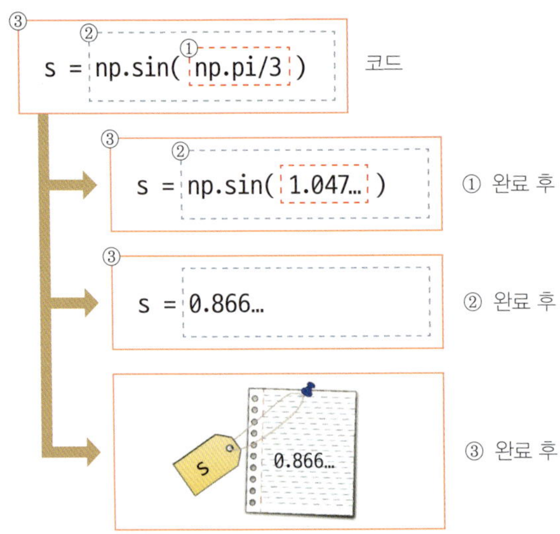

[그림 3-16] 함수의 출력값이 사용되는 방법

함수에서 입력은 보통 **전달 인자** 또는 **파라미터**라는 이름으로 부른다. 이후에는 편의상 함수 입력을 **파라미터**라는 명칭으로 통일할 것이다.

3.5.2 파라미터가 두 개 이상인 함수

파이썬에서는 파라미터가 두 개 이상인 함수들도 있다. 예를 들어 numpy 라이브러리의 round 함수는 반올림을 시켜 주는 함수다.

```
np.round(3.567, 1)
```

이라고 하면 3.567을 소수점 둘째 자리에서 반올림해 숫자를 표현한다. 코드를 실행시켜서 확인해 보자.

함수의 파라미터가 두 개 이상일 때는 입력하는 순서를 잘 맞추어서 써야 한다. 예를 들어

```
np.round(1, 3.567)
```

라고 쓰면 제대로 동작하지 않는다. 그런데 파이썬에는 순서를 신경쓰지 않으면서 파라미터를 사용하는 방법이 있다. 입력하는 값이 무엇인지 직접 적어주는 방법이다. 다음 코드를 살펴보자. 아래 예제에서 round 함수에 a(숫자)와 decimals(소수 자릿수)의 두 가지 입력을 넣고 있는데, 원래 순서는 a가 먼저이지만, 각 파라미터의 이름을 명시하므로 순서와 관계없이 사용하고 있다.

```
np.round(decimals = 1, a = 3.567)
```

3.5.3 많이 사용되는 다른 함수들

앞서 print 명령(함수)을 사용하여 변수의 값을 화면에 표시하는 실습을 해 보았다. print 함수는 조금 더 다양하게 사용할 수 있는데, 여러 개의 변수를 한꺼번에 출력하는 것도 가능하다. 다음 코드를 실행해 보자

```
a = 'b의 값은'
b = 3.5
print(a,b)
```

a에 저장된 문자열과 b의 값이 한꺼번에 출력되는 것을 확인할 수 있다. 이처럼 문자열로 된 설명을 함께 출력하면 변수의 값을 확인하기 편하다.

변수에 저장된 숫자를 문자열과 같이 출력하는 또 다른 방법은 str 함수를 사용하는 것이다. 이 함수는 숫자를 문자열로 변환시켜주는 함수다. print(a,b) 대신에 다음 코드를 사용해 보자. 변수 사이에 띄어쓰기가 자동으로 되지 않는 것을 제외하고, 동일한 결과가 나오는 것을 확인할 수 있다.

```
print(a + str(b))
```

float, int 함수는 다른 타입으로 저장된 숫자를, 계산이 가능한 숫자 형태로 바꾸어 주는 역할을 한다. 원래 문자열은 숫자와 더할 수 없으므로 다음 코드는 에러를 발생시키지만,

```
a = '3.5'
b = a + 1
```

float 함수를 사용해서 숫자로 변환하면, 다음과 같이 계산식에서 사용할 수 있다.

```
a = '3.5'
b = float(a) + 1
```

int 함수는 실수형 변수의 값을 정수형 변수로 바꾸는 데에도 사용된다. 이때 int 함수는 round 함수와는 달리 소수점 아래 정보를 모두 지운다. 즉, 다음 코드는 3.5를 3으로 바꿔 변수 b에 저장한다.

```python
a = 3.5
b = int(a)
```

〈표 3-4〉 함수의 사용 예와 설명

함수	사용 예	설명
str	s = str(n)	숫자 n을 문자열로 바꾸어 돌려준다.
float	f = float(s)	변수 s를 실수형으로 바꾸어 돌려준다. s가 문자열이고 문자열에 숫자와 소수점 외에 다른 문자가 있는 경우, 에러가 발생한다.
int	n = int(s)	변수 s를 정수형으로 바꾸어 돌려준다. s가 문자열이고 문자열에 소수점 단위가 있는 경우 에러가 발생한다.
print	print(s)	s의 값을 화면에 표시한다.

3.5.4 print 함수를 사용하는 문자열의 출력

앞서 살펴본 바와 같이 print 함수는 파라미터를 화면에 출력하는 함수다. 지금까지는 변수의 값이나 계산 결과를 출력하는 데에 사용하였으나, 변수의 값을 포함하는 새로운 문자열로 출력할 수도 있다. 다음 코드를 실행시켜 보자.

```python
v = 3.14
print(f'value of v is {v}.')
```

파이썬에서 문자열은 따옴표(큰따옴표 또는 작은따옴표)를 사용하여 표시되는데, 따옴표 앞에 f를 붙여 사용하면 변수의 값을 포함하는 새로운 문자열을 만들 수 있다. 이를 **f-string**이라고 한다. f-string의 사용법은 간단하다. 따옴표 앞에 f를 붙이고, 문자열 내부에서 변수의 값을 출력하고자 하는 곳에 중괄호({ })를 사용하여 변수의 이름을 감싸 표기하면 된다. 이 방법을 사용하면, 여러 출력을 화면에 나타낼 때 그 내용을 파악하기가 한결 쉬워진다.

3.5.5 함수의 사용 실습

함수의 사용에 익숙해질 수 있도록 몇 가지 실습을 진행해 보자.

1) 변수 v에는 다음과 같이 값 0.5가 들어 있다.

```
v = 0.5
```

numpy 라이브러리의 삼각함수를 사용하여 $\sin(0.5)+\cos(0.5)$와 $\sin(0.5)-\cos(0.5)$를 계산하여 출력하라.

코드

```
import numpy as np
s = np.sin(0.5)
c = np.cos(0.5)
print(s+c)
print(s-c)
```

2) 결과가 소수점 셋째 자리까지만 출력되도록 1번 문제의 코드를 수정하라.

코드

```
import numpy as np
s = np.sin(0.5)
c = np.cos(0.5)
print(np.round(s+c,3))
print(np.round(s-c,3))
```

3) 화면에 출력되는 결과를 보고 덧셈식과 뺄셈식의 결과를 각각 구분할 수 있도록, f-string을 사용하여 2번 문제의 코드를 수정하라.

코드

```
import numpy as np
s = np.sin(0.5)
c = np.cos(0.5)
```

```
plus_result = np.round(s+c,3)
minus_result = np.round(s-c,3)
print(f'sin(0.5)+cos(0.5) = {plus_result}')
print(f'sin(0.5)-cos(0.5) = {minus_result}')
```

4) 변수 gpa에는 학생의 학점(만점 4.5 기준)이 다음과 같이 문자열 형태로 저장되어 있다.

```
gpa = '4.3'
```

이를 100점 만점으로 환산하여 출력하라.

코드

```
gpa = float(gpa) * 100 / 4.5
print(gpa)
```

5) 변수 year에는 현재 연도, month에는 월, day에는 일자 정보를 저장하고, print 함수를 사용하여 "OOOO년 O월 O일"의 형식으로 화면에 출력하라.

코드

```
year = 2022
month = 4
day = 5
print(f'{year}년 {month}월 {day}일')
```

요약

1 함수는 하나의 덩어리로 묶여 이름 붙여진 명령들의 집합이다.

2 반환 값이 없는 함수는 미리 지정된 명령을 수행하고 종료되며, 반환 값을 가지는 함수는 명령을 수행한 후, 결괏값을 반환한다.

3 함수에서 반환 받은 값은 변수에 저장하거나, 추가적인 계산 등에 사용할 수 있다.

4 파라미터는 함수를 실행시킬 때 전달하는 필요 정보다. 함수는 이 정보를 사용하여 명령을 수행한다.

5 파라미터가 두 개 이상이면 그 순서를 미리 지정된 대로 하여야 하나, 파라미터의 이름을 명시하면 순서를 무시할 수 있다.

6 str, float, int 등의 함수를 사용하여 변수의 형을 변환할 수 있다.

7 print 함수는 변수의 값을 출력해 확인할 때에 사용할 수 있으며, f-string과 함께 사용하면 더욱 효과적으로 사용할 수 있다.

연습문제

1 numpy 라이브러리에 포함된 함수들의 목록을 조사하시오.

2 변수 v에는 다음과 같이 값 0.25가 들어 있다.

```
v = 0.25
```

numpy 라이브러리의 수학함수를 사용하여 다음 식을 계산하여 출력하시오. 단, 위의 0.25 이외에 상수를 사용해서는 안 된다. 결과는 소수점 아래 셋째 자리까지만 출력하시오.

1) $\sin(0.5)+\cos(0.25)$

2) $\sqrt{\cos(0.125)-\sin(0.125)}$

3) $\sin(0.75)^4$

4) $|\sin(0.75)-\cos(1.5)|$

3 두 변의 길이가 각각 2, 3이고, 두 변 사이의 사잇각이 28도인 삼각형이 있다. 이 삼각형의 넓이를 계산하여 출력하는 코드를 작성하시오.

4 높이가 h이고, 밑면 반지름의 길이가 r인 원뿔이 있다. 원뿔의 옆넓이 면적을 계산하여 출력하는 코드를 작성하시오.

5 어떤 사람의 출생 일자가 다음과 같이 문자열 형태로 저장되어 있다.

```
birth_year = '2002'
birth_month = '9'
birth_day = '3'
```

오늘 날짜도 다음과 같이 문자열 형태로 저장되어 있다.

```
cur_year = '2022'
cur_month = '4'
cur_day = '3'
```

위 정보를 사용하여 해당 인물의 나이를 계산하는 코드를 작성하시오.

6 도서 정보(책 제목, 저자, 출판연도, 가격, 페이지 수, 평점 등)를 변수를 사용하여 저장하시오. 해당 변수들에 저장된 정보를 f-string을 사용하여 깔끔하게 출력하는 코드를 작성하시오.

3.6 조건문

3.6.1 조건문의 개념

특별한 일이 없다면, 코드는 위에서 아래로 한 줄씩 실행되며, 한 줄 안에서 = 기호가 있으면 오른쪽의 식을 먼저 실행하고, 식 안에서는 괄호와 연산자 우선순위에 따라 차례대로 계산한다. 하지만 때로는 결과에 따라 서로 다른 코드를 실행해야 할 때가 있는데, 이를 위해 사용하는 것이 조건문이다.

다음 코드는 $\sin(\frac{\pi}{3})$ 의 값을 구해서 그 결과를 화면에 표시하는 코드다.

```
import numpy as np
a = np.sin(np.pi/3)
print('결과는', a, '입니다.')
```

나온 결과가 양수인지 음수인지를 화면에 같이 표시하려 한다고 해 보자. 이 경우에는 위에서 아래로 한 줄씩 차례대로 코드를 실행하는 방식으로는 만들 수가 없다.

이 문제를 해결하려면, 위에서 아래로 코드가 한 줄씩 실행되다가, [그림 3-17]과 같이 a의 값에 따라 분기하여 서로 다른 코드가 실행되게 해야 한다. 조건문은 이것을 가능하게 만든다.

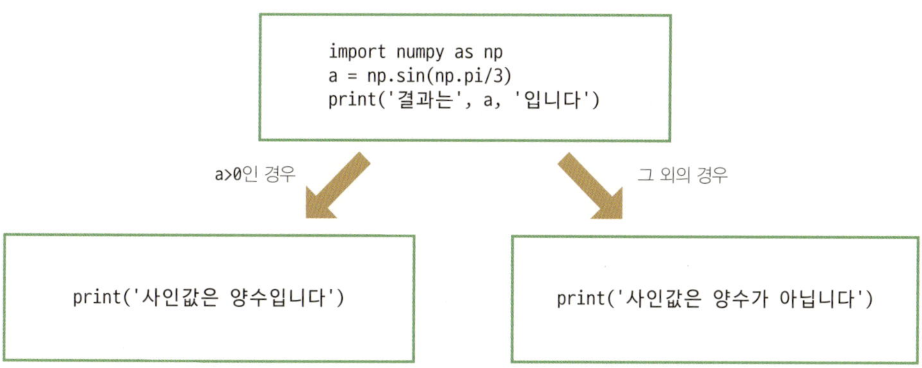

[그림 3-17] 조건문의 개념

파이썬에서 조건문은 if, elif, else를 사용하여 나타낸다. if와 elif는 특정 조건을 만족하는 경우에 수행할 코드를 지정하기 위해서, else는 조건을 만족하지 않는 경우에 수행할 코드를 표시하기 위해서 사용한다.

다음 코드를 실행시켜 보자.

```
import numpy as np
a = np.sin(np.pi/3)
print('결과는', a, '입니다')
if a>0:
  print('사인값은 양수입니다')
else:
  print('사인값은 양수가 아닙니다')
```

위 코드에서 나타난 조건문의 형태를 정리하면 다음과 같다. 이때 '조건'은 참과 거짓으로 나타나는 식으로 작성하며, 조건 뒤에 콜론을 붙여 조건의 설명이 끝났음을 표시한다. 조건이 참이거나 참이 아닌 경우에 수행할 명령들은 여러 줄의 코드로 구성될 수 있으며, 들여쓰기를 해서 작성한다. 들여쓰기를 잘못해서 줄이 맞지 않는 경우에는 에러가 발생하니 주의가 필요하다. if의 'i'와 else의 'e'의 위치가 동일해야 에러가 발생하지 않는다. 조건식이 참/거짓인 경우에 수행하는 코드 또한 줄이 맞춰져 있는 것에 유의하기 바란다[그림 3-18].

```
import numpy as np
a = np.sin(np.pi/3)
print('결과는', a, '입니다')
if a>0:
  print('사인값은 양수입니다')
else:
  print('사인값은 양수가 아닙니다')
```

[그림 3-18] 코드에서의 줄맞춤

조건문의 기본 구조는 다음과 같다.

```
if 조건식:
  조건식이 참인 경우 수행할 명령 1
  조건식이 참인 경우 수행할 명령 2
 …
else:
 조건이 참이 아닌 경우 수행할 명령 1
 조건이 참이 아닌 경우 수행할 명령 2
 …
```

파이썬에서 조건식은 True/ False로 나타나는 식이라면 모두 가능하다. 기본적으로는 두 값이 같은지 비교하는 ==, !=, 두 값을 크기를 비교하는 〈, 〉, 〈=, 〉=를 사용할 수 있으며, True/False를 반환하는 함수를 사용할 수도 있다.

〈표 3-5〉 파이썬의 조건식

기호	사용 예	의미
==	a==b	a와 b가 같다.
!=	a != b	a와 b가 다르다.
<	a<b	a가 b보다 작다.
>	a<b	a가 b보다 크다.
<=	a<=b	a가 b보다 작거나 같다.
>=	a>=b	a가 b보다 크거나 같다.

3.6.2 다중 조건문

조건식을 여러 개 사용할 수도 있다. 임의의 실수는 양수, 음수, 그리고 0으로 분류할 수 있으므로, 세 가지 경우의 수를 모두 다루는 코드를 작성해 보자. 이를 위해서는 elif 문을 사용하면 된다. elif 로 지정된 코드는 앞의 조건을 만족하지 않지만, 새로운 조건을 만족하는 경우에 실행된다. elif 문이 사용되는 경우의 코드 형태는 다음과 같다. elif는 여러 개를 사용할 수 있다.

```
if 조건식 1:
  조건식1이 참인 경우 수행할 명령 1
  조건식1이 참인 경우 수행할 명령 2
  ...
elif 조건식 2:
  조건식2가 참인 경우 수행할 명령 1
  조건식2가 참인 경우 수행할 명령 2
  ...
elif 조건식 3:
  조건식3이 참인 경우 수행할 명령 1
  조건식3이 참인 경우 수행할 명령 2
  ...
else:
  조건이 참이 아닌 경우 수행할 명령 1
  조건이 참이 아닌 경우 수행할 명령 2
  ...
```

위 형식을 양수, 음수, 0의 분류에 적용한 코드는 다음과 같다.

```
import numpy as np
a = np.sin(np.pi)
print('결과는', a, '입니다')
if a==0:
  print('사인값은 0 입니다')
elif a>0:
```

```
  print('사인값은 양수입니다')
else:
  print('사인값은 음수입니다.')
```

if 문 안에 다른 조건식이 들어갈 수도 있다. 다음 구조는 조건식 1과 2로 나누어지며, 조건식 1이 참인 경우에는 세부 조건식 1-1, 1-2의 경우로 나누어 서로 다른 코드를 실행할 수도 있음을 보여준다.

```
if 조건식 1:
  if 조건식 1-1:
    조건식1과 조건식 1-2가 모두 참인 경우 수행할 명령
  elif 조건식 1-2:
    조건식1은 참, 조건식 1-1은 거짓, 1-2는 참인 경우 수행할 명령
  else:
    조건식1은 참이고, 조건식 1-1과 1-2는 거짓인 경우 수행할 명령
else 조건식 2:
  조건식2가 참인 경우 수행할 명령 1
  조건식2가 참인 경우 수행할 명령 2
```

이를 플로우 차트로 나타내면 다음과 같다.

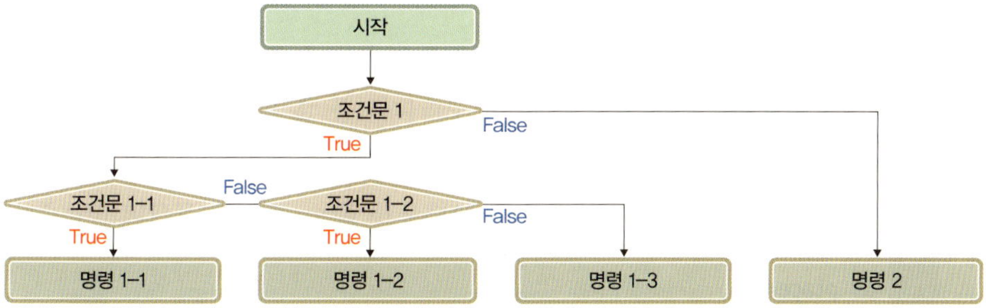

[그림 3-19] 다중 조건문의 플로우 차트

요약

1 코드는 위에서 아래로 한 줄씩 수행된다.

2 코드의 수행 도중 조건에 따라 서로 다른 코드를 수행하도록 하는 것이 조건문이다.

3 조건식에 사용되는 기호는 ==, !=, 〈, 〉, 〈=, 〉= 등이다.

4 조건문은 'if 조건식: 명령문... elif 조건식: 명령문... else: 명령문...'의 구조로 이루어진다.

5 조건문을 사용할 때에는 들여쓰기에 주의해야 한다.

6 조건문은 두 개 이상 중첩하여 사용할 수 있다.

7 키워드 and, or를 사용하면 두 개 이상의 조건식을 조합하여 사용할 수 있다.

연습문제

1 키가 150cm 이상이거나, 몸무게가 60kg 이상이어야 탑승할 수 있는 놀이 기구가 있다. 키와 몸무게가 다음과 같이 각각 height, weight 변수에 저장되어 있을 때, 탑승 가능 여부를 알려주는 코드를 작성하시오.

```
height = 178.3
weight = 65.5
```

2 다음과 같이 변수 x의 값이 주어졌을 때, 그 값의 제곱근을 계산하여 화면에 출력하시오. 단, x가 음수일 경우에는 제곱근을 계산하는 대신, 계산 결과가 '허수'임을 화면에 표시해야 한다.

```
x = 5
```

3 삼각형의 두 변 길이의 합은 다른 한 변의 길이보다 크다. 세 변의 길이가 다음과 같이 a, b, c에 저장되어 있을 때, 세 변의 길이를 가지는 삼각형이 존재할 수 있는지 출력하는 코드를 작성하시오.

```
a = 3
b = 4
c = 5
```

4 어떤 온라인 매장에서는 구매 횟수가 10회 이상이면서 총 구매 금액이 10만 원 이상인 경우 VIP 회원이 되며, VIP 회원은 상품 구매 시 정가의 10% 할인을 받는다. VIP가 아니어도, 해당 매장에서 구매한 이력이 있다면 5%의 할인을 받을 수 있다. 구매 횟수와 총 구매 금액, 그리고 상품 가격이 다음과 같이 각각 number_of_purchases, total_amount_of_purchases, price_item 변수에 저장되어 있을 때, 실구매 가격을 계산하는 코드를 작성하시오. 단, 각 변수에 저장된 값이 바뀌더라도, 코드는 올바로 동작해야 한다.

```
number_of_purchases = 10
total_amount_of_purchases = 150000
price_item = 5000
```

5 다음과 같이 어떤 환자의 신상 정보가 5개 변수에 나뉘어 저장되어 있을 때,

```
name = 'James Kim'   # 이름
sex = 'M'            # 성별
age = 22             # 나이
height = 178.3       # 키
weight = 65.5        # 몸무게
```

이 정보를 사용하여 다음과 같은 형태의 글을 작성하려고 한다.

```
환자의 이름은 James Kim입니다. 22세의 (성인 남성/성인 여성/남자 어린이/
여자 어린이)이며, 키는 ( ), 몸무게는 ( )로, BMI 지수는 ( )이며 (저체중/정상
체중/비만)입니다.
```

변수의 값에 따라 괄호 안의 내용이 자동으로 바뀌도록 코드를 작성하시오. 단, 18세 이상은 성인으로, 미만은 어린이로 표기하시오.

6 어떤 자격증 시험에 네 과목이 포함되어 있는데, 시험에 합격하기 위해서는 전체 평균 점수가 100점 만점에 70점 이상이어야 하며, 각 과목의 점수 중 한 과목의 점수가 60점 미만이면 탈락한다. 네 과목의 점수가 다음과 같이 변수 a, b, c, d에 저장되어 있을 때,

```
a = 93
b = 54
c = 65
d = 68
```

합격 여부를 화면에 표시하는 코드를 작성하시오.

3.7 고급 데이터 타입

인공지능 학습에는 대량의 데이터가 사용된다. 사람과는 달리 인공지능에는 적은 데이터를 바탕으로 이론을 추론해 내는 능력이 아직 부족하기 때문이다.

지금까지 살펴본 정수, 실수, 문자열 등과 같은 기본 데이터 타입의 변수들만으로 이처럼 많은 양의 데이터를 저장하고 활용하기는 어렵다. 이번 장에서 배울 리스트, 튜플, 딕셔너리는 여러 데이터를 묶어서 관리하기 위한 데이터 타입이다. 이 책에서는 기본 데이터 타입과 분리해서 설명하기 위해, 이 데이터 타입들을 편의상 '고급 데이터 타입'이라고 지칭했다. 데이터를 잘 다루기 위해 중요한 부분이니 꼼꼼히 학습하길 바란다.

3.7.1 리스트

리스트는 여러 개의 데이터 저장공간이 기차 객실처럼 이어진 형태로 생각하면 된다 [그림 3-20]. 리스트는 하나의 이름으로 관리되며, 여러 개의 변수가 기차 칸처럼 연결된 상태로 저장되어 있다. 각각의 칸, 즉 리스트의 변수들에는 0부터 시작하는 번호가 지정되어 있어서 필요한 경우 인덱스(index)라고 불리는 이 번호를 사용해서 지칭해서 사용할 수 있다.

[그림 3-20] 리스트의 개념 – 리스트의 이름이 태그로 붙어있다.

리스트는 대괄호 [ ]를 사용해서 만들며, 각각의 칸에는 다음과 같이 서로 다른 형태의 데이터가 들어갈 수 있다.

```python
vs = [1, 3, 'Hi' , 8.5]
```

리스트의 전체 내용을 출력해서 보려면 다음과 같이 print 함수를 사용하며 리스트의 이름을 넣으면 되고,

```python
print(vs)
```

리스트의 특정 위치에 있는 내용을 출력해 보려면,

```python
print(vs[2])
```

와 같이 리스트 이름 뒤에 대괄호를 사용하고, 대괄호 안에 항목의 위치(인덱스)를 표기하면 된다. 이때 인덱스는 0부터 시작한다는 것을 꼭 기억하자.

리스트에 들어 있는 값을 바꾸려면,

```python
vs[2] = 55
```

와 같이, 리스트의 이름과 인덱스를 대입 명령(=)과 함께 사용하면 되며, 파이썬에서 제공해 주는 함수들을 사용하여 리스트의 끝이나 중간에 항목을 추가할 수도, 리스트의 일부만 떼어 내거나, 다른 리스트와 합치는 등의 작업도 가능하다.

리스트와 관련된 주요 함수들을 〈표 3-6〉에 정리하였다. 사용례에 있는 코드를 실행시키고, 그 결과를 오른쪽 빈칸에 적으라. 표의 사용 예를 올바로 동작시키려면 vs = [1, 3, 'Hi' , 8.5]와 같이 vs라는 이름으로 리스트를 만들어 두어야 한다.

리스트를 만드는 방법에는 위와 같이 처음부터 값을 지정할 수도 있으며, 빈 리스트를 만든 다음 append 함수를 사용하여 항목을 추가할 수도 있다. 즉,

```python
vs = [1, 3, 'Hi' , 8.5]
```

와 다음 코드는 동일한 결과를 만든다. 다만, append 함수는 실행에 상대적으로 많은 시간이 소요되므로, 많은 데이터를 추가하는 경우에는 적합하지 않다.

```python
vs = []
vs.append(1)
vs.append(3)
vs.append('Hi')
vs.append(8.5)
```

리스트를 사용할 때 주의해야 할 점 중 하나는, 리스트를 다른 변수에 대입(=)할 때 리스트의 항목들이 복사되는 것이 아니라는 것이다. 이것은 리스트뿐 아니라, 튜플, 딕셔너리 등도 모두 마찬가지인데, 대입(=) 연산은 기존의 변수에 새로운 태그를 붙이는 작업에 불과하다.

〈표 3-6〉 리스트 관련 함수의 설명과 사용 예

함수 이름	설명	사용 방법	사용 예	결과 확인용 코드
append	리스트의 맨 뒤에 항목 추가함.	리스트 이름.append (추가할 변수/값)	`vs.append('James')`	`print(vs)`
insert	리스트의 특정 위치에 항목 추가함.	리스트 이름.insert (위치, 추가할 변수/값)	`vs.insert(2, 1000)`	`print(vs)`
항목 추출	리스트의 일부분만을 가리키는 새로운 리스트를 만듦.	리스트 이름 (시작 위치:끝 위치)	`v2 = vs[ 0:2 ]`	`print(vs)` `print(v2)`
extend	리스트 뒤에 다른 리스트를 덧붙임.	리스트 이름.extend (다른 리스트)	`vs.extend( v2 )`	`print(vs)`
len	리스트 항목의 개수를 반환함.	len(리스트 이름)	`s = len(vs)`	`print( s )`

(vs = [1, 3, 'Hi' , 8.5]인 상태에서 사용 예를 실습할 것. 리스트에 적용된 결과를 확인하기 위해서는 print 함수를 사용해야 한다.)

즉,

```
vs = [1, 3, 'Hi' , 8.5]
vt = vs
```

와 같이 코드를 작성하여 실행하면 두 개의 변수는 [그림 3-21]과 같은 형태를 가지게 된다. 실제로 존재하는 리스트는 하나 밖에 없지만, 이를 가리키는 변수(태그)는 2개다. 따라서, vs의 값을 바꾸면 vt의 값도 당연히 달라진다. 다음 코드를 실행시켜서 확인해 보자.

```
vt[3] = -5
print(vs)
```

[그림 3-21] 리스트 객체와 리스트 변수 – 하나의 리스트 객체에 두 개의 변수가 태그로 붙어있다.

이와 같이 고급 데이터 타입에서는 '실제로 존재하는 리스트'를 '객체'라고 부르고, 이 객체를 가리키기 위해 사용되는 것을 '변수'라고 한다.[1] 객체와 변수의 개념은 중요하므로, 잘 익혀 두기 바란다.

만약 **연속된 정수로 이루어진 리스트**를 만들고 싶다면, range라고 하는 데이터 타입을 활용하면 편하다. range는 정수의 범위와 간격을 지정하는 데이터 타입으로, range(시작 값, 간격, 종료 값)으로 써서 만들 수 있다. 간격을 생략하면 1씩 변화하

1) 객체와 변수의 개념은 기본 데이터 타입에서도 동일하게 적용되지만, 설명이 오히려 복잡해지는 측면이 있어, 고급 데이터 타입에 한정하여 설명하였다.

게 되며, 종료 값은 포함되지 않는다는 점에 주의가 필요하다. range를 만든 후, list(range 변수) 명령을 사용하여 리스트 형태로 바꿀 수 있다. 예를 들어 3부터 8까지의 정수로 된 리스트를 만들고 싶다면

```
v = [3,4,5,6,7,8]
```

과 같이도 할 수 있지만, range를 사용하면

```
v = list( range(3,9) )
```

와 같이 간결하게 코드를 작성할 수 있다.

Tips

Python 2에서 range는 수열을 리스트로 만들어 주는 함수였으나, Python 3으로 넘어오면서 별도의 데이터 타입으로 구성되었다. 이로 인해, range가 차지하는 메모리 크기는 줄어들었으나, list로 저장하기 위해서는 이제 별도의 함수(list)를 호출해야 한다.

3.7.2 튜플

튜플은 한번 만들면 수정할 수 없다는 점을 제외하면 리스트와 거의 동일하다. 튜플을 만드는 방법도 리스트와 비슷한데, 다음 코드와 같이 리스트를 만들 때 사용하는 대괄호를 쓰지 않거나, 소괄호를 대신 사용하면 된다. 다음 코드를 실행해서 튜플을 만들고 print 함수를 사용하여 확인해 보자.

```
tup = 3,4,5

tup = (3,4,5)
```

리스트를 사용해서 튜플을 만들 수도 있다. 다음 코드를 실행하고 print 함수를 사용해서 확인해 보기 바란다.

```
my_list = [5,8,7]
tup = tuple( my_list )
```

튜플은 한번 만들어지고 나면 그 값을 수정할 수 없으므로, 다음과 같은 코드는 에러를 발생시킨다. 실행시켜서 어떤 에러가 발생하는지 확인해 보라.

```
tup[2] = 1
```

3.7.3 딕셔너리(사전)

딕셔너리는 리스트와 비슷하지만, 항목에 순서가 없고 각 항목에 이름이 붙어있다는 점이 다르다. 딕셔너리는 〈표 3-7〉과 같이 2개의 열을 가진 표로 이해하면 쉽다. 첫 번째 열에는 항목의 이름이, 두 번째 열에는 항목의 값이 저장되어 있다. 항목의 이름은 보통 키(key)라고 불린다. 즉, 딕셔너리는 키(key)와 값(value)의 대응쌍의 집합이다.

〈표 3-7〉 딕셔너리 데이터 구조

'Title'	'The Chronicles of Narnia'
'Year'	1950
'Author'	'C. S. Lewis'
'Country'	'UK'
'Genre'	'Fantasy'

〈표 3-7〉과 같은 딕셔너리는 다음 코드를 사용해서 만들 수 있다. print 함수를 사용해서 만들어진 딕셔너리를 확인해 보자.

```
d1 = {'Title' : 'The Chronicles of Narnia',
   'Year' : 1950,
   'Author' : 'C. S. Lewis',
   'Country' : 'UK',
   'Genre' : 'Fantasy'}
```

변수 이름 뒤에 대괄호를 쓰고, 대괄호 안에 항목의 이름을 입력하면, 해당 항목의 값을 가져올 수 있다. 즉, 책의 제목을 알고 싶다면 다음과 같이 코드를 사용하면 된다.

```
print(d1['Title'])
```

이번에는 위와 같은 형태로 2개의 딕셔너리 변수를 더 만들어 보자. 자신이 좋아하거나 싫어하는 책 2권을 선정하고, 해당 책의 정보를 딕셔너리의 형태로 변수 d2, d3에 저장해 보라. 딕셔너리에 저장할 항목들의 종류는 〈표 3-7〉과 같이 하면 된다.

다음과 같은 형태로 작성하면 된다. 빈칸을 채워서 작성하라.

```
d2 = {'Title' : '__________',
   'Year' : __________,
   'Author' : '__________',
   'Country' : '__________',
   'Genre' : '__________'}

d3 = {'Title' : '__________',
   'Year' : __________,
   'Author' : '__________',
   'Country' : '__________',
   'Genre' : '__________'}
```

d1, d2, d3의 3개 변수가 모두 생성되었다면, 방금 만든 딕셔너리들을 리스트에 저장해 보자. 다음과 같이 대괄호를 사용해서 각각의 딕셔너리 객체를 항목으로 하는 리

스트를 만들 수 있다.

```
d_list = [d1, d2, d3]
```

리스트의 각 항목이 딕셔너리 형태이므로, 앞의 기차 그림으로 설명한다면, 기차의 각 칸에 딕셔너리 항목이 하나씩 들어 있는 형태라고 말할 수 있다. 대괄호를 하나 더 사용하면 해당 칸에 있는 딕셔너리 객체의 내용을 확인해 볼 수 있다. 다음 코드를 참조하라.

```
print(d_list[2]['Title'])
```

3.7.4 집합

집합도 리스트와 비슷하지만, 항목에 순서가 없다는 점이 다르다. 집합은 중괄호를 사용해서 만들 수 있다. 다음 코드를 사용해서 집합 객체와 변수를 만들고, print 함수를 사용해 내용을 확인해 보자.

```
s = {3, 5, 4}
```

얼핏 보면 리스트와 같아 보이지만, print 함수를 사용해 나온 결과를 조금 자세히 살펴보면 순서가 자동으로 달라져 있는 것을 볼 수 있다.

3.7.5 고급 데이터 사용 실습

1) 리스트 변수 v에 다음과 값이 저장되어 있을 때,

```
v = [3,4,5,6]
```

리스트에 포함된 값들의 평균을 계산하라.

코드

```
avg = ( v[0] + v[1] + v[2] + v[3] ) /4
```

리스트의 각 항목은 대괄호와 인덱스를 사용하여 접근할 수 있다. 인덱스 번호는 0번부터 시작함에 주의하여야 한다.

2) 1부터 30 사이의 홀수를 순서대로 리스트에 저장하고, 15번째 홀수의 값을 화면에 출력하라.

코드

```
v = list( range(1,30,2) )
print( v[14] )
```

1부터 30 사이에는 15개의 홀수가 있고, 15개의 값을 가진 리스트형 변수 v의 15번째 값에 대한 인덱스는 14이므로, v[14]로 접근할 수 있다.

3) 3.7.3절의 실습 코드와 같이 책 세 권의 정보가 리스트형 변수인 d_list에 저장되어 있다고 하자. 책 세 권 중 1950년에 출판된 책을 찾고, 해당 책 정보를 출력하는 코드를 작성하라. 단, 세 권의 책이 출판된 연도는 서로 다르다고 가정한다.

코드

```
if d_list[0]['Year']==1950:
  print(d_list[0])
elif d_list[1]['Year']==1950:
  print(d_list[1])
elif d_list[2]['Year']==1950:
  print(d_list[2])
```

리스트의 각 항목 [0], [1], [2]에 대해 차례대로 출판연도 정보['Year']를 체크한다. 조건문을 사용하여 해당 책이 출판된 연도가 1950년이라면 해당 변수의 값을 출력하였다. f-string을 사용하여 책 정보를 조금 더 보기 좋게 출력할 수도 있겠다.

4) 위 문제에서 사용된 변수 d_list를 = 기호를 사용하여 d_list2에 넣으라. d_list[1]의 연도 정보를 바꾼 후, d_list를 출력하여 값을 확인하라.

코드

```
d_list2 = d_list
d_list2[1]['Year'] = 205
print(d_list[1])
```

위 코드는 d_list를 = 기호를 사용하여 d_list2에 넣은 것이다. C등에 익숙한 독자라면, 첫 번째 줄의 명령을 통해 내용이 복사되었다고 생각할 수 있겠지만, 앞서 설명한 바와 같이 파이썬에서는 동일한 객체에 이름표가 하나 더 붙은 것에 지나지 않는다. 따라서, 위 코드에서는 d_list2[1]의 값을 수정하였지만, d_list[1]의 값을 수정한 것과 마찬가지의 결과가 발생하였다.

5) 하나의 의미에 대해 한국어, 영어, 일본어 단어를 그 정보로 포함하는 딕셔너리를 만들라. 단, key는 각각 'Korean', 'English', 'Japanese'로 하라. 영어, 일본어 대신 다른 언어로 대체해도 무방하다.

코드

```
dict1 = {'Korean' : '사랑',
      'English' : 'Love',
      'Japanese': '愛'}
```

6) 위 문제에서와 같이 다국어 단어 정보를 가지는 딕셔너리 다수로 구성된 리스트를 만들라.

코드

```
dict_list = []           # 빈 리스트 생성

dict_tmp = {'Korean' : '사랑', 'English' : 'Love', 'Japanese': '愛'}
dict_list.append(dict_tmp)

dict_tmp = {'Korean' : '믿음', 'English' : 'Faith', 'Japanese': '信仰'}
dict_list.append(dict_tmp)

dict_tmp = {'Korean' : '소망', 'English' : 'Hope', 'Japanese': '希望'}
dict_list.append(dict_tmp)
```

```
dict_tmp = {'Korean' : '행복', 'English' : 'Happiness', 'Japanese': '幸せ'}
dict_list.append(dict_tmp)

print(dict_list)
```

이 예제에서는 빈 리스트를 만든 다음, append 함수를 사용하여 리스트에 항목을 추가하였다. 각각의 딕셔너리 항목은 dict_tmp 변수에 임시로 저장되었다가 리스트에 추가되었다. 변수에 임시로 저장하는 과정을 생략하고 다음과 같이 코드를 작성할 수도 있다.

코드

```
dict_list = []            # 빈 리스트 생성

dict_list.append({'Korean': '사랑', 'English' : 'Love', 'Japanese': '愛'})
dict_list.append({'Korean': '믿음', 'English' : 'Faith', 'Japanese': '信仰'})
dict_list.append({'Korean': '소망', 'English' : 'Hope', 'Japanese': '希望'})
dict_list.append({'Korean': '행복', 'English' : 'Happiness', 'Japanese': '幸せ'})

print(dict_list)
```

요약

1 리스트는 여러 개의 저장공간이 이어져 있는 데이터 타입이다.

2 range와 list 함수를 사용하여 연속된 숫자의 리스트를 만들 수 있다.

3 리스트의 각 항목은 대괄호와 인덱스를 사용하여 접근 가능하며, 인덱스는 0번부터 시작한다.

4 튜플은 리스트와 유사하지만, 한번 만들고 나면 수정할 수 없다.

5 딕셔너리는 항목에 순서가 없고, 항목마다 이름이 붙어있는, 2개 열을 가지는 표 형태의 데이터 구조이다.

6 집합은 리스트와 유사하지만, 항목에 순서가 존재하지 않는다.

7 변수는 데이터 저장공간에 붙여진 이름표이며, 객체는 실제 메모리상에 저장된 데이터를 지칭한다.

8 하나의 객체에 여러 개의 이름표를 붙여 사용할 수 있다.

연습문제

1 리스트형 변수 names에는 여러 사람의 이름이 저장되어 있다. 이 리스트의 길이를 새로운 변수 s에 저장하기 위한(변수 s가 변수 names와 같은 객체를 지칭하도록 하기 위한) 코드를 작성하시오.

2 리스트형 변수 weight에는 최근 3개월간의 체중 변화가 저장되어 있다. 즉, weight[0]에는 이번 달, weight[1]에는 지난 달, weight[2]에는 2개월 전의 체중이 저장되어 있다. 이 정보를 사용하여 지난 3개월간의 최소 몸무게가 얼마였는지 출력하시오.

3 리스트형 변수 customer에는 가게에 방문한 손님의 이름(Name), 전화번호(Tel), 구매 금액(Price)이 딕셔너리 형태로 저장되어 있다. customer의 길이(len)가 4라고 할 때, 구매 금액이 50,000원 이상인 손님의 정보를 화면에 출력하시오.

4 3.7.5절의 6번 실습 문제와 같이 다국어 단어 딕셔너리로 이루어진 리스트가 있다고 하자. 이 리스트에서 '행복'에 해당하는 영어 단어를 찾아 출력하는 코드를 작성하시오.

5 리스트형 변수 lot_answer에는 이번 주의 복권 당첨 번호 6개가 저장되어 있으며, 또 다른 리스트형 변수 lot_me에는 이번에 산 복권 번호 6개가 저장되어 있다. 일치하는 번호의 개수를 출력하는 코드를 작성하시오. 단, 복권 번호는 1부터 45까지의 정수이며, 숫자의 위치도 일치하여야 한다.

3.8 반복문

3.8.1 while 반복문

특별한 일이 없다면 코드는 위에서 아래로 한 줄씩 실행되며, 조건문이 사용되는 경우 조건에 따라 특정 줄을 실행하지 않게 만들 수도 있다는 것을 살펴보았다.
이번 장에서는 특정 작업을 여러 번 반복하게 만드는 방법에 대해 살펴볼 것이다.

다음 코드를 살펴보자. 1부터 10까지의 자연수를 화면에 표시하는 코드다. 총 10줄을 사용했는데, 반복문을 사용하면 이를 획기적으로 줄일 수 있다.

```
print( 1 )
print( 2 )
print( 3 )
print( 4 )
print( 5 )
print( 6 )
print( 7 )
print( 8 )
print( 9 )
print( 10 )
```

파이썬에서는 while과 for 문을 통해 코드를 반복해서 실행시킬 수 있다. 둘 중 조금 더 간단한 while 문을 먼저 살펴보자. while 문은 다음과 같은 형태로 이루어진다. 조건문과 비슷한 형태로 구성되는 점을 파악해 두면 좋다. 조건문과 다른 점은 반복문으로 묶이는 코드들은 조건이 만족하는 동안 끝없이 반복해서 실행된다는 것이다.

```
while 조건식:
  조건식이 참이면 수행할 코드 1
  조건식이 참이면 수행할 코드 2
  ...
```

1부터 10까지의 자연수를 출력하는 코드를 while 문을 사용해서 작성하면 다음과 같다. 10줄의 코드가 4줄로 줄었다.

```
cnt = 1                  # cnt라는 변수를 만들고 그 값을 1로 설정한다.
while cnt < 11:          # cnt가 11보다 작다면 아래의 코드를 실행한다.
  print(cnt)             # cnt의 값을 화면에 표시한다.
  cnt = cnt + 1          # cnt의 값에 1을 더한 후, 다시 cnt에 기록한다.
```

실행시켜서 결과를 확인해 보자. 이 코드의 흐름을 플로우 차트(Flow Chart)로 나타내면 [그림 3-22]와 같다.

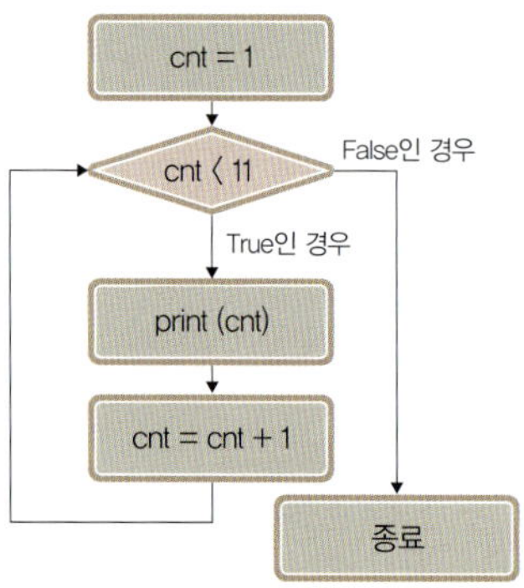

[그림 3-22] while 반복문의 코드 흐름도

3.8.2 for 반복문

이번에는 반복문의 다른 형태인 for 반복문을 살펴보도록 하자. for 반복문은 다음과 같은 형식으로 나타낸다. for 반복문에서 반복 수행할 코드는 for 바로 아래쪽에 들여쓰기를 통해 표시하는 것에 주의하자. 들여쓰기가 맞지 않으면 제대로 동작하지 않는다.

```
for 변수 in 리스트:
  수행할 코드1
  수행할 코드2
```

for 문에서는 참, 거짓을 판별하는 것이 아니라, 리스트에 있는 항목의 개수만큼 반복이 이루어지며, 반복할 때마다 리스트의 각 항목이 순서대로 변수에 대입되게 된다. 1부터 10까지의 정수를 더하는 코드를 for 문을 써서 작성하면 다음과 같다.

```
data_list = [1,2,3,4,5,6,7,8,9,10]
for x in data_list:
  print(x)
```

위 코드에서 변수 data_list는 리스트형 변수로 1부터 10까지의 정수를 넣었으며, 두 번째 줄에서는 이 리스트에서 값을 하나씩 꺼내 x에 넣은 다음 아래쪽 코드(print 명령)를 실행하도록 하였다.

for 반복문에서는 일반적인 리스트 외에도 range형을 대신 사용할 수 있는데, range 타입을 쓰면 위 코드는 다음과 같이 매우 간결해진다.

```
for x in range(1,11):       # range(1,11)은 1부터 10까지의 모든 자연수를
                            # 의미한다.
  print(x)                  # x를 출력한다.
```

이 코드의 흐름도는 [그림 3-23]과 같다.

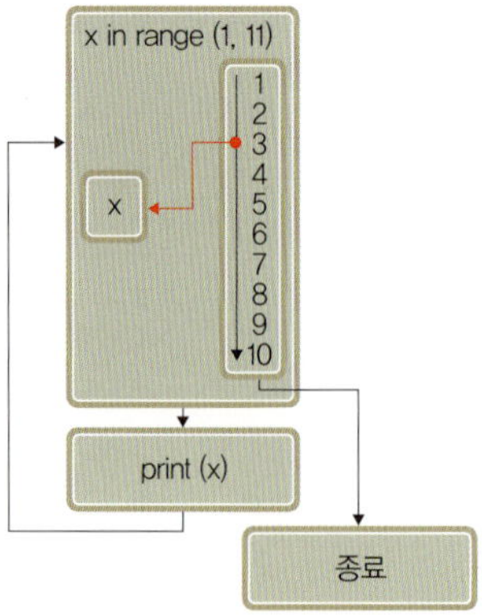

[그림 3-23] for 반복문의 코드 흐름도

range(1,11)은 1부터 10까지의 정수 리스트를 의미하며, 지정된 명령을 반복하며 반복할 때마다 리스트의 항목을 하나씩 변수 x에 대입한다. 리스트의 모든 항목을 대입하여 남은 항목이 없으면 반복을 종료한다.

반복문과 조건문을 함께 사용하면, 더 복잡한 문제를 풀 수 있다. 다음 코드를 살펴보자. 먼저 코드를 실행시켜 보고, 주석을 보면서 코드가 어떻게 동작하는지 살펴보기 바란다.

```
n = 5              # 변수 n 의 값을 5로 설정한다.
n = n * 3 + 1      # n에 3을 곱하고 1을 더한 결과를 다시 n에 기록한다.
n = n / 2          # n의 값을 가져와 2로 나누고 n에 다시 저장한다.
n = n / 2          # n의 값을 가져와 2로 나누고 n에 다시 저장한다.
n = n / 2          # n의 값을 가져와 2로 나누고 n에 다시 저장한다.
n = n / 2          # n의 값을 가져와 2로 나누고 n에 다시 저장한다.
print(n)           # n의 값을 화면에 표시한다.
```

[그림 3-24]에 이 과정이 자세히 설명되어 있다. 두 가지만 잘 기억하면 크게 어렵지 않다. 첫째, 대입(=) 명령은 오른쪽에 있는 계산을 다 수행한 후에, 그 결과를 왼쪽에 있는 변수에 저장(기록)하는 명령이다. 둘째, 코드는 위에서 아래로 한 줄씩 수행된다.

코드(명령)	의미
`n = 5`	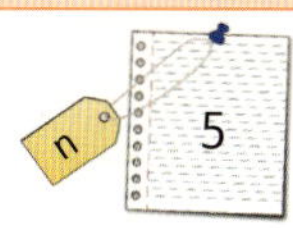
`n = n * 3 + 1`	✓ n * 3 + 1 계산 =〉16 ✓ 계산된 결과를 n에 기록 
`n = n / 2`	✓ n / 2 계산 =〉8 ✓ 계산된 결과를 n에 기록 
`n = n / 2`	
`n = n / 2`	
`n = n / 2`	
`print(n)`	✓ n의 값 출력(화면 표시)

[그림 3-24] 코드의 실행 과정과 의미

이 코드는 사실 우박수(콜라츠 추측)를 구하는 코드로, 어떤 자연수든지 홀수인 경우에는 '3을 곱한 후 1을 더하고' 짝수인 경우에는 '2로 나누면' 언젠가는 결국 1이 된다는 이론(추측)이다. 2^{68}까지는 모두 성립함이 확인되었으나, 모든 자연수에 대한 증명은 아직 발견되지 않았다고 한다.

n = 5인 경우에는 위의 코드로 콜라츠 추측을 확인할 수 있지만, 다른 값에 대해서는 홀수와 짝수가 나타나는 횟수와 순서가 달라져서 제대로 동작하지 않는다. 반복문과 조건문을 써서 위 코드를 수정해 보자. 콜라츠 추측의 경우에는 반복 횟수가 정해져

있지 않고, 1이 될 때까지 계속해서 반복해야 하는데, 이와 같은 경우에는 while 문을 쓰는 것이 편하다. n = 17인 경우를 계산해 보자. 홀수/짝수를 판별할 때에는 나머지 연산자를 쓰면 편하다. n % 2의 값은 n이 홀수라면 1, 짝수라면 0이 나온다.

```
n = 17                       # n = 17로 설정
print(n)                     # n의 값을 화면에 표시
while n != 1:                # n == 1이 되면 반복문을 빠져나간다.
                             # (n!=1인 동안 계속 반복)
  if n % 2 == 0:             # n이 짝수라면
    n = n /2                 # 2로 나누어 저장한다.
  else:                      # n이 홀수라면
    n = n * 3 + 1            # 3을 곱하고 1을 더하여 저장한다.
  print(n)                   # 변경된 값을 표시한다.
print('콜라츠 추측이 성립함이 확인되었습니다')
```

3.8.3 break와 continue

반복문은 미리 지정된 조건을 만족하거나(while 문), 리스트에 있는 항목의 개수만큼(for 문) 계속 반복하는 것이 기본이지만, 조건문과 함께 사용하여, 특정 조건을 만족하는 경우 반복을 멈추거나 반복문의 맨 첫 줄로 이동하여 실행하도록 할 수 있다.

break 문은 반복을 종료하고 반복문의 바깥으로 빠져나가는 명령이다. 다음 코드는 1부터 10까지의 숫자를 합산하다가 수의 합이 10을 초과하면, 곧바로 반복문을 종료하여 반복문 바깥으로 빠져나가는 코드이다. 반복문 밖에는 print 함수가 있어 합산된 결과를 확인할 수 있게 한다. 코드를 실행시켜 확인해 보자.

```
sum = 0
for i in range(1,11):
  sum = sum + i
  if(sum>10):
    break
print(sum)
```

continue 문은 반복문의 맨 처음으로 이동한다. 다음 코드 역시 1부터 10까지의 수를 합산하는 코드이지만, 조건문을 사용하여 i가 짝수면 반복문의 가장 처음으로 이동하게 코드가 실행되게 된다. 즉, 1부터 10까지의 홀수만을 더하는 코드다. 코드를 반복하는 도중, i가 짝수면 continue 명령이 수행되어 sum 값이 증가하지 않기 때문이다.

```
sum =0
for i in range(1,11):
  if(i%2 == 0):
    continue
  sum = sum + i
print(sum)
```

3.8.4 반복문 사용 실습

이번 장의 실습은 3.7.5절의 실습 문제를 상당수 그대로 활용하되, 반복문을 써서 문제를 해결하는 것에 초점을 맞추어 구성되었다. 실습을 진행하며 반복문을 쓰는 것과 쓰지 않는 것의 차이를 숙지하기 바란다.

1) 리스트 변수 v에 다음과 값이 저장되어 있을 때,

```
v = [3,4,5,6]
```

리스트에 포함된 값들의 평균을 계산하라.

코드

```
sum = 0
for x in v:
  sum = sum + x
avg = sum / len(v)
```

리스트에 있는 값들은 for 문을 사용하여 하나씩 불러와 x로 참조하였다. 전체 값들의 합은 sum에 저장하되, 초깃값을 0으로 잡고, 리스트의 각 값을 하나씩 순회하면서 sum에 그 값

을 더했다. 마지막으로 sum의 값을 v의 길이로 나누어 전체 값의 평균을 계산하였다.

반복문의 장점 중 하나는 상황이 어느 정도 바뀌어도 코드를 수정 없이 재사용할 수 있다는 것이다. v에 포함된 항목의 개수가 6개로 늘어난다고 했을 때, 위 코드의 경우에는 수정할 곳이 하나도 없이 그대로 실행하여 결과를 확인할 수 있으나, 반복문을 사용하지 않는 코드의 경우에는, 평균을 계산하는 코드를 새롭게 수정하지 않으면 올바른 결과를 얻을 수 없다.

2) 10,000 이하의 2의 거듭제곱수 중 가장 큰 수를 찾는 코드를 작성하라.

코드

```
n = 0
power_of_n = 1

while power_of_n <= 10000:
  n = n + 1
  power_of_n = power_of_n * 2

print(f'The answer is {n-1}')
```

위 코드에서 승수를 나타내는 변수는 n으로, 2의 n제곱을 나타내는 결과는 power_of_n 변수에 저장하였다. 처음에는 n의 값을 0으로, power_of_n은 1로 지정(초기화)하였고, while 반복문을 사용해 코드를 반복하되 n은 1씩 증가시키고, 거듭제곱수, 즉 power_of_n의 값이 10,000을 초과하면 반복을 중지한다. 반복문이 종료되면 n-1을 화면에 출력한다. 반복문이 끝났을 때 n의 값은 10,000을 막 초과한 다음이기 때문이다.

위 코드는 다양한 방식으로 다시 작성해 볼 수 있다.
우선,

```
power_of_n = power_of_n * 2
```

는

```
power_of_n = 2**n
```

로 바꿀 수 있다. 2의 n제곱은 이전에 계산된 거듭제곱수에 2를 곱하여 계산할 수도 있지만, 직접적으로 ** 연산기호를 사용하여 계산할 수도 있다. 물론 반복문 내에서 거듭제곱수를 여러 번 계산하는 것은 계산량을 증가시켜 전반적인 속도를 저하시킬 수도 있지만, 이처럼 간단한 코드에서는 크게 문제 되지는 않는다.

코드

```
for n in range(10000):
  power_of_n = 2**n
  if(power_of_n>10000):
    break

print(f'The answer is {n-1}')
```

위의 코드는 앞서 작성하였던 코드를 for 문을 써서 새로 작성한 것이다. n은 0부터 9,999까지 증가하며 power_of_n은 앞과 같은 방식으로 계산된다. 크게 달라진 점은 반복문을 빠져나오기 위해 if를 사용하였다는 것이다. 반복에 필요한 조건을 매회 체크하는 while 문과는 달리, for 문은 정해진 횟수를 무조건 반복하게 되므로, 거듭제곱수를 계산한 직후 조건문을 사용하여 해당 조건을 만족하는 경우 바로 반복을 중지하도록 하였다.

다만, 이 코드에서 n은 0부터 9,999까지만 증가하게 되는데, 이것은 우리가 정답이 10,000보다 작다는 것을 알기 때문에 사용할 수 있는 방법이다. 정답의 범위를 알 수 없다면 for 반복문 대신 while을 사용해야 할 것이다.

3) 책 세 권의 정보가 다음과 같이 리스트형 변수인 book_list에 저장되어 있다고 하자.

```
book_list = [{'Title' : 'The Chronicles of Narnia',
              'Year' : 1950,
              'Author' : 'C. S. Lewis',
              'Country' : 'UK',
              'Genre' : 'Fantasy'},
       {'Title' : 'Peter Pan',
              'Year' : 1911,
              'Author' : 'J. M. Barrie',
              'Country' : 'UK',
              'Genre' : 'Fantasy'},
       {'Title' : 'The education of little tree',
              'Year' : 1976,
```

```
                    'Author' : 'Forrest Carter',
                    'Country' : 'US',
                    'Genre' : 'Historical Fiction'}]
```

책 세 권 중 1976년에 출판된 책을 찾고, 해당 책 정보를 출력하는 코드를 작성하라. 단, 세 권의 책이 출판된 연도는 서로 다르다고 가정한다.

코드

```
for book in book_list:
  if book['Year']==1976:
    print(book)
```

위 코드에서는 for 문을 사용하여 book_list의 항목들을 하나씩 불러와 book에 저장하였으며, book['Year']가 1976년인지 확인하여 맞는 경우 book의 내용을 화면에 출력하였다. 마찬가지로 반복문 없이 사용하는 경우에 비해 코드가 매우 간결하다.

4) 다음과 같이 다국어 단어 정보를 가지는 딕셔너리 리스트가 있을 때,

```
dict_list = [{'Korean' : '사랑', 'English' : 'Love', 'Japanese': '愛'},
             {'Korean' : '믿음', 'English' : 'Faith', 'Japanese': '信仰'},
             {'Korean' : '소망', 'English' : 'Hope', 'Japanese': '希望'},
            {'Korean' : '행복', 'English' : 'Happiness', 'Japanese': '幸せ'}]
```

한국어 단어 '행복'에 해당하는 영어 단어를 찾아 출력하라.

코드

```
for dict in dict_list:
  if dict['Korean']=='행복':
    print(dict['English'])
```

5) 100 이하의 자연수 중 3으로 나누어 떨어지지 않는 수를 모두 출력하는 코드를 작성하라.

코드

```
for i in range(1,101):
  if i % 3 != 0:
    print(i)
```

위 코드에서는 range 타입을 사용하여 i가 1부터 100까지 반복하도록 하였고, i가 3으로 나누어 떨어지는지(나머지가 0인지) 확인하여, 나누어 떨어지지 않는 경우 i를 출력하였다.

6) 100과 200 사이의 자연수 중, 제곱근이 자연수인 수를 모두 출력하는 코드를 작성하시오.

코드

```
import numpy as np
for i in range(100,201):
  sq = np.sqrt(i)
  if sq == int(sq):
    print(f'{i} = {int(sq)} * {int(sq)}')
```

위 코드에서는 range 타입을 사용하여 i가 100부터 200까지 반복하도록 하였고, i의 제곱근을 계산하여 sq에 저장하였다. sq는 정수형으로 변환된 값 int(sq)과 비교하여 두 값이 같으면 해당 숫자와 제곱근 값을 같이 화면에 표기하게 하였다.

요약

1 반복문은 일정 범위의 코드를 반복해서 실행하도록 하는 구문이다.

2 while과 for 반복문을 사용할 수 있다.

3 while 반복문은 특정 조건을 만족하는 동안 내부 코드를 무한히 반복하는 구문이다.

4 for 반복문은 미리 지정된 리스트에 포함된 항목의 개수만큼 코드를 반복하는 구문이다.

5 for 반복문에 range를 함께 사용하여 일정 횟수 동안 반복하게 할 수 있다.

6 반복문 내부에 조건문 등의 코드를 작성하여 복잡한 기능을 수행하는 코드를 만들 수 있다.

연습문제

1 콜라츠 추측은 처음 주어진 숫자에 따라 계산하는 횟수가 다르다. 주어진 숫자를 1로 만들기 위해 계산한(반복한) 횟수를 확인할 수 있도록 3.8.2절의 콜라츠 추측 코드를 수정하시오.

2 리스트형 변수 my_list에는 사람들의 이름이 여러 개 저장되어 있다. 몇 사람의 이름이 저장되어 있는지 알아내는 코드를 작성하시오.

3 "Hi, Everybody!"라는 문장을 10회 출력하는 코드를 while 반복문과 for 반복문을 이용하여 각각 작성하시오.

4 다음 수식의 결과가 20,000을 넘지 않도록 하는 x의 값들 중 최댓값을 계산하는 코드를 while 반복문을 사용하여 작성하시오.

$$5x^3+2x^2-19x+20$$

연습 문제 5번~8번은 3.7절의 연습 문제와 거의 동일한 문제다. 앞서 작성한 코드를 for 반복문을 사용하는 방식으로 수정하라.

5 리스트형 변수 weight에는 최근 12개월간의 체중 변화가 저장되어 있다. 즉, weight[0]에는 이번 달, weight[1]에는 지난 달, weight[2]에는 2개월 전의 체중이 저장되어 있다. 이 정보를 사용하여 지난 1년간의 평균, 최소, 최대 몸무게가 얼마인지 출력하는 코드를 작성하시오.

6 리스트형 변수 customer에는 가게에 방문한 손님의 이름(Name), 전화번호(Tel), 구매 금액(Price)이 딕셔너리 형태로 저장되어 있다. 구매 금액이 50,000원 이상인 손님의 정보를 모두 화면에 출력하시오.

7 리스트형 변수 lot_answer에는 이번 주의 복권 당첨 번호 6개가 저장되어 있으며, 또 다른 리스트형 변수 lot_me에는 이번에 산 복권 번호 6개가 저장되어 있다. 일치하는 번호의 개수를 출력하는 코드를 작성하시오. 단, 복권 번호는 1부터 45까지의 정수이며, 숫자의 위치도 일치하여야 한다.

3.9 Numpy 배열

3.9.1 배열의 생성과 접근

배열은 1차원, 2차원, 혹은 다차원 상에 연속적으로 데이터를 놓아둔 것을 말한다. 1차원 배열은 다음과 같은 형태다.

3	4	1	2	8	2	4	9

[그림 3-25] 길이가 8인 1차원 배열

배열에는 같은 종류의 데이터만 넣을 수 있다는 점을 빼면, 개념적으로는 앞서 공부한 리스트와 거의 동일하다.

파이썬에서 배열을 사용하는 기본적인 방법은 리스트를 활용하는 것이지만, 리스트는 배열을 사용하는 복잡한 연산 등에 적합하지 않다. 이 때문에 파이썬으로 구현된 딥러닝 코드는 numpy 라이브러리에서 제공하는 배열을 사용하고 있다. numpy 배열은 다음과 같은 방식으로 만들 수 있다. numpy 라이브러리의 array 함수는 리스트를 numpy 배열로 변환시켜 준다.

```
import numpy as np
n = np.array([3,4,1,2,8,2,4,9])
```

2차원 배열은 다음과 같이 2차원상에 존재하는 표 형태로 되어 있는 배열이다.

3	4	1	2
8	2	4	9

[그림 3-26] 2차원 배열의 형태

위의 2차원 배열을 만드는 방법은 다음과 같다. 각각의 행은 대괄호를 사용하여 묶어서 나타내며, 바깥쪽에 대괄호를 하나 더 사용하여 여러 개의 행을 하나로 묶는다. print 문을 사용해 내용을 확인해 보자.

```
import numpy as np
n = np.array([ [3,4,1,2],[8,2,4,9] ] )
print(n)
```

배열 내부의 값을 일일히 지정하지 않고 배열을 만드는 방법도 있다. numpy 라이브러리의 zeros, ones 함수는 배열의 크기만 지정해 주면, 각각 0과 1로 된 배열을 만들어 준다. 배열의 크기는 (1차원 크기, 2차원 크기, 3차원 크기, ...) 등으로 소괄호를 사용하여 묶어 주며, 이 방식으로 3차원 이상인 다차원 배열도 만들 수 있다. 3차원 배열은 2차원 배열을 높이 쌓아 올린 것이라고 생각하면 이해하기 쉽다. print 함수를 사용하여 값을 확인해 보자.

```
n = np.zeros( (3,5) )
m = np.ones( (3,5,2) )
```

numpy에 포함된 random 모듈에 있는 rand 함수는 주어진 크기의 배열을 만들고, 값을 0과 1 사이의 랜덤한 수로 채운다. zeros, ones 함수와는 달리, 소괄호를 쓰지 않는다는 것에만 주의해서 사용하면 된다.

```
n = np.random.rand(3,5)
```

배열의 번호는 리스트와 같이 0번부터 시작한다. 이 번호를 '인덱스(index)'라고 부르며, 인덱스를 사용하여 배열의 특정 위치를 선택하는 방법을 '인덱싱'이라고 한다. 배열의 특정 위치에 있는 값을 알아보기 위해서는 리스트와 같이 대괄호를 사용하고, 차원의 순서대로 위치를 지정하면 된다. 2차원 배열에 접근하는 경우에는 행 인덱스가 첫 번째 차원, 열 인덱스가 두 번째 차원의 위치를 나타낸다. 즉, 배열 n의 (1,2)에 존재하는 값을 알기 위해서는

```
n[1,2]
```

라고 코드를 작성하면 된다. print 함수를 사용하여 값을 확인해 보자.

```
print(n[1,2])
```

인덱싱을 통해 배열의 값을 수정할 수도 있다. 예를 들어, 다음 코드는 배열 n의 [1,2] 위치에 존재하는 값을 0으로 바꾼다.

```
n[1,2] = 0
```

Boolean 배열을 사용하여 배열의 값을 일부만 인덱싱하는 것도 가능하다. 이때 사용하는 Boolean 배열은 원본 배열과 크기가 동일해야 하며, True로 설정된 곳만 인덱싱된다. 다음 코드를 살펴보자.

```
import numpy as np
n = np.array([ [3,4,1,2],[8,2,4,9], [2,1,8,7] ] )
b = np.array([ [True,False,True,False],
               [True,False,True,False],
               [True,False,True,False] ] )
n[b] = 0
print(n)
```

위 코드의 실행 결과를 다음 빈칸에 적어 보라. 0으로 바뀐 위치가 Boolean 배열에서 True의 위치와 동일한지 확인해 보기 바란다.

```
[[                  ]
 [                  ]
 [                  ]]
```

조건문을 활용하여 특정 조건을 만족하는 값들을 한꺼번에 수정하는 것도 가능하다.

```
import numpy as np
n = np.array([[3,4,1,2], [8,2,4,9], [2,1,8,7]])
n[n<5] = 0
print(n)
```

위 코드에서 n<5는 배열 n의 각 값들이 5보다 작은지 체크하여 참이면 True, 거짓이면 False인 배열을 만들어 준다. 배열의 크기는 원래 배열인 n과 동일하기 때문에 n의 인덱스로 사용 가능하다. print 함수를 사용하여 n<5가 만들어 내는 배열의 모양과 값을 확인해 보라.

```
n = np.array([[3,4,1,2], [8,2,4,9], [2,1,8,7]])
print(n<5)
```

3.9.2 numpy 배열의 모양 변경

numpy에는 이미 만들어진 배열의 모양을 변경하는 함수를 몇 가지 제공하는데, 여기서는 딥러닝의 활용에 곧 사용될 expand_dims와 reshape 함수를 살펴보자. 먼저, expand_dims 함수는 기존의 배열 모양을 그대로 둔 상태로, 차원만 추가하는 함수다. '모양을 그대로 둔다'라는 말과 '차원을 추가한다'라는 말이 서로 모순되는 것처럼 보이겠지만, 조금 더 자세히 살펴보자. 다음 코드는 크기가 3인 1차원 배열을 만들고 값을 0으로 초기화시키는 명령이다.

```
n = np.zeros( 3 )
```

만들어진 배열의 모양을 알아보려면 배열 뒤에 .shape라고 코드를 작성하면 된다. 다음 코드를 사용하여 방금 만든 배열의 크기와 내용을 살펴보자.

```
print(n)
print(n.shape)
```

배열의 값은 [0. 0. 0.]으로, 크기는 (3,)으로 나올 것이다. 1차원상에서 배열의 크기가 3이라는 뜻이다. 1차원 배열이기 때문에 2차원 축이 아예 존재하지 않는다. 이번에는 expand_dims 함수를 사용하여 차원을 추가해 보자. expand_dims 함수는 2개의 파라미터를 가지는데, 첫 번째는 numpy 배열, 두 번째는 추가할 차원의 번호다. 파이썬의 차원 번호는 0부터 시작하기 때문에 차원을 추가할 때 번호를 잘 생각해야 한다. expand_dims 함수는 새롭게 바뀐 형태를 반환하므로, =를 사용하여 저장할 변수를 지정할 수 있다. 새로운 변수를 지정하는 것도, 같은 변수를 지정하는 것도 가능하다. 다음 코드를 실행시켜 보자.

```
n = np.zeros(3)
n = np.expand_dims(n,1)      # 1번 차원을 추가
print(n)
print(n.shape)
```

배열의 값은 [[0.] [0.] [0.]]으로, 배열의 크기는 (3, 1)으로 나온다. 앞서 살펴본 2차원 배열과 같이, 배열의 값이 바깥쪽 대괄호 안에 있으면서도 각각의 값이 또 다른 대괄호 안에 있는 것을 볼 수 있다. 2차원 배열로 바뀌었기 때문이다. 차원이 추가되었지만, expand_dims 함수를 사용하기 전과 값의 순서 등은 전혀 바뀌지 않았다는 점을 기억하자. 차원 번호를 −1로 지정하는 것도 가능하다. 차원 번호가 −1인 경우, 배열의 가장 마지막 차원보다 하나 더 상위의 차원을 추가한다. 즉, 위 코드에서 1 대신 −1을 넣어도 결과는 동일하다.

```
n = np.expand_dims(n, -1)    # n이 1차원 배열인 경우, 두 번째 차원 축
                                (즉 1번 차원)을 추가
```

reshape 함수는 데이터의 순서는 그대로 둔 채로, 형태를 바꾸어 주는 함수다. 다음 코드를 사용하여 1차원 배열을 만들고, 이를 2차원 배열로 변환해 보자.

```
import numpy as np
n = np.array([3,4,1,2,8,2,4,9])
```

2차원 배열로 바꿀 때는 reshape 함수의 파라미터를 사용하여 형태를 지정할 수 있다. 첫 번째 파라미터는 바꾸고자 하는 배열의 이름을, 두 번째 파라미터는 바꾸고자 하는 형태를 괄호(소괄호나 대괄호)로 묶어서 지정하면 된다. reshape 함수는 새롭게 바뀐 형태를 반환하므로, =를 사용하여 저장할 변수를 지정할 수 있다. 새로운 변수를 지정하는 것도, 같은 변수를 지정하는 것도 가능하다. print 함수를 사용하여 바꾸기 전과 후의 형태 변화를 살펴보자.

```
m = np.reshape(n,(2,4))
print(n)
print(m)
n.shape
m.shape
```

2차원 배열의 형태를 확인할 때, 특정 차원의 크기만을 확인하려면 shape 뒤에 대괄호를 함께 사용하면 된다. 즉,

```
m.shape[0]
```

는 0번 차원의 크기,

```
m.shape[1]
```

는 1번 차원의 크기다.

reshape 함수는 다음과 같이 변수 이름 뒤에 .을 붙여서 사용할 수도 있으며,

```
m = n.reshape((2,4))
```

다음과 같이 파라미터의 값을 −1로 지정할 수도 있다.

```
m = n.reshape((-1,4))
```

이때 −1은 다른 축(차원)의 길이를 지정하고 남은 길이를 해당 축에 할당하라는 뜻이다. 즉, 두 번째 축의 길이를 4로 하면, 첫 번째 축의 길이는 자연스럽게 2가 된다는 것이다. −1을 적절히 활용하면, reshape 함수를 더 편리하게 사용할 수 있다.

3.9.3 numpy 배열과 슬라이싱

파이썬에서는 슬라이싱이라는 기능을 통해 배열의 특정 범위를 선택할 수 있도록 한다. 슬라이싱의 기본 형태는 다음과 같다. start 위치부터 end 위치 바로 앞까지 step 단위로 선택하라는 뜻이다. step을 따로 지정하지 않으면 step = 1로 간주된다.

```
변수 이름[start:end:step]
```

예를 들어, 다음과 같은 numpy 배열이 있을 때,

```
n = np.array([3,4,1,2,8,2,4,9])

n[0:3]
```

라고 하면 0,1,2번 위치가 선택되고,

```
n[1:6:2]
```

라고 하면, 1,3,5번 위치가 선택된다. 직접 실행해서 확인해 보자.

슬라이싱은 값을 읽어올 때 뿐 아니라, 배열의 값을 바꿀 때도 사용할 수 있다.
예를 들어

```
n[1:6:2] = 0
```

는 1,3,5번 위치의 값을 0으로 지정하는 코드가 된다. print 함수를 써서 결과를 확인해 보라.

```
print(n)
```

다음과 같이 특정 위치의 값을 서로 다르게 바꿀 수도 있다. 코드를 실행하고 print 함수를 써서 결과를 확인해 보라.

```
n[1:6:2] = [-1,-2,-3]
```

다만, 이 경우에는 좌변에서 선택한 배열의 크기와, 우변에서 새로 지정하는 배열의 크기가 같아야 한다는 제약이 있다. 즉,

```
n[1:6:2] = [-1,-2]
```

와 같은 코드는 에러를 발생시킨다. 코드를 실행해서 어떤 에러가 발생하는지 살펴보라. 슬라이싱을 사용할 때, 배열의 처음부터 특정 위치까지 선택하는 경우에는 맨 처음의 0은 생략 가능하다. 마찬가지로, 배열의 특정 위치부터 끝까지 선택하는 경우에도 맨 마지막 숫자를 생략할 수 있다. 즉,

```
n[:3]
```

은 0,1,2번을

```
n[3:]
```

은 3,4,5,6,7번을 선택한다.

끝으로, 슬라이싱은 배열의 각 차원별로 각각 지정하는 것이 기본이다. 즉, 다음 코드에서 n[1:, :2]는 1번 행부터 마지막 행까지, 처음부터 1번 열까지를 선택하는 코드다.

```
n = np.array([[3,4,1,2], [8,2,4,9], [2,1,8,7]])
n[1:,:2]
```

앞과 뒤의 숫자를 모두 생략하고 콜론(:) 만 사용하면 해당 차원의 전체 범위를 선택하라는 뜻이다. 즉,

```
n[1:, :]
```

는 열은 1번부터 끝까지, 행은 전체를 선택하는 코드다. 슬라이싱과 = 명령을 함께 사

용하면 배열의 특정 범위만을 선택하여 새로운 이름(변수)을 붙일 수도 있다. 이 경우, 새로운 객체가 생성이 되는 것이 아니라, 선택된 위치를 가리키는 새로운 변수가 지정된 것 뿐이라는 것을 꼭 기억해야 한다. 다음 코드를 살펴보고, 실행 결과가 어떻게 될지 예측해 보라.

```
import numpy as np
n = np.array([[3,4,1,2], [8,2,4,9], [2,1,8,7]])
m = n[1:, :2]
m[0, :] = 0
print(n)
```

3.9.4 numpy 라이브러리의 기타 함수들

max, min, mean, std, sum은 numpy 배열의 기본적인 통계(최댓값, 최솟값, 평균, 표준편차, 합계)를 계산하는 함수다. 통계치를 계산하려면 데이터가 필요하다. rand 함수를 사용하여 다음과 같이 임의의 수를 가진 배열을 만들어 보자.

```
import numpy as np
data = np.random.rand(3,5)
```

다음과 같이 코드를 작성하여 통계치를 계산하고 확인할 수 있다.

```
max_v = np.max(data)
min_v = np.min(data)
mean_v = np.mean(data)
std_v = np.std(data)
sum_v = np.sum(data)

print(f'최댓값: {max_v}')
print(f'최솟값: {min_v}')
```

```
print(f'평균: {mean_v}')
print(f'표준편차: {std_v}')
print(f'합계: {sum_v}')
```

평균, 표준편차 등의 함수는 다음과 같이 변수 뒤에 점을 찍어 사용할 수도 있다.

```
max_v = data.max()
min_v = data.min()
mean_v = data.mean()
std_v = data.std()
sum_v = data.sum()
```

통계는 각 열, 행별로 계산할 수도 있다. 특정 축을 대상으로 통계를 내기 위해서는 axis 파라미터에 값을 지정해야 하는데, 2차원 배열에서 각 행에 대해 통계를 내기 위해서는 axis의 값을 0, 열에 대해 통계를 내기 위해서는 값을 1로 지정하면 된다. 배열에서 행 축의 번호가 0, 열 축의 번호가 1이라는 것을 생각하면, axis는 통계를 내기 원하는 축의 번호라는 것을 알 수 있다. axis=-1로 지정하면 배열의 마지막 축에 대해 통계를 내게 된다. 다음은 행축에 대해 통계를 내는 코드다. print 함수로 출력해 보면 각 행별로 통계를 내었기 때문에 (1,5) 크기의 결과가 나오는 것을 볼 수 있다.

```
max_v = np.max(data, axis=0)
min_v = np.min(data, axis=0)
mean_v = np.mean(data, axis=0)
std_v = np.std(data, axis=0)
sum_v = np.sum(data, axis=0)

print(f'최댓값: {max_v}')
print(f'최솟값: {min_v}')
print(f'평균: {mean_v}')
print(f'표준편차: {std_v}')
print(f'합계: {sum_v}')
```

다음과 같은 데이터에 대해 통계를 내는 상황을 생각하면 좀 더 현실감 있게 각 통계 함수를 사용해 볼 수 있다.

50m 달리기 (초)	멀리뛰기 (초)	오래매달리기 (초)	오래달리기 (초)	윗몸일으키기 (횟수)
8.5	200	60.2	450.3	50
12.3	230.5	56.3	390.2	35
9.2	190	30	500.4	60

0번 축

1번 축

[그림 3-27] 어느 학교 학생들의 체력 평가 데이터

위와 같은 데이터가 numpy 배열 data에 저장되어 있다고 하자. 다음과 같은 코드로 이를 구현할 수 있다.

```
data = np.array([[8.5,    200,    60.2,    450.3,   50],
         [12.3,   230.5,  56.3,    390.2,   35],
         [9.2,    190,    30,      500.4,   60]])
```

이 데이터에서 달리기, 멀리뛰기 등의 각 항목별로 통계를 낼 필요가 있다고 해 보자. 항목별로 통계를 내는 것이므로, 0번 축을 따라 평균 등을 계산하여야 한다. 0번 축을 따라 평균과 표준편차를 계산하고, 그 결과를 화면에 표시하는 코드는 다음과 같다.

```
mean_v = np.mean(data, axis=0)
std_v = np.std(data, axis=0)
print(f'50m달리기: {mean_v[0]:.2f}±{std_v[0]:.2f}')
print(f'멀리뛰기: {mean_v[1]:.2f}±{std_v[1]:.2f}')
print(f'오래매달리기: {mean_v[2]:.2f}±{std_v[2]:.2f}')
print(f'오래달리기: {mean_v[3]:.2f}±{std_v[3]:.2f}')
print(f'윗몸일으키기: {mean_v[4]:.2f}±{std_v[4]:.2f}')
```

위 코드에서 f-string안에 :.2f 는 소수점 아래 2자리까지만 표시하도록 하는 지시자다. ±기호는 인터넷 검색창에서 'plus minus sign'으로 검색하면 쉽게 찾을 수 있다.

데이터는 다음과 같이 행과 열이 바뀌어 저장되어 있을 수도 있다. 이 경우에 항목별로 통계를 내려면 축을 바꾸어 코드를 실행시켜야 한다.

50m 달리기 (초)	8.5	12.3	9.2
멀리뛰기 (초)	200	230.5	190
오래매달리기 (초)	60.2	56.3	30
오래달리기 (초)	450.3	390.2	500.4
윗몸일으키기 (횟수)	50	35	60

0번 축

1번 축

[그림 3-28] 행과 열이 바뀐 데이터(이전 그림 대비)

```
data = np.array([[8.5,    12.3,    9.2],
         [200,    230.5,  190],
         [60.2,   56.3,   30],
         [450.3,  390.2,  500.4],
         [50,     35,     60]])
```

데이터가 위와 같이 저장되어 있을 때, 다음 코드에서 빈칸을 채우고 실행시켜 결과를 확인해 보라.

```
max_v = np.max(data, axis = ___)
min_v = np.min(data, axis = ___)
mean_v = np.mean(data, axis = ___)
std_v = np.std(data, axis = ___)
sum_v = np.sum(data, axis = ___)

print(f'최댓값: {max_v}')
print(f'최솟값: {min_v}')
print(f'평균: {mean_v}')
print(f'표준편차: {std_v}')
print(f'합계: {sum_v}')
```

argmax, argmin 함수는 일반적인 통계함수와는 조금 다르다. 다음 코드는 1차원 numpy 배열인 data에서 최댓값과 최솟값을 찾는 코드다. 코드를 작성하고 실행시켜 보라.

```
data = np.array([1,2,5,0,1])
idx_max = np.argmax(data)
idx_min = np.argmin(data)
print(f'최솟값은 {data[idx_min]} 입니다.')
print(f'최댓값은 {data[idx_max]} 입니다.')
```

위 코드에서 argmax/argmin 함수는 numpy 배열에서 최댓값/최솟값을 찾지만, 반환값은 최댓값/최솟값의 위치(인덱스)이다. 데이터의 종류에 따라 인덱스를 다양하게 활용할 수 있다. 예를 들어, [그림 3-27]에서 50m 달리기가 가장 빠른 학생의 멀리뛰기 기록을 확인하고 싶다고 하자. 이를 확인하는 코드는 다음과 같다.

```
idx_min = np.argmin(data, axis=0)
best_50m_idx = idx_min[0]
long_jump_of_best_50m_person = data[best_50m_idx, 1]

print(f'50m에서 가장 빠른 기록보유자는 {best_50m_idx}번 입니다.')
print(f'해당 멀리뛰기 기록은 {long_jump_of_best_50m_person}입니다')
```

argmin/argmax도 min/max함수와 마찬가지로 축을 지정하여 최댓값/최솟값의 인덱스를 각각 계산할 수 있다. 위 코드에서는 최솟값의 인덱스를 각각 계산하여 idx_min 변수에 저장한 다음, 50미터의 인덱스를 best_50m_idx에 다시 저장하였다. 이 코드(첫 번째 줄과 두 번째 줄)는 슬라이싱을 사용하여 다음과 같이 단순화할 수도 있다.

```
best_50m_idx = np.argmin(data[:, 0])
```

인덱스를 찾은 다음에는, 찾은 인덱스를 사용하여 해당 학생의 다른 기록을 조회할

수 있다. 멀리뛰기의 열 번호는 1이므로, 다음과 같이 멀리뛰기 기록을 찾아 변수에 저장하고,

```
long_jump_of_best_50m_person = data[best_50m_idx, 1]
```

print 문을 사용하여 화면에 출력할 수 있다.

슬라이싱을 사용하면 특정 조건을 만족하는 데이터 여럿을 한꺼번에 선택하는 것도 가능하다. [그림 3-27]과 같이 데이터가 저장되어 있을 때,

```
data[:,1]
```

은 전체 학생의 멀리뛰기 기록이며,

```
data[:,1]>190
```

은 각 학생의 멀리뛰기 기록이 190보다 큰지를 True/False로 나타내는 1차원 배열이다. 여기서는 3명의 학생이 있으므로, 길이가 3인 배열이 결과로 나온다. 이를 활용하여 다음과 같이 코드를 작성하면,

```
data[data[:,1]>190, 4]
```

멀리뛰기 기록이 190보다 큰 학생들의 윗몸일으키기 기록을 획득하는 코드가 된다.

요약

1 numpy 배열을 사용하여 1차원, 2차원, 다차원 행렬을 만들 수 있다.

2 3차원 배열은 2차원 배열을 높이 쌓아 올린 것으로 생각하면 이해하기 쉽다.

3 array 함수를 사용하여 리스트를 numpy 배열로 바꾸어 생성할 수 있다.

4 zeros, ones, random.rand 함수를 사용하여 0, 1, 랜덤값으로 된 특정 크기의 배열을 생성할 수 있다.

5 numpy 배열은 reshape, expand_dims 함수를 사용하여 그 모양을 변경할 수 있다.

6 슬라이싱은 배열의 일부 인덱스만을 선택하는 기능이다. [start:end:step]의 구조를 가지며, [:end], [start:] 등의 방법을 통해 처음부터 특정 위치까지, 또는 특정 위치부터 끝까지 선택하는 것도 가능하다.

7 numpy 배열로 저장된 데이터는 min, max, mean, std 등의 라이브러리 함수를 사용하여 간단한 통계를 손쉽게 구할 수 있다.

8 각 통계 함수는 축(axis)을 지정함으로, 특정 축에 대한 통계를 계산할 수 있다.

9 argmax, argmin 함수는 각각 최댓값과 최솟값을 가지는 index를 반환하는 함수다.

연습문제

1 5×7 크기의 numpy 배열을 만드시오. 배열의 각 값은 0과 1 사이의 임의(random)의 수로 지정하시오.

2 3×4×5 크기의 numpy 배열을 만드는 코드를 작성하시오. 배열의 값은 모두 0으로 지정하시오.

3 array 함수를 사용하여 numpy 배열을 만드시오. 배열의 값은 [1,4,5,95,74,2]로 지정하시오.

4 길이가 45인 1차원 numpy 배열을 만든 다음, 해당 배열을 (9×5) 크기로 변환하는 코드를 작성하시오. 배열의 값은 0과 1 사이의 임의(random)의 수로 지정하도록 하시오.

5 4번에서 만든 배열의 크기를 (9×5×1)의 크기로 변경하는 코드를 작성하시오. 단, expand_dims 함수를 사용해야 한다.

6 변수 data에 저장된 데이터가 [그림 3-27]과 같을 때, 오래매달리기가 40초 이상인 학생들의 윗몸일으키기 횟수의 평균을 계산하시오.

7 변수 data에 저장된 데이터는 [그림 3-27]과 같으나, 측정 기기상의 오류로 오래달리기의 기록 중 400초 이상인 기록은 모두 400초로 수정하여야 한다고 하자. 이를 수정하는 코드를 작성하시오.

3.10 사용자 정의 함수

3.10.1 사용자 정의 함수의 정의

앞 장에서는 numpy 라이브러리에서 제공하는 여러 함수를 사용하는 방법을 살펴보았다. 이번 장에서는 이러한 함수를 직접 만들어 사용하는 방법을 학습하도록 한다. 사용자가 디자인하는 함수이기 때문에, '사용자 정의 함수'라고 한다.

사용자 정의 함수는 다음과 같은 형태를 가진다.

```
def 함수이름(파라미터1, 파라미터2, ...):
  수행할코드1
  수행할코드2
  return 반환값
```

함수는 키워드 def를 사용하여 정의되며, 괄호를 사용하여 파라미터의 종류와 이름을 지정한다. 파라미터를 사용하여 미리 지정된 코드를 수행한 후, 그 결과를 return 명령을 사용하여 반환하는 형태다.

다음은 두 개의 수치형 값을 파라미터로 받아 두 값을 더하여 반환하는 함수이다. 코드를 작성하고 실행시켜 보라.

```
def add(v1, v2):
  sum = v1 + v2
  return sum
```

함수를 정의하고 실행시키면 아무 일도 일어나지 않는 것처럼 보이지만, 컴퓨터 내부에서는 해당 함수가 정의되고 사용(호출) 가능한 상태가 된다. 일반 함수를 사용하는 것처럼, 다음과 같이 사용할 수 있다.

```
v = add(3,6)
print(v)
```

위의 함수는 다음과 같은 형태로, 간략화되어 정의될 수 있다.

```
def add(v1, v2):
  return v1 + v2
```

함수를 정의할 때에 파라미터에 기본값을 설정할 수 있다. 예를 들어,

```
def add(v1, v2 = 5):
  return v1 + v2
```

와 같이 함수를 정의하면,

```
v = add(3)
print(v)
```

과 같이 함수를 실행할 수 있으며, 값이 지정되지 않은 파라미터의 경우 기본값(위의 예에서는 5)으로 설정되어 함수가 실행되게 된다.

3.10.2 변수의 범위와 함수

함수는 그 특성상 사용되는 변수의 범위를 제한한다. 함수 밖에서 사용되던 변수는 함수 안에서 사용할 수 있지만, 함수 내부에서 사용되는 변수는 함수 밖에서 접근할 수 없다. 함수 밖에서 생성되어 사용되는 변수는 어디서든지 사용될 수 있으므로 **전역변수**라 하고, 함수 안에서 생성되어 사용되는 변수는 그 범위가 제한되므로 **지역변수**라고 부른다.

```
book_list = [{'Title' : 'The Chronicles of Narnia',
                        'Year' : 1950,
                        'Author' : 'C. S. Lewis',
                        'Country' : 'UK',
                        'Genre' : 'Fantasy'},
       {'Title' : 'Peter Pan',
                  'Year' : 1911,
                  'Author' : 'J. M. Barrie',
                  'Country' : 'UK',
                  'Genre' : 'Fantasy'},
       {'Title' : 'The education of little tree',
                  'Year' : 1976,
                  'Author' : 'Forrest Carter',
                  'Country' : 'US',
                  'Genre' : 'Historical Fiction'}]
```

위에서 정의한 printBook 함수를 호출하여 내용을 출력해 볼 수 있다.

```
printBook(book_list[0])
printBook(book_list[1])
printBook(book_list[2])
```

함수를 사용하지 않고 동일한 기능을 수행하는 코드를 작성한다면 다음과 같이 print 문을 여러 번 사용해야 하며, 인덱스를 일일이 지정해 주어야 하므로 코드가 길어지고 관리가 어렵게 된다. 두 코드를 차분히 비교해 보면 '함수'의 유용성을 확실히 깨달을 수 있을 것이다.

```
    print("--------------------------------")
    print(f"Title: {book_list[0]['Title']}")
    print(f"Published Year: {book_list[0]['Year']}")
    print(f"Country: {book_list[0]['Country']}")
    print(f"Genre: {book_list[0]['Genre']}")
```

```
print("--------------------------------")
print(f"Title: {book_list[1]['Title']}")
print(f"Published Year: {book_list[1]['Year']}")
print(f"Country: {book_list[1]['Country']}")
print(f"Genre: {book_list[1]['Genre']}")
print("--------------------------------")
print(f"Title: {book_list[2]['Title']}")
print(f"Published Year: {book_list[2]['Year']}")
print(f"Country: {book_list[2]['Country']}")
print(f"Genre: {book_list[2]['Genre']}")
```

이번에는 주어진 numpy 배열에서 통계정보를 계산하고, 이를 반환해 주는 함수를 작성해 보자. 여러 개의 배열로부터 통계치를 계산할 필요가 있을 때 유용하게 사용할 수 있을 것이다. 임의의 numpy 배열로부터 간단한 통계치를 작성하는 함수는 다음과 같이 작성해 볼 수 있다.

```
import numpy as np
def cal_stat(data_arr):
  avg = np.mean(data_arr)
  std = np.std(data_arr)
  max_idx = np.argmax(data_arr,0)

  return avg, std, max_idx
```

이 함수는 파라미터로 받은 객체가 numpy 배열이라고 가정하고 이후의 코드를 수행한다. 전달받은 객체는 변수 data_arr이 가리키게 되며, numpy 라이브러리의 mean, std, argmax 함수 등을 사용하여 간단한 통계치를 계산한다. 계산된 각 통계치는 return 명령을 통해 반환된다. 이 함수는 다음과 같이 사용할 수 있다.

```
d1 = np.random.rand(5,4)
d2 = np.random.rand(3,8)
d3 = np.random.rand(4,7)

avg1, std1, max_idx1 = cal_stat(d1)
avg2, std2, max_idx2 = cal_stat(d2)
avg3, std3, max_idx3 = cal_stat(d3)
```

print 함수를 사용하여 통계치가 올바르게 계산되었는지 확인해 보라.

3.10.4 객체 참조에 의한 파라미터의 전달

사용자 정의 함수에서 리스트와 같은 고급 변수, numpy 배열 등을 파라미터로 전달할 때에는 함수 내부에서 값이 변경될 수 있다는 점에 주의해야 한다. 다음 코드를 살펴보자.

```
def change_var(arr):
  arr[0,0] = 999

d = np.random.rand(5,4)
print(f'함수호출 전: {d[0,0]}')
change_var(d)
print(f'함수호출 후: {d[0,0]}')
```

위 코드에서 정의한 change_var 함수는 값을 반환하지 않고, 내부에서 변수에 다른 값(999)을 넣는 기능만을 수행한다. 함수 내부에서 사용하는 변수의 이름(arr)과 함수를 호출하기 위해 사용하는 변수의 이름(d)은 분명 다르지만, 함수를 호출하기 전과 후에 해당 위치[0,0]의 값을 출력해 보면 함수 호출 후에 변수 d의 값이 바뀐 것을 알 수 있다. 이것은 앞서 (3.7절에서) 설명한 바와 같이 파이썬에서 변수는 객체에 붙어 있는 이름표 정도로 해석되기 때문에 발생하는 현상이다[그림 3-30].

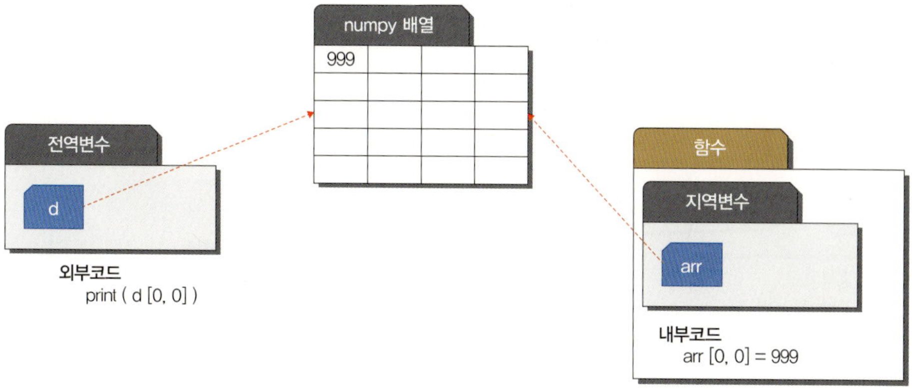

[그림 3-30] 변수들의 객체 참조

단, 이와 같이 함수 내부에서 바뀐 변수의 값이 함수의 밖에서도 유지되는 것은 인덱싱을 통해 값을 변경하는 경우에 한한다. 다음의 코드를 살펴보자.

```
def change_var(arr):
  arr = 999

d = np.random.rand(5,4)
print(f'before: {d[0,0]}')
change_var(d)
print(f'after: {d[0,0]}')
```

위 코드를 실행시키면 함수의 호출 후에 데이터의 값이 변화하지 않은 것을 확인할 수 있다. 이것은 코드

```
arr = 999
```

가 실행될 때, 변수 arr이 기존의 numpy 배열이 아니라 새로운 숫자 객체를 가리키게 되었기 때문이다[그림 3-31].

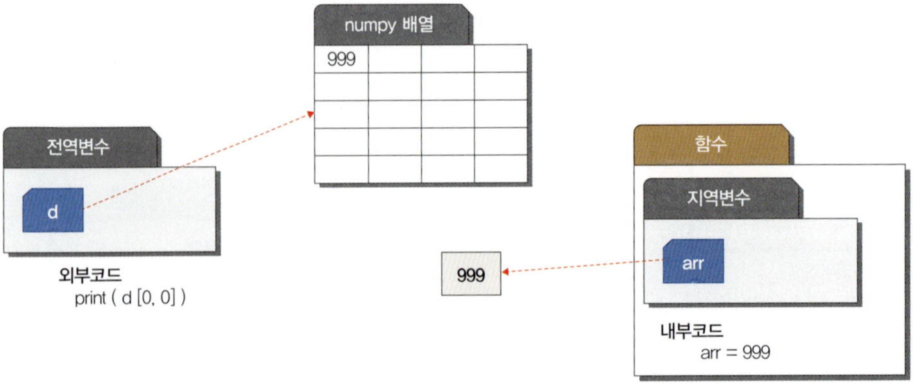

[그림 3-31] 참조하는 객체가 바뀐 변수

요약

1 파이썬에서는 사용자(프로그래머)가 직접 함수를 정의하여 사용할 수 있다.

2 함수는 def 키워드를 사용하여 정의한다.

3 함수를 정의할 때에는 파라미터와 반환값을 지정할 수 있으며, 모두 생략하는 것도 가능하다.

4 파라미터에는 기본값을 지정하여, 함수 호출 시 파라미터 값을 전달하지 않고도 사용하도록 할 수 있다.

5 파라미터에 의해 전달되는 변수는 동일한 객체를 참조하는 새로운 변수다.

6 리스트, numpy 배열 등을 파라미터로 전달받은 경우 인덱싱에 의해 원본 변수의 값이 바뀔 수 있다.

7 파라미터로 전달된 변수에 새로운 객체를 할당하면 기존의 참조가 끊어져, 기존 변수를 참조할 수 없으며, 기존 변수의 값은 바뀌지 않는다.

CHAPTER 04

구글 코랩과 데이터 분석의 기초

4.1 리눅스 시스템 기초

구글 코랩은 내부적으로 리눅스 시스템 위에서 동작하며, 이 때문에 리눅스에 대한 기초적인 지식이 필요하다. 원래 리눅스 시스템은 전공자가 한 학기 동안 공부하는 것이지만, 여기서는 꼭 필요한 최소 내용만을 사용하였으므로, 이 책을 공부하기 위해 별도의 강좌를 들을 필요는 없으며 이번 장에서 설명하는 내용으로 충분하다.

'리눅스'는 '윈도우즈'와 같이 컴퓨터상에서 동작하는 '운영체제'이다. 운영체제는 컴퓨터의 각종 장치들이 올바르게 동작할 수 있도록 조정하며, 사용자가 각각의 장치를 사용할 수 있게 해 주는 인터페이스를 제공해 준다. '윈도우즈' 없이 컴퓨터를 사용하는 것을 상상해 본다면 금방 이해할 수 있을 것이다. '리눅스'는 운영체제라는 측면에서는 윈도우즈와 동일하지만, 몇 가지 큰 차이가 있다. 그 중, 우리에게 가장 크게 와닿는 차이점은 다음 두 가지이다.

① 대체로 무료이다.
② 텍스트 명령을 사용하여 동작시키는 경우가 많다.

무료이기 때문에 부담없이 사용할 수 있으나, 텍스트 명령을 사용하기 때문에 배우고 사용하기에 부담스러운 부분이 많다. 조금 어렵고 생소할 수 있지만, 대부분의 온라인 인공지능 플랫폼이 리눅스 기반으로 되어 있기 때문에, 용어와 개념 정도는 익혀 두는 게 좋다.

우선, 가장 먼저 알아두어야 할 것은 폴더 구조다. 코랩 왼쪽에 있는 폴더 모양의 아이콘 🗀 을 클릭하면 시스템의 폴더 구조를 볼 수 있다. 윈도우 탐색기와 비슷한 형태로 폴더와 파일 구조를 볼 수 있지만 숨겨진 파일은 볼 수 없다. 처음 코랩에 접속했을 때 사용자가 작업하게 되는 위치는 /content이며, 이 폴더를 작업 폴더라고 부른다. 작업 폴더는 cd 명령을 통해 바꿀 수 있다. 처음에는 [그림 4-1]과 달리 아주 단순한 형태만 보일 것이다. .. 아이콘을 눌러 전체 구조를 확인하라.

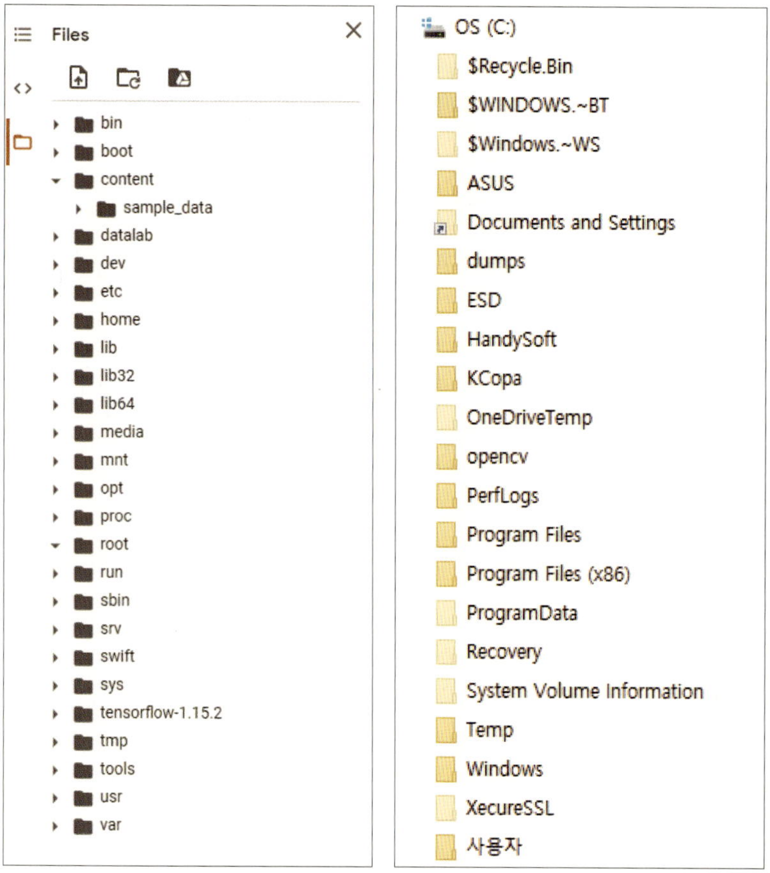

ⓐ ⓑ

[그림 4-1] ⓐ 리눅스와 ⓑ 윈도우즈의 폴더 구조

리눅스에서는 명령을 내려서 폴더를 만들거나, 파일을 복사하는 등의 작업을 할 수 있다. 리눅스 명령은 책 한 권을 통째로 할애해야 할 만큼 많지만, 이 책에서 사용하는 리눅스 명령은 몇 개 되지 않는다. 이를 〈표 4-1〉에 정리해 두었다. 이 중, pwd, ls와 cd 명령을 먼저 사용해 보자.

〈표 4-1〉 리눅스 명령 리스트

명령	설명	예시	예시 설명
pwd	현재 작업 폴더 확인	`pwd`	현재 폴더를 확인한다.
ls	파일 리스트 보기	`ls`	현재 작업 폴더의 파일 리스트를 보여준다.
cd	작업 폴더 위치 변경	`cd content`	content 폴더로 이동한다(작업 폴더 변경).
!mv	파일 이동	`!mv a.json ~/.kaggle/`	a.json 파일을 ~/.kaggle/ 폴더로 이동시킨다.
!chmod	권한 변경	`!chmod 600 filename.json`	filename.json의 권한을 600으로 설정한다. 600은 읽기/쓰기를 사용자 자신만 할 수 있도록 하는 것이다.
!unzip	압축 풀기	`!unzip 파일이름.zip`	zip으로 압축된 파일의 압축을 해제한다.

먼저 pwd는 현재 작업 폴더의 위치를 알려주는 명령이다. 다음 명령을 코랩의 코드 창에 타이핑하고 실행시켜 보자. 코랩 접속 후 특별한 작업을 하지 않았다면, 현재 위치는 /content로 나올 것이다.

```
pwd
```

ls 명령은 현재 폴더 안에 있는 파일과 폴더들을 보여준다. ls 명령을 사용하여 현재 폴더에 들어있는 파일/폴더를 확인해 보자. 코랩에서 기본으로 제공해 주는 sample_data 폴더가 보일 것이다.

```
ls
```

cd 명령은 작업 폴더를 다른 위치로 변경하는 명령이다. 다음 명령을 통해 sample_data 폴더로 이동하고, pwd를 사용하여 작업 폴더가 변경되었는지 확인해 보자. ls명령을 사용하면 이동한 폴더 안에 있는 파일/폴더가 보일 것이다.

```
cd sample_data
pwd
ls
```

cd 뒤에 .. 을 붙여 사용하면 한 단계 상위의 폴더로 이동한다. 이를 여러 번 사용하여 가장 상위의 폴더인 root 폴더로 이동할 수도 있다.

```
cd ..
cd ..
pwd
ls
```

mv와 chmod 명령은 각각 파일을 이동하거나 권한을 변경하는 것인데, 이 두 가지 명령에 대한 실습은 다음 장에서 수행할 것이다.

4.2 구글 코랩과 캐글의 연동

3장에서 학습한 파이썬 코드를 사용하여 캐글 문제에 접근해 보자.

구글 코랩에서는 캐글 데이터에 직접 접근할 수 있는 방법을 제공하고 있다. 먼저 캐글 홈페이지에 접속한 후, 우측 상단에 있는 자신의 아이콘을 누르고, My Account 버튼을 눌러 계정 정보 화면으로 들어가자[그림 4-2].

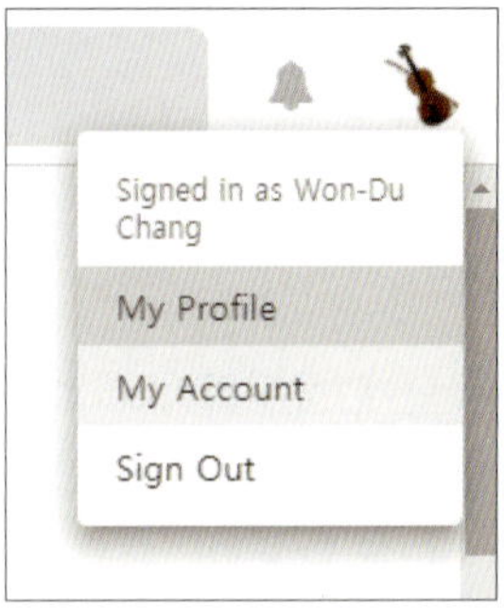

[그림 4-2] 계정 정보로 들어가는 메뉴

계정 정보 화면을 아래로 스크롤해 보면, [그림 4-3]과 같이 API 토큰을 만들 수 있는 버튼이 보인다. API 토큰은 코딩을 통해 캐글 데이터셋 등에 접근할 때 필요한 정보이다.

Create New API Token 버튼을 눌러 토큰을 만들고 다운로드 받는다. 곧 사용해야 하므로, 저장한 위치는 기억해 두기 바란다.

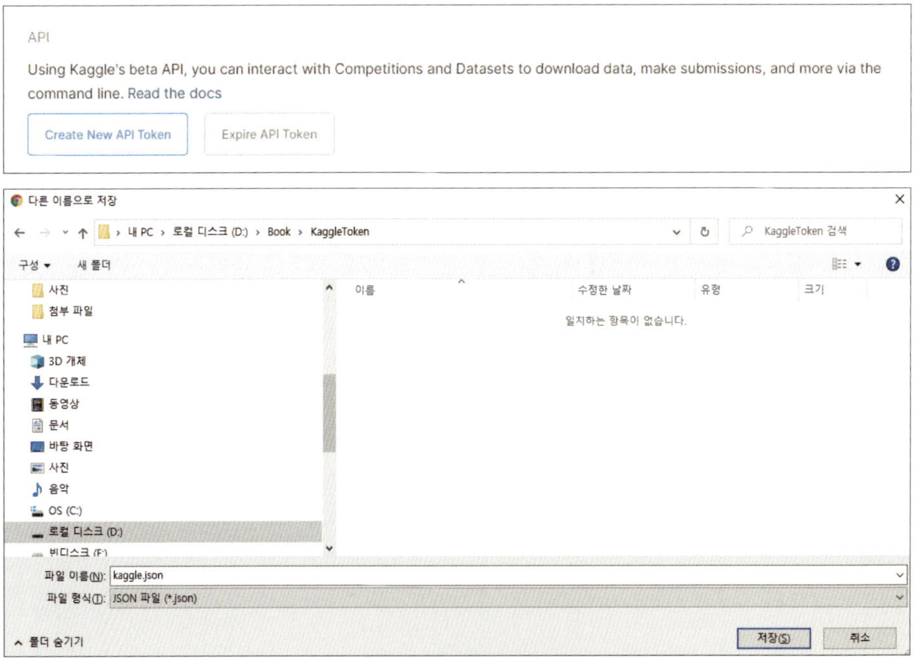

[그림 4-3] API 토큰 생성 버튼과 다운로드 위치 지정 화면

이번에는 코랩으로 이동해서 캐글 라이브러리를 설치한다. (보통은 이미 설치되어 있지만, 그렇지 않은 경우에는 설치가 필요하다.) 명령 창에 다음 명령을 입력하고 실행시킨다. (실행시킬 때, Shift 키를 누른 상태에서 Enter 키를 누르면, 실행한 다음 새로운 입력창이 열린다.)

```
!pip install kaggle
```

다음 코드를 사용해서 colab 폴더에 조금 전 다운받았던 API 토큰을 업로드한다.

```
from google.colab import files
files.upload()
```

코드를 실행시키면 [파일 선택] 버튼이 보이는데, 이 버튼을 눌러 토큰 파일을 선택하면 된다.

토큰이 업로드된 다음 나타나는 화면은 다음과 같다. 메시지 내용은 조금씩 다를 수 있으나, json 파일 이름, username, key를 확인할 수 있으면 올바로 동작한 것이다.

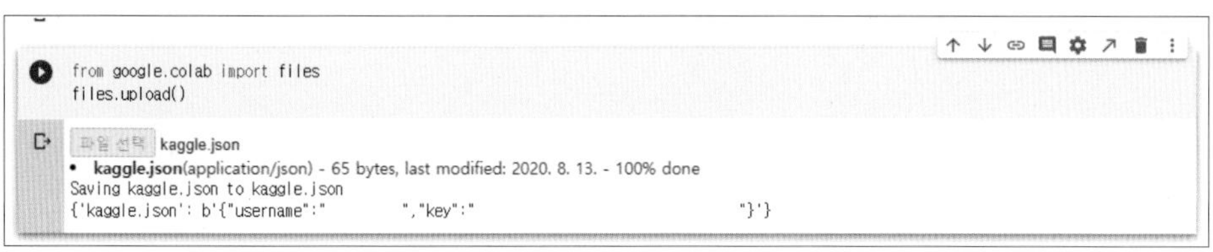

명령 창에 !ls라고 입력하고 실행하면 업로드된 파일을 확인할 수 있다. 느낌표(!)는 리눅스 쉘 명령어라는 것을 표시하는 것이다.

```
!ls
sample_data
```

캐글을 사용하기 위해서는 이 파일을 다른 폴더 (~/.kaggle)로 옮기고, 권한을 변경해 주어야 한다. 다음 명령을 실행하자. 마지막 줄의 chmod는 파일의 권한을 변경하는 명령으로, 같은 서버에 접속한 다른 사용자들이 토큰 파일을 볼 수 없도록 막는 역할을 한다. 가상 서버를 혼자 사용하는 코랩에서는 큰 의미가 없지만, 나중을 위해 사용해 보도록 하자.

```
!mkdir ~/.kaggle
!mv kaggle.json ~/.kaggle/
!chmod 600 ~/.kaggle/*
```

이로써 캐글을 사용할 준비가 되었다. 다음 명령을 실행해 보자.

```
!kaggle competitions list
```

캐글의 대회 리스트가 나온다면 설정이 정상적으로 마무리되었다는 뜻이다.

4.3 구글 코랩과 타이타닉 데이터

이번에는 2장에서 살펴보았던 타이타닉 데이터를 가져와 코랩에서 처리하는 실습을 진행한다.

먼저 데이터를 다운로드 받아야 하는데, 코랩은 서버에 연결할 수 있는 시간이 12시간으로 제한되어 있기 때문에, 데이터를 다운로드 받더라도 12시간이 지나면 데이터가 지워져 버리게 되는 문제가 있다. 다행히, 코랩에서는 무료 온라인 저장소인 구글 드라이브와 연동해서 데이터를 저장하는 기능을 제공한다.

구글 드라이버의 설정을 위해 구글 드라이브(drive.google.com)로 이동한다. 코랩을 사용하고 있기 때문에, Colab Notebook이라고 하는 폴더가 생성되어 있을 것이다.

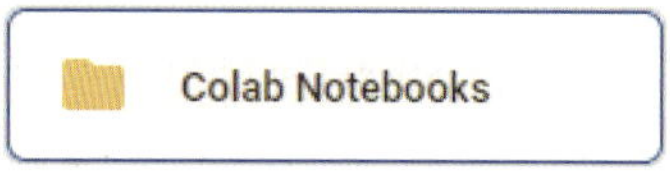

이 폴더에 들어간 후, 마우스 오른쪽 버튼을 눌러 titanic_data라는 이름의 폴더를 만들어 준다.

[그림 4-4] 폴더 생성 메뉴와 폴더 이름 입력 화면

폴더가 만들어졌다면, 이번엔 코랩 페이지로 다시 돌아가 보자. 코드 입력창에서 다음 코드를 실행시키면 구글 드라이브가 연결된다. 왼쪽의 폴더 구조에서 구글 드라이브의 폴더들을 확인할 수 있을 것이다. 여기서는 /content 폴더 안에 gdrive라는 폴더를 만들어 구글 드라이브와 연동하였다.

```
from google.colab import drive
drive.mount('/content/gdrive')
```

위 코드를 실행하면 아래와 같이 인증코드를 입력하라는 화면이 나온다. 링크를 클릭해서 자신의 구글 계정으로 로그인하면 코드를 받을 수 있다. 받은 코드를 입력창에 넣고 엔터 키를 누르면 구글 드라이브가 연동된다.

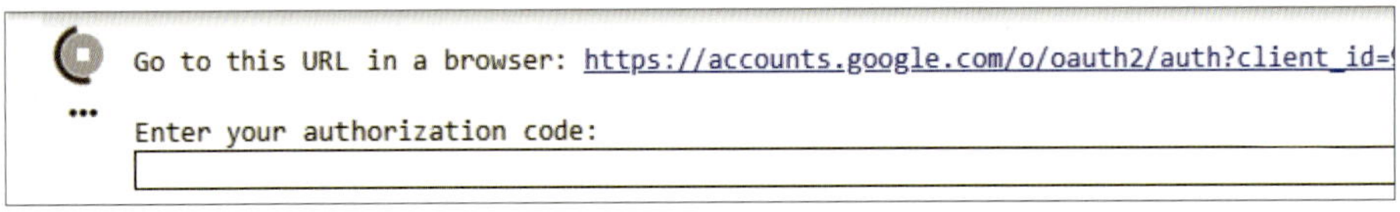

연동이 정상적으로 완료되면 왼쪽의 폴더 메뉴에서 구글 드라이브에 들어 있는 폴더와 파일을 볼 수 있다.

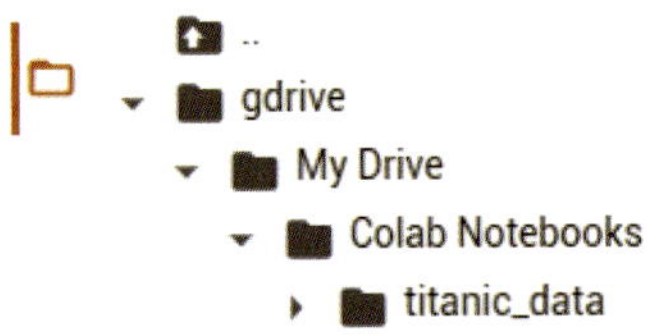

[그림 4-5] 연동이 완료된 폴더 구조

Tips

가끔 구글 드라이브와의 연동이 깨져 폴더들이 정상적으로 보이지 않는 경우가 있다. 이런 경우엔 새로운 인터넷 창에서 새로운 코랩 노트북을 만들면 문제가 해결될 수 있다.

코랩과 캐글, 그리고 구글 드라이브를 연동하기 위한 명령을 정리하면 다음과 같다.

```
from google.colab import files  # 파일 업로드를 위한 라이브러리 사용 선언
from google.colab import drive  # 구글드라이브를 위한 라이브러리 사용 선언

files.upload()                  # 파일 업로드 실행
!mkdir ~/.kaggle                # 캐글 API 키를 넣을 폴더 생성
!mv kaggle.json ~/.kaggle/      # 생성된 폴더에 키 복사
!chmod 600 ~/.kaggle/*          # 폴더의 권한을 조정
drive.mount('/content/gdrive') # 구글 드라이브를 /content/gdrive 폴더에 연결
```

구글 드라이브에 데이터를 다운로드 받아보자. cd 명령을 이용해 구글 드라이브에 만들었던 폴더로 이동하자. cd 명령의 앞에는 느낌표가 없는 것에 주의하기 바란다. !pwd 명령은 현재 작업 폴더를 알려주는 명령이다. !pwd 명령을 사용해서 작업 폴더가 잘 바뀌었는지 확인하자.

```
cd '/content/gdrive/My Drive/Colab Notebooks/titanic_data'
```

cd 명령과 pwd 명령은 한꺼번에 실행하지 말고, 하나씩 실행해야 한다.

```
!pwd
```

캐글의 타이타닉 페이지에서 **Data** 탭을 누르면 아래쪽에 데이터를 다운로드 받을 수 있는 명령을 볼 수 있다. 다음 명령을 코랩 창에 입력하여 데이터를 다운로드 받도록 하자. 혹시 이전 실습 이후 코랩 서버와의 연결이 끊어졌다면, 이전에 업로드해 두었던 토큰이 삭제된 상태일 수 있다. 토큰이 삭제되었다면 토큰을 다시 업로드하고, 구글 드라이브와의 연동 작업을 다시 수행한 후에 다운로드 명령을 실행하면 된다.

```
!kaggle competitions download -c titanic
```

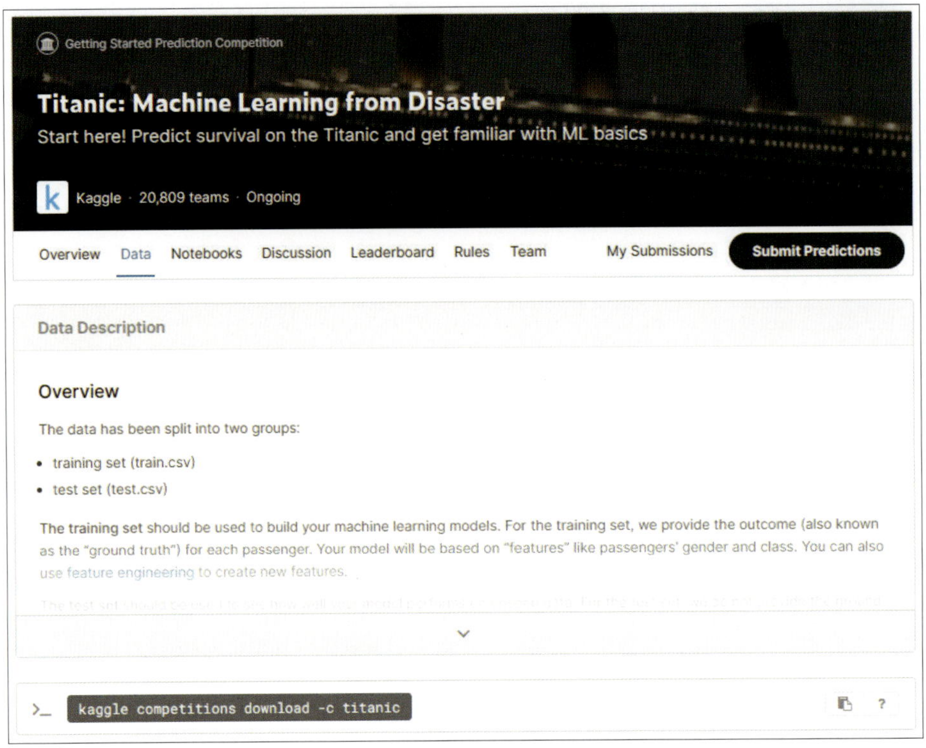

[그림 4-6] 캐글의 타이타닉 페이지

데이터의 다운로드가 완료되면 왼쪽 사이드바에 파일 이름이 나타난다. 파일 이름(csv)을 더블클릭하면 오른쪽 사이드바에서 그 내용을 확인할 수 있다[그림 4-7].

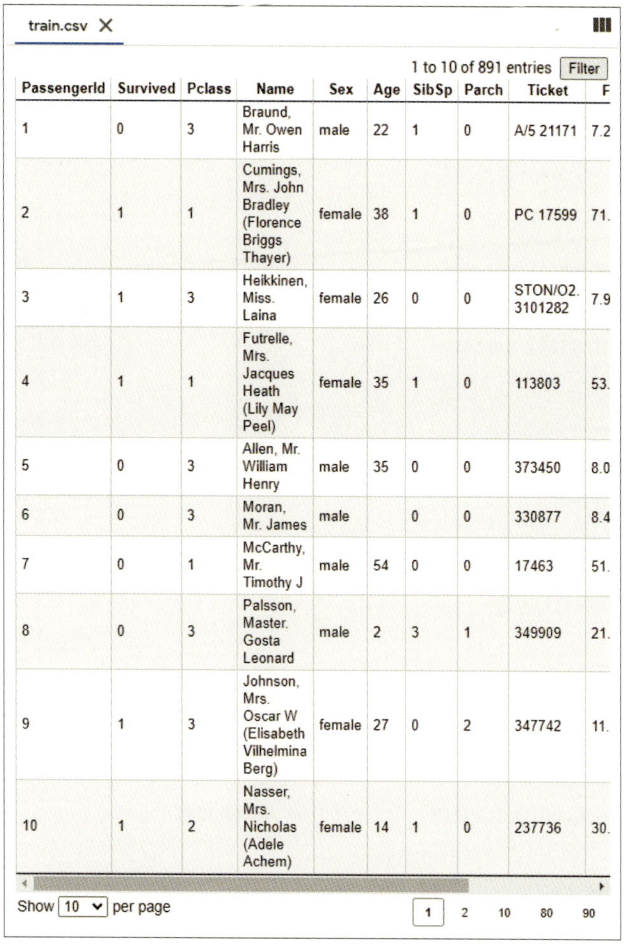

train.csv

1 to 10 of 891 entries Filter

PassengerId	Survived	Pclass	Name	Sex	Age	SibSp	Parch	Ticket	F
1	0	3	Braund, Mr. Owen Harris	male	22	1	0	A/5 21171	7.2
2	1	1	Cumings, Mrs. John Bradley (Florence Briggs Thayer)	female	38	1	0	PC 17599	71.
3	1	3	Heikkinen, Miss. Laina	female	26	0	0	STON/O2. 3101282	7.9
4	1	1	Futrelle, Mrs. Jacques Heath (Lily May Peel)	female	35	1	0	113803	53.
5	0	3	Allen, Mr. William Henry	male	35	0	0	373450	8.0
6	0	3	Moran, Mr. James	male		0	0	330877	8.4
7	0	1	McCarthy, Mr. Timothy J	male	54	0	0	17463	51.
8	0	3	Palsson, Master. Gosta Leonard	male	2	3	1	349909	21.
9	1	3	Johnson, Mrs. Oscar W (Elisabeth Vilhelmina Berg)	female	27	0	2	347742	11.
10	1	2	Nasser, Mrs. Nicholas (Adele Achem)	female	14	1	0	237736	30.

Show 10 per page 1 2 10 80 90

[그림 4-7] 웹페이지에서 바로 보여지는 타이타닉 csv 파일의 내용

4.4 파이썬 코드로 타이타닉 데이터 분석하기

파이썬에는 데이터 분석을 쉽게 할 수 있도록 도와 주는 라이브러리가 많이 있다. 이번 장에서는 이들 라이브러리 중 판다스(pandas), 맷플롯(matplot)과 넘파이(numpy)를 사

용해서 타이타닉 데이터를 읽고, 이를 분석하는 실습을 진행해 보도록 한다. 캐글이나 구글 드라이브와의 연결이 끊어졌다면, 다시 연결한 후 계속 진행하자.
해당 라이브러리들이 설치되지 않았다면, 다음 파이썬 명령을 통해 라이브러리들을 설치할 수 있다.

```
!pip install pandas
!pip install matplotlib
!pip install numpy
```

이제 pwd 명령을 통해 현재 작업 폴더를 살펴보고, 구글 드라이브의 Colab Notebook 폴더로 이동하자.

```
pwd
```

현재 폴더와 관계없이 한 번에 해당 폴더로 이동하는 명령은 다음과 같다.

```
cd '/content/gdrive/My Drive/Colab Notebooks/'
```

pandas 라이브러리를 사용하면 csv 파일의 내용을 읽고 변수에 저장할 수 있다. 다음 코드를 사용해 data_train에 학습용 데이터를 저장하자. print 함수를 사용하거나, 변수의 이름을 입력하고 실행시키면 읽어온 값을 확인할 수 있다.

```
import pandas as pd
data_train = pd.read_csv('./titanic_data/train.csv')
print(data_train)
```

matplot 라이브러리는 그래프를 그리는 함수들을 제공해 준다. 다음과 같이 히스토그램 함수(hist)를 써서 데이터 분포를 체크해 보자. 성별에 대한 분석은 2.4절에서 엑셀로 수행해 보았으므로, 여기서는 객실 등급에 대해 데이터를 분석해 보자. 다음 코드에서 data_train['Pclass']는 data_train의 데이터 중에서 'Pclass' 데이터만을 지정하는 코드이며, hist 함수는 데이터를 입력받아 해당 데이터에 대해 히스토그램을 그려주는 함수이다.

```
import matplotlib.pyplot as plt

# data_train의 데이터 중 'Pclass'에 대해 히스토그램을 그린다.
plt.hist(data_train['Pclass'])
```

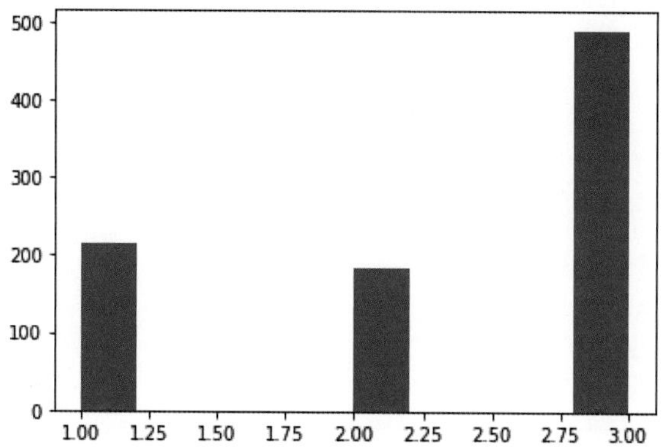

이번에는 객실 등급이 생존에 끼친 영향을 살펴보자. 이를 위해서는 생존 여부에 따라 데이터를 분리해야 한다.

```
data_train[data_train.Survived==1]
```

라고 하면, Survived 항목의 값이 1인 데이터, 즉, 생존한 사람들의 데이터만을 선택할 수 있다. 선택된 데이터들을 새로운 변수에 할당한다.

```
data_survived = data_train[data_train.Survived==1]
```

그러면 이제 두 개의 데이터, 즉 전체 데이터(data_train)와 생존한 사람들의 데이터(data_survived)를 사용하여 히스토그램을 그릴 수 있다.

```
plt.hist([data_train['Pclass'], data_survived['Pclass']])
```

히스토그램을 그린 다음에는 히스토그램의 의미를 잘 알아볼 수 있도록 범례와 각 축의 제목을 추가한다. 완성된 코드는 다음과 같다.

```
# Survived 항목의 값이 1인 데이터만을 변수 survived에 대입
data_survived = data_train[data_train.Survived==1]

# data_train과 survived 데이터의 'Pclass'에 대해 히스토그램을 그린다.
plt.hist([data_train['Pclass'], data_survived['Pclass']])

plt.legend(['Total','Survived'])                # 범례를 표시한다.
plt.xlabel('Pclass')                            # x축 제목을 표시한다.
plt.ylabel('Number of People')                  # y축 제목을 표시한다.
```

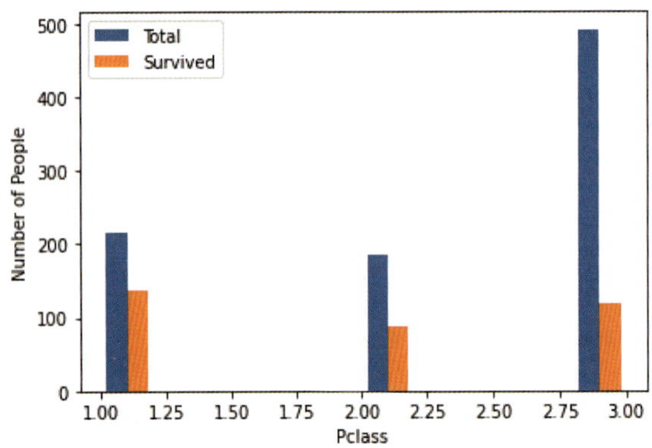

생존자 수는 1등석이 조금 높고, 그 다음이 3등석, 2등석의 차례로 줄어드는 것을 볼 수 있다. 반면, 탑승객 수 대비 생존자 수의 경우 1등석의 경우가 압도적으로 높다. 2.4절에서 여성이 남성보다 생존 비율이 더 높았다는 것을 발견했으므로, 이번에는 객

실 등급과 성별에 대해 조금 더 자세히 분석해 보자.

파이썬에서 & 기호는 두 조건이 동시에 만족하는 경우를 나타내기 위해서 사용한다. 논리식의 AND다. 두 개의 값을 비교할 때는 and 키워드를 사용하지만, Dataframe에서 여러 값들을 대상으로 두 개의 조건을 함께 사용할 때는 & 기호를 사용한다. 두 조건 중 하나만 만족해도 되는 경우를 찾기 위해서는 OR를 나타내는 | 기호(키보드에서 엔터키 위쪽에 위치함)를 사용한다. 여기서는 생존한 승객 중 남성과 여성을 분리해서 살펴보기 위해 & 기호를 사용한다.

즉, 다음 코드는 남성 생존자만을 가리키도록 하는 코드이며,

```
(data_train.Survived==1) & (data_train.Sex=='male')
```

다음 코드는 여성 생존자만을 가리키는 코드다.

```
(data_train.Survived==1) & (data_train.Sex=='female')
```

다음은 해당 데이터를 따로 뽑아내는 코드이다.

```
survived_m = data_train[(data_train.Survived==1) & (data_train.Sex=='male')]
survived_f = data_train[(data_train.Survived==1) & (data_train.Sex=='female')]
```

데이터를 뽑아내어서 히스토그램으로 표시하는 전체 코드는 다음과 같다. hist 함수에 bins 파라미터를 추가하면, 히스토그램의 구간 개수(bin)를 조정할 수 있으며, xticks 함수는 히스토그램 x축의 눈금을 지정하는 함수다.

```python
# 생존한 그룹의 데이터 중 성별이 남자인 데이터만을 변수 survived에 대입
survived_m = data_train[(data_train.Survived==1) & (data_train.Sex=='male')]


# 생존한 그룹의 데이터 중 성별이 여자인 데이터만을 변수 survived에 대입
survived_f = data_train[(data_train.Survived==1) & (data_train.Sex=='female')]

# 히스토그램 계산하여 표시. 구간 개수는 3으로 조정
plt.hist([data_train['Pclass'], survived_m['Pclass'], survived_f['Pclass']],bins=3)

plt.legend(['Total','Survived_m','Survived_f'])           # 범례 추가
plt.xlabel('Pclass')                                      # x축 제목을 표시한다.
plt.ylabel('Number of People')                            # y축 제목을 표시한다.
plt.xticks([1,2,3])                                       # x축 눈금 지정
```

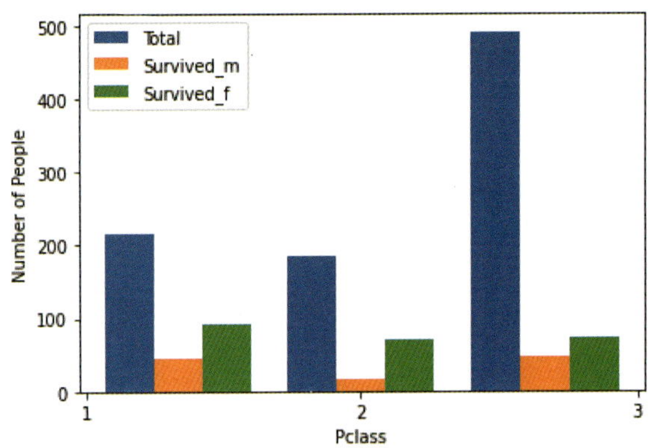

히스토그램을 보면, 여성의 경우, 1, 2등석 승객이 살아남을 비율이 월등히 높은 것을 알 수 있다. 특히, 2등석의 경우 그 변화폭이 더 크다. 3등석의 경우에도 여성 승객이 더 많이 생존하였으나, 그 차이가 크지 않다.

이번에는 테스트 데이터에 대한 정답을 예측해서 제출해 보도록 하자. 2.4절과 비슷하지만, 여기서는 데이터 읽기부터 제출까지를 모두 파이썬 코드로 하는 방법을 알아본다.

우선 테스트 데이터를 읽어 변수에 저장한다.

```
data_test = pd.read_csv('./titanic_data/test.csv')
```

csv 파일을 만들기 전에 결과 데이터를 저장해 둘 변수(answer)를 만든다. numpy 라이브러리의 zeros 함수는 값이 0으로 초기화된 2차원 배열을 만들어 준다. 제출할 파일의 첫 번째 열은 승객 번호를 넣도록 지정되어 있으므로, 변수 answer의 첫 번째 열에는 test 데이터의 PassengerId를 가져와 대입한다.

```
answer = np.zeros( (len(data_test), 2) )
answer[:,0] = data_test['PassengerId']
```

생존 여부는 다음과 같은 규칙으로 예측해 본다. 이때 변수 answer는 이미 0으로 모두 초기화하였으므로, 1(생존)로 바꾸는 경우만 지정해 주면 된다.

```
1. 1등석 승객은 생존한다.
2. 2등석 승객 중 여성은 생존한다.
```

```
# 1등석 승객에 대한 답은 1(생존)로 설정한다.
answer[(data_test.Pclass==1),1] = 1;

# 2등석 승객이면서 여성인 경우 1(생존)로 설정한다.
answer[ (data_test.Pclass==2) & (data_test.Sex=='female'),1] = 1
```

이로써 결과 데이터는 만들었으나, numpy의 배열에서 csv 파일로 바로 저장할 수는 없다. 이 때문에 csv로의 저장을 위해 pandas 라이브러리의 DataFrame 형식으로 변환하여 저장한다. 각 열의 제목은 각각 'PassengerId', 'Survived'로 하고, 소수점이 있는 실수형으로 되어 있는 배열의 값들을 정수형으로 바꿔준다. csv 파일에 실수형, 즉 1.0, 3.0과 같은 형식으로도 저장할 수는 있으나, Kaggle에서 타이타닉 데이터의 결과는 int형으로 제출하도록 되어 있기 때문에, 실수형으로 저장하는 경우 결과 제출 시에 문제가 생긴다.

```
# 배열 answer를 DataFrame 형식으로 변환하고, df_frame 변수에 저장한다.
df_answer = pd.DataFrame(answer)
df_answer.columns =['PassengerID','Survived'] # 각 열의 제목을 지정한다.
df_answer = df_answer.astype('int32')      # 데이터를 정수형으로 바꾼다.

# 결과를 csv 파일로 저장한다. (index는 제외한다)
df_answer.to_csv('./titanic_data/test_pridict.csv', index = False)
```

캐글에 결과를 제출하는 코드는 다음과 같다. 코드가 길어 두 줄로 나뉘어졌으나, 한 줄에 모두 작성하는 코드다.

```
!kaggle competitions submit -c titanic -f
        './titanic_data/test_pridict.csv' -m "Message"
```

−c 다음에는 대회의 이름을, −f 다음에는 제출할 csv 파일 이름을, −m 다음에는 제출하는 정답에 대한 간단한 설명을 넣으면 된다. 전체 코드는 다음과 같다. 제출이 완료되면, 캐글 홈페이지에 방문하여 정확도를 확인해 보기 바란다.

```
# 테스트 파일을 읽는다.
data_test = pd.read_csv('./titanic_data/test.csv')

# 결과를 저장할 배열(len x 2)을 만들고, 배열의 값은 모두 0으로 지정한다.
answer = np.zeros( (len(data_test), 2) )

# answer의 첫 번째 열(column)에는 passenger ID를 넣는다.
answer[:,0] = data_test['PassengerId']

# 1등석 승객에 대한 답은 1(생존)로 설정한다.
answer[(data_test.Pclass==1),1] =1;

# 2등석 승객이면서 여성인 경우 1(생존)로 설정한다.
answer[ (data_test.Pclass==2) & (data_test.Sex=='female'),1] =1
```

```
# DataFrame 형식으로 변환하고, df_frame 변수에 저장한다.
df_answer = pd.DataFrame(answer)
df_answer.columns =['PassengerID','Survived'] # 각 열의 제목을 지정한다.
df_answer = df_answer.astype('int32')      # 데이터를 정수형으로 바꾼다.

# 결과를 csv 파일로 저장한다. (index는 제외한다.)
df_answer.to_csv('./titanic_data/test_pridict.csv', index = False)
# Kaggle에 csv파일을 제출한다.
!kaggle competitions submit -c titanic -f './titanic_data/test_pridict.
        csv' -m "Message"
```

4.5 데이터 분석 실습: 코로나19 확진자 추이 데이터

이번 장에서는 코로나19 바이러스 확진자 추이 데이터를 사용하여 데이터 분석 실습을 진행해 보도록 한다. 이 실습을 통해 파이썬의 활용 방법에 대해 조금 더 익숙해지게 될 것이다. 캐글 데이터셋에서 'Corona Virus 2019'로 검색하면 데이터를 찾을 수 있다[그림 4-8 ⓐ]. 직접 접속하는 주소는 다음과 같다.

https://www.kaggle.com/sudalairajkumar/novel-corona-virus-2019-dataset

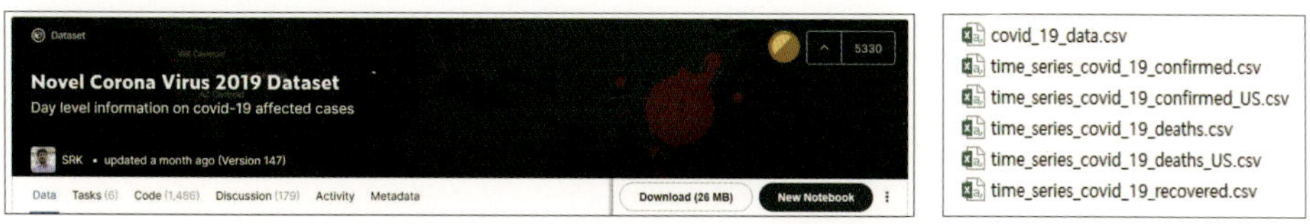

ⓐ ⓑ

[그림 4-8] 코로나19 확진자 추이 ⓐ 데이터셋 페이지와 ⓑ 파일 리스트

해당 페이지에 접속하면 데이터가 5개 업로드되어 있는 것을 볼 수 있다[그림 4-8 ⓑ]. 이번 실습에서 사용할 데이터는 확진자 수(confirmed), 사망자 수(deaths), 회복자 수(recovered)다.

이 중 뒤쪽에 US라고 붙은 것은 미국에 대한 정보만 따로 자세히 기록해 둔 것이며, covid_19_data.csv 파일은 확진자 수 등의 원본 데이터다. 이들 파일은 이번 실습에서 사용하지 않는다.

먼저 코랩과 구글 드라이브를 연동하고 파일을 업로드할 폴더를 생성한다.

```
from google.colab import drive
drive.mount('/content/gdrive')                              # 구글 드라이브 연동

!mkdir '/content/gdrive/MyDrive/Colab Notebooks/covid19'    # 폴더 생성
```

생성된 폴더에 이번 실습에서 사용할 3개 파일(time_series_covid_19_confirmed.csv, time_series_covid_19_deaths.csv, time_series_covid_19_recovered.csv)을 업로드한다[그림 4-9]. 이후의 작업을 편하게 하기 위해 파일이 업로드된 폴더로 이동한다.

```
cd '/content/gdrive/MyDrive/Colab Notebooks/covid19'  # 생성된 폴더로 이동
```

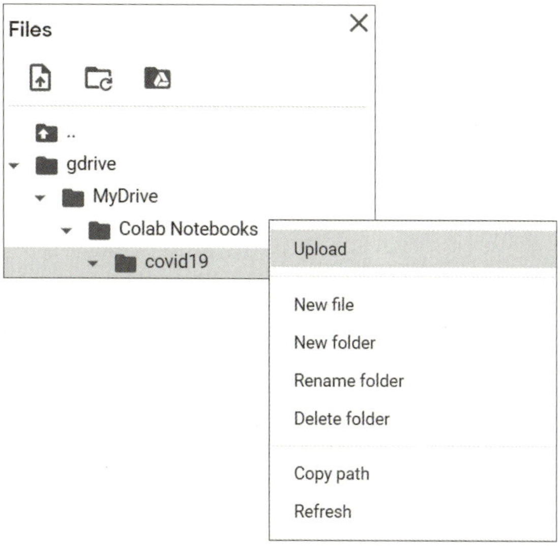

[그림 4-9] 파일 업로드 메뉴

판다스 라이브러리의 read_csv 함수를 사용하여 데이터를 읽고 변수에 저장한다.

```
import pandas as pd
confirmed_df = pd.read_csv('time_series_covid_19_confirmed.csv')
deaths_df = pd.read_csv('time_series_covid_19_deaths.csv')
recovered_df = pd.read_csv('time_series_covid_19_recovered.csv')
```

변수명을 입력하고 실행하면 내용을 확인할 수 있다[그림4-10]. 첫 4개 열은 국가/주(State)의 정보가, 5번째 열부터는 일자별 확진자 수/사망자 수/회복자 수가 기록되어 있다.

```
confirmed_df
```

	Province/State	Country/Region	Lat	Long	1/22/20	1/23/20	1/24/20	1/25/20	1/26/20	1/27/20	1/28/20	1/29/20	1/30/20	1/31/20	2/1/20	2/2/20	2/3/20
0	NaN	Afghanistan	33.939110	67.709953	0	0	0	0	0	0	0	0	0	0	0	0	0
1	NaN	Albania	41.153300	20.168300	0	0	0	0	0	0	0	0	0	0	0	0	0
2	NaN	Algeria	28.033900	1.659600	0	0	0	0	0	0	0	0	0	0	0	0	0
3	NaN	Andorra	42.506300	1.521800	0	0	0	0	0	0	0	0	0	0	0	0	0
4	NaN	Angola	-11.202700	17.873900	0	0	0	0	0	0	0	0	0	0	0	0	0
...	...	...	...	...	...	...	...	...	...	...	...	...	...	...	...	...	...
269	NaN	Vietnam	14.058324	108.277199	0	2	2	2	2	2	2	2	2	2	6	6	8
270	NaN	West Bank and Gaza	31.952200	35.233200	0	0	0	0	0	0	0	0	0	0	0	0	0
271	NaN	Yemen	15.552727	48.516388	0	0	0	0	0	0	0	0	0	0	0	0	0
272	NaN	Zambia	-13.133897	27.849332	0	0	0	0	0	0	0	0	0	0	0	0	0
273	NaN	Zimbabwe	-19.015438	29.154857	0	0	0	0	0	0	0	0	0	0	0	0	0

[그림 4-10] 확진자 수 데이터

이번에는 이 데이터 중 대한민국의 데이터만 추출해 보자. 비교 구문을 사용하여 한국에 해당하는 인덱스 번호를 알아낸 후, 해당 인덱스의 값만 별도의 변수에 저장하면 된다.

```
idx_korea = (confirmed_df['Country/Region']=='Korea, South')
confirmed_korea_df = confirmed_df[idx_korea]
```

변수 이름을 사용하여 값을 출력해 보면 우리나라의 정보만 올바르게 추출되었음을 알 수 있다.

```
confirmed_korea_df
```

	Province/State	Country/Region	Lat	Long	1/22/20	1/23/20	1/24/20	1/25/20	1/26/20	1/27/20	1/28/20	1/29/20	1/30/20
158	NaN	Korea, South	35.907757	127.766922	1	1	2	2	3	4	4	4	4

[그림 4-11] 국내 확진자 추이

이번에는 numpy 배열로 데이터를 변환하고, matplotlib.pyplot 라이브러리를 사용하여 그래프로 출력해 보도록 한다. np.array 함수를 사용하여 numpy 배열로 변환한 다음, 슬라이싱을 통해 국가정보 등을 삭제한다.

```
import matplotlib.pyplot as plt
import numpy as np

confirmed_korea_np = np.array(confirmed_korea_df) # numpy 배열로 변환
confirmed_korea_np = confirmed_korea_np[:,5:]      # 0-3번 열 삭제
```

배열의 형태는 다음과 같이 알 수 있는데,

```
confirmed_korea_np.shape
```

현재 배열이 2차원 형태(1×n)로 되어 있으므로, 그래프로 올바르게 출력하기 위해서는 인덱싱을 사용하여야 한다. 다음 코드를 사용하면 확진자 현황을 그래프로 확인할 수 있다.

```
plt.plot(confirmed_korea_np[0, :])
```

가로축에 눈금을 표시하려면 다음과 같은 코드를 사용한다.

```
plt.plot(confirmed_korea_np[0,:])                # 확진자 그래프 그리기

label_x = confirmed_korea_df.columns.values[4:]  # DataFrame에서 인덱스
                                                 # 가져오기
sel_ids = range(0,len(label_x),100)              # 눈금을 표시할 위치 선택
plt.xticks(sel_ids,labels=label_x[sel_ids])      # 눈금 표시
```

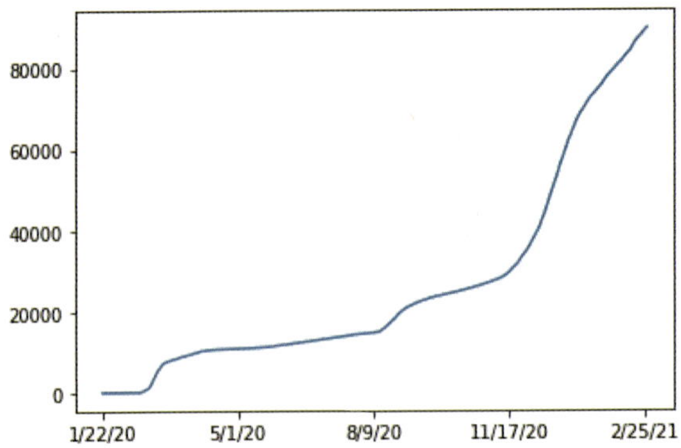

[그림 4-12] 대한민국의 누적 확진자 그래프

이번에는 같은 방식으로 누적 사망자 수와 회복자 수를 가져와 분석해 보자. 국내 누적 사망자와 회복자 수를 추출하는 코드는 다음과 같다.

```
# 누적 사망자 수 가져오기
idx_korea = (deaths_df['Country/Region']=='Korea, South')
deaths_korea_df = deaths_df[idx_korea]          # 한국의 데이터만 추출

deaths_korea_np = np.array(deaths_korea_df)       # numpy 배열로 변환
deaths_korea_np = deaths_korea_np[:,4:]           # 0-3번 열 삭제

# 누적 회복자 수 가져오기
idx_korea = (recovered_df['Country/Region']=='Korea, South')
recovered_korea_df = recovered_df[idx_korea]    # 한국의 데이터만 추출

recovered_korea_np = np.array(recovered_korea_df) # numpy 배열로 변환
recovered_korea_np = recovered_korea_np[:,4:]     # 0-3번 열 삭제
```

다음 코드를 사용하면 데이터를 화면에 그래프로 나타낼 수 있다. 그래프의 크기, 폰트 크기 등을 조정하여 읽기 쉽게 하였다.

```
plt.figure(figsize=(10,7))
plt.plot(confirmed_korea_np[0,:])                # 확진자 그래프 그리기
plt.plot(deaths_korea_np[0,:])                   # 사망자 그래프 그리기
plt.plot(recovered_korea_np[0,:])                # 회복자 그래프 그리기

label_x = confirmed_korea_df.columns.values[4:]
                                       # DataFrame에서 인덱스 가져오기
sel_ids = range(0,len(label_x),100)    # 눈금을 표시할 위치 선택

plt.xticks(sel_ids,labels=label_x[sel_ids], fontsize=15)  # x축 눈금 표시
plt.yticks(fontsize=15)                                   # y축 눈금 표시
plt.legend(['Confirmed','Death','Recovered'], fontsize=15) # 범례 표시
```

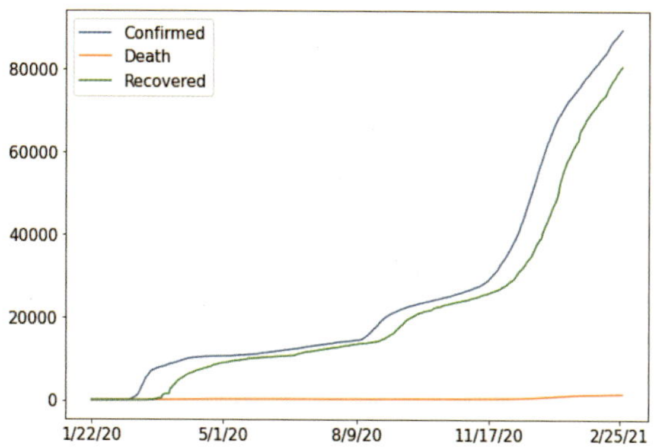

[그림 4-13] 국내 코로나19 바이러스 확진자, 사망자, 회복자 수 추이

이 데이터로부터 사망자 대 확진자 비율을 계산할 수 있다. 나눗셈 기호를 사용하여 numpy 배열과 배열을 요소별로 나누고 화면에 그래프로 출력한다. 2020년 5월 말에 약 2.4%의 사망률을 보인 후 대체적인 감소세에 있는 것을 알 수 있다[그림 4-14].

```
plt.figure(figsize=(10,7))
recovered2confirmed_ratio = deaths_korea_np[0,:]/ confirmed_korea_np[0,:]

plt.plot(recovered2confirmed_ratio)            # 확진자 그래프 그리기

label_x = confirmed_korea_df.columns.values[4:] # DataFrame에서 인덱스
                                                # 가져오기
sel_ids = range(0,len(label_x),100)            # 눈금을 표시할 위치 선택
plt.xticks(sel_ids,labels=label_x[sel_ids], fontsize=15)    # x축 눈금 표시
plt.yticks(fontsize=15)                                     # y축 눈금 표시
```

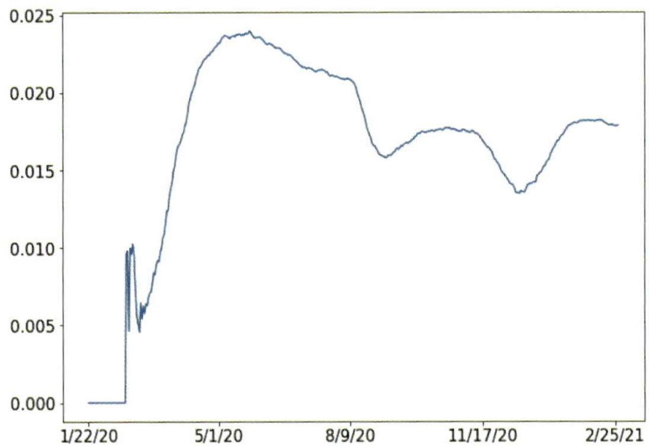

[그림 4-14] 국내의 확진자 대비 사망자 비율 추이

사망자 비율이 가장 높게 나타난 일자와 값을 정확히 알아보려면 numpy의 통계 함수(argmax)를 활용하면 된다.

```
idx_max = np.argmax(recovered2confirmed_ratio)

print(f'사망자/확진자 비율이 최대인 일자는: {label_x[idx_max]} 이며')
print(f'해당 일자의 값은 {recovered2confirmed_ratio[idx_max]:.3f}입니다')
```

요약

1 구글 코랩은 리눅스 시스템상에서 동작하며, 캐글과 연동하여 사용할 수 있다. 캐글과 연동이 완료되면, 캐글에서 데이터를 직접 다운로드 받거나, 결과를 캐글에 업로드할 수 있다.

2 ! 기호를 사용하여 리눅스 콘솔에서 사용되는 대부분의 명령을 실행시킬 수 있다.

3 코랩에서 사용할 수 있는 시스템 명령에는 pwd, cd, mv, mkdir, rmdir 등이 있다.

4 코랩에 직접 업로드되거나 생성된 파일은 일정 시간이 지난 후 삭제된다.

5 mount 명령을 사용하여 구글 드라이브와 코랩을 연동하여 사용할 수 있다.

6 pandas 라이브러리를 사용하여 csv 형식으로 저장된 데이터를 읽어 변수에 저장할 수 있다.

7 pandas 라이브러리로 읽은 csv 데이터는 DataFrame 형식으로 저장된다.

8 pandas 라이브러리를 사용하여 numpy 배열을 csv 파일로 저장할 수 있다. 이를 위해서는 numpy 배열을 DataFrame 형식으로 먼저 바꾸어 주어야 한다.

9 matplotlib 라이브러리의 pyplot 모듈에는 hist, plot 등 데이터를 시각화하여 표시하는 함수들이 있다.

연습문제

타이타닉 데이터(4.4절)와 관련해서 다음 문제를 해결하시오.

1 or 기호를 사용해서 여성이거나 1등석 승객인 경우, 즉 둘 중 하나 이상의 조건을 만족하는 승객의 데이터를 모아서 히스토그램으로 그려 보시오. 성별이 여성인 경우는 (data_train.Sex=='female'), 객실 등급이 1등석인 경우는 (data_train.Pclass==1)로 적을 수 있다.

2 이와 같은 방식으로 다른 항목들도 분석해 볼 수 있다. 함께 탑승한 가족의 수, 나이와 생존 여부의 관계를 분석해 보시오.

1) 히스토그램 분석을 위한 파이썬 코드를 작성하고, 히스토그램을 그리시오.

2) 히스토그램을 통해 새롭게 얻은 정보를 기술하시오.

3 자신만의 새로운 규칙을 만들고, 그 성능을 확인해 보시오.

규칙	정확도

코로나 19 데이터(4.5절)와 관련해서 다음 문제를 해결하시오.

4 미국, 일본, 중국의 확진자, 사망자, 회복자 그래프를 그리고 한국의 상황과 비교하시오.

5 전 세계의 확진자, 사망자, 회복자 추이를 분석하시오. np.sum 함수를 사용하면 시기별 전 세계 확진자 등의 합을 구할 수 있다.

6 최대 사망률(확진자 대비 사망률)이 20% 이상인 국가, 1% 이하인 국가(주)의 리스트를 각각 출력하는 코드를 작성하시오.

CHAPTER 05

딥러닝의 개념

5.1 딥러닝 모델의 기본 구조

5.1.1 딥러닝 모델의 기본 구조

딥러닝은 인공지능의 학습 이론으로, 학계에 보고된 지는 오래된 이론이지만, 병렬처리 시스템의 발전, GPU 고속화 기술의 발전, 데이터양의 증가, 알파고의 기술적 성공과 흥행에 힘입어 최근 인공지능 연구와 활용의 중심에 있는 이론이다. '딥러닝 모델'은 입력이 주어졌을 때, 그 입력에 대한 해석을 출력하는 일종의 '블랙박스'이며[그림 5-1], 딥러닝은 이 '딥러닝 모델을 만들어 내는 과정'으로 정의할 수 있다. 딥러닝 모델의 개념을 3.5절에서 학습한 함수의 개념에 빗대어 생각하면, 이를 이해하기 편하다.

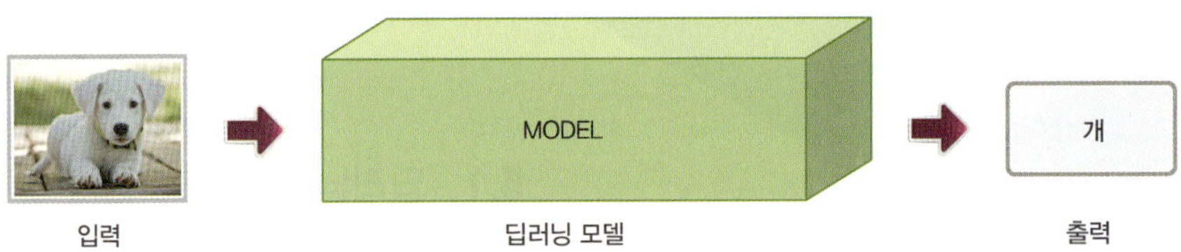

[그림 5-1] 딥러닝 모델의 기본 개념

5.1.2 딥러닝 모델의 학습

딥러닝에는 '러닝(learning)', 우리말로 '학습'이라는 개념이 포함되어 있다. 딥러닝 모델을 만드는 것이, 마치 지성체에게 다양한 정보를 주면서 '학습'시키는 것과 유사하기에 붙여진 이름이다. [그림 5-2]는 딥러닝의 학습 방법을 개념적으로 보여준다. 딥러닝의 학습 방식은 사람을 지도할 때와는 본질적으로 다른 Trial-and-Error 방식을 따른다. Trial-and-Error는 선제적 학습 없이 질문을 하고, 답이 잘못된 경우 올바른 결과를 낼 수 있도록 모델 내부를 수정해 나가는 방식이다. [그림 5-2]에서는 고양이와 강아지 그림을 '딥러닝 모델'에 하나씩 입력하고, 출력이 잘못된 경우(고양이를 강아지라고 하거나, 강아지를 고양이라고 하는 경우), 올바른 정답을 출력할 수 있도록 모델 내부를 수정한다. 인간의 학습 방식과 가장 큰 차이점이라고 한다면, 최초의 '가르침'이라고 하는 것이 존재하지 않는다는 것이다. 아무것도 가르쳐 주지 않은 상태에서 무작정 물어보고, 잘못 대답하면 올바른 대답이 나오도록 내부 모델을 직접 수정한다. 입력하는 이미지의 개수가 한정적이라면, 올바로 학습하지 못할 가능성이 매우 낮은 구조다. 인간의 학습 방법과는 조금 다르긴 하지만, 어쨌든 기계(컴퓨터)를 학습시킨다고 할 수 있으니, 이와 같은 방식을 크게 '기계학습'이라는 이름으로 부른다.

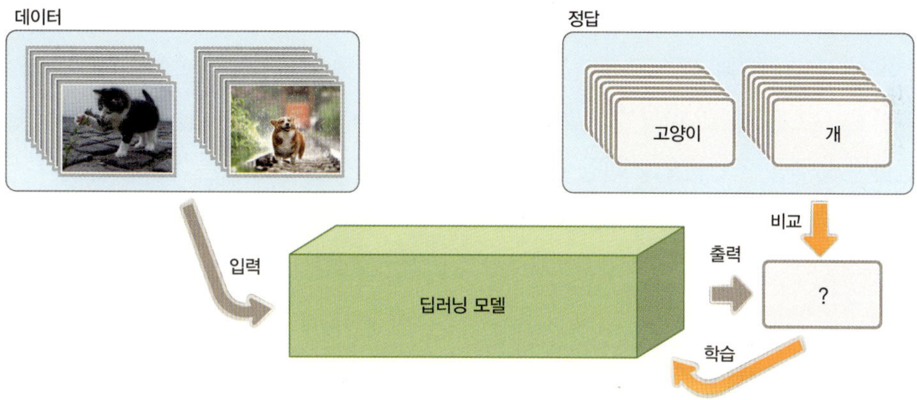

[그림 5-2] 딥러닝에서 학습의 개념

딥러닝 모델의 학습 방법을 보면, 딥러닝 모델이 마치 앞서 배웠던 조건문과 매우 비슷하게 느껴질 것이다. if, elif, else 문을 사용해서, A, C, D 입력이 들어오면 고양이, B, E, F 입력이 들어오면 강아지로 분류해서 결과를 알려주는 함수를 생각해 볼 수 있다. 그렇다면, 조건문과 '딥러닝 모델'이 서로 다른 점은 무엇일까? 왜 '딥러닝'을 '학습'이라고 부르는 것일까? 그 해답은 **일반화**에 있다.

딥러닝은 일반화의 과정을 거치기 때문에 '학습'이라고 부른다. 반면, '일반화'가 되지 않는다면 '학습'이라고 부르기 어렵다. 예를 들어 어떤 아이에게 21 + 1 =22, 23 + 7 = 30 등과 같이 두 자릿수의 덧셈을 가르쳐 주었다고 하자. 스무 개 정도의 덧셈을 가르쳐 주었는데, 문제와 정답을 단순히 외워 버렸다면 이 아이가 두 자릿수의 덧셈을 올바르게 배웠다고 얘기하긴 어려울 것이다. 올바로 학습했다는 것은 가르쳐 준 정보를 바탕으로 원리를 이해하고, 새롭게 주어지는 문제를 올바로 풀 수 있게 된 것을 의미한다.

일반화는 주어진 정보를 정리하여 다른 데이터에도 적용할 수 있도록 만드는 기술이다. 인공지능의 학습에서 일반화가 잘 이루어졌는지를 체크하는 방법은 학습한 데이터와 비슷하지만 새로운 정보를 제공하고, 이를 올바로 해석하는지 확인하는 것이다. 예를 들어 강아지와 고양이 사진을 각각 8개씩 주고 학습을 시킨 다음, 새로운 무언가의 사진을 보여주었을 때 그 이미지가 강아지인지 고양이인지 맞춘다면, 학습의 일반화가 이루어졌다고 할 수 있다[그림 5-3].

이것은 2.4.4절에서 학습용-테스트용 데이터를 분리했던 것에 대한 본질적인 이유다. 일반적인 조건문으로 이와 같은 일반성을 얻기는 어렵다. 주어진 데이터를 가지고 일반화된 규칙을 조건문으로 만들어 낼 수는 있겠지만, 그 경우에는 기계가 아니라 사람이 학습하고, 사람이 학습한 결과를 기계에게 가르쳐 주었다고 하는 것이 더 정확한 표현이 될 것이다.

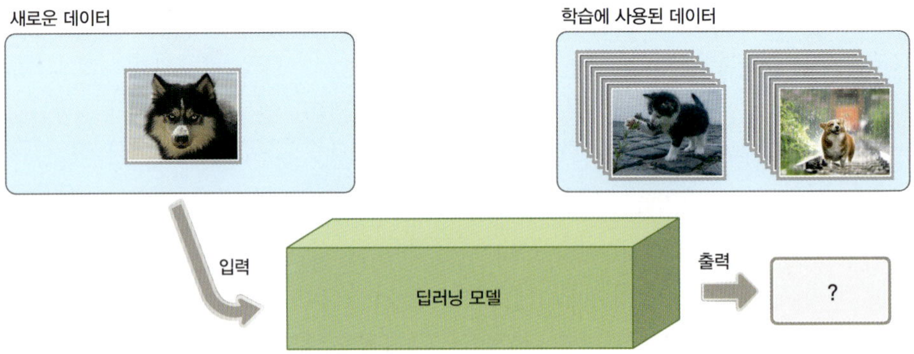

[그림 5-3] 학습의 일반화 테스트

그렇다면, 이 '딥러닝 모델'은 내부적으로 어떤 구조로 되어 있고, 또 어떤 방식으로 학습하기에 이와 같은 '일반화'가 가능한지 살펴보도록 하자.

5.1.3 딥러닝 모델과 네트워크층(Layer)

딥러닝 모델은 서로 간에 데이터를 주고받을 수 있는 여러 개의 네트워크층(Layer)으로 이루어져 있다[그림 5-4]. 네트워크층들은 크게 입력층, 중간층, 출력층으로 나누어 살펴볼 수 있는데, 입력층과 출력층을 제외한 다른 층들은 입력을 받아 출력을 내고, 다음 층으로 출력을 전달하는 구조로 되어 있다. 입력층은 주어지는 데이터 그 자체이며, 출력층은 마지막 중간층의 출력이 보여지는 곳이다. 개와 고양이 사진을 분류하는 모델이라면 출력층에는 개와 고양이를 각각 의미하는 2개의 노드가 있는데, 더 큰 값이 전달된 쪽으로 사진을 분류하게 된다. 출력층의 노드는 일종의 LED 등이라고 생각할 수도 있다. 입력된 사진이 학습한 개의 이미지에 가까울수록 개 LED가 밝게 빛나고(전달된 값이 크다.), 고양이의 이미지에 가까울수록 고양이 노드에 전달되는 값이 커져서 고양이 LED의 빛이 밝아진다.

입력된 데이터는 각 층을 지날 때마다 다양한 연산을 통해 변환되어 전달되는데, 이 연산의 목적은 고양이 사진의 경우 출력층의 고양이 노드의 값이, 개 사진의 경우 개 노드의 값이 더 커지게 만드는 것이다. 딥러닝 모델에서 이 '변환 연산'은 매우 중요하며, 모델의 정확도를 결정짓는 가장 핵심적인 요소라 할 수 있다. 이제 딥러닝에서 '학습'이 무엇인지 조금 더 구체적으로 얘기할 수 있다. 딥러닝 모델에서 **학습**이란 주어진 데이터를 잘 분류할 수 있도록 층과 층 사이의 변환 연산을 개선해 나가는 과정이다.

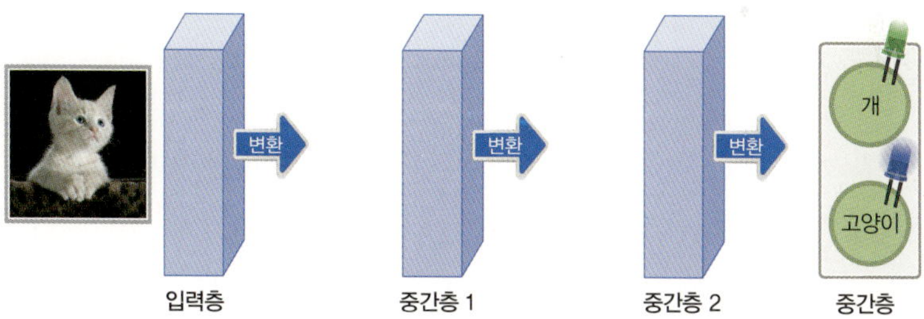

[그림 5-4] 딥러닝 모델의 내부 구조

이때 '변환 연산'은 각 층 별로는 서로 다르지만, 각 층의 변환 연산은 입력되는 데이터와는 관계없이 일정하게 적용된다. 따라서 딥러닝 모델에서 '학습'은 여러 영상에 대해서 공통적으로 올바른 출력을 낼 수 있는 연산 방법을 찾아내는 작업이 되며, 이를 통해 '일반화'가 이루어지게 되는 것이다.

5.1.4 딥러닝 모델의 네트워크 구조

앞서 살펴본 바와 같이, 딥러닝 모델의 기본 구조는 여러 층 사이에 이루어지는 정보 변환과 전달이며, 이때 사용되는 여러 층들의 구조는 다양하게 정의될 수 있다. 여러 층들이 그래프 형태로 연결되어 있으므로, 이를 모델의 네트워크 구조라 한다. 딥러닝 네트워크는 매우 많은 수의 중간층들이 연결되어 구성되는 것이 대부분이며, '딥(deep)'이라는 키워드가 붙은 것도 그 때문이다. [그림 5-5]는 Szegedy 등이 이미지를 인식하기 위해 2015년에 제안한 GoogLeNet이란 이름의 네트워크다. 여러 개의 네트워크층이 복잡하게 연결되어 있는 것을 볼 수 있다.

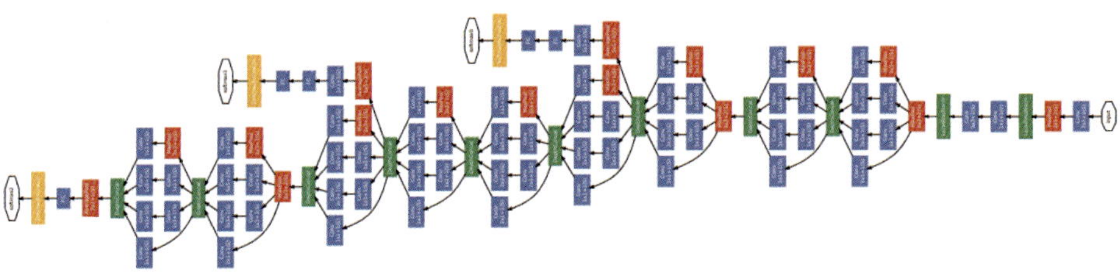

[그림 5-5] GoogLeNet의 네트워크 구조[1]

딥러닝 네트워크는 [그림 5-5]와 같이 하나의 층이 여러 개의 층과 연결되는 복잡한 구조를 가지기도 하지만, [그림 5-6]과 같이 하나의 층이 그 다음 층 하나와만 연결되는 직렬 구조를 가지기도 한다. 이를 Sequential 구조라고 하는데, 이것은 딥러닝 네트워크를 처음 디자인할 때 시도하는 가장 보편적인 구조다.

1) Going deeper with convolutions, CVPR 2015.

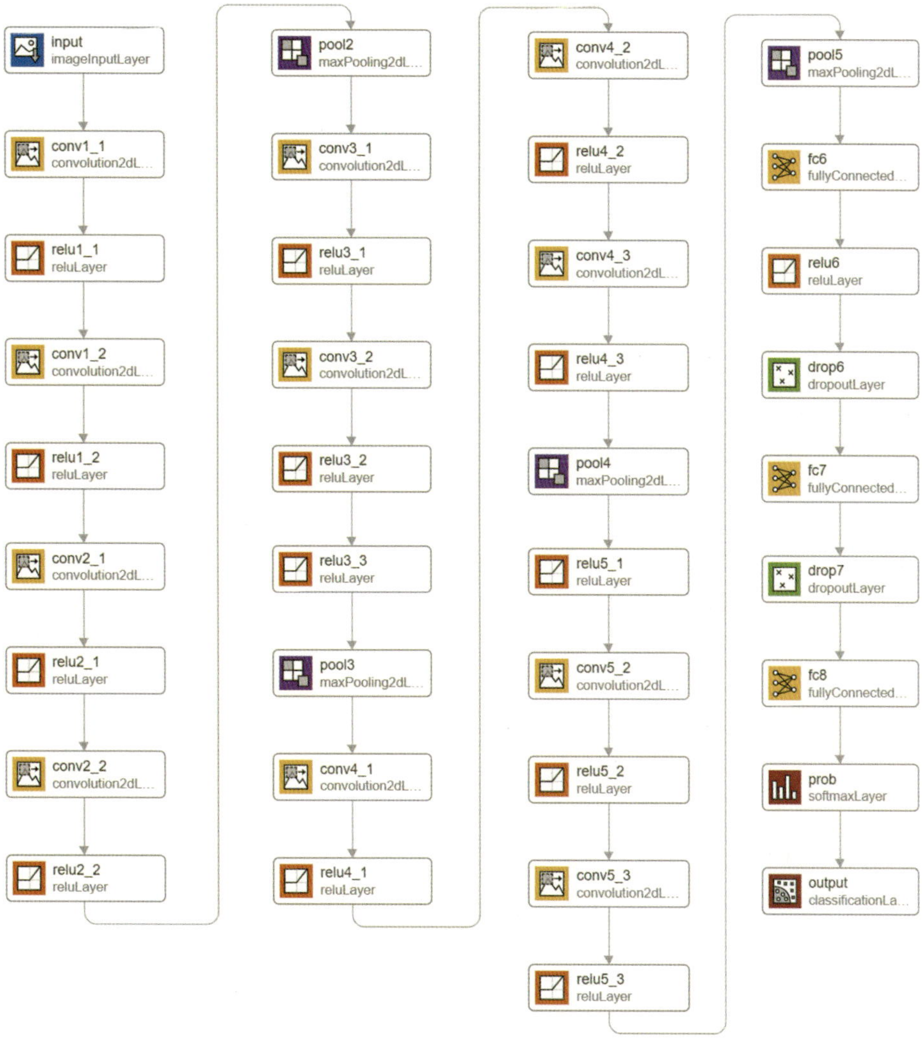

[그림 5-6] 매트랩 툴 박스를 사용하여 나타낸 VGG-16의 네트워크 구조

네트워크 구조의 깊이와 복잡도는 데이터의 크기, 복잡도, 분류해야 하는 패턴의 개수 등에 따라 달라지며, 일반적으로 데이터의 규모가 작을수록, 데이터의 형태가 단순할수록, 분류해야 하는 패턴의 개수가 작을수록 네트워크의 구조는 더욱 단순해진다.

요약

1 딥러닝은 인공지능의 오래된 학습 이론이며, 병렬처리 기술, GPU 가속 기술 등의 성능 향상과 함께 인공지능기술의 주류가 되었다.

2 '딥러닝 모델'은 입력이 주어졌을 때, 그 입력에 대한 해석을 출력하는 일종의 '블랙박스'이다.

3 딥러닝은 기계학습 이론의 일종이다.

4 컴퓨터에 있어 학습은 주어진 데이터를 단순히 기억하는 것이 아니라, 해당 데이터를 일반화하는 모델을 만드는 것이다.

5 딥러닝 모델은 서로 간에 데이터를 주고받을 수 있는 여러 개의 네트워크층(Layer)으로 이루어져 있다.

6 딥러닝 모델의 네트워크층들은 크게 입력층, 중간층, 출력층으로 나누어 살펴볼 수 있으며, 각각의 층들은 데이터를 입력 받아 변형하고, 변형된 데이터를 다음 층으로 전달하는 구조다.

7 복잡하고 많은 수의 데이터를 인식하기 위해, 네트워크층들은 서로 복잡하게 연결되도록 구성될 수 있다.

5.2 네트워크의 입력과 출력을 위한 데이터의 변환

5.2.1 네트워크의 입력과 출력

딥러닝 네트워크의 입력과 출력은 모두 숫자(실수)로 이루어진다. 딥러닝 모델의 내부에서 입력에 대한 출력을 만들어 내는 방법은 결국 수학적 연산이기 때문이다. 네트워크는 숫자를 입력받아 숫자를 출력하는 일종의 함수로 생각할 수 있으며, 출력된 숫자를 해석하여 그 결과를 사용자에게 전달한다. 주어진 이미지가 고양이인지 개인지 판단하는 네트워크를 예를 들어 생각해 보자[그림 5-7]. 앞 장에서 딥러닝 네트워크에 사진을 입력한다고 개념적으로 설명하였으나, 엄밀히 얘기한다면, 네트워크는 광학 사진을 직접 입력으로 받을 수는 없다. 사진은 숫자가 아니기 때문이다. 네트워크에 사진을 입력하려면, 사진을 수치로 변환하는 과정이 필요하다. 다행히 컴퓨터 내부에서 사진은 여러 픽셀들로 이루어져 있으며, 각 픽셀의 값은 0에서 255의 수치로 저장되어 있으므로, 이 값을 네트워크에 넣을 수 있다. 즉, 사진이 입력으로 들어가는 것이 아니라, 사진의 각 픽셀값들이 배열을 이루어 입력되는 것이다.

딥러닝 네트워크에 입력해야 하는 정보 중에는 성별, 거주지 등 각종 범주형 데이터가 있을 수도 있다. 이와 같은 범주형 데이터는 직접 네트워크에 넣을 수가 없으므로, 수치형 값으로 변환하여 입력하여야 한다. 이에 관해선 다음 장에서 자세히 다루도록 하겠다.

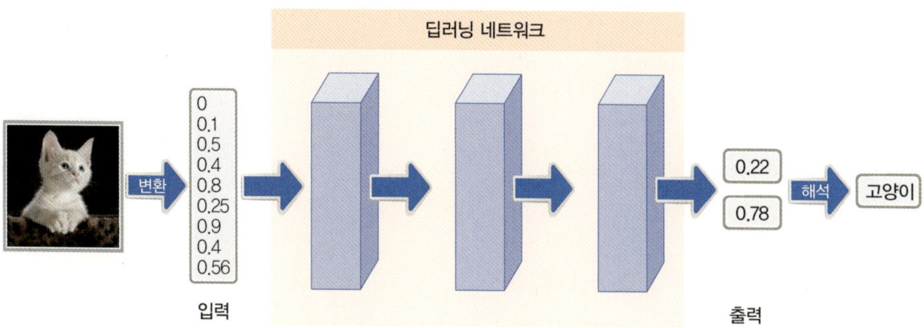

[그림 5-7] 네트워크의 입력과 출력

네트워크에서 나오는 출력값 또한 숫자다. 이 모델에서는 두 개의 값이 출력으로 나온다. 첫 번째 값은 입력 데이터가 개의 사진일 것으로 추정되는 정도, 두 번째 값은 입력 데이터가 고양이일 것으로 추정되는 정도를 의미한다. 사용자가 원하는 결과는 '고양이', 또는 '개'라는 언어적 정보이므로, 최종적인 결과를 얻기 위해서는 네트워크에서 나온 출력을 해석(이해)하는 과정이 필요하다. 해석 과정은 비교적 간단하다. 분류 네트워크에서는 각 출력이 각각의 카테고리를 의미하는 것이므로, 두 카테고리 중 큰 출력값을 가지는 카테고리를 선택한다. 만약 개에 해당하는 값이 0.22, 고양이에 해당하는 값이 0.78인 경우에 둘 중 큰 값을 취하여, 이 사진이 고양이일 것이라고 해석하는 것이다.

여기서 네트워크가 '개', '고양이' 등의 출력을 직접 만들어 내는 것이 아님에 주의해야 한다. 이 수치는 사실 해석하기에 따라 그 결과가 전혀 달라질 수 있다. 개에 해당하는 값이 0.22, 고양이에 해당하는 값이 0.78인 경우에 둘 중 큰 값을 취하여, 이 사진이 고양이일 것이라고 해석할 수도 있지만, 고양이에 해당하는 값이 그리 크지 않으므로 둘 다 아닐 것이라고 해석하거나 '확실하지 않음' 등으로 해석하는 것도 가능하다.

5.2.2 범주형 데이터의 수치화

성별 데이터와 같이 범주(category)로 저장된 데이터를 딥러닝 모델에 넣기 위해서는 숫자형 데이터로 변환하는 과정이 필요하다. 범주의 개수가 2개인 경우에는 비교적 간단히 이 과정을 처리할 수 있는데, 즉 남, 여만 존재하는 성별 데이터의 경우 남자는 0, 여자는 1로 변환하는 것이다. 즉, 데이터가 다음과 같이 존재하는 경우,

```
sex = ['male', 'male','female','male','female','female']
```

다음의 코드를 사용해서 0과 1의 숫자로 변환할 수 있다. 이 코드는 길이가 6인 numpy 배열을 만든 후, 3.8절에서 학습한 for 반복문을 사용하여 각 데이터 항목의 값이 'female'인 경우 1, 그렇지 않은 경우 0의 값을 가지도록 한다.

```
import numpy as np     # numpy 라이브러리를 사용한다.
sex_conv = np.zeros(6) # 길이가 6인 numpy 배열을 만들고, 0으로 초기화한다.
cnt = 0                # 위치를 지정할 인덱스 변수의 값을 0으로 지정한다.
for x in sex:          # 성별 리스트의 전체 데이터에 대해 반복한다.
  if(x == 'female'):   # 해당 항목의 값이 'female'이라면
    sex_conv[cnt] = 1  # 숫자 데이터의 값을 1로 변경한다.
  cnt = cnt +1         # 인덱스 변수의 값을 1 증가시킨다.
                       # (줄맞춤에 주의할 것!)
```

그렇다면 범주가 3개 이상 존재하는 경우는 어떻게 할까? 이 경우에는 **원–핫–인코딩**(One-Hot Encoding)이라는 방법을 쓰면 된다. 원–핫–인코딩은 범주의 개수만큼 항목을 만들고, 각각의 항목이 각 범주를 나타내도록 하는 데이터의 표현 방법이다. 항목의 값은 데이터가 해당 범주에 속하면 1, 아니면 0으로 지정된다. 범주에 따라 여러 항목 중에 하나만 1이 되므로, One–Hot이라는 이름을 가지게 되었다. 원–핫–인코딩은 범주가 3개 이상 존재할 때 유용하게 사용할 수 있지만, 2개의 범주에 대해서도 원–핫–인코딩을 적용할 수 있다. 앞서 살펴본 성별 데이터를 원–핫 인코딩을 사용해서 변형해 보자. 원–핫–인코딩은 to_categorical이라는 함수를 사용하면 손쉽게 적용할 수 있는데, 이 함수는 keras의 utils에 존재하므로 라이브러리의 import가 필요하다. 원–핫–인코딩을 위해서 두 개의 단계를 거쳤다는 것에 유의하기 바란다. 문자열로 되어 있던 데이터를 숫자(0/1)로 바꾸었고, 이를 다시 to_categorical 함수를 사용해서 원–핫–인코딩 된 데이터로 변환한다.

```
# tensorflow.keras.utils 모듈의 to_categorical 함수 import
from tensorflow.keras.utils import to_categorical

# one-hot-encoding 적용
sex_cate = to_categorical(sex_conv)
```

다음 표는 성별 데이터를 원–핫 인코딩으로 변환한 결과다. 원래의 값이 어떻게 변환되는지, 빠진 부분을 채워 보라.

〈표 5-1〉 성별 정보의 원-핫 인코딩(빈칸을 직접 채워 보기 바란다.)

데이터 번호	값	수치 값	원-핫 인코딩	
			남자	여자
1	'male'	0	1	0
2	'male'	0	1	0
3	'female'	1	0	1
4	'male'	0		
5	'female'	1		
6	'female'	1		

원 데이터의 범주가 숫자로 되어 있다면 원-핫-인코딩을 조금 더 쉽게 적용할 수 있다. 타이타닉 데이터에서 티켓등급은 1, 2, 3의 값을 가지는 범주형 데이터이다. 숫자로 되어 있긴 하지만, 수치의 연속성이 낮으므로 범주형 데이터로 생각하는 편이 좋다. 다음과 같이 1, 2, 3의 범주를 가지는 데이터가 있을 때,

```
pclass_orig = np.array([3,1,2,1,2,3])
```

to_categorical 함수를 호출하여 원-핫-인코딩을 할 수 있다. to_categorical 함수를 사용할 때는 수치 데이터가 0부터 1씩 증가하는 형태로 되어 있어야 한다는 점에 주의해야 한다. 위의 데이터는 1, 2, 3으로 되어 있으므로, 1을 빼서 사용해야 한다. 원-핫 인코딩을 진행하는 코드는 다음과 같다.

```
# tensorflow.keras.utils 모듈의 to_categorical 함수 import
from tensorflow.keras.utils import to_categorical

# (0,1,2의 값을 가지도록) 1을 뺀 후, one-hot-encoding 적용
pclass_cate = to_categorical(pclass_orig-1)
```

print 함수를 사용해서 pclass_cate 변수의 값을 확인하고, 다음 표의 빈칸을 채우라.

〈표 5-2〉 수치로 된 범주형 데이터의 원-핫 인코딩(빈칸을 직접 채워 보기 바란다.)

데이터 번호	값	원-핫 인코딩		
		1	2	3
1	3	0	0	1
2	1	1	0	0
3	2	0	1	0
4	1			
5	2			
6	3			

5.2.3 수치형 데이터의 정규화

모델에 입력되는 수치형 데이터는 보통 0과 1사이의 숫자로 조정하여 사용하는 것이 일반적이다. 이를 데이터 정규화라고 한다. [그림 5-7]과 같이 사진을 입력으로 받는 경우에는 해당 사진의 컬러값이나 밝기 정도가 0~255의 값을 가지므로, 각 픽셀의 컬러값을 255로 나누어 모델에 입력하면 된다.

앞서 살펴보았던 타이타닉 데이터는 여러 개의 항목으로 이루어진 데이터이다. csv 파일 등에 테이블 형태로 저장되어 있다. 항목별 데이터는 경우에 따라 숫자로 바꾸는 과정이 다양하다.

다음 몇 가지 항목들의 예를 통해 입력을 숫자로 바꾸는 방법을 익혀보도록 하자.

수치형 데이터를 0과 1 사이의 값으로 정규화하기 위해서는 원 데이터의 최솟값과 최댓값을 구한 후,

```
(원 데이터 - 최솟값) / (최댓값 - 최솟값)
```

의 방식으로 변환하는 것이 일반적이다. 예를 들어, 3세에서 80세까지 분포된 나이 데이터가 있다고 해 보자. 다음 코드를 사용해서 데이터를 만들 수 있다.

```python
# numpy 라이브러리를 np라는 이름으로 사용한다.
import numpy as np
# numpy 배열을 만들고 각각의 값을 지정한다.
age_orig = np.array([3, 28, 21, 67, 80, 53])
```

위의 나이 데이터를 0~1 범위로 변환하려고 한다면 다음의 수식으로 변환할 수 있다.

```
(나이-3)/(80-3)
```

이를 파이썬 코드로 나타내면 다음과 같다.

```python
age_conv = (age_orig - 3) / (80 - 3)    # 0과 1 범위의 값으로 변환한다.
```

위 코드는 최솟값과 최댓값이 3과 80으로 고정되어 있는 경우에만 사용 가능하므로, 함수를 사용해서 코드를 다음과 같이 일반화시켜 볼 수 있다. 앞서 3.9.4절에서 공부한 바와 같이 numpy의 min, max 함수는 numpy 배열에서 최솟값과 최댓값을 찾아 주는 함수다.

```python
age_conv = (age_orig - np.min(age_orig)) / (np.max(age_orig) - np.min(age_orig))
```

위 코드를 사용해서 〈표 5-3〉에 있는 나이 데이터를 정규화시키고, 그 결과를 빈칸에 채워 보라.

〈표 5-3〉 딥러닝에 사용하기 위한 나이 데이터의 변환(빈칸을 직접 채워 보기 바란다.)

나이	변환값
3	
28	
21	
67	
82	
53	

수치형 데이터를 정규화할 때 반드시 0과 1 사이의 값으로 바꾸어야 하는 것은 아니다. 경우에 따라 데이터가 정규분포를 나타내도록 할 수도 있다. 즉, 위의 정규화 수식에서 최댓값과 최솟값이 정확한 값이 아닌 추정치여도 무방하다.

5.2.4 타이타닉 데이터의 수치화 및 정규화

이번 장에서는 타이타닉 데이터를 사용하여 수치화 및 정규화 과정의 실습을 진행한다. 먼저 다음 코드를 사용하여 캐글, 구글 드라이브와 연동한다. 이전에 저장해 두었던 kaggle.json 파일도 준비하여 업로드하라.

```
from google.colab import files
from google.colab import drive

files.upload()
!mkdir ~/.kaggle
!mv kaggle.json ~/.kaggle/
!chmod 600 ~/.kaggle/*
drive.mount('/content/gdrive')
```

다음 코드를 사용하여 데이터를 다운로드 받을 위치로 이동하자. 이미 데이터를 받아 두었다면 생략해도 된다.

```
cd '/content/gdrive/My Drive/Colab Notebooks/titanic_data'
```

다음은 캐글에서 타이타닉 데이터를 다운로드 받고 csv 파일을 읽어 변수에 저장하는 코드이다.

```
import pandas as pd
!kaggle competitions download -c titanic

data_train = pd.read_csv('train.csv')
data_test = pd.read_csv('test.csv')
```

읽어온 data_train과 data_test 변수는 pandas 패키지의 DataFrame 형식으로 되어 있는데, 이를 딥러닝 모델에 사용하기 위해서는 numpy의 배열 형식으로 된 수치형 데이터로 변환해야 한다.

data_train을 먼저 변환해 보자. 이번 변환에 사용할 데이터는 '성별', '나이', '티켓 등급', '형제, 자매, 배우자 수', '부모, 자녀 수'의 5개 항목이다. 원 데이터의 항목 수는 5개, 데이터 수는 891개이며 (data_train.shape 명령으로 크기를 알 수 있다.), 성별과 티켓 등급은 범주형 데이터로 원-핫-인코딩으로 변환하면 변환 후의 항목 수는 8개가 된다. 따라서 저장할 numpy의 배열을 다음과 같이 891×8 크기로 설정한다.

```
import numpy as np
data_train_np = np.zeros([891,8])
```

numpy 배열에 함께 저장되어 있는 shape의 값을 사용하면, 원 데이터의 항목 개수가 바뀌더라도 코드가 문제없이 실행되도록 할 수 있다.

```
import numpy as np
data_train_np = np.zeros([data_train.shape[0],8])
```

타이타닉 데이터의 성별 데이터를 수치화하는 코드는 앞에서 살펴본 코드와 거의 동일하며, 다음과 같다. 역시 numpy의 zeros 함수를 사용하여 0으로 초기화된 배열을 만들었으며, for 반복문을 사용하여 원 데이터의 값이 'female'인 경우 1로 바꾸었다.

```
cnt = 0
sex_num = np.zeros(data_train_np.shape[0])
for d in data_train['Sex']:
  if(d == 'female'):
    sex_num[cnt] = 1
    cnt = cnt +1
```

이 코드는 슬라이싱 기능을 사용하여 다음과 같이, 간결하게 작성될 수도 있다.

```
sex_num = np.zeros(data_train_np.shape[0])
sex_num[np.array(data_train['Sex']=='female')]= 1
```

위 코드에서

```
data_train['Sex']=='female'
```

는 data_train의 성별 항목의 값이 여성인지의 여부를 True, False로 나타내는 코드다. 실제로 위와 같이 실행하면 891개의 True/False 값이 화면에 출력된다.

```
np.array( ...)
```

는 891개의 True/False 값들을 numpy 배열로 변환하여 준다. 이 코드는 data_train['Sex'] == 'female'의 결과가 numpy 슬라이싱과 호환되지 않기 때문에 필요하다.

```
from tensorflow.keras.utils import to_categorical
data_train_np[:,0:2] = to_categorical(sex_num)  # one-hot-encoding 적용
```

티켓 등급 데이터를 원-핫 인코딩을 사용하여 변환하는 코드는 다음과 같다. 원-핫 인코딩을 위해서는 to_categorical 함수를 호출하기 전에 Pclass의 값에서 1을 빼 주어야 하는데, DataFrame에서는 이 작업이 복잡하므로 numpy 배열로 변환을 먼저 수행한다. 즉, pandas의 DataFrame을 numpy 배열로 바꾸어 주는 to_numpy 함수를 사용하고, numpy 배열에서 1을 뺀 후 to_categorical 함수를 호출한다.

```
data_train_np[:,2:5] = to_categorical(data_train['Pclass'].to_numpy()-1)
```

나머지 변수, Age, SibSp, Parch의 경우엔 최솟값이 0이므로 다음과 같이 최댓(추정)값으로 나누어 주면 간단히 데이터를 변환할 수 있지만, 한 가지 고려해야 할 사항이 있다. 바로 **결측 데이터**(Missing Values)이다.

```
data_train_np[:,5] = data_train['Age']/80
data_train_np[:,6] = data_train['SibSp']/10
data_train_np[:,7] = data_train['Parch']/10
```

엑셀 파일에서 train.csv 파일을 열어 살펴보면, 나이 항목에 빈칸이 제법 많이 있다는 걸 알 수 있다. 이와 같이 빠져 있는 값들을 '결측 데이터'라고 부르는데, 다양한 이유로 데이터가 수집되지 못한 경우다. 이런 결측 데이터는 numpy에서 nan(Not a Number)이라는 값으로 저장하고 있다. data_train_np 변수의 5번 데이터를 살펴보면, 해당 데이터의 age 값이 nan으로 되어 있음을 알 수 있다.

```
print(data_train_np[5,:])
```

nan 값이 들어 있으면 딥러닝 모델을 올바로 학습시킬 수 없으므로, 이를 숫자로 바

꾸어 주어야 한다. 사실 결측치를 처리하는 문제는 간단히 해결하기 어려우며, 정답이 정해져 있는 문제는 아니다. 여기서는 가장 기본적인 처리 방법으로, 해당 데이터의 값을 학습 데이터의 평균인 30세로 바꾸도록 한다. numpy의 isnan 함수를 사용하면 각각의 데이터 값이 nan인지 체크할 수 있으며, 이를 슬라이싱에 사용하면 손쉽게 nan 값을 다른 값으로 바꿀 수 있다.

```
data_train_np[np.isnan(data_train_np)] = 30/80
```

다음 코드를 사용하여 값이 바뀌었는지 확인해 보라.

```
print(data_train_np[5,:])
```

정답 데이터도 마찬가지 방법으로 변환할 수 있다. 정답은 'Survived' 항목에 0 또는 1의 값으로 저장되어 있으며, 이를 to_categorical 함수를 사용하여 원-핫 인코딩한다.

```
data_train_np_y = to_categorical(data_train['Survived'])
```

pandas 라이브러리로 읽어들인 csv 데이터 중, 학습 데이터를 numpy 배열로 변환하는 전체 코드는 다음과 같다.

```
from tensorflow.keras.utils import to_categorical

n_data_train = data_train.shape[0]          # 테스트 데이터 행의 개수
data_train_np = np.zeros([n_data_train,8]) # 비어 있는 numpy 배열 생성

# 성별 데이터를 원-핫 인코딩
cnt = 0
sex_num = np.zeros(n_data_train)
for d in data_train['Sex']:
  if(d == 'female'):
```

```
    sex_num[cnt] = 1
    cnt = cnt +1
data_train_np[:,0:2] = to_categorical(sex_num)

# 객실 등급 데이터를 원-핫 인코딩
data_train_np[:,2:5] = to_categorical(data_train['Pclass'].to_numpy()-1)

# 나이, 형제/배우자 수, 부모/자녀 수 정규화
data_train_np[:,5] = data_train['Age']/80
data_train_np[:,6] = data_train['SibSp']/10
data_train_np[:,7] = data_train['Parch']/10

# nan 값의 처리
data_train_np[np.isnan(data_train_np)] = 30/80

data_train_np_y = to_categorical(data_train['Survived'])
```

테스트 데이터도 같은 방식으로 numpy 배열로 변환시킬 수 있다. 테스트 데이터 data_test를 numpy 배열 data_test_np로 바꾸라. 코드는 다음과 같지만, 가능하면 답을 보지 말고 직접 해 보기 바란다.

```
from tensorflow.keras.utils import to_categorical

n_data_test = data_test.shape[0]              # 테스트 데이터 행의 개수
data_test_np = np.zeros([n_data_test,8])      # 비어있는 numpy 배열 생성

# 성별 데이터를 원-핫 인코딩
cnt = 0
sex_num = np.zeros(n_data_test)
for d in data_test['Sex']:
  if(d == 'female'):
    sex_num[cnt] = 1
    cnt = cnt +1

data_test_np[:,0:2] = to_categorical(sex_num)
```

```
# 객실 등급 데이터를 원-핫 인코딩
data_test_np[:,2:5] = to_categorical(data_test['Pclass'].to_numpy()-1)

# 나이, 형제/배우자 수, 부모/자녀 수 정규화
data_test_np[:,5] = data_test['Age']/80
data_test_np[:,6] = data_test['SibSp']/10
data_test_np[:,7] = data_test['Parch']/10

# nan 값의 처리
data_test_np[np.isnan(data_test_np)] = 30/80
```

〈표 5-4〉 타이타닉 데이터의 수치 및 정규화 방법 요약

	원 데이터	0~1의 숫자로 변환하는 방법	원-핫-인코딩
성별	male, female	male -> 0 female -> 1	male -> 0 1 female -> 1 0
나이	0~ 80 사이의 숫자	나이 / 80	해당 없음.
티켓 등급	1, 2, 3	1 -> 0 2 -> 0.5 3 -> 1	1 -> 1 0 0 2 -> 0 1 0 3 -> 0 0 1
형제, 자매, 배우자 수	0~10 사이의 숫자	인원/10	해당 없음.
부모, 자녀 수	0~10 사이의 숫자	인원/10	해당 없음.
생존 여부	0, 1	그대로 사용 가능	0 -> 1 0 1 -> 0 1

요약

1 네트워크의 입력과 출력은 모두 숫자를 사용하여 이루어진다.

2 범주형 데이터는 원-핫 인코딩 방법을 통해 숫자로 변환되어 사용한다.

3 원-핫-인코딩은 범주의 개수만큼 항목을 만들고, 각각의 항목이 각 범주를 나타내도록 하는 데이터의 표현 방법이다.

4 숫자로 표현된 범주형 데이터도 있다.

5 수치형 데이터는 0과 1 사이의 범위로 정규화하여 사용하는 것이 일반적이다.

6 수치형 데이터를 0과 1 사이의 값으로 정규화하려면 해당 데이터의 최댓값, 최솟값을 알아야 한다.

7 데이터의 최대/최소 추정치를 사용하여 수치형 데이터를 정규화할 수도 있다.

연습문제

캐글 데이터셋(https://www.kaggle.com/shivamb/netflix-shows)에는 2019년도에 넷플릭스에서 서비스한 TV 프로그램과 영화에 관한 데이터가 공개되어 있다.
이 데이터를 사용하여 다음 문제를 해결하시오.

1 csv 파일을 다운로드 받아 google drive에 업로드하시오.

2 데이터가 업로드된 구글 드라이브의 폴더와 코랩을 연동하는 코드를 작성하시오.

3 type 항목은 데이터가 TV Show인지, Movie인지를 나타낸다. 이를 수치화하는 코드를 작성하시오.

4 release_year 항목은 개봉된 연도를 의미하며, 숫자로 저장되어 있다. 이를 정규화하는 코드를 작성하시오.

5 개봉 연도별 영화/TV Show의 개수를 히스토그램으로 표시하시오.

캐글 데이터셋(https://www.kaggle.com/sudalairajkumar/novel-corona-virus-2019-dataset)에서는 코로나19 바이러스 현황을 csv 파일로 제공하고 있다. covid_19_data.csv 파일을 사용하여 다음 문제를 해결하시오.

6 Province or State 항목을 수치화하는 코드를 작성하시오.

7 Confirmed, Deaths, Recovered 항목을 각각 정규화하는 코드를 작성하시오.

CHAPTER 06

완전 연결층과 다층 신경망

CHAPTER 06

완전 연결층과 다층 신경망

6.1 완전 연결층

이전 장에서 딥러닝 모델이 상호간에 연결된 여러 개의 네트워크층으로 이루어져 있으며, 각 층 사이에서의 정보 전달과 데이터 변형을 통해 데이터를 해석함을 학습하였다. 딥러닝의 학습 능력은 여러 네트워크층들의 구성에 크게 좌우되는데, 이번 장에서는 여러 종류의 네트워크층들 중 '완전 연결층'을 자세히 살펴볼 것이다.

완전 연결층은 내부적으로 여러 개의 노드들로 이루어져 있다. 완전 연결층만을 사용하는 딥러닝 모델은 다층 신경망(Multi-Layer Perceptron: MLP)이라고 불리며, 오래전부터 인공지능 시스템의 구현에 사용되어 왔다. 여기서 '다층'이라고 함은 여러 개의 완전 연결층으로 이루어져 있다는 의미인데, 이를 이해하기 위해 우선 하나의 층으로 이루어진 모델을 살펴보기로 한다.

[그림 6-1]은 하나의 완전 연결층만을 사용하는 모델을 타이타닉 문제에 적용한 예다. 이 예에서 완전 연결층은 성별, 나이, 티켓 등급 등의 총 8개 데이터를 입력으로 받아 하나의 출력을 내보내는데, 이 출력값은 해당 데이터를 가진 승객이 생존하였는지를 나타낸다.(최종 출력된 값이 1에 가까우면 생존했다고 정의한다.) 앞서 살펴본 바와 같이 입력되는 데이터는 원 데이터가 0과 1사이의 숫자로 정규화되어 전달되는 경우가 일반적이며, 출력 또한 0과 1 사이의 숫자로 발생한다.

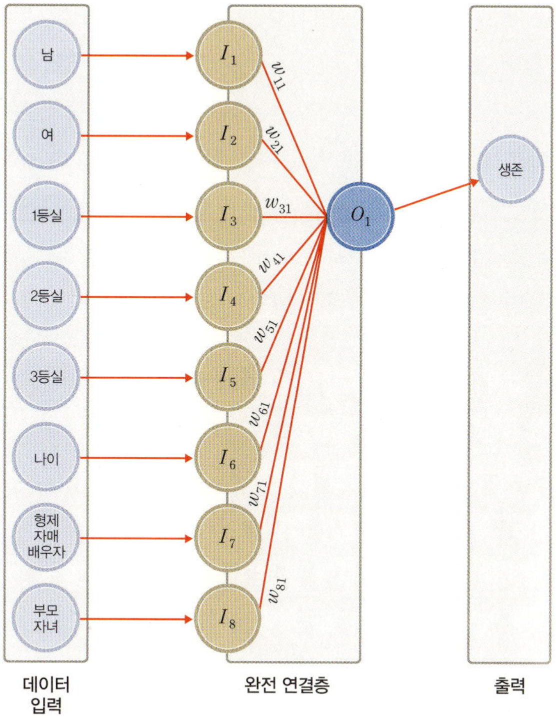

[그림 6-1] 출력이 1개인 완전 연결층 1개로 이루어진 신경망

〈표 6-1〉은 정규화된 타이타닉 데이터의 입출력 예시이다. 목표 출력값은 해당 데이터에 해당하는 승객의 생존 여부이며, 이 값이 1이면 생존하였음을 나타낸다.

〈표 6-1〉 타이타닉 데이터의 입출력 예

입력								목표 출력
남	여	1등실	2등실	3등실	나이	형제, 자매/배우자 수	부모/자녀 수	생존
1	0	1	0	0	0.25	0.2	0	1
0	1	0	0	1	1.0	0.1	0.2	0
…	…	…	…	…	…	…	…	…
0	1	0	1	0	0.1	0.0	0.2	1

완전 연결층 내부는 전달받은 입력 데이터를 보관하는 **입력 노드**, 다음 층으로 데이터를 전달하기 위한 **출력 노드**, 그리고 이 두 종류의 노드를 연결하는 **에지**(Edge)들로 이루어져 있다. 각각의 에지는 값을 가지고 있는데, 이 값을 **가중치**(Weight)라고 한다. 완전 연결층은 전달받은 입력 데이터에 가중치를 곱하고 합산하여 출력값을 만든다. 각각의 입력 노드를 I_1부터 I_8까지로, 출력 노드를 O_1로, 각 가중치를 w_{11}부터 w_{81}까지의 기호로 표시한다면, 완전 연결 노드의 출력값은 다음 수식으로 계산할 수 있다. 만약 입력 노드의 개수가 변경된다면, 숫자 8을 변경된 노드의 개수로 바꾸어 주면 된다.

$$O_1 = \sum_{i=1}^{8} I_i w_{i1}$$

실제 완전 연결층에서는 선형함수를 보다 정확하게 표현하기 위해 bias라고 불리는 항을 하나 더 추가하여 다음과 같은 수식을 사용한다.

$$O_1 = \sum_{i=1}^{8} I_i w_{i1} + b$$

이렇게 합산된 출력값은 특정 범위에서 나타나는 것이 아니며, 결과의 범위를 특정할 수 없게 된다. 예를 들어, 모든 가중치의 값이 1.0인 경우, 〈표 6-1〉의 첫 번째 행의 출력은 2.45의 값을 가지게 되고, 가중치의 값이 모두 −1.0이라면 출력값이 −2.45가 된다. 즉, 이 값은 가중치에 따라 무한히 작아지거나 커질 수 있다. 이 때문에 네트워크층을 사용할 때에는 해당 층의 출력을 특정 범위로 제한시키거나 변형시키는 함수를 함께 사용하게 되는데, 이를 **활성화 함수**라고 한다.

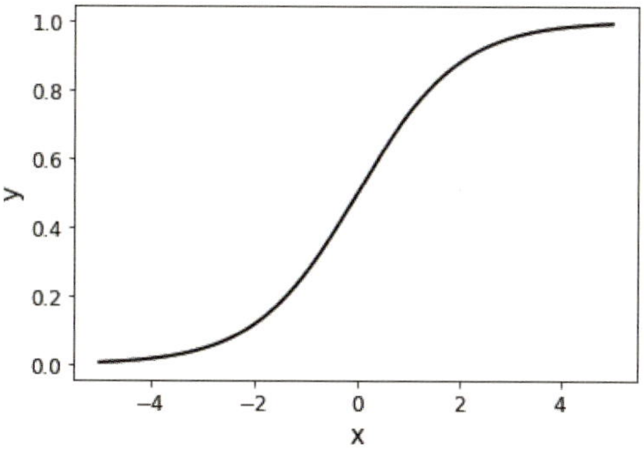

[그림 6-2] 활성화 함수의 예

[그림 6-2]는 이 활성화 함수의 예를 보여주고 있다. 이 함수는 어떤 입력(x)이 들어오든지, 0과 1 사이의 값으로 출력(y)하는 함수다. 0은 0.5로, 값이 커질수록 1에 가까운 값으로, 값이 작아질수록 0에 가까운 값으로 출력된다. 이 함수는 −2와 2 사이의 입력에 대해서는 입력값의 변화에 출력이 비교적 민감하게 반응하지만, 입력의 절댓값이 커질수록 입력값의 차이가 출력에 미치는 영향이 미미함을 볼 수 있다. 임의의 입력 x에 대한 활성화 함수를 $y=f(x)$라고 한다면, 완전 연결층의 출력을 나타내는 수식은 다음과 같이 다시 쓸 수 있다.

$$O_1=f\left(\sum_{i=1}^{8} I_i w_{i1}\right)$$

완전 연결층의 출력은 [그림 6-3]과 같이 2개 이상이 될 수도 있다. 이 경우 출력 O_1과 O_2는 입력 노드 모두와 연결이 되어 있으며, 각각 생존과 사망을 나타낸다. 이는 데이터가 원-핫-인코딩된 상태로 이해할 수 있으며, 더 큰 값을 가지는 출력 노드가 결과를 대표하게 된다.

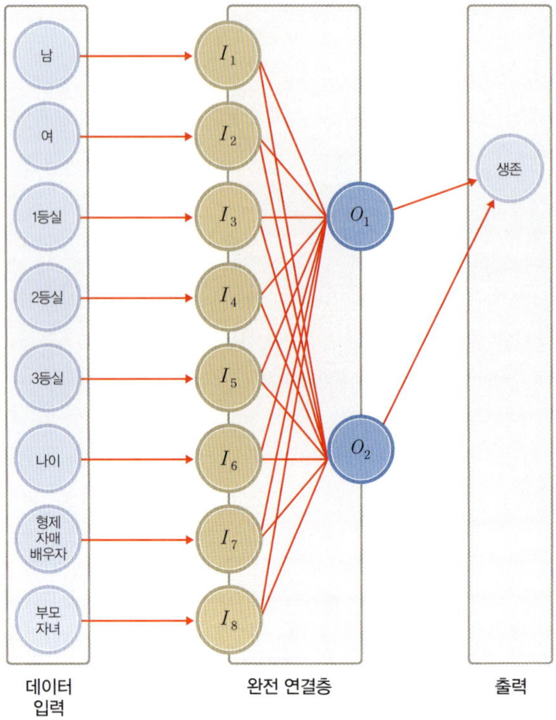

[그림 6-3] 출력 2개를 가진 완전 연결층 1개로 이루어진 학습 모델

6.2 다층 신경망

완전 연결층은 2개 이상 연속으로 연결될 수 있으며, 이를 여러 개 사용하는 신경망을 다층 신경망이라고 한다. [그림 6-4]는 완전 연결층이 2개인 경우의 다층 신경망 모델 구조를 보여준다. 다층 신경망에 주어지는 입력은 연결된 층을 따라 전달되어 간다. 즉, 첫 번째 완전 연결층의 출력이 두 번째 층의 입력으로, 두 번째 층의 출력은 세 번째 층의 입력으로 연결되는 것이다.

이와 같이 주어지는 입력이 모델에 전달되어 최종 노드에까지 전달되어 출력을 발생시키는 과정을 **전파**(Propagation)라고 한다. 이 전파 과정을 통해 특정 데이터에 대한 신경망의 출력값을 확인할 수 있으며, 실제 출력을 기대했던 값, 즉 정답 데이터와 비교해서 **오차**(Error) **값**을 계산할 수 있다. 신경망의 출력은 앞서 살펴보았듯, 완전 연결층 내부의 가중치에 의해 결정되므로, 이 오차 값은 해당 모델의 성능을 직접적으로 나타내는 지표가 된다.

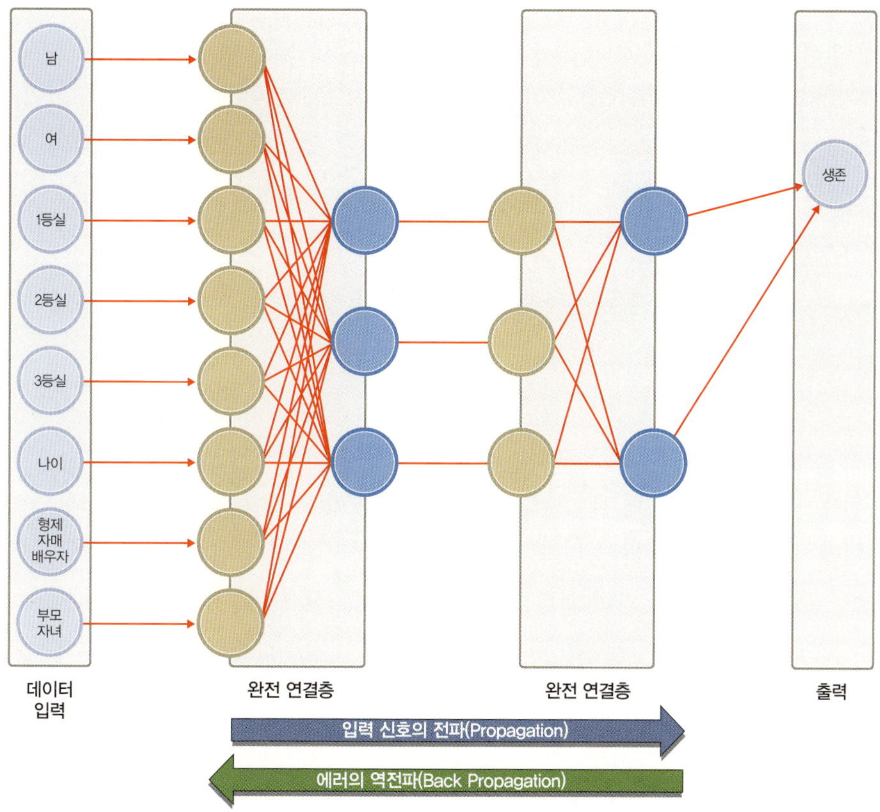

[그림 6-4] 완전 연결층 2개로 이루어진 학습 모델

신경망 모델의 학습은 이 오차 값을 최소화시키는 방향으로 이루어지게 되는데, 이를 위해 오차(Error)를 모델에 역방향으로 전달시켜 각 에지의 값을 조금씩 바꾸는 방식이 사용된다. 이 과정을 **역전파**(Back-Propagation)라고 한다. 역전파 알고리즘은 복잡한 수학 이론을 사용하여 도출되기 때문에 수학적 기반 없이 알고리즘의 이론을 이해하기

는 쉽지 않지만, 알고리즘의 개념은 상대적으로 단순하다. 역전파 알고리즘을 간단히 요약하면, '에러의 원인이 되는 에지를 찾아 해당 에지의 가중치를 수정하는 것'이라 할 수 있다. '전파' 과정은 가중치와 노드의 곱을 합산하는 것이기 때문에, 마지막 노드에서 발생한 에러를 사용하여 역으로 계산하면 원하는 결과를 얻기 위해서 가중치를 어떻게 수정해야 하는지를 알 수 있다.

타이타닉 데이터를 입력으로 주었다고 생각해 보자. 주어진 데이터의 인물이 생존한 경우 마지막 완전 연결층에서 두 개 노드의 출력은 각각 1과 0이 되어야 하나, 실제 출력은 0.8과 0.6이 나올 수 있다. 이 경우 각각의 노드에서 에러가 0.2, −0.6 만큼 오차가 발생한 것으로 보고, 이 '오차의 크기'를 줄일 수 있도록 네트워크층 내부의 가중치(에지의 값)들을 조정한다. 가중치의 조정은 출력층에 가까운 쪽부터 순차적으로 이루어진다.

이번에는 네트워크의 구조를 조정하는 방법에 대해 살펴보자. 각 네트워크층을 디자인할 때, 프로그래머/연구자는 층 내부의 노드 숫자를 결정할 수 있다. 각각의 층은 들어오는 입력에 대해 몇 개의 출력을 낼 것인지를 결정한다. 입력 노드의 숫자는 이전 층의 출력에 의해 결정되므로, 각 층에서 결정 가능한 것은 아니다. [그림 6-4]에서 첫 번째 층의 입력은 입력 데이터의 개수와 동일하고, 두 번째 완전 연결층의 입력은 첫 번째 층의 출력 개수와 동일하다는 것을 확인하기 바란다.[1] 다층 신경망에서 변경 가능한 두 번째 항목은 완전 연결층의 개수다. 다층 신경망은 네트워크층의 개수, 각 내부 노드의 개수가 많아질수록 더 복잡한 데이터를 학습할 수 있다. 예를 들어, 변수가 2개인 간단한 2차 방정식을 푸는 문제는 내부 노드의 수가 3개인 완전 연결층 2개를 사용하여 풀 수 있다고 할 때, 변수가 4개인 4차 방정식을 풀기 위해서는 내부 노드의 수, 완전 연결층의 개수를 증가시켜야 한다. 하지만 네트워크의 높은 복잡도가 성공적인 학습을 항상 보장하는 것은 아니다. 일례로, 내부 노드의 수가 15개인 완전 연결층 10개를 사용하여 변수가 2개인 1차 방정식을 푼다면, 학습이 올바로 되지 않

1) 이 때문에 대부분의 다른 자료에서는 각 층의 입력 노드를 생략하여 그림을 그리는 것이 일반적이다. 하지만, 입력 노드를 생략하게 되면 이후 절에서 등장하는 케라스 등의 딥러닝 라이브러리의 네트워크층 개념과 달라져 약간의 혼란이 올 수도 있다. 여기서는 코딩과 이론에서의 개념적 구조를 동일하게 설명하기 위하여 각 층을 하나의 모듈로써 설명하였다.

을 가능성이 높다. 풀어야 하는 문제에 비해 너무 복잡한 모델을 사용하는 것이기 때문이다. 비유한다면 도끼를 가지고 무를 자르거나, 회칼을 가지고 나무를 자를 때 좋은 성능을 낼 수 없는 것과 마찬가지다[그림 6-5].

[그림 6-5] 뭐든 적당한 게 좋다.

복잡한 데이터를 올바로 학습하려면 복잡한 구조의 네트워크 외에도 많은 양의 데이터가 필요하다. 네트워크 구조가 복잡해진다는 것은 풀어야 하는 방정식의 변수(파라미터)가 늘어나는 것이기 때문이다. 다음의 1차 방정식을 살펴보자. 변수가 2개이고, 알지 못하는 상수가 2개다.

$$y=ax+b$$

신경망에서의 학습은 x, y의 데이터 쌍이 〈표 6-2〉와 같을 때, a, b의 값을 찾아내야 하는 문제와 같다. x는 입력, y는 출력값이다. 위 식에서 a, b의 값은 **파라미터**라고 부르며, 신경망에서의 가중치에 대응하는 개념이다.

〈표 6-2〉 임의의 1차 방정식에서 x, y의 데이터 쌍

x	y
1	2
3	6
4	8

위 1차 방정식을 풀면, a, b의 값은 각각 2, 0이 된다. 데이터가 3개 주어졌으나 이 방정식을 풀기 위해서는 데이터 쌍이 2개면 충분하다. 함수가 선형으로 나타나기 때문이다.

하지만, 변수의 수가 늘어나면 파라미터의 개수도 함께 늘어나, 문제를 푸는 데 필요한 데이터의 개수도 함께 늘어난다. 적은 양의 데이터만으로는 많은 파라미터의 정답을 찾아낼 수 없기 때문이다. 〈표 6-3〉은 변수가 11개인 1차 방정식에 대한 데이터 쌍을 보여준다. 이를 신경망으로 생각한다면, 입력이 10개, 출력이 1개이며, 완전 연결층이 1개만 존재하는 신경망이 된다. 즉, 다음과 같은 함수에서 파라미터를 찾는 문제다.

$$y=a_0x_0+a_1x_1+a_2x_2+a_3x_3+a_4x_4+a_5x_5+a_6x_6+a_7x_7+a_8x_8+a_9x_9+b$$
$$=\sum_{i=0}^{9}a_ix_i+b$$

〈표 6-3〉 변수가 11개인 임의의 1차 방정식에서 x, y의 데이터 쌍

x_0	x_1	x_2	x_3	x_4	x_5	x_6	x_7	x_8	x_9	y
1	2	2	1	4	−3	2	1	5	8	2
3	4	2	1	53	1	−4	−6	−3	−2	6
4	1	1	0	−10	2	1	4	5	3	8

사실, 주어진 데이터에 대해 최적의 모델을 찾아내는 것은 숙련된 연구자들에게도 쉽지만은 않은 일이다. 실제 문제에서는 모델의 크기나 데이터의 양, 구조에 입력되는 데이터의 분포, 전처리 방법 등이 영향을 끼치기 때문에 더욱 그렇다. 데이터의 정규화 등이 완벽히 되어 있다는 전제하에서, 최적 모델을 찾아내는 정석은 학습이 올바로 수행되는 범위 내에서 모델의 크기를 충분히 크게 만든 후, 학습 성능을 체크하면서 조금씩 크기를 줄여 가는 것이다. 이 방법을 통해 불필요하게 큰 모델을 사용하는 것을 방지할 수 있고(모델이 너무 클 경우 계산량이 많아진다.), 학습 데이터에 대해서는 좋은 성능을 보이는 모델이 테스트 데이터에 대해 매우 낮은 성능을 보이게 되는 현상(오버피팅)을 방지할 수도 있다. **오버피팅**에 관하여는 9.3.6절에서 자세히 다룬다.

6.3 역전파 알고리즘

전파와 역전파 과정이 어떻게 수행되는지 간단한 네트워크를 통해 조금 더 자세히 살펴보자. [그림 6-6]은 입력이 2개이고 출력이 1개인 다층 신경망에서 일어나는 전파 과정을 보여주는 그림이다. 이 다층 신경망은 두 개의 완전 연결층으로 이루어져 있으며, 첫 번째 층에는 2개의 입력과 1개의 출력이, 두 번째 층에는 1개의 입력과 1개의 출력이 있다. 이때 1과 0이 네트워크의 입력으로 들어오고, 이에 대해 출력해 내길 기대하는 값(목표치)은 1.0이라고 가정해 보자.

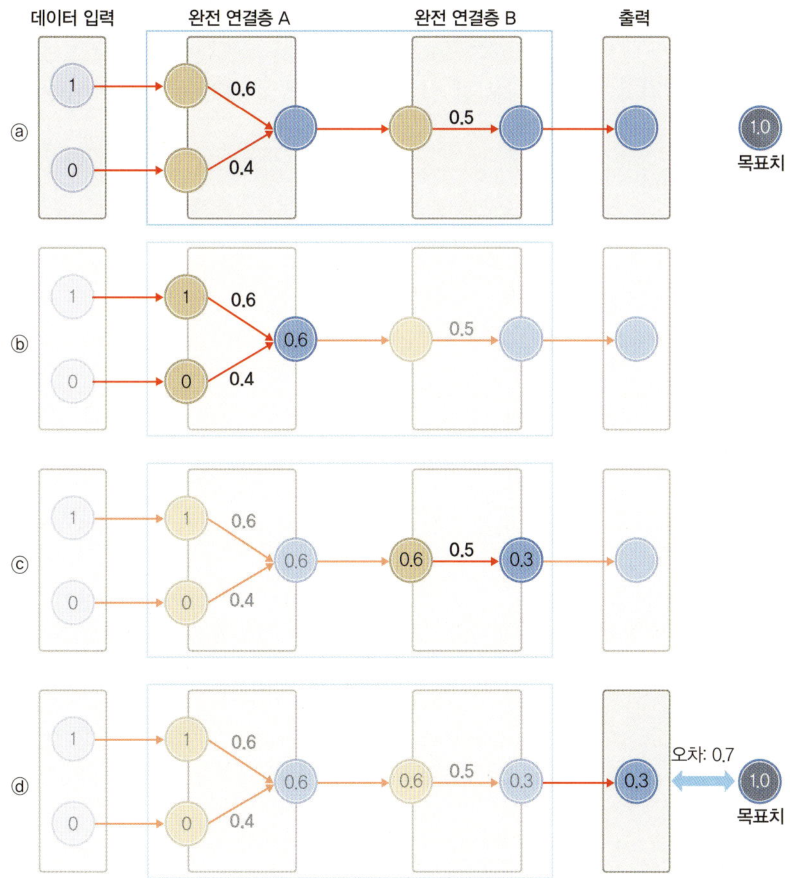

[그림 6-6] 간단한 다층 신경망의 전파 과정

네트워크를 처음 만들 때 내부의 가중치는 랜덤하게 정해진다. 여기서는 [그림 6-6 ⓐ]와 같이 0.6, 0.4, 0.5의 값으로 정해졌다. 이 네트워크에 1과 0의 값을 넣으면, 첫 번째 층의 출력으로 0.6의 값이 나오고[그림 6-6 ⓑ], 두 번째 층의 출력으로 0.3의 값이 나온다[그림 6-6 ⓒ]. 이 값을 목표치와 비교하면, 초기 모델의 출력 오차가 0.7인 것을 알 수 있다[그림 6-6 ⓓ]. 이제는 이 오차를 사용하여 가중치를 수정해 보자. 데이터를 모델에 넣고, 나온 결괏값과 오차를 사용하여 가중치를 수정하는 과정이 바로 '모델의 학습' 또는 '인공지능의 학습'의 핵심 과정이라 할 수 있다.

네트워크 가중치의 수정, 즉 모델의 학습은 오차의 크기를 줄이는 방향으로 이루어져야 한다. 오차는 경우에 따라 음수의 값을 가질 수도 있으므로, 그 크기를 구하기 위해서는 오차의 절댓값을 취하는 등의 방법을 사용한다. 오차를 구하는 방법에는 여러 가지가 있으나, 여기서는 다음 수식과 같이 오차에 제곱을 한 후 2로 나누어 주는 방법을 사용한다. 2로 나누는 것은 꼭 필요하진 않으나, 이후의 수식 계산(미분)을 간단히 하기 위한 것이다.

$$\text{오차} = \text{목표치} - \text{출력}$$

$$\text{손실} = \frac{1}{2}(\text{오차})^2$$

즉, [그림 6-6]에서 발생한 손실은 다음과 같이 계산할 수 있으며, 딥러닝 학습의 목표는 이 손실을 감소시키는 것이다.

$$\text{손실} = \frac{1}{2}(1-0.3)^2 = 0.245$$

그러면 가중치를 어떻게 조정해야 이 손실을 줄일 수 있을까? 이 문제는 편미분을 사용하여 해결할 수 있다. 가중치에 따른 손실함수의 변화량(기울기)를 계산하고, 이 값을 기존의 가중치에서 빼 주는 것이다. 완전 연결층의 입력 노드 i와 출력 노드 j 사이에 연결된 가중치 w_{ij}의 새로운 값은 다음과 같이 계산될 수 있다.

$$w_{ij} = w_{ij} - \frac{\partial E}{\partial w_{ij}}$$

이 수식에서 E는 노드 j에서 발생하는 손실함수를, $\frac{\partial E}{\partial w_{ij}}$는 가중치에 대한 손실함수의 편미분을 의미한다. 편미분의 계산은 활성화 함수의 종류에 따라 달라지지만, 위의 예에서는 활성화 함수를 사용하지 않았으므로 계산이 비교적 간편해진다. 편미분을 풀면, 가중치의 업데이트는 다음과 같이 할 수 있음을 알 수 있다.

$$w_{ij} = w_{ij} - \text{입력} \times \delta_j$$
$$\delta_j = \text{출력} - \text{목표치}$$

위 식에서 '입력'은 노드 i의 값을, '출력'은 노드 j의 값을 의미한다. 이 식을 사용하여 [그림 6-7]의 네트워크를 수정하면 두 번째 완전 연결층의 가중치는 0.5에서 0.92로 바뀐다. 새롭게 바뀐 가중치를 사용하여 전파 과정을 수행해 보면 출력이 0.552가 되어 이전보다 오차가 감소하였음을 알 수 있다.

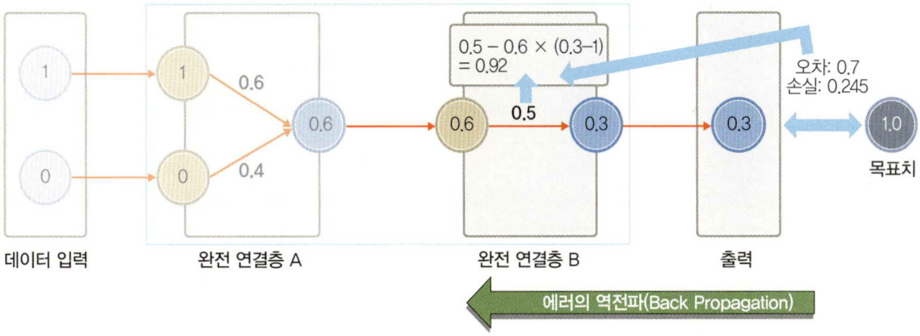

[그림 6-7] 손실을 줄이는 방향으로 가중치를 조절하는 과정

이로써 두 개의 완전 연결층 중, 출력에 가까운 층의 가중치가 수정되었다. 이번에는 완전 연결층 A의 가중치를 수정하는 방법을 살펴보자. 출력과 직접 연결되지 않은 완전 연결층의 가중치 수정에서는, 해당 층 노드들의 목표치가 존재하지 않기 때문에 앞서 설명한 수식을 그대로 사용할 수 없다. 이 문제를 해결하기 위해, 역전파 알고리즘에서는 완전 연결층 B에서 계산한 손실함수의 변화량을 가져와 사용한다. 완전 연결층 A의 입력 노드 i와 출력 노드 j 사이에 연결된 가중치 w_{ij}의 새로운 값은 다음과 같이 계산될 수 있다.

$$w_{ij} = w_{ij} - \text{입력} \times \delta_j$$

위 식에서 δ_j는 노드 j와 연결된 완전 연결층 B의 가중치를 업데이트할 때 계산된 δ와 가중치의 곱을 의미하며, 연결된 노드가 둘 이상인 경우, 해당 노드들과의 연결 가중치도 δ값과 곱하여 합한다. 이 과정은 [그림 6-8]에 자세히 표현되어 있다. 원래 값이 0.6이었던 가중치는 연결된 노드에서 발생한 손실이 전달되고 합산되어 0.95로 변화한다. 이때 연결된 노드의 손실이 그대로 전달되는 것이 아니라, 해당 노드 사이에 있는 가중치가 곱해져 손실의 크기가 감소함을 유의하기 바란다. 역전파 알고리즘은 최종 출력 노드에서 발생한 손실을 네트워크 연결 가중치와 노드의 값 등에 따라 앞의

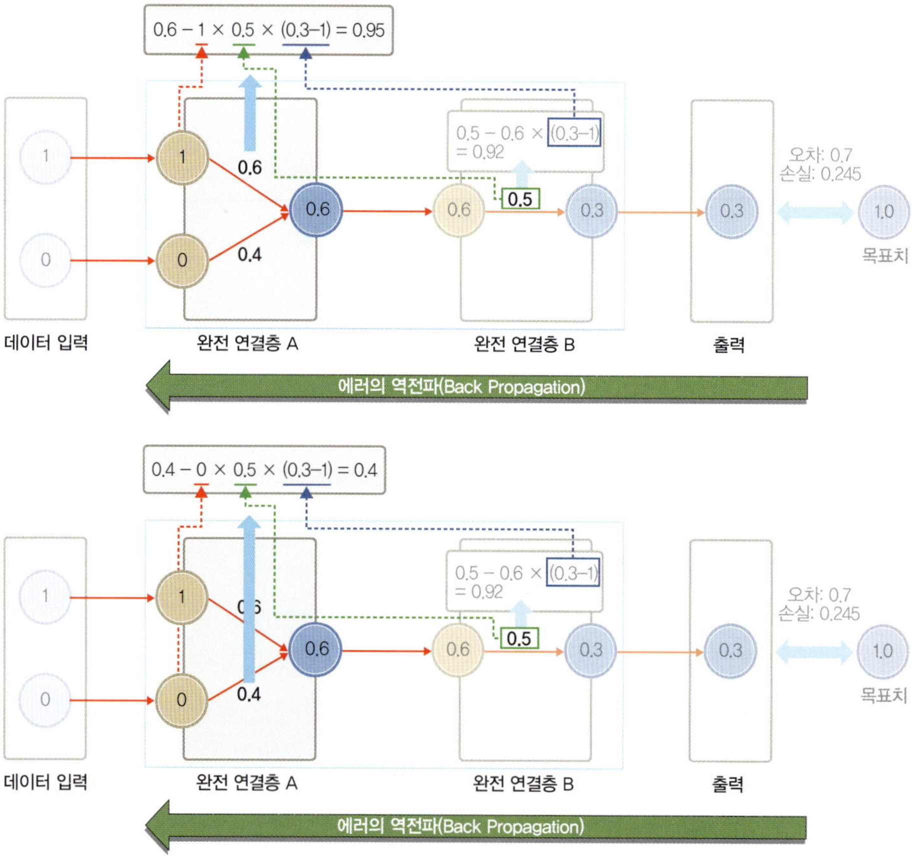

[그림 6-8] 출력층에 직접 연결되지 않은 완전 연결층의 가중치 수정

노드들에 책임을 지운다고 이해하면 편하다. 연결 가중치가 높으면 더 강하게 연결된 것이므로, 더 큰 책임을 지게 된다.

원래 값이 0.4였던 가중치는 해당 노드에 입력된 값이 0이어서 가중치가 변화하지 않는다. 이것은 앞서의 '전파' 과정에서도 0이 곱해지며 해당 노드와 연결된 가중치가 결과에 영향을 미치지 못했기 때문이다.

[그림 6-9]는 수정된 가중치를 사용하여 입력 신호를 전파시켰을 때 나오는 출력과 오차를 보여준다. 앞선 학습 과정을 통해 모델 내부의 가중치가 수정되었고, 그 결과, 동일한 입력에 대해서 오차가 0.126으로, 손실값은 0.0080으로 대폭 떨어졌음을 알 수 있다.

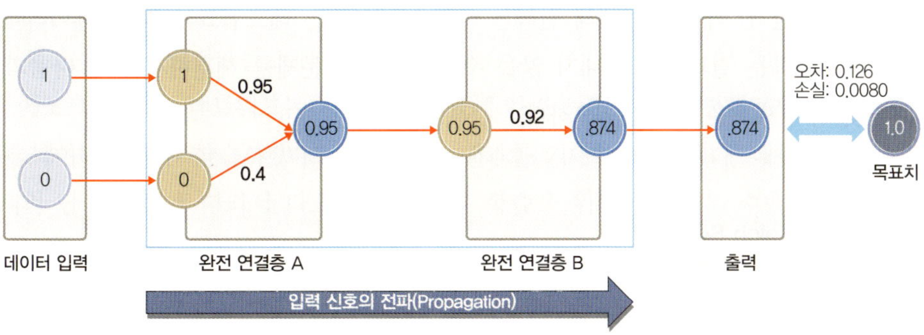

[그림 6-9] 수정된 가중치를 사용하는 입력 신호의 전파

모델은 주어진 데이터에 대해서 전파와 역전파 과정을 반복하며 원하는 목표치를 출력하도록 내부의 가중치를 수정해 나간다. 딥러닝 학습을 위해 주어지는 데이터의 개수는 매우 많은 경우가 보편적이다. 각각의 데이터에 대해 전파와 역전파를 번갈아 가며 수행하여, 전체 데이터에 대해 목표치에 근접한 출력을 발생시키도록 가중치를 수정해 나갈 수 있다. 이와 관련된 조금 더 자세한 사항은 다음 절에서 다룬다.

이번 절에서 설명한 역전파 수식은 간결한 설명과 이해를 위해 활성화 함수를 제거하였으며, 정교한 수식을 지양하고 그림과 언어로 설명하려 노력하였다. 활성화 함수가

습-테스트 데이터로 분리하여 사용한다는 것을 학습한 바 있다. 즉, 딥러닝의 실제적인 적용을 위해서는, 전체 데이터를 학습, 검증, 테스트 데이터로 분할하여 수행하게 되는 것이다.

5) 최적화 도구(Optimizer)와 학습률

앞서 딥러닝에서의 학습은 에지의 가중치를 조정함으로써 이루어지며, 이때의 가중치 조정은 출력에서의 손실을 줄이는 방향으로 이루어진다는 점을 학습한 바 있다. 개념적으로는 간단해 보이지만, 여러 개의 데이터에 대해 손실을 최소화하는 가중치들을 찾는 것은 사실 간단한 작업은 아니다. [그림 6-4]의 비교적 단순한 모델에도 조정해야 할 가중치가 30개가 존재한다. 수학 문제로 생각해 본다면, 미지수가 30개인 방정식을 푸는 것과 같은 난이도다. 층의 수, 노드의 수가 많아지면 가중치의 수가 기하급수적으로 증가하므로, 최적의 가중치를 찾는 것은 어렵고 시간이 많이 소요되는 일이다. 이를 조금 더 효율적으로 찾기 위해 등장한 것이 바로 **최적화 도구**(Optimizer)이다. 가중치를 조절할 때, 단순히 손실을 줄이는 방향으로만 수정하는 것이 아니라, 이전에 수정했던 방향을 고려해서 수정할 수 있으며, 가중치가 수정되는 크기와 빈도에 따라서 수정되는 양을 조절할 수도 있다. 최적의 결과를 도출하는 최적화 도구는 데이터에 따라 다르다. 보편적으로 널리 사용되는 최적화 도구는 RMSProp, Stochastic Gradient Descent(SGD), Adaptive Moment Estimation(Adam) 등이다.

6.5 실습에 필요한 추가 개념 정리

앞서 완전 연결층을 사용하는 다층 신경망의 기본적인 개념에 대해서 살펴보았으나, 실제 학습을 진행하기 위해서는 몇 가지 추가적인 용어와 개념에 대해서 알고 있어야 한다.

1) 텐서플로우(Tensorflow)

딥러닝 모델과 관련된 다양한 함수, 데이터 타입을 제공해 주는 패키지다. 구글에서 개발하여 누구나 무료로 사용할 수 있도록 공개했다. 다음 코드로 라이브러리를 불러와 사용할 수 있다.

```
import tensorflow
```

2) 케라스(Keras)

텐서플로우를 보다 간편하게 사용하도록 도와주는 다양한 함수들이 제공되는 패키지다. 처음에는 별도의 패키지였으나, 지금은 텐서플로우에 하위 패키지로 포함되어 있다. 케라스 패키지 안에도 여러 개의 라이브러리 모듈이 들어 있다. 이 책에서는 딥러닝 모델의 실습을 위해 케라스 라이브러리를 주로 사용할 것이다. 다음 코드로 라이브러리를 불러와 사용할 수 있다.

```
import tensorflow.keras
```

3) 손실함수(Loss Function)

가장 마지막 층의 노드에서 '오차의 크기'를 계산하는 방법은 사실 다양하다. 평균제곱오차(Mean Squared Error)는 에러의 제곱을 사용하는 방법으로 기대값이 실수의 연속값을 가질 때 사용하는 방법이며, 교차 엔트로피(Crossentropy)는 기댓값(정답)과 출력의 로그값을 곱하여 사용하는 방식이다. 케라스에는 다양한 손실 함수들이 내장되어 있는데, 그 중 가장 대표적인 손실함수들은 다음과 같다.

〈표 6-4〉 손실함수

손실함수	코드	설명
BinaryCrossentropy	binary_crossentropy	이진 분류 모델(출력 노드의 값이 0 또는 1을 가짐)에 사용

CategoricalCrossentropy	categorical_ crossentropy	출력 노드가 2개 이상으로 원-핫-인 코딩된 분류 모델에 사용
Mean Squared Error	mean_squared_error	수치를 직접 예측하는 경우 주로 사용

4) 활성화(Activiation) 함수

앞서, 각 층의 출력은 입력 노드들의 값과 각각의 노드에 연결된 에지들의 곱을 합산한 결과라고 설명한 바 있다. 이렇게 계산된 결과는 어떤 **실수**(Real Number)도 될 수 있으며, 이 때문에 출력값의 범위를 예상하는 것이 매우 어렵게 된다. 입력층에 들어오는 데이터의 경우에는 정규화 작업을 통해 0과 1 사이의 값으로 변형시켜 줄 수 있지만, 이후 층에는 이와 같은 기능이 없는 관계로 학습 효율이 떨어지게 되는 문제가 발생한다. 이 문제를 해결하기 위해 다양한 활성화 함수가 활용된다. 활성화 함수는 각 층에서 나오는 출력을 특정 범위로 축소시켜 주는 역할을 한다. 먼저 **시그모이드**(Sigmoid) 함수는 출력을 0과 1 사이의 범위로 축소시켜 주는, 전통적으로 많이 사용되어 온 함수다. **ReLU 함수**는 비교적 최근에 개발된 활성화 함수로 양의 출력값은 그대로 두는 대신 음의 출력값들을 모두 0으로 바꾸어 버린다. 최근의 신경망 모델들은 ReLU를 사용하는 경우가 많으며, 다른 활성화 함수들에 비해 일반적으로 좋은 성능을 보인다고 알려져 있다. **Softmax**는 분류형 네트워크 모델의 마지막 층에 사용되는 출력함수이다. 마지막 층의 노드들이 가지는 값들의 합이 1이 되도록 출력을 수정한다. 이 작업을 통해서 마지막 층의 노드들이, 각각의 분류 그룹에 대한 일종의 확률값을 가지도록 변형하는 것이다.

활성화 함수는 크게 Sigmoid, Tanh, Softsign과 같이 출력을 특정 범위 내의 값으로 제한하는 그룹과 ReLU와 같이 음수 입력에 대해서만 제한하는 그룹으로 나누어 볼 수 있다. SELU, ELU, Leaky ReLU 등은 이 그룹에 속하는 ReLU의 변형이다. 이들 함수는 양수와 0은 ReLU와 동일하게 출력하지만, 음수는 입력된 값을 조금씩 감쇄시켜서 출력한다. 각 함수의 차이는 [그림 6-10]을 참고하기 바란다. Softsign 함수는 Sigmoid 함수와 유사하며 절댓값이 증가함에 따라 그리는 곡선의 경사가 조금 더 완만하다. Exponential 함수는 지수함수를 그대로 사용하는 것이며, Softplus 함수는 지수함수를 활용하여 SELU, ELU 등과 형태를 유사하게 만든 것이다.

〈표 6-5〉 활성화 함수

활성화 함수 이름	코드	설명
ReLU	relu	0보다 작은 값은 0으로, 다른 값은 그대로 출력
Sigmoid	sigmoid	0과 1 사이의 값으로 출력
Softsign	softsign	sigmoid 함수와 유사하지만 조금 더 완만한 곡선을 그린다.
Tanh	tanh	-1과 1 사이의 값으로 출력
SELU	selu	ReLU의 변형. 0보다 큰 값은 그대로 출력, 0보다 작은 값은 조금씩 감쇄시킴. 각 함수의 차이는 그래프 참조
ELU	elu	
Leaky ReLU	별도 네트워크층으로 사용	
Softplus	softplus	지수함수의 결과에 1을 더한 후 다시 로그를 취한 함수. ELU, SELU 등과 유사한 형태를 가진다.
Exponential	exponential	지수함수
Softmax	softmax	출력 노드들의 값의 합이 1이 되도록 출력을 조정한다. 분류 모델에서 마지막 층에 사용한다.

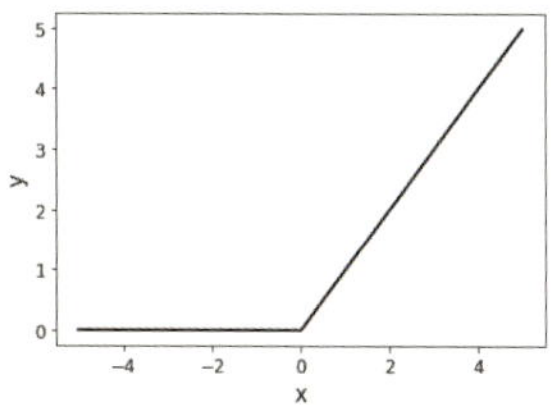

ⓐ ReLU

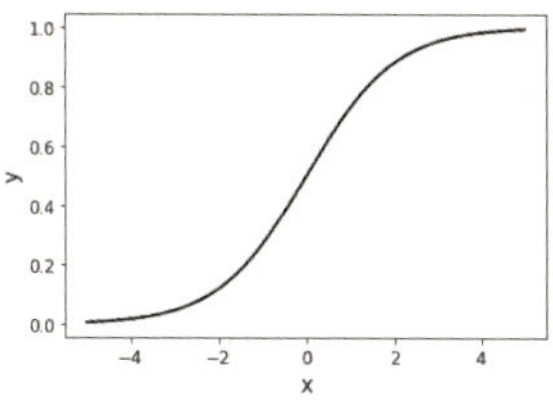

ⓑ Sigmoid

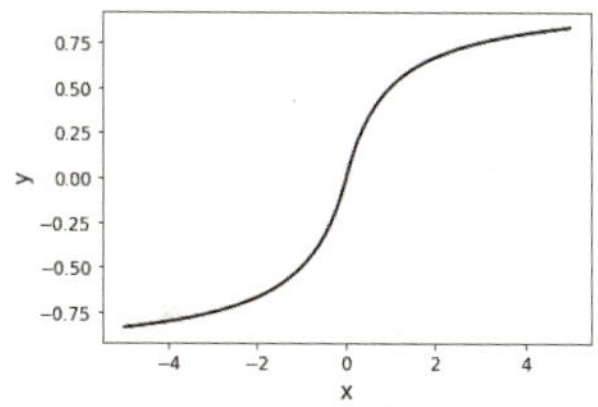

ⓒ Softsign

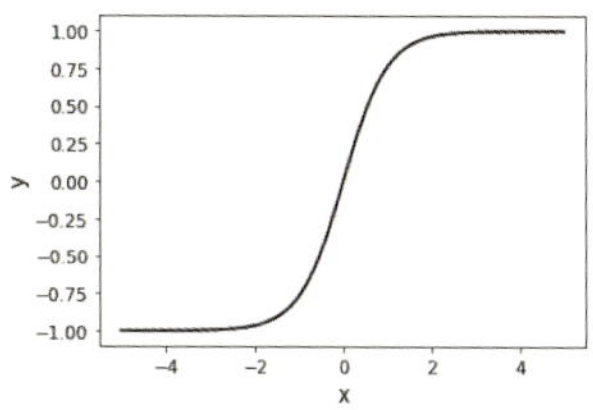

ⓓ Tanh

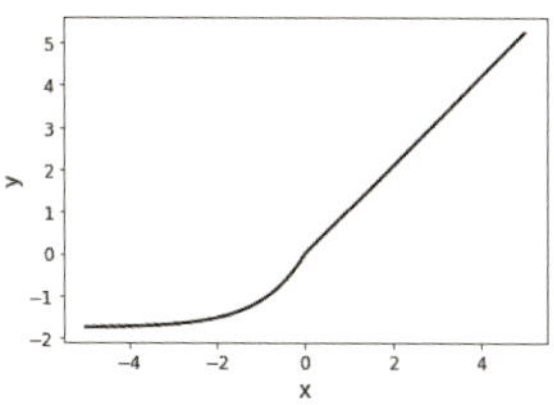

ⓔ SELU

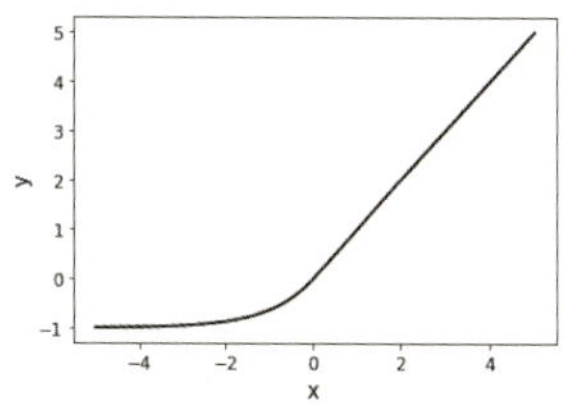

ⓕ ELU

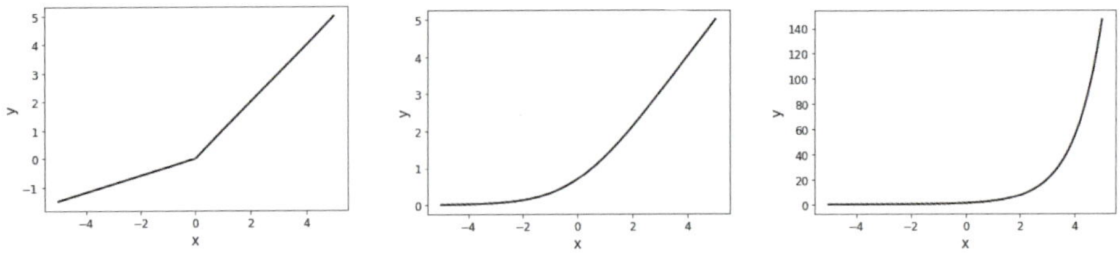

ⓖ Leaky ReLU ⓗ Softplus ⓘ Exponential

[그림 6-10] 케라스에서 제공하는 활성화 함수들

6.6 완전 연결층과 타이타닉 데이터

이번 장에서는 완전 연결층을 사용하여 타이타닉 데이터를 학습시키는 실습을 진행한다. 우선 다음 코드를 사용하여 케라스 라이브러리를 가져오자.

```
from keras.models import Sequential
from keras import layers
from keras import optimizers
```

딥러닝 네트워크 모델을 설계하는 코드는 다음과 같다. Sequential은 한 방향으로 데이터가 흐르는 딥러닝의 기본 모델 구조를 구성한다. 데이터의 흐름이 여러 갈래로 나누어지고 합쳐지는 복잡한 구성도 가능하지만, 이 책에서 다루는 수준의 문제들은 Sequential 모델로도 해결가능하다. add 함수는 네트워크에 층을 쌓는 함수다. layers.Dense는 완전 연결층을 의미하며, 파라미터로 주어지는 units는 노드의 수, activation은 활성화 함수를 의미한다.

```
model = Sequential()
model.add(layers.Dense(units=8, activation='relu'))
model.add(layers.Dense(units=16, activation='relu'))
model.add(layers.Dense(units=32, activation='relu'))
model.add(layers.Dense(units=64, activation='relu'))
model.add(layers.Dense(units=2, activation='softmax'))
```

이 모델의 디자인을 각 파라미터를 적용하여 사용할 수 있도록 만드는 함수는 complie이다. compile 함수는 손실함수, 최적화 도구 등 학습에 필요한 요소들을 설정하여 학습 모델을 구성한다. 학습률의 설정은 optimizer 내부에서 지정한다.

케라스에서는 SGD, RMSProp, Adagrad, Adadelta, Adam, Adamax, Nadam 등의 optimizer를 사용할 수 있다. 여기에서는 RMSprop를 사용하고, 학습률은 0.001로 지정한다. 최적화 도구에 따라 사용하는 파라미터가 조금씩 다르니, 다른 최적화 도구를 사용하는 경우에는 https://keras.io/ko/optimizers/를 참조하도록 하라.

metrics=['accuracy'] 옵션은 학습 도중에 정확도의 변화를 확인하기 위한 것이다.

```
model.compile(loss='categorical_crossentropy',
optimizer=optimizers.RMSprop(lr=0.001), metrics=['accuracy'])
```

이제 다음과 같이 fit 함수를 사용하여 학습을 수행할 수 있다. fit 함수의 파라미터는 학습 데이터의 입력(data_train_np)과 출력(data_train_np_y), 에포크 수(epochs), 배치 크기(batch_size), 학습 데이터 중 검증 데이터의 비율(validation_split) 등이다. 검증 데이터의 비율이 0보다 크면 fit 함수는 학습 데이터에서 랜덤하게 해당 비율만큼의 데이터를 분리하여 검증용으로 사용한다.

```
hist = model.fit(data_train_np,data_train_np_y,epochs= 400,
batch_size=128, validation_split=0.3)
```

학습이 진행되면서 학습 시의 정확도, 에포크별 검증 시의 정확도가 계속해서 표시된다. 학습이 완료된 후에, 이를 그래프를 그려 확인해 볼 수 있다. 학습의 진행에 따른 손실값, 정확도의 변화량을 그래프로 나타내는 코드를 다음과 같이 함수로 작성하고, 함수를 호출하여 실행시켜 보라. 이 함수는 fit 함수에서 반환 받은 학습 리포트(hist 변수에 저장됨)를 파라미터로 받아 해당 내용을 그래프로 표시하는 역할을 수행한다. 하나의 그래프에 정확도와 손실값 모두를 나타내기 위해 twinx 함수를 사용하여 y축의 단위를 하나 더 추가하였다.

```
import matplotlib.pyplot as plt

def drawHistory(hist):
  fig = plt.figure(figsize=(15,10))          # 10×15 크기의 figure 생성
  loss_ax = plt.gca()                        # figure의 기본 축 가져오기
  acc_ax = loss_ax.twinx()                   # 축을 1개 더 추가

  # 손실 변화 양상을 그래프로 표시
  loss_ax.plot(hist.history['loss'], 'y', label='train loss')
  loss_ax.plot(hist.history['val_loss'], 'r', label='val loss')
  loss_ax.set_xlabel('epoch')
  loss_ax.set_ylabel('loss')
  loss_ax.legend(loc='lower left')

  # 정확도 변화 양상을 그래프로 표시
  acc_ax.plot(hist.history['accuracy'], 'b', label='train acc')
  acc_ax.plot(hist.history['val_accuracy'], 'g', label='val acc')
  acc_ax.set_ylabel('accuracy')
  acc_ax.legend(loc='upper left')

  plt.show()                                 # 그래프를 화면에 그림

drawHistory(hist)              # 학습 경과를 그래프로 그리는 함수 호출
```

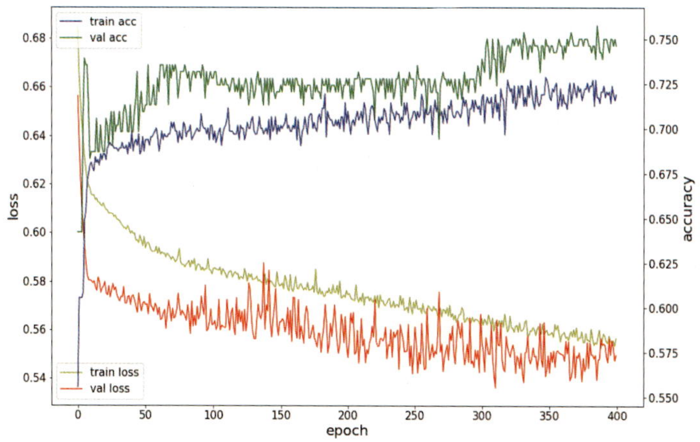

[그림 6-11] 학습 경과 그래프

[그림 6-11]의 학습 경과 그래프를 보면 학습이 어떻게 이루어졌는지를 볼 수 있다. 학습의 초반부에 정확도가 급격히 상승하였으며, 이후 학습 정확도는 대체로 점진적인 향상을 보였음을 알 수 있다. 검증 정확도의 경우에는 100에서 300 에포크 정도까지 별다른 변화가 없었으나, 300 에포크를 지나며 향상이 이루어졌다. 에포크 수를 늘려 더 오랜 시간 동안 학습을 시키고 그 결과를 다시 화면에 표시하면, 학습률이 현 상태에서 유지되는지, 상승하거나 하강하는지를 확인하여 최적의 에포크 수를 찾을 수 있다.

학습이 완료되었다는 것은 model 변수 내부의 가중치 조정이 모두 완료되었다는 뜻이다. test 데이터를 모델에 넣어 테스트해 보자.

predict 함수는 테스트 데이터를 파라미터로 받아, 해당 데이터에 대한 네트워크 출력을 반환값으로 돌려준다.

```
o = model.predict(data_test_np)
```

출력 노드는 두 개이며, 둘 중 큰 값이 있는 노드가 승객의 생존 여부를 나타내게 되므로, 다음 코드를 사용하여 생존 여부를 0과 1로 나타내도록 하자.

```
o = np.argmax(o,-1)
```

최종적으로 제출할 파일은 첫 번째 열에는 승객ID, 두 번째 열에 생존 여부가 기록되어 있어야 하므로, 2차원 배열을 만들어 각각을 저장한다.

```
answer = np.zeros([418,2])
answer[:,0] = data_test['PassengerId']
answer[:,1] = o
```

4.4절의 마지막에 배웠던 코드를 활용해서 결과를 csv 파일로 저장하자.

```
# 배열 answer를 DataFrame 형식으로 변환하고, df_frame 변수에 저장한다.
df_answer = pd.DataFrame(answer)
df_answer.columns =['PassengerID','Survived'] # 각 열의 제목을 지정한다.
df_answer = df_answer.astype('int32')      # 데이터를 정수형으로 바꾼다.
# 결과를 csv 파일로 저장한다.(index는 제외한다.)
df_answer.to_csv('test_pridict.csv', index = False)
```

캐글에 결과를 제출하는 코드는 다음과 같다.

```
!kaggle competitions submit -c titanic -f 'test_pridict.csv' -m "Message"
```

이전에 제출한 결과와 정확도를 비교해 보라. 학습에는 랜덤성이 있어서 수행할 때마다 정확도에는 차이가 있지만, 학습 이론을 사용하지 않았던 이전의 결과보다는 대체로 높은 정확도를 보일 것이다.

요약

1 완전 연결층은 여러 노드들과 노드들 사이의 에지(Edge)로 구성된다.

2 완전 연결층만을 사용하는 딥러닝 모델은 다층 신경망(Multi-Layer Perceptron: MLP)이라고 불리며, 오래전부터 인공지능시스템의 구현에 사용됐다.

3 완전 연결층 내부는 전달 받은 입력 데이터를 보관하는 '입력 노드', 다음 층으로 데이터를 전달하기 위한 '출력 노드', 그리고 이 두 종류의 노드를 연결하는 '에지'들로 이루어져 있다. 각각의 에지는 값을 가지고 있는데, 이 값을 '가중치(Weight)'라고 한다. 완전 연결층은 전달받은 입력 데이터에 가중치를 곱하고 합산하여 출력값을 만든다.

4 다층 신경망은 네트워크층의 개수, 각 내부 노드의 개수가 많아질수록 더 복잡한 데이터를 학습할 수 있다.

5 주어지는 입력이 모델에 전달되어 최종 노드에까지 전달되어 출력을 발생시키는 과정을 '전파(Propagation)'라고 한다. 이 전파 과정을 통해 특정 데이터에 대한 신경망의 출력값을 확인할 수 있으며, 실제 출력을 기대했던 값, 즉 정답 데이터와 비교해서 오차(Error)값을 계산할 수 있다.

6 신경망 모델의 학습은 이 오차 값을 최소화시키는 방향으로 이루어지게 되는데, 이를 위해 오차(Error)를 모델에 역방향으로 전달시켜 각 에지의 값을 조금씩 바꾸는 방식이 사용된다. 이 과정을 '역전파(Back-Propagation)'라고 한다.

CHAPTER 07

이미지를 인식하는 네트워크, 합성곱 신경망

CHAPTER 07

이미지를 인식하는 네트워크, 합성곱 신경망

7.1 이미지 데이터의 인식

인공지능 기술을 통해 컴퓨터가 사진과 다양한 이미지들을 인식하고 이해하도록 할 수 있다. 파이썬을 통한 코딩에 들어가기에 앞서서 웹상에서 제공되는 무료 도구를 사용해 보자. **티쳐블 머신**(Teachable Machine)은 이미지 인식 등을 위한 기본 모델들을 만들어 두고, 사용자가 몇 장의 사진을 추가하면, 이를 추가적으로 학습하여 손쉽게 인공지능을 경험하고 사용할 수 있도록 해 주는 웹사이트다. 티쳐블 머신의 웹사이트(https://teachablemachine.withgoogle.com/)에 접속하여 이미지 인식 인공지능 모델을 만들어 보자.

[그림 7-1] 티쳐블 머신 웹사이트

웹사이트에 Get Started 접속하고 버튼을 누르면 데이터에 따른 프로젝트 종류를 선택하거나, 이전에 작업중이던 프로젝트를 열 수 있는 화면이 나타난다. 이번 장에서는 이미지 데이터를 다룰 것이므로, 이미지 프로젝트(Image Project)를 선택하여 사진을 업로드하거나 촬영할 수 있는 화면으로 넘어간다.

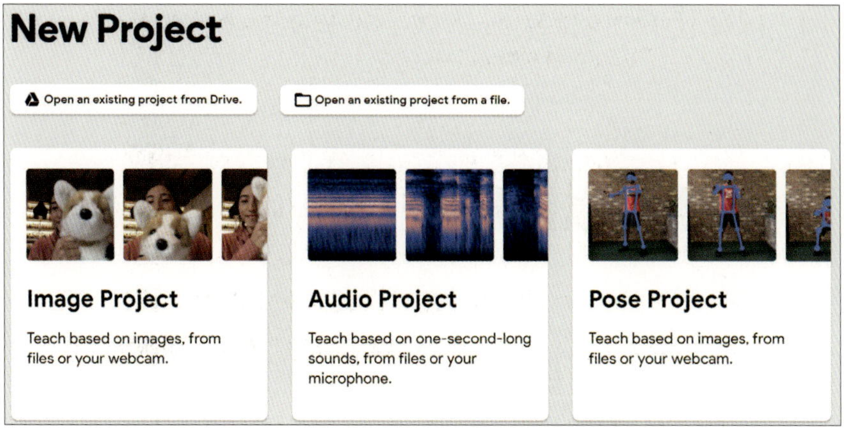

[그림 7-2] 프로젝트 선택 화면

2개 그룹의 분류 모델이 기본으로 세팅되어 있으며, 'Add a class'를 클릭해서 그룹을 추가할 수도 있다. 티쳐블 머신 웹사이트에서는 미리 촬영해 둔 사진이나 컴퓨터에 저장된 이미지를 사용하여 학습을 수행할 수 있으며, 웹캠을 사용해 즉석에서 사진을 찍어 학습시킬 수도 있다. 책에서는 무료 이미지를 제공해 주는 웹사이트인 pixabay에서 다운로드 받은 사진을 사용하여 설명하지만, 웹캠이나 핸드폰 등에서 찍은 사진을 사용하여 실습을 진행해 보면 더 흥미로울 것이다.

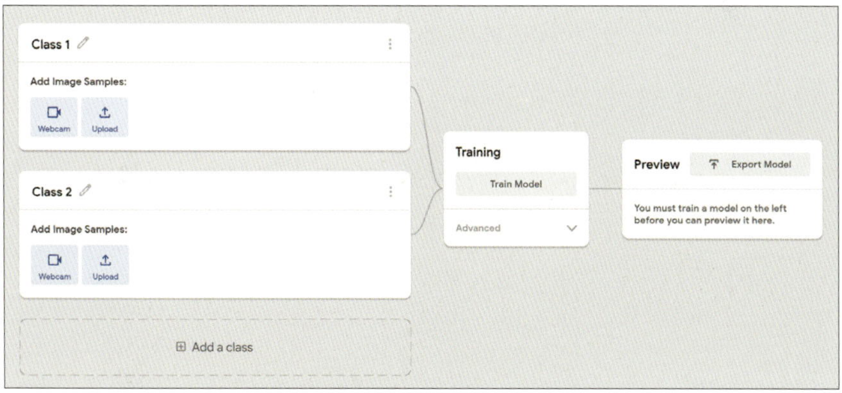

[그림 7-3] 이미지 프로젝트의 첫 화면

https://pixabay.com/에서 개와 고양이 사진을 각각 10장씩 다운로드 받아 class 1과 2에 업로드한다. Upload 버튼을 누르면 드래그&드롭으로 손쉽게 파일을 업로드할 수 있다. 결과를 알아보기 쉽도록 Class 1과 2의 이름은 각각 개, 고양이로 변경한다.

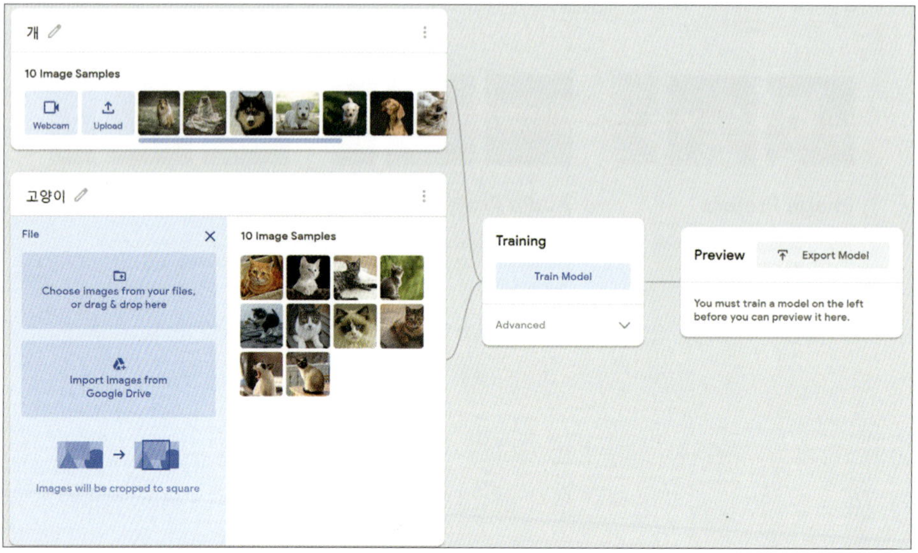

[그림 7-4] 학습 데이터 준비 화면

Train Model 버튼을 눌러 학습을 진행한다. Advanced 버튼을 누르면 지난 장에서 학습한 에포크(Epoch), 배치 사이즈(Batch Size), 학습률(Learning Rate) 등을 조정할 수 있는 메뉴가 나온다[그림 7-5 ⓐ].

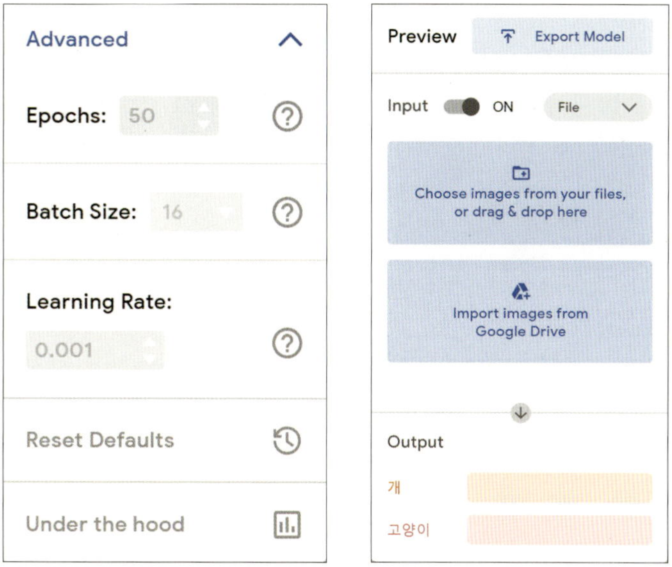

ⓐ ⓑ

[그림 7-5] ⓐ 고급 옵션 설정 화면: 에포크 수, 배치 사이즈, 학습률을 조정할 수 있다.
ⓑ 프리뷰 화면: 학습된 모델을 테스트할 수 있다.

학습이 완료되면 우측의 프리뷰(Preview) 박스에서[그림 7-5 ⓑ] 학습된 모델을 테스트해 볼 수 있다. Input 토글은 ON으로 두고, Webcam 모드 대신 File 모드를 선택하면 아래쪽에서 파일을 넣을 수 있다. 드래그&드랍으로 새로운 고양이나 개 이미지를 넣어보자.

[그림 7-6]은 학습되지 않은 새로운 이미지를 입력으로 주고 제대로 학습이 되었는지를 테스트해 본 결과다. 테스트용 이미지와 동일한 이미지가 학습 데이터에 포함되어 있지 않음에도 테스트를 훌륭히 통과한 것을 볼 수 있다. 이를 볼 때, 우리는 '컴퓨터가 고양이와 개 사진을 성공적으로 학습했다.'라고 얘기할 수 있다. 물론, 학습 성과를 정확하게 판단하려면 더 많은 테스트 이미지가 필요할 것이다.

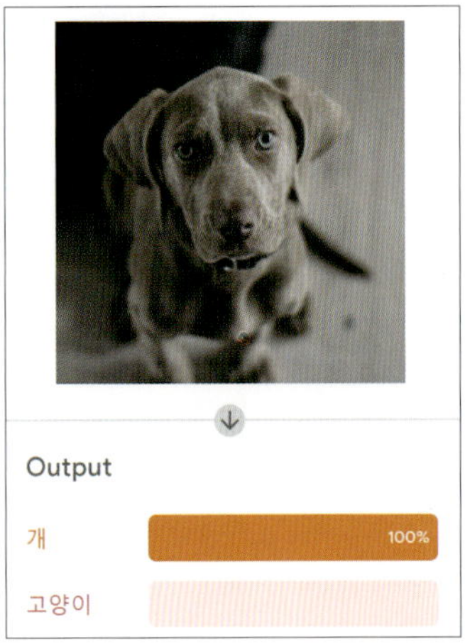

[그림 7-6] 모델의 테스트 결과

그러면 이와 같은 이미지의 학습은 내부적으로 어떻게 이루어지는 것일까? 최근 사용되는 이미지 인식 네트워크는 대체로 **합성곱층**이라고 하는 네트워크층을 사용하여 학습되는데, 이를 이해하기 위해서는 **합성곱**(Convolution) **연산**이 무엇인지부터 차근차근 알아갈 필요가 있다. 합성곱의 개념, 그리고 이를 네트워크에 적용하는 부분과 관하여서는 이후 장에서 조금 더 깊이 있게 다루어 볼 것이다.

7.2 합성곱과 이미지

합성곱(Convolution)은 두 개 행렬에 대한 연산 방법이다. 이것은 두 행렬의 값을 원소 단위로 곱하여 더하는 것으로, 행렬 원소 각각의 값들과 그 주변 값들과의 관계를 고려하여 계산을 하게 된다는 특징이 있다. 앞서 살펴본 바와 같이 컴퓨터에서 이미지 데이터는 2차원상의 행렬로써 다루어지게 되므로, 합성곱을 사용하면 위치 정보를 유지되면서도 픽셀값들의 공간적인 변화를 강조하도록 이미지를 변환할 수 있게 된다.

먼저 두 행렬 간의 합성곱을 살펴보도록 하자. 행렬 B와 A를 합성곱을 하여 그 결과로 행렬 C가 나올 때, 이를 [그림 7-7]과 같이 표현해 볼 수 있다. 행렬 B는 6×6 행렬이고, 행렬 A는 3×3 행렬이며, 그 결과로 나오는 행렬의 크기는 행렬 B와 같은 6×6 행렬이다. 이때, 행렬 C의 원소 C_{xy}는 B_{xy}를 중심으로 하는 3×3 행렬과 행렬 A와의 원소 곱의 합으로 정의된다. 즉, C_{22}의 값을 계산하기 위해서는 B_{11}부터 B_{33}까지의 값과 A_{11}부터 A_{33}까지의 값을 각각 곱한 후 결과를 더하면 된다는 것이다. 이를 수식으로 적어보면 $C_{xy} = \sum_{i=-1}^{1} \sum_{j=-1}^{1} A_{x+i,y+j} B_{x+i,y+j}$ 와 같이 된다.

이때, C_{00}과 같이 가장자리에 위치한 값은 주변값이 없는 경우가 있으므로, 위의 방법만으로는 계산할 수가 없다. 이 문제를 해결하기 위해 행렬 B의 주변에 0으로 된 패드가 존재한다고 가정하는데, 이를 **제로-패딩**이라고 한다[그림 7-8]. 제로-패딩을 통해 원래 행렬과 동일한 크기의 결과 행렬을 얻을 수 있게 된다.

Tips

합성곱에 관한 이 설명은 영상처리/딥러닝에서 주로 사용하는 것으로, 본래의 합성곱은 여기에서 설명한 것과 약간의 차이가 있다. 본래의 합성곱 연산은 두 행렬 중 하나를 전치(상하좌우로 뒤집음.)한 후에 원소별 곱을 수행하게 되며, 합성곱의 결과는 원래 행렬보다 커지게 된다. 하지만, 영상처리에서는 이 차이에 실제적인 의미가 없으므로, 이 차이를 무시하고 설명하는 것이 일반적이다. 딥러닝에서도 마찬가지이다.

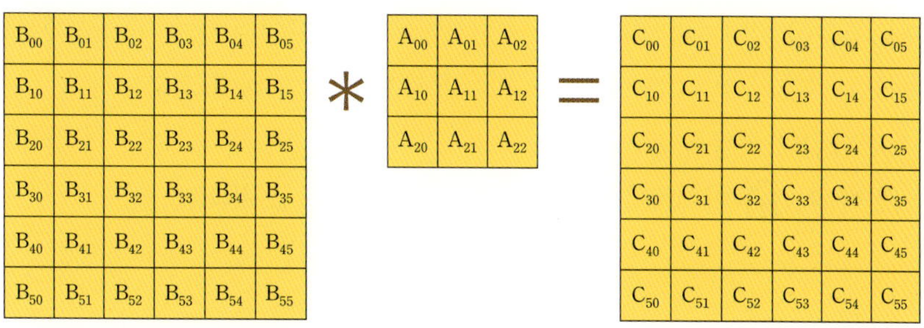

ⓐ

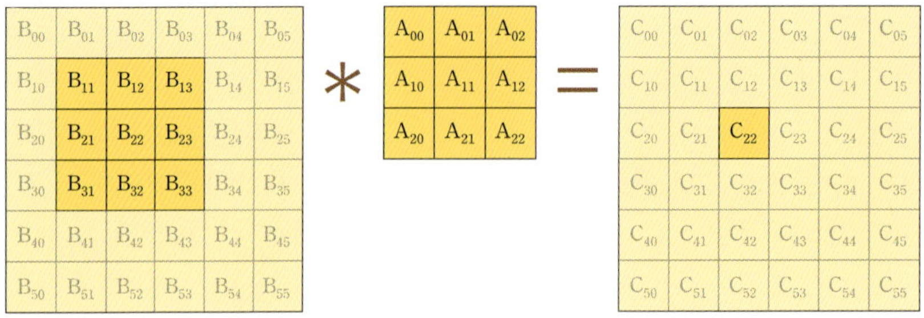

ⓑ

[그림 7-7]
ⓐ 두 행렬 간의 합성곱. 6×6 행렬 B와 3×3 행렬 A를 합성곱하여 6×6 행렬의 행렬 C를 얻는다.
ⓑ 행렬 C의 임의의 위치의 값은 행렬 B에서 동일한 위치에 있는 값과 행렬 A를 곱하여 더한 결과이다.

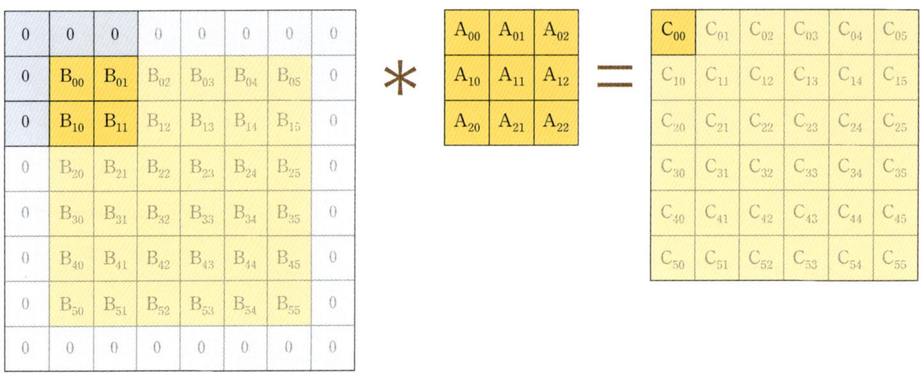

[그림 7-8] 합성곱과 제로-패딩

그러면 합성곱이 이미지에 어떤 영향을 끼치는지 직접 확인해 보자. Colab에서 새 노트북을 열고, 무료 이미지를 인터넷에서 다운로드 받아 서버에 업로드하자. 여기에서는 이미지 파일의 이름을 bird.jpg로 지정하였다. 📁 아이콘을 눌러 디렉터리 화면으로 이동한 후, 📤 아이콘을 눌러 파일을 업로드할 수 있다[그림 7-9].

[그림 7-9] 업로드된 이미지

노트북에 아래 코드를 입력하고 실행하면 이미지를 불러와 확인할 수 있다. cv2는 opencv라고 하는 컴퓨터 비전 라이브러리인데, 이미지를 처리하는 다양한 함수를 제공하고 있어 유용하다. imread는 이미지 파일을 읽는 함수, cv2_imshow는 읽어온 이미지를 화면에 표시하는 함수다. imread 함수에서 cv2.IMREAD_GRAYSCALE 옵션은 이미지 파일을 그레이스케일로 읽겠다고 명시하는 것이다.

```
import cv2
from google.colab.patches import cv2_imshow
img = cv2.imread('bird.jpg',cv2.IMREAD_GRAYSCALE)
cv2_imshow(img)
```

실행하면 다음과 같은 결과를 얻을 수 있을 것이다. (물론 다운로드 받은 이미지에 따라 보이는 이미지는 다르다.)

[그림 7-10] 코랩에서 불러와 화면에 표시한 이미지

이번에는 다음과 같은 3×3 행렬을 만들고 이미지와 합성곱을 수행해 보자. 합성곱이 딥러닝에 적용될 때 합성곱에 사용되는 행렬은 **필터**라고 명명된다.

-1	0	1
-2	0	2
-1	0	1

이를 위한 파이썬 코드는 다음과 같다. 3×3 넘파이 배열을 하나 만들고, opencv에서 제공하는 filter2D 함수를 사용하여 합성곱을 계산한다. filter2D 함수의 첫 번째와 세 번째 파라미터는 각각 원본 이미지와 원본 이미지에 합성곱을 수행할 행렬이고, 두 번째 파라미터는 이미지의 비트 수와 관계된 것인데, -1은 원본 이미지와 동일한 비트 수를 가지도록 한다는 뜻이다.

```
import numpy as np
filter = np.array([[-1,0,1],
```

```
 [-2, 0,2],
 [-1,0,1]])

f_img = cv2.filter2D(img, -1, filter)
cv2_imshow(f_img)
```

실행 결과[그림 7-11]를 보면 합성곱을 통해 원래 이미지에서 윤곽선 부분이 추출되었음을 알 수 있다. 합성곱을 통한 윤곽선 추출은 이미지 인식에서 널리 사용되는 물체 인식 방법이다.

[그림 7-11] 합성곱 연산이 수행된 결과 이미지

이와 같이 합성곱은 단순한 연산이지만 합성곱을 통해 이미지에서 원하는 특징(정보)만을 추출하거나 이미지를 변형시킬 수 있으며, 배열의 값에 따라 전혀 다른 특징을 추출할 수 있다.

7.3 합성곱층

합성곱층은 딥러닝 네트워크에서 합성곱 연산이 이루어지는 층을 말한다. 이해를 돕기 위해 5.1절에서 살펴보았던 딥러닝 모델의 기본 구조를 다시 살펴보자[그림 7-12]. 딥러닝 모델은 입력층과 출력층 사이를 이어주는 여러 개의 층으로 구성되어 있으며, 각 층은 이전 층에서 데이터를 전달받아 변환한 후 다음 층으로 전달하는 역할을 맡는다. 6.1절에서 살펴본 완전 연결층도 이 모델에서 중간층의 위치에 둘 수 있는 네트워크층의 일종이다.

앞서 살펴본 바와 같이 합성곱 연산은 이미지의 특징을 효과적으로 추출할 수 있으므로, 이미지 인식에서 특히 높은 성능을 보이며 얼굴 인식, 물체 인식 등에 널리 사용되고 있다. 합성곱층은 바둑 AI인 알파고에서도 사용되었는데, 알파고는 바둑판을 0, 1, 2의 값을 가지는 2차원 배열(일종의 이미지)로 정의하는 방식으로 합성곱층을 적용하였다.

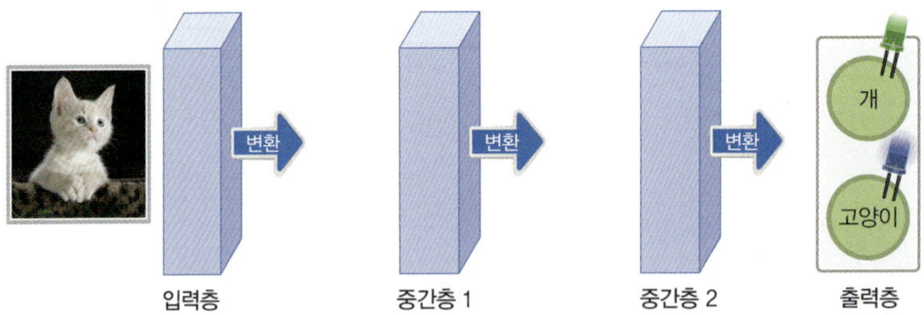

[그림 7-12] 딥러닝 모델의 내부 구조

합성곱층의 내부 구조는 [그림 7-13]과 같이 설명될 수 있다. 합성곱층의 입력은 2차원 행렬로 이루어지며, 입력층 바로 다음에 구성되는 합성곱층이라면 각 노드가 입력 이미지의 픽셀들과 대응되게 된다. 합성곱층의 출력은 제로-패딩을 통해 입력과 동일한 크기로 만드는 것이 일반적이며, 패딩을 하지 않으면 출력의 크기가 조금 작아지게 된다.

합성곱층은 입력되는 2차원 배열에 대해 합성곱을 수행하는데, 합성곱에 사용하는 필터는 노드 사이를 연결하는 **에지**로 표현할 수 있다. 임의의 출력 노드에 대한 합성곱의 계산은 해당 노드와 인접한 입력 노드들에 의해서만 이루어지게 되는데, 이를 에지로 연결하게 되면 [그림 7-13]과 같이 된다. 이 그림은 설명을 위해 출력층의 노드 1개에 대한 연결만을 표현한 것이다. 그림과 같이 6×7의 이미지와 3×3의 필터를 사용해 합성곱이 이루어진다면 전체 에지의 개수는 6×7×9개가 되지만, 필터는 모든 출력 노드에 대해 동일해야 하므로 에지에 할당되는 가중치의 개수는 3×3개에 불과하다.

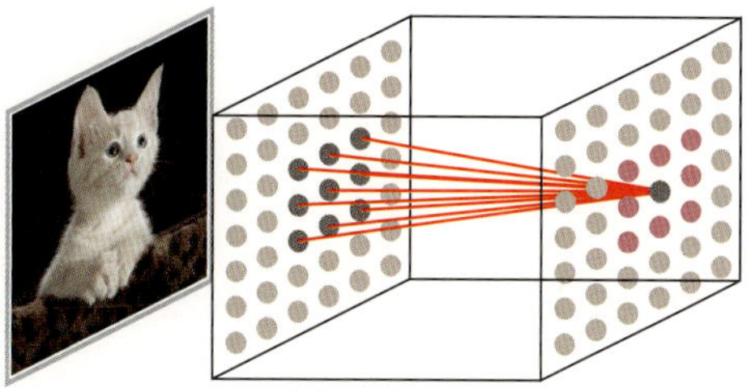

[그림 7-13] 합성곱층의 내부구조

Tips

합성곱층에 관한 몇 가지 사실

- **합성곱층이 완전 연결층과 다른 점**
  - 출력 노드가 입력 노드 전체와 연결되지 않는다.
  - 출력 노드는 입력 노드 중 인접한 위치의 노드들과만 연결된다
  - 임의의 출력 노드에 대한 에지의 가중치는 다른 출력 노드들과 동일하다. 즉 가중치가 공유된다.
- **활성화(Activiation) 함수**

  완전 연결층과 마찬가지로, 합성곱층의 출력에도 활성화 함수가 적용된다. 활성화 함수에 대한 자세한 설명은 6.5절을 참고하기 바란다.
- **합성곱층의 학습**

  합성곱층의 학습은 필요한 특징을 추출하는 최적의 가중치를 찾는 작업이다. 찾아야 하는 특징을 직접적으로 명시하거나 가르치지는 않지만, 네트워크의 출력층에서 원하는 출력이 발생하도록 각 층들의 가중치를 수정하게 되고, 이때 합성곱층의 가중치(필터)도 함께 수정된다.

지금까지 하나의 합성곱만을 수행하는 합성곱층에 대해서 설명하였으나, 입력 이미지에서 한 가지 종류의 특징만을 추출한다면 다양한 이미지를 학습하는 것은 쉽지 않을 것이다. 이 때문에 합성곱층에서는 여러 개의 필터를 각각 적용하여 합성곱을 수행하도록 하는 것이 일반적이다. [그림 7-14]의 왼쪽 부분은 이 과정을 그림으로 표현한 것이다. 입력은 2차원 배열 1개였으나, 여러 개의 필터를 사용해 합성곱을 수행함으로, 합성곱층의 출력은 여러 개의 2차원 배열이 묶여 있는 형태가 된다. (그림에서는 필터 3개를 사용하여 3개의 2차원 배열이 출력으로 나왔다.) 이때 층 내부의 가중치 개수는 (필터 개수)×(필터 너비)×(필터 높이)가 되며, 출력은 크기가 (필터 개수)×(입력 배열 너비)×(입력 배열 높이)인 3차원 배열로도 생각할 수 있다.

여러 개의 필터를 사용할 때 발생하는 문제점은 노드의 수가 필터의 수에 비례해서 늘어나게 된다는 것이다. 노드의 수가 늘어난다는 것은 곧 네트워크가 학습해야 하는 데이터의 크기가 커지는 것이기 때문에, 제한된 수의 데이터로 학습을 시켜야 하는 입장에서 이것은 바람직하지 않다. 다른 한편으로는 합성곱을 거쳐서 나온 특징 이미지의 모든 픽셀이 의미 있는 정보를 가지고 있는 것이 아니므로, 필터의 수가 적다고 하더라도 출력의 크기를 입력과 동일하게 유지할 필요는 없다. 이와 같은 특성을 반영해서 딥러닝 네트워크를 구성할 때에는 합성곱층에서 나오는 출력의 크기를 줄이는 방법이 보편적으로 사용되며, 출력을 줄이는 네트워크층을 **풀링층**이라고 한다.

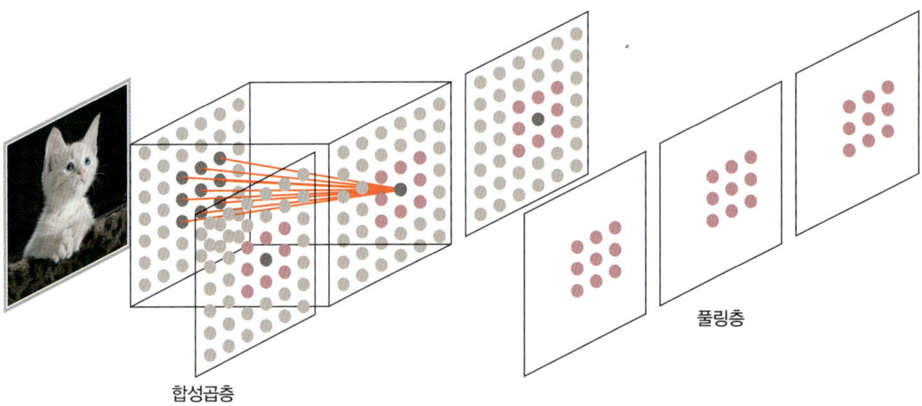

[그림 7-14] 다수 필터를 사용하는 합성곱층과 풀링층

풀링층은 주어진 입력 배열의 크기를 1/2, 1/3 등으로 줄여서 출력하는 네트워크층이며, 크기를 줄이는 방법은 다양하다. 여기서 **풀**(Pool)은 노드들의 모음(덩어리)를 의미하며, **풀링**(Pooling)은 그 덩어리로부터 하나의 정보를 뽑아 내는 작업을 말한다. [그림 7-15]는 6×6 크기의 입력 노드들에 2×2 크기의 풀링을 하는 과정을 나타내고 있다. 특정 위치로부터 2×2의 풀(Pool)을 지정하고, 4개 노드의 값으로부터 새로운 값 하나를 도출한다. 이때, 4개 값의 최댓값을 사용하는 것을 MaxPooling, 최솟값을 사용하는 것을 MinPooling, 평균을 사용하는 것을 AveragePooling이라고 한다. 이미지 인식 네트워크에서 가장 보편적으로 사용되는 풀링 방법은 MaxPooling이다.

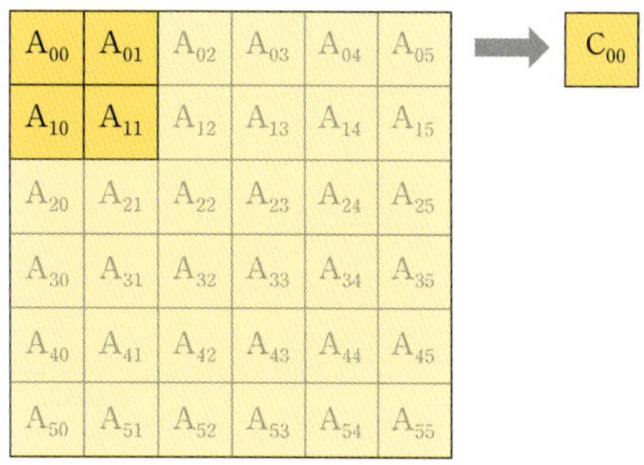

[그림 7-15] 풀링

해당 위치에서의 풀링이 끝나면 다음 위치로 이동하여 풀링을 계속 진행한다. 풀링 시에는 한 칸을 이동해서 그 다음 풀링을 할 수도, 두 칸을 이동해서 풀링을 진행할 수도 있다. 이때의 이동 거리를 **스트라이드**(stride)라고 한다. 풀과 stride의 크기를 같게 하여 진행하는 것이 보통이지만, 데이터의 종류와 상황에 따라 다양한 시도를 해 볼 수도 있다. stride가 1인 경우에도 풀링을 수행하고 나면 데이터의 크기가 줄어드는데, 크기를 줄이고 싶지 않다면, 여기서도 제로-패딩을 적용하면 된다.

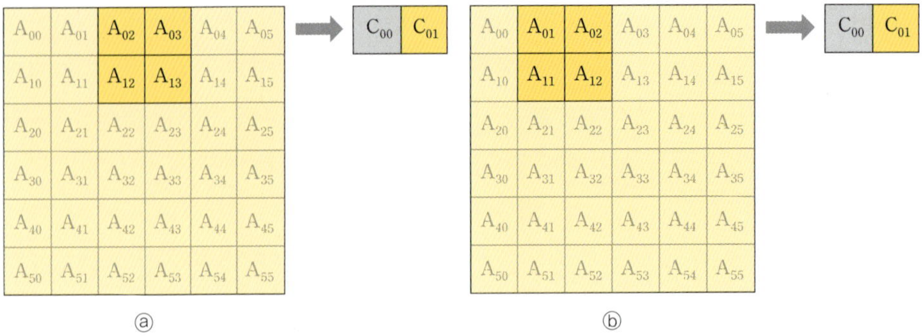

[그림 7-16] Stride에 따른 풀링의 차이 – ⓐ Stride가 1인 경우, ⓑ Stride가 2인 경우

합성곱층에서 나오는 출력은 2차원의 특징 데이터로 간주되는데, 이 결과만 가지고 데이터의 분류 작업을 하기는 힘들다. 이 때문에 합성곱층은 완전 연결층과 연결하여 사용되는 것이 일반적이며, 합성곱층과 완전 연결층을 사용하는 딥러닝 네트워크를 보통 **합성곱 신경망**(Convolutional Neural Network: CNN)이라고 부른다. [그림 7-17]은 이 합성곱 신경망의 한 예다. 주어진 이미지 데이터는 입력층에서 시작하여 출력층까지 여러 층을 거쳐 변형 및 전달되고, 마지막 출력으로부터 해당 이미지를 분류한 결과를 알 수 있다. 그림에서 볼 수 있는 바와 같이 합성곱층과 완전 연결층을 연결하기 위해서 새로운 층이 하나 더 필요하다. 풀링층과 완전 연결층 사이에 있는 **Flatten층**은 2/3차원 데이터를 1차원으로 바꾸어 주는 것으로, 합성곱 및 풀링층에서 나오는 출력은 2차원 또는 3차원 데이터인데, 완전 연결층에서 사용하는 입력은 1차원이기 때문이다. 합성곱 신경망에서 합성곱층의 역할은 '이미지에서의 특징 추출', 완전 연결층의 역할은 '특징을 조합하여 결론을 내리기'로 설명될 수 있다.

합성곱층은 여러 개의 합성곱층을 연속해서 사용하는 것이 일반적이며, 풀링층과 함께 사용되면서 이미지 배열의 크기(너비×높이)는 점점 작아진다. 합성곱층의 개수가 작을 때에는 합성곱층 1개당 풀링층 1개를 사용해도 문제가 없으나, 여러 합성곱층을 사용하는 경우에 합성곱층과 풀링층의 비율을 1:1로 하게 되면 크기가 너무 빠르게 줄어들어 완전 연결층에서 사용할 특징의 수가 충분하지 않게 된다. 이 때문에 여러 합성곱층을 사용하는 경우에는 합성곱층 2개당 풀링층 1개를 사용하는 것을 고려해야 한다.

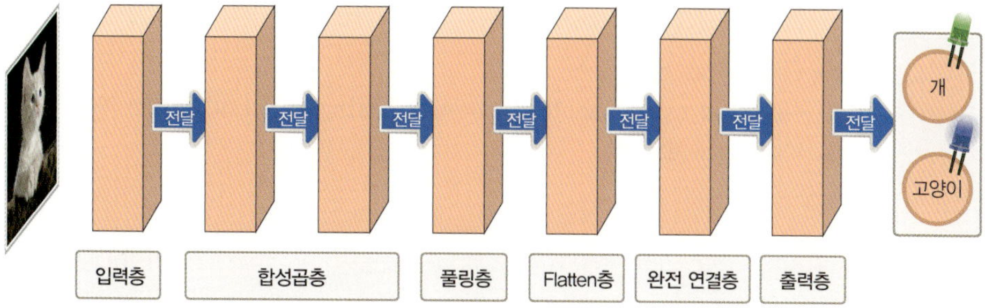

[그림 7-17] 합성곱 신경망의 예

7.4 합성곱 신경망과 숫자 이미지 인식

7.4.1 MNIST 데이터셋

이번 장에서는 코랩에서 파이썬 코드를 사용하여, 숫자 이미지를 자동으로 인식하는 합성곱 신경망을 구현해 보도록 한다. 이번 실습에서 사용할 데이터는 MNIST 데이터셋으로, 미국 국립표준기술연구소(National Institute of Standards and Technology: NIST)에서 제작한 숫자 필기 데이터를 수정 및 보완한 것이다. 데이터는 28×28 크기의 그레이스케일 이미지이며, 학습 데이터 6만 개, 테스트 데이터 1만 개로 구성되어 있다. MNIST 데이터셋에는 미국 인구조사국의 직원과 고등학생들의 손 글씨가 함께 포함되어 있어 다양한 손 글씨 스타일을 포함하고 있으며, 이 때문에 손 글씨 인식의 난이도가 그리 낮은 편은 아니다. 물론 최근에는 MNIST 데이터셋을 사용한 각종 튜토리얼이 많이 개발되어 있어, 튜토리얼을 따라하는 것만으로도 높은 성능을 얻을 수 있다. 코랩에서는 MNIST 데이터 중 학습 데이터 2만 개, 테스트 데이터 1만 개를 기본으로 제공하고 있어, 별도의 데이터 다운로드/업로드 과정 없이 곧바로 사용해 볼 수 있다.

코랩에서는 다음 코드를 통해 MNIST 데이터를 읽어올 수 있다. 코랩이 아닌 개인용 컴퓨터에서 프로그램을 실행한다면 MNIST 데이터셋을 다운로드 받은 후, 경로를 수정해 주면 된다.

```
import pandas as pd
import numpy as np
data = pd.read_csv('./sample_data/mnist_train_small.csv',header=None)
data = np.array(data)
```

print 함수와 shape 값을 이용하여 읽어온 데이터를 먼저 살펴보자. 데이터는 20,000 ×785 크기의 2차원 배열로 되어 있으며, 하나의 숫자 이미지 데이터와 정답 정보가 하나의 행에 모두 포함되어 있다. 각 행의 첫 번째 열은 정답 정보로, 해당 데이터가 어느 숫자인지를 나타내며, 0부터 9까지의 숫자값을 가진다. 두 번째 열부터 마지막 열까지는 이미지 데이터로 28×28 이미지의 픽셀 정보가 1차원상에 나열되어 있다.

```
print(data)
print(data.shape)
```

```
print(data)
print(data.shape)

[[6 0 0 ... 0 0 0]
 [5 0 0 ... 0 0 0]
 [7 0 0 ... 0 0 0]
 ...
 [2 0 0 ... 0 0 0]
 [9 0 0 ... 0 0 0]
 [5 0 0 ... 0 0 0]]
(20000, 785)
```

[그림 7-18] MNIST 데이터

데이터를 조금 더 자세히 살펴보기 위해 한 줄만을 떼어서 표시해 보자.

```
print(data[0,:])
```

다음과 같이 1차원 배열 안에 0부터 255의 값이 들어 있는 것을 확인할 수 있다.

```
print(data[0,:])
```

```
array([ 6.,  0.,  0.,  0.,  0.,  0.,  0.,  0.,  0.,  0.,  0.,  0.,  0.,
        0.,  0.,  0.,  0.,  0.,  0.,  0.,  0.,  0.,  0.,  0.,  0.,  0.,
        0.,  0.,  0.,  0.,  0.,  0.,  0.,  0.,  0.,  0.,  0.,  0.,  0.,
        0.,  0.,  0.,  0.,  0.,  0.,  0.,  0.,  0.,  0.,  0.,  0.,  0.,
        0.,  0.,  0.,  0.,  0.,  0.,  0.,  0.,  0.,  0.,  0.,  0.,  0.,
        0.,  0.,  0.,  0.,  0.,  0.,  0.,  0.,  0.,  0.,  0.,  0.,  0.,
        0.,  0.,  0.,  0.,  0.,  0.,  0.,  0.,  0.,  0.,  0.,  0.,  0.,
        0.,  0.,  0.,  0.,  0.,  0.,  0.,  0.,  0.,  0.,  0.,  0.,  0.,
        0.,  0.,  0.,  0.,  0.,  0.,  0.,  0.,  0.,  0.,  0.,  0.,  0.,
        0.,  0.,  0.,  0.,  0.,  0., 24., 67., 67., 18.,  0.,  0.,  0.,
        0.,  0.,  0.,  0.,  0.,  0.,  0.,  0.,  0.,  0.,  0.,  0.,  0.,
        0.,  0.,  0.,  0.,  0.,  0.,  0.,  0., 131., 252., 252., 66.,  0.,
        0.,  0.,  0.,  0.,  0.,  0.,  0.,  0.,  0.,  0.,  0.,  0.,  0.,
        0.,  0.,  0.,  0.,  0.,  0.,  0.,  0.,  0., 159., 250., 232., 30.,
       32.,  0.,  0.,  0.,  0.,  0.,  0.,  0.,  0.,  0.,  0.,  0.,  0.,
        0.,  0.,  0.,  0.,  0.,  0.,  0.,  0.,  0.,  0., 15., 222., 252.,
```

[그림 7-19] MNIST 데이터셋 첫 번째 데이터

3장에서 배웠던 배열 슬라이싱을 사용하여 정답 정보와 이미지 데이터를 분리하고, reshape 함수를 사용하여 길이 784인 1차원 배열을 28×28의 2차원 배열로 바꾸어 보자. 코드는 다음과 같다.

```
x_train = data[:, 1:]
y_train = data[:, 0]
x_train = x_train.reshape(-1,28,28)
```

바뀐 배열의 모양은 shape 변수를 출력하여 확인할 수 있다. 파이썬 인터프리터는 변수 이름만 적어도 변수의 내용을 출력해 준다.

```
x_train.shape
```

matplotlib을 사용하여 이미지를 화면에 표시해 보자. MNIST 데이터셋의 첫 번째 데이터를 이미지로 보여주는 코드는 다음과 같다.

```python
import matplotlib.pyplot as plt
plt.imshow(x_train[0,:,:])
```

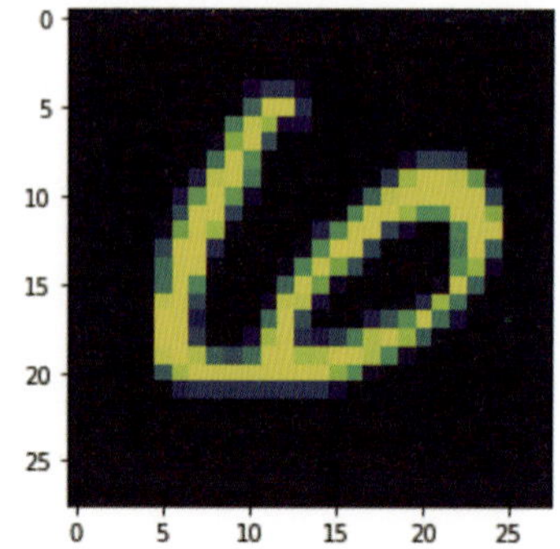

[그림 7-20] MNIST 데이터셋 샘플 – 숫자 6

7.4.2 딥러닝 모델 생성과 학습

손 글씨 이미지의 학습을 위해 딥러닝 모델을 생성하자. 합성곱 신경망의 모델 생성 방법은 완전 연결층의 생성 방법과 유사하므로, 차이점에 집중하여 살펴보면 그리 어렵지 않게 이해할 수 있을 것이다. 먼저 필요한 라이브러리들을 import한다.

```python
import tensorflow.keras as keras
from keras.models import Sequential
from keras import layers
from keras import optimizers
```

케라스에서 2차원 합성곱층을 사용하기 위해서는 입력 데이터를 3차원에 맞추어 주어야 한다. 합성곱에서 나온 출력은 필터의 개수에 따라 3차원이 될 수 있고, 출력을 다시 다음의 합성곱층에 입력으로 넣을 수도 있기 때문에 이를 통일하는 것이다.

x_train 변수는 현재 3차원(20,000×28×28)이므로 expand_dims 함수를 사용하여 이를 4차원(20,000×28×28×1)으로 수정해 준다. 타깃 정보는 to_categorical 함수

를 사용하여 원-핫-인코딩 방식으로 변환한다.

```
x_train = np.expand_dims(x_train,-1)
y_train = keras.utils.to_categorical(y_train)
```

손 글씨를 인식하기 위한 네트워크 구조는 다음과 같이 코드로 구현할 수 있다. 이 구조는 [그림 7-17]과 유사하니 참고하면 좋다.

```
model = Sequential()
model.add(layers.Conv2D(filters=8, kernel_size = 3, input_shape=(28,28,1),
          activation='relu'))
model.add(layers.Conv2D(filters=16, kernel_size = 3, activation='relu'))
model.add(layers.MaxPooling2D(strides= 2, padding='same'))
model.add(layers.Flatten())
model.add(layers.Dense(units=10, activation='softmax'))
model.compile(loss='categorical_crossentropy', optimizer=optimizers.
          RMSprop(learning_rate=0.001), metrics=['accuracy'])
```

이미지를 위한 2차원 합성곱층은 케라스에서 Conv2D로 기술하며, MaxPooling층은 MaxPooling2D, Flatten층은 Flatten으로 기술한다. 이 코드에는 합성곱층을 정의할 때 3~4개의 파라미터를 사용하였는데, filters는 합성곱에 사용할 필터의 개수, kernel_size는 필터의 너비/높이, input_shape는 입력 데이터의 모양(크기), activation은 활성화 함수의 종류를 말한다.

MaxPooling층은 2개의 파라미터를 가지는데, pool_size와 strides는 각각 풀의 크기와 풀이 한번에 이동하는 크기를 말한다. 완전 연결층을 추가하고 모델을 컴파일하는 과정은 완전 연결 신경망을 구성할 때와 동일하다.

구성된 모델을 사용하여 학습을 진행하는 코드는 다음과 같다.

```
model.fit(x_train,y_train,epochs= 10, batch_size=64, validation_split=0.3)
```

코드를 올바로 작성하였다면, 아래와 같이 10개의 에포크 동안 학습을 수행하며 그 결과가 화면에 표시된다. 모델의 구성 시에 초기 가중치가 랜덤하게 지정되기 때문에, 실행할 때마다 정확도는 조금씩 달라질 수 있다는 것을 참고하라.

```
Epoch 1/10
219/219 [==============================] - 10s 40ms/step - loss: 9.4353 - accuracy: 0.7072 - val_loss: 0.2582 - val_accuracy: 0.9423
Epoch 2/10
219/219 [==============================] - 8s 38ms/step - loss: 0.1977 - accuracy: 0.9535 - val_loss: 0.1816 - val_accuracy: 0.9522
Epoch 3/10
219/219 [==============================] - 8s 38ms/step - loss: 0.0780 - accuracy: 0.9768 - val_loss: 0.1517 - val_accuracy: 0.9655
Epoch 4/10
219/219 [==============================] - 8s 39ms/step - loss: 0.0449 - accuracy: 0.9869 - val_loss: 0.1750 - val_accuracy: 0.9675
Epoch 5/10
219/219 [==============================] - 8s 39ms/step - loss: 0.0330 - accuracy: 0.9903 - val_loss: 0.1459 - val_accuracy: 0.9690
Epoch 6/10
219/219 [==============================] - 8s 38ms/step - loss: 0.0193 - accuracy: 0.9933 - val_loss: 0.1411 - val_accuracy: 0.9770
Epoch 7/10
219/219 [==============================] - 8s 39ms/step - loss: 0.0157 - accuracy: 0.9949 - val_loss: 0.1388 - val_accuracy: 0.9768
Epoch 8/10
219/219 [==============================] - 8s 38ms/step - loss: 0.0113 - accuracy: 0.9967 - val_loss: 0.1492 - val_accuracy: 0.9770
Epoch 9/10
219/219 [==============================] - 8s 38ms/step - loss: 0.0073 - accuracy: 0.9975 - val_loss: 0.1905 - val_accuracy: 0.9748
Epoch 10/10
219/219 [==============================] - 8s 38ms/step - loss: 0.0067 - accuracy: 0.9978 - val_loss: 0.1742 - val_accuracy: 0.9747
```

[그림 7-21] MNIST 데이터의 학습 화면

7.4.3 테스트

학습된 모델을 검증하기 위해 테스트 데이터를 읽어 보자. pandas 라이브러리를 사용해 csv 파일을 읽고, numpy 배열로 변환한다.

```
data = pd.read_csv('./sample_data/mnist_test.csv',header=None)
data = np.array(data)
```

학습용 데이터와 마찬가지로 테스트용 데이터도 입력 데이터와 타깃 데이터로 분리하고, 입력 데이터는 reshape 함수를 사용하여 (샘플 수×이미지 높이×이미지 너비×1) 크기로 조정한다. 앞서 학습 데이터를 처리할 때에는 reshape 함수를 사용한 후, expand_dims 함수를 이어 사용하였으나, 이와 같이 reshape 함수를 사용하여 한 번에 조정할 수도 있다.

```
x_test = data[:,1:]
y_test = data[:,0]
x_test = x_test.reshape(-1,28,28,1)
```

입력 데이터를 사용하여 결과를 예측하고, 원-핫-인코딩 방식의 결과를 argmax 함수를 사용하여 0에서 9까지의 숫자로 변환한다. 여기까지 수행하면, 변수 o에는 각 입력 데이터에 대한 예측 결과가 저장된다.

```
o = model.predict(x_test)
o = np.argmax(o, -1)
```

테스트 결과의 정확도는 다음 코드로 계산한다.

```
sum(y_test == o)/len(y_test)
```

7.4.4 결과 분석

한 번에 완벽한 딥러닝 네트워크의 구조를 만들고 최적의 파라미터를 지정하는 것은 불가능에 가까운 일이다. 경험을 통해 시간을 단축시킬 수는 있겠지만, 딥러닝 네트워크는 구조와 파라미터의 미세 조정을 통해 최적 파라미터를 찾아가는 작업이 필수적이다. 최근 **오토케라스**(Auto Keras)와 같이 파라미터를 자동으로 최적화해 주는 최적화 라이브러리들이 개발되고 있으나, 데이터의 종류가 제한되는 등의 제약으로 인해, 결과를 분석하고 파라미터를 최적화하는 작업은 여전히 중요한 일이다.

파라미터를 조정하여 성능을 향상시키기 위해서는 딥러닝 모델의 학습/테스트 결과를 이해하는 것이 필수적이다. 성능을 분석하는 가장 기본적인 방법은 지금까지 실습을 진행해 온 것처럼 **정확도**(Accuracy)를 측정하는 것이다. 올바르게 인식한 데이터 수를 전체 데이터의 수로 나누어 정확도를 계산한다. 파라미터를 조정한 후 정확도가 높아지면 성능이 개선된 것이고, 정확도가 낮아지면 성능이 나빠진 것이다.

Tips

정확도를 계산하는 방법은 이 책에서 소개된 것 외에도 여러 가지가 있다. 정확도라고 하는 것은 조금 자세히 살펴보면 제법 애매한 개념이어서, 하나의 계산 방법으로 정확도의 여러 측면을 나타내기가 어렵기 때문이다. 조금 더 자세한 정보를 얻으려면 위키피디아의 Precision and Recall 항목을 살펴보기 바란다.
https://en.wikipedia.org/wiki/Precision_and_recall

정확도를 통해 모델의 성능을 수치화할 수 있지만, 이 값 하나만으로 모델이 어떤 부분에서 문제를 일으켰는지를 이해하기는 쉽지 않다. 이를 위해 사용하는 것이 앞 장의 연습 문제에서 살펴본 Confusion Matrix다. 이 Confusion Matrix를 통해 여러 데이터 중 어떤 패턴이 문제를 많이 발생시켰는지를 확인할 수 있다. 조금 더 나아간다면, 에러를 발생시킨 패턴들을 하나씩 분석해 볼 수도 있다. 이를 통해 추가적인 데이터 전처리의 필요성 등을 따져 볼 수 있으며, 정확도를 개선할 여지가 있는지도 살펴볼 수 있다.

Confusion Matrix를 통해 결과를 분석하는 방법을 예를 들어 살펴보자. 다음은 300개 데이터를 3개 클래스로 분류하는 문제에서의 결과를 Confusion Matrix로 만든 것이다. 이 행렬의 세로축은 타깃 클래스, 가로축은 출력 클래스를 나타내며, 1행 2열의 값이 10이라는 것은 클래스 A의 데이터 10개가 클래스 B로 잘못 인식(오인식)되었다는 뜻이다. A, B, C 클래스에서 각각 10개씩 오인식 되었고, 총 300개 데이터 중 270개가 정상 인식되었으므로, 정확도(Accuracy)는 90%다.

		출력		
		클래스 A	클래스 B	클래스 C
타깃	클래스 A	90	10	0
	클래스 B	0	90	10
	클래스 C	10	0	90

다음 Confusion Matrix는 앞의 결과와는 다른 데이터를 사용한 것으로, 위의 결과

와 동일한 90%의 정확도를 보이는 결과지만 그 내용은 조금 다르다. Class C의 데이터는 오인식을 일으키지 않았으나, Class A와 B의 데이터에서 30개의 오인식(A를 B로, B를 A로)이 발생하였다. 즉, 모델이 클래스 A와 B를 구분하는 데에 어려움을 겪고 있다는 의미다.

		출력		
		클래스 A	클래스 B	클래스 C
타깃	클래스 A	90	10	0
	클래스 B	20	80	0
	클래스 C	0	0	100

앞선 결과를 결과 R1, 두 번째 결과를 결과 R2라고 하자. 결과만 놓고 본다면, 결과 R1이 R2보다 더 좋다고 할 수 있으나, 결과의 개선 가능성은 R2가 더 좋다. R1의 경우 오인식이 전체 패턴에 대해 골고루 발생하였기 때문에 인식률이 상대적으로 떨어지는 클래스가 없어, 모든 데이터에 대해 안정적으로 90%의 성능을 달성하였다. 90%라는 수치는 이 모델을 설명하기에 매우 적절하다고 할 수 있다. 결과 R2의 경우, Class가 B인 데이터만 놓고 보면 인식률은 80%에 불과하므로, 전체적인 인식률에 비해 정확도의 안정성은 떨어진다고 볼 수 있다. 이 때문에 R1이 R2보다 더 좋은 결과라 할 수 있는 것이다. 하지만, R2의 오인식은 클래스 A와 B에 몰려 있으며 클래스 C의 경우 에러가 전혀 발생하지 않았으므로, 이 문제만 해결하면 전체적인 인식률을 오히려 개선시키는 것도 가능하다. 클래스 A, B의 구분을 향상시키는 것은 데이터의 전처리, 데이터 수집 방식의 변경 등 딥러닝 외적인 부분으로도 가능하므로, 다양한 시도를 해 볼 필요가 있다.

		실제 결과									
		0	1	2	3	4	5	6	7	8	9
타깃	0										
	1										
	2										
	3										
	4										
	5										
	6										
	7										
	8										
	9										

5 Sign Language MNIST 데이터셋은 A부터 Z까지의 영어 알파벳을 나타내는 수화(사진) 데이터이다. 동작을 필요로 하는 J와 Z를 제외한 24개의 알파벳을 나타내는 수화 사진이 등록되어 있다. 해당 데이터셋을 다운로드 받고, 수화를 자동으로 인식하는 모델을 학습시키시오.

학습이 완료되면, 테스트 데이터에 대해 성능을 측정하고, 그 결과를 리포트하시오. 결과를 리포트할 때에는 학습 경과를 나타내는 그래프, 학습/테스트 데이터에 대한 Confusion Matrix가 포함되어야 한다.

CHAPTER 08

시계열 데이터와 딥러닝 네트워크

이제 인식 및 분류할 사운드를 녹음할 차례다. 여기서는 '노트북'과 '핸드폰'의 두 가지 단어를 구분하는 모델을 만들어 보도록 한다.

[Mic] 버튼을 누르고 [Record 2 Seconds] 버튼을 누르면 녹음을 진행할 수 있다. 한 번에 2초씩 녹음하지만 1초씩 잘라 2개의 데이터로 사용하기 때문에, 같은 단어를 두 번씩 얘기해 주어야 한다. 녹음이 완료되면 [Extract Sample] 버튼을 눌러 데이터를 저장한다. 녹음을 4회 진행하면 학습을 진행하기 위해 꼭 필요한 8개의 샘플을 얻을 수 있다. 'Add a Class'를 클릭하여 새로운 클래스를 추가하고 동일한 방식으로 녹음을 진행하면 학습을 위한 데이터가 모두 준비된다[그림 8-6]. 준비가 완료되면 [Train Model] 버튼을 눌러 학습을 진행한다. 이미지 프로젝트와 마찬가지로 Advanced 옵션에서 학습을 수행할 에포크 수를 조정할 수 있다.

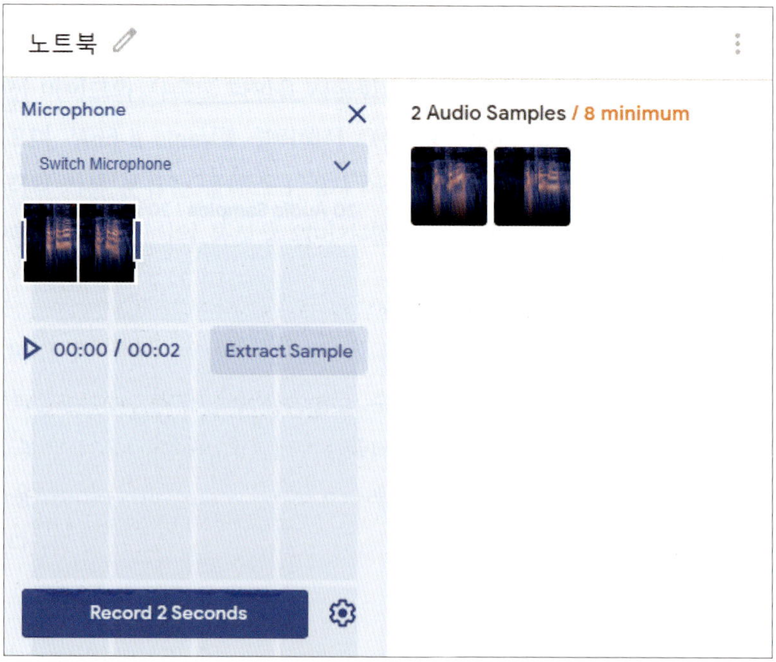

[그림 8-5] 인식할 사운드의 녹음

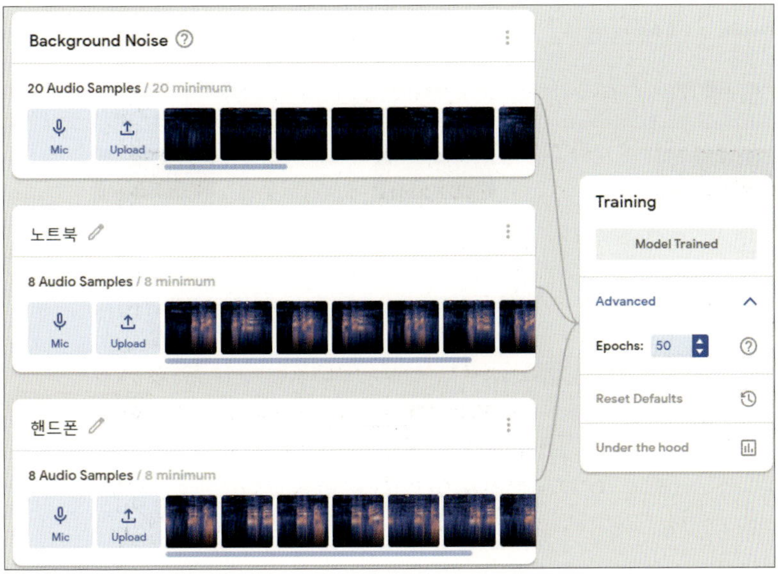

[그림 8-6] 녹음이 완료되었을 때의 화면

학습이 완료되면 마이크를 사용하여 실시간으로 어떤 상태인지를 표시한다. 말을 하고 있지 않은 경우에는 잡음(Background Noise)으로, '노트북', '핸드폰' 등의 미리 학습된 단어를 말하는 경우 해당 단어로 올바르게 인식하는 것을 확인할 수 있다. 티처블 머신의 오디오 프로젝트를 활용하면, 음악의 장르(락, 재즈 등)를 구분하거나, 서로 다른 두 사람의 목소리를 구분하는 모델도 만들어 볼 수 있으니, 다양하게 시도해 보기 바란다.

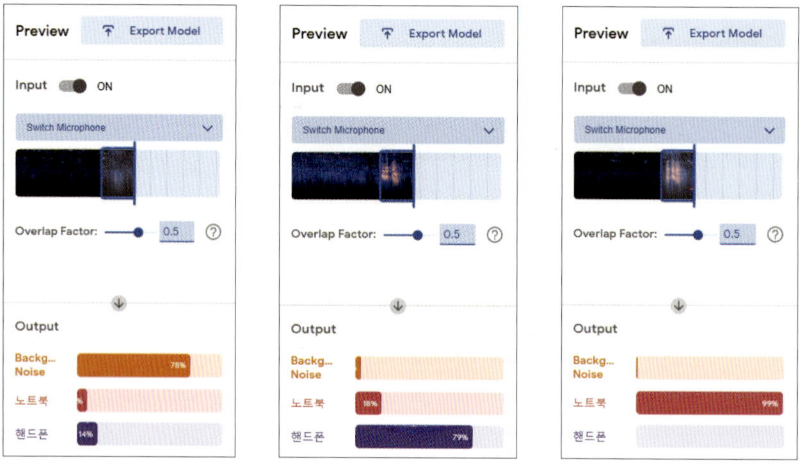

ⓐ ⓑ ⓒ

[그림 8-7] 사운드 인식의 결과
ⓐ 말을 하지 않고 있을 때, ⓑ '노트북' 단어를 말한 경우, ⓒ '핸드폰' 단어를 말한 경우

8.3 시계열 데이터의 특징

앞서 학습한 바와 같이 시계열 데이터는 시간의 흐름에 따라 변화하는 데이터다. 이번 장에서는 시계열 데이터의 기저와 그에 따른 특징을 조금 더 자세히 살펴볼 것이다.

보편적으로 시계열 데이터에는 그 원인이 되는 운동이나 상태의 변화가 존재한다. 변화가 없는 데이터는 신호로써 무의미하기 때문이다. 사운드 데이터는 물체의 떨림에 기인하며, 뇌파는 뇌에서 발생한 전위의 변화에 기인한다. 시간에 따라 값의 변화가 발생한다면 범주형 데이터나 수치형 데이터도 시계열 데이터로 간주될 수 있다. 주식 데이터는 증권의 시세에 기인하여 변화하는 시계열 데이터이며, 체중을 하루 단위로 기록한 데이터도 시계열 데이터가 된다.

[그림 8-8]은 시계열 데이터가 생성되는 보편적인 과정을 손가락 끝에서 측정되는 맥파(심박 신호)를 예를 들어 보여주고 있다. 우리 몸의 피는 심장의 지속적이고 규칙적

인 운동에 의해 순환하는데, 심장의 펌프 운동에 따라 혈관에서 흐르는 피의 양(혈류량)은 순간적으로 늘었다가 줄어들기를 반복한다. 혈류량의 변화는 맥파 센서로 측정할 수 있다. 손가락 끝에 빛을 비추면 손가락은 그 빛을 일부 흡수한 후 다시 반사하게 되는데, 혈류의 증감에 따라 반사되는 빛의 양이 달라지는 특성을 가진다. 맥파 센서는 측정한 결과(반사된 빛의 양)를 디지털화하여 컴퓨터로 전송하고 저장한다. 그리고 인공지능 등을 사용하여 저장된 데이터를 분석하므로 심장의 운동 상태를 추정하게 된다.

[그림 8-8] 시계열 데이터의 생성 과정[1)]

시계열 데이터는 다른 데이터들과 다른 몇 가지 특징이 있다.

1) 빅데이터

시계열 데이터는 원인이 되는 변화를 모두 기록한 것은 아니다. 사람의 체중은 시간/분/초 단위로 미세하게 변화하지만, 대부분의 체중 데이터는 그렇게 자세한 정보를 포함하지 않을 것이다. 사운드 데이터도 마찬가지다. 앞서 살펴본 새소리 데이터는 1초에 44,100개의 데이터를 포함하고 있어, 사운드 데이터를 재생하면 실제 새소리를 직접 듣는 것과 구분하기 어렵지만, 아날로그로 전달되는 자연의 소리와는 차이가 있다. 대상의 변화를 얼마나 자주 체크하고 측정하는지를 나타내는 정보를 샘플링 레이트(Sampling Rate)라고 하며, 주파수로 표현한다. 초당 44,100개의 데이터를 포함하는 데이터는 샘플링 레이트가 44,100Hz가 된다. 이 때문에 시계열 데이터는 샘플링 레이트에

1) https://www.devicemart.co.kr/goods/view?no=1174964
https://eduino.kr/product/detail.html?product_no=925&gclid=CjwKCAjwmv-DBhAMEiwA7xYrd6LvRwpzi3H_qFLfddt6Ps-aEZ_hc3n3s6TRgJJH7Lx1v6K4uFfzBxoCzSoQAvD_BwE

비례하여 데이터의 총량이 커지게 된다. 흔히 얘기하는 빅데이터다.

2) 반복되는 패턴

모든 시계열 데이터가 그런 것은 아니지만, 특정 패턴이 반복되는 시계열 데이터들도 많다. [그림 8-9]는 시간에 따라 변화하는 심전도 데이터(https://www.physionet.org/content/aftdb/1.0.0/)의 그래프이다. 심장의 박동으로 인해 나타나는 주기적인 전기 신호가 관측된다. 그림에서 나타난 데이터는 7.5초 가량 측정된 것으로 약 1,000개의 값를 포함하고 있다. 하지만 날카롭고 큰 파형과 비교적 완만하고 약한 파형이 주기적으로 반복되는 것을 쉽게 알 수 있다. 이와 같이 반복되는 패턴을 수치화할 수 있다면, 복잡하고 긴 신호를 간결화하여 저장하고, 분석을 간편화할 수도 있다.

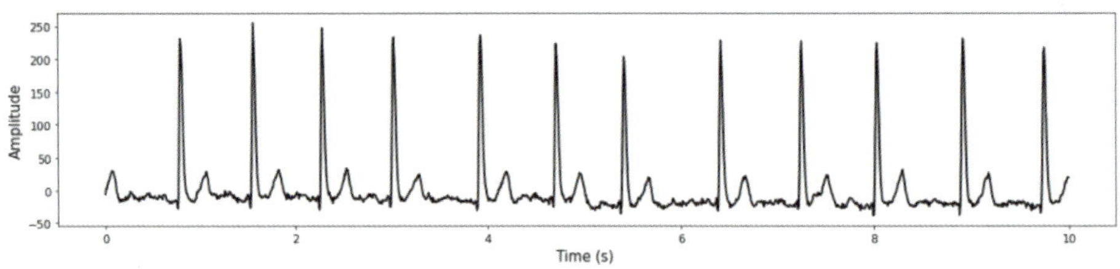

[그림 8-9] 심전도 데이터

3) 결측치/이상치

시계열 데이터는 시간의 흐름에 따라 지속적으로 측정되나, 기기의 오류, 측정자의 실수 등으로 인해 특정 시점에 데이터를 수집하지 못하는 경우가 빈번히 발생하는데 이를 **결측치**라고 한다. **이상치**는 값이 측정은 되었으나 측정된 값이 일반적이지 않은 경우로, 역시 기기의 오류로 인해 발생하는 경우가 많다. 시계열 데이터를 올바르게 분석하기 위해서는 인공지능 등을 적용하기에 앞서 결측치/이상치를 선제적으로 처리해야 하며, 이를 **데이터 전처리**(Data Preprocessing)라고 한다.

4) 잡음

시계열 데이터가 각종 센서를 통해 측정되는 경우, 신호에 각종 잡음이 포함되기 쉽다.

잡음은 **측정하려는 신호 외의 모든 신호**로 정의할 수 있는데, 그 원인은 매우 다양한다. 목소리를 녹음할 때 창 밖에서 자동차가 지나가는 소리가 함께 녹음되거나, 뇌파를 측정하려고 하는데 팔을 움직일 때 발생하는 신호가 함께 측정된다거나 하는 것이다. 전기신호를 측정할 때에 발생하는 대표적인 잡음은 교류 전기에 의한 것인데, 컴퓨터를 비롯한 여러 전기 장치들이 사용하는 60Hz의 교류 전기가, 대상 신호와 함께 측정되는 현상이다.

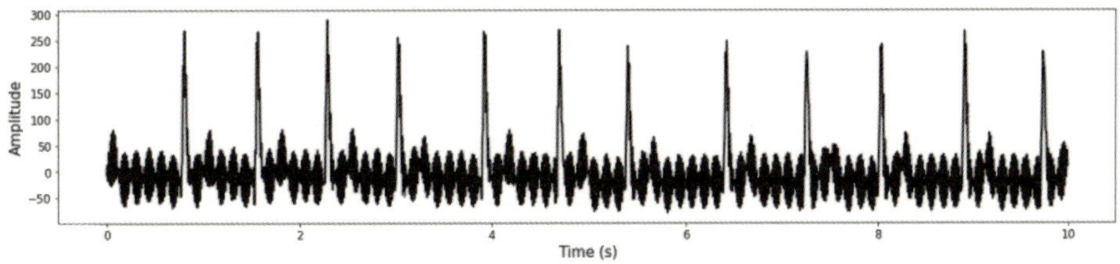

[그림 8-10] 60Hz 잡음이 포함된 심전도

8.4 시계열 데이터의 전처리

8.3절에서 살펴본 바와 같이 시계열 데이터는 다른 데이터와 구별되는 특성을 가지고 있으며, 이 특성을 이용하여 인공지능이 이해하기 쉬운 형태로 변환한다면 시스템의 전체적인 성능을 향상시킬 수 있을 것이다. 이번 장에서는 심전도 데이터를 통해 시계열 데이터의 전처리 방법을 살펴본다.

1) 결측치/이상치의 보간과 제거

결측치는 값이 존재하지 않는 것을 말하며, NaN(Not a Number)로 표기한다. 값이 관측되지 않은 구간이 짧은 경우 보간(Interpolation)을 통해 데이터를 복원하여 사용할 수 있다. 예를 들어 [그림 8-11]은 약 6.5초 지점에서 결측치가 1회 발생한 경우다. 이 경우, 결측치는 이전/이후의 값을 사용하여 손쉽게 보간할 수 있다. 결측치의 값이 학습에 영향을 끼치지 않는 것으로 판단된다면, 보간 과정을 생략하고 0 또는 랜덤값을 지정하는 것도 가능하다.

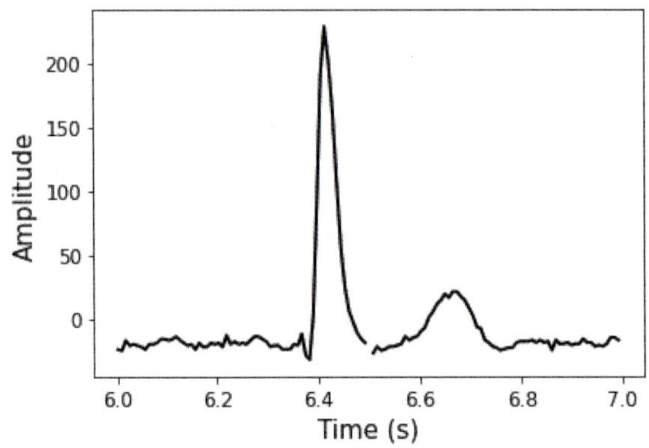

[그림 8-11] 짧은 구간의 결측치를 포함하는 심전도 데이터

하지만 결측치 구간이 길어져 결측치의 보간이 쉽지 않고 결측치를 보간하더라도 그 정확도가 높지 않을 것으로 예상되는 경우에는 결측치가 포함된 데이터를 무시하고 사용하지 않는 것이 무리해서 보간 작업을 진행하는 것보다 낫다. [그림 8-11]의 그래프는 약 1초 지점에서 중요 신호의 상당 부분이 소실된 것을 보여준다. 이 경우 다른 데이터를 사용하여 보간하는 것이 불가능하지는 않으나 보간의 정확도를 담보하기는 어렵기 때문에 데이터를 사용하지 않는 것이 권장된다. 물론 데이터의 수가 적어서 데이터를 버릴 수 없는 경우는 예외이다.

이상치는 비정상적인 값이 기록된 것을 말하며, 데이터의 특성을 알고 있다면 통계적인 방법을 통해 찾을 수 있다. [그림 8-12]에서는 약 1.2초, 5.3초 지점에 이상치가 발생하였다. 이 값은 심전도의 일반적인 값의 범위를 벗어나기 때문에 특정 범위(예를 들어 −50~300)를 벗어나는 것으로 검출 가능하다. 이상치가 검출되는 경우, 해당 지점의 값을 nan으로 바꾼 후 결측치와 동일하게 처리하면 된다.

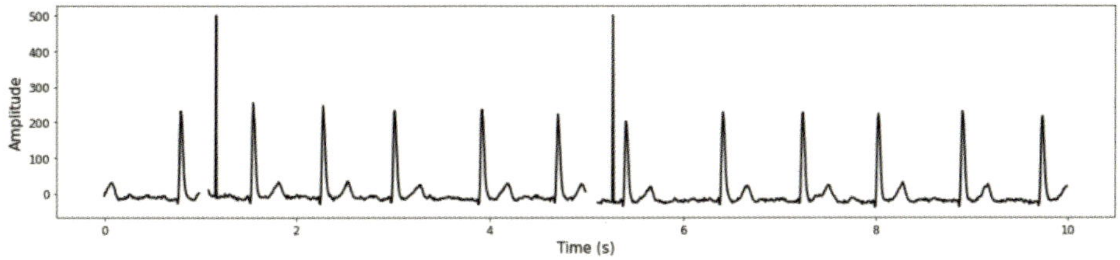

[그림 8-12] 이상치와 결측치가 포함된 심전도 데이터

2) 잡음의 제거

잡음은 측정하려는 신호 외의 '모든' 신호이므로, 매우 다양한 형태의 잡음이 존재하며, 잡음을 제거하는 방법은 그 종류에 따라 다양하나 신호의 주파수 성분을 사용하여 처리하는 것이 일반적이다. 신호에서 특정 주파수 성분을 제거하는 작업을 필터링(Filtering)이라고 하는데, [그림 8-10]에서 살펴본 60Hz 교류 잡음과 같이 특정 주파수만을 제거할 때에는 노치(Notch) 필터를 사용하는 것이 일반적이다. 저주파 성분의 제거는 '주파 통과 필터(High-Pass Filter)', 고주파 성분의 제거는 '저주파 통과 필터(Low-Pass Filter)'를 사용한다. 푸리에 변환 등을 활용하여 정밀하게 주파수 처리를 하는 것도 가능하다.

Tips

주파수는 1초에 신호가 몇 번 반복되는지를 나타내는 정보다. 소리 신호의 경우 소프라노와 같이 높은 음은 고주파 성분, 베이스와 같이 낮은 음은 저주파 성분을 많이 포함한다.

3) 신호의 분할

앞서 살펴본 바와 같이 시계열 데이터는 장시간 기록되는 경우가 많으며, 기록되는 시간에 비례하여 데이터가 증가함에 따라 데이터 분석의 난이도가 상승하는 어려움이 있다. 또한, 장시간 측정하는 데이터를 여러 개 확보하는 것은 쉽지 않기 때문에, 아이러니하게도 데이터의 크기에 비해 학습에 사용할 수 있는 데이터의 양이 적어지게 될 수도 있다. 이 문제는 많은 데이터를 필요로 하는 딥러닝의 학습에 있어 큰 단점이다.

장 큰 특징은 순환적 구조를 가진다는 것이다. 특정 시점에서 입력되는 데이터는 하나지만, 해당 시점에서의 출력은 다음 시점의 입력으로 들어간다. LSTM층은 합성곱층에 비해 크기가 작으면서도 순환적 구조로 인해 이해하기가 쉽지만은 않은 내부구조를 가지고 있는데, LSTM층의 내부구조에 대해서는 다음 장에서 조금 더 자세히 다룰 것이다.

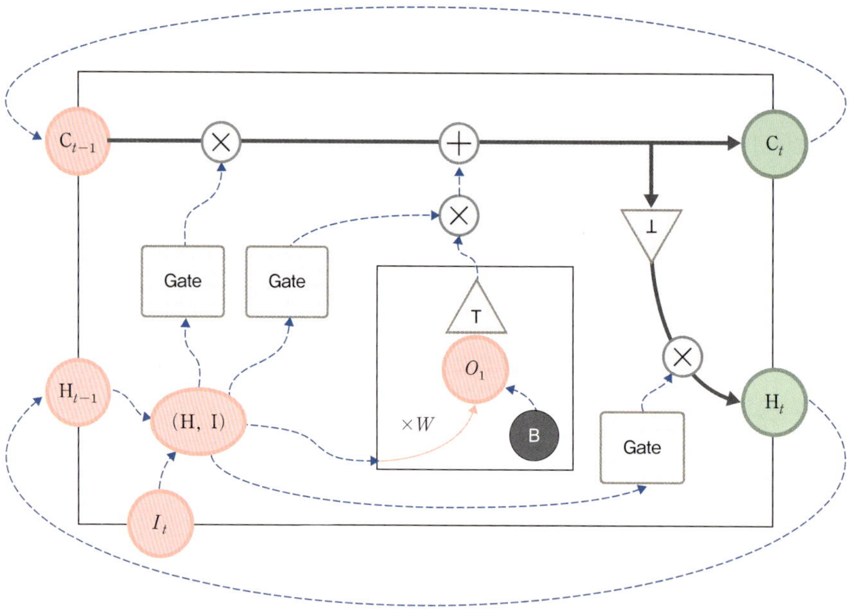

[그림 8-15] LSTM층의 구조

2) 1차원 합성곱층

시계열 데이터에서도 합성곱층을 사용하여 데이터를 분석할 수 있다. 시계열 데이터에서 사용하는 합성곱층은 이미지 데이터와는 조금 다른 1차원 합성곱층이다[그림 8-16]. 인접한 노드의 정의가 1차원상에서 이루어진다는 점을 제외하면, 1차원 합성곱층의 구조와 원리는 2차원 합성곱과 동일하다. 합성곱층의 입력은 각 시간에서의 데이터 값이다. 즉, 데이터의 길이가 128이라면 입력 노드와 출력 노드의 개수는 각각 128개씩이 된다.

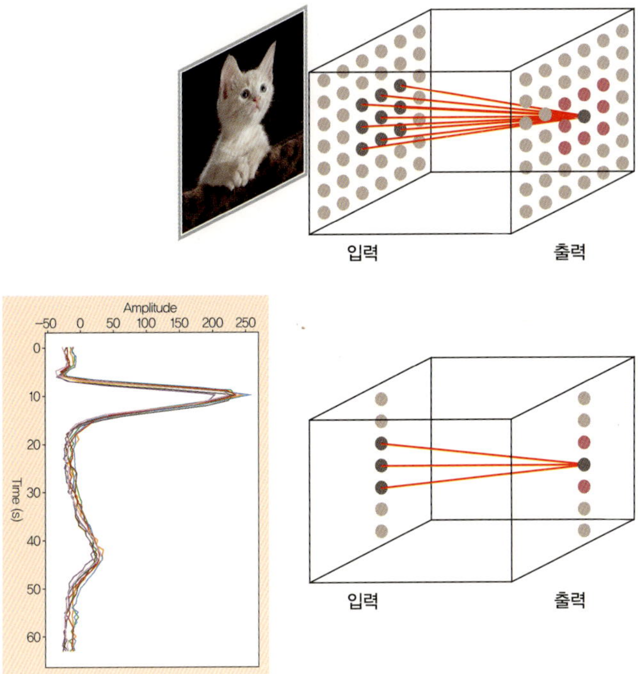

[그림 8-16] 2차원 및 1차원 합성곱층의 내부 구조

3) 딥러닝 네트워크 구조

합성곱층과 달리 LSTM은 단일 출력을 발생시킬 수 있기 때문에, 완전 연결층/합성곱층 없이 단독으로 네트워크를 구성할 수 있다. 하지만 길고 복잡한 신호를 분석해야 하는 상황이라면 합성곱층을 함께 사용하여 성능을 향상시키는 것도 가능하다[그림 8-17]. 합성곱층은 신호의 변화와 관련된 특징을 추출할 수 있으며, 풀링층에서는 신호의 크기를 축소시킨다. 합성곱층이 함께 사용된 경우, LSTM층은 원 신호의 변화가 아니라 합성곱층에서 추출된 특징의 변화를 모델링하도록 학습한다. 완전 연결층은 출력 직전에 사용하여 LSTM을 통해 나온 특징들을 조합하여 목표로 하는 출력을 만들어 낸다. LSTM층과 완전 연결층은 여러 개를 이어 사용할 수 있으나, LSTM은 LSTM끼리, 완전 연결층은 완전 연결층끼리 인접하여야만 한다. 완전 연결층을 지나게 되면 데이터의 순서가 사라지기 때문이다.

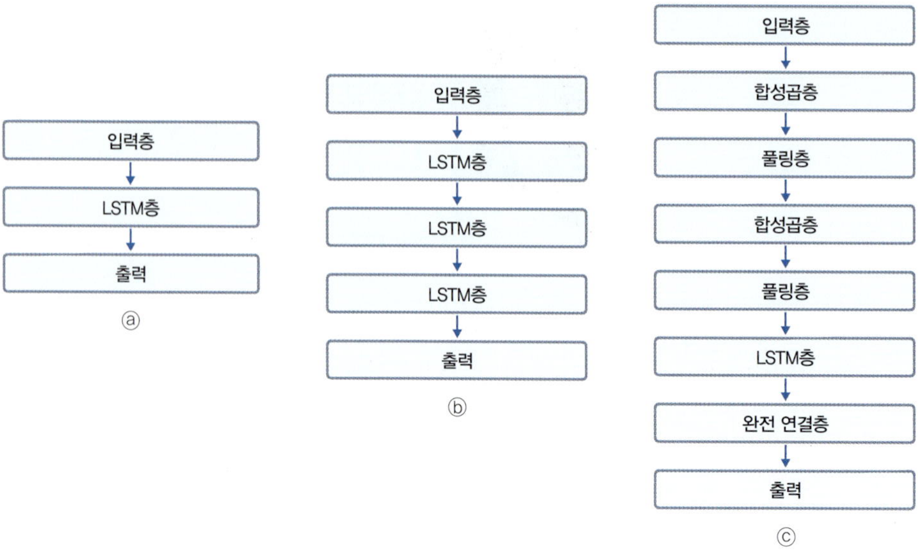

[그림 8-17] LSTM을 사용하여 구성한 네트워크 구조

8.6 시계열 데이터의 딥러닝 실습

8.6.1 심전도 데이터의 준비

캐글의 Data 메뉴를 누르면 캐글에서 제공하는 여러 데이터들을 검색할 수 있다. 이번 장에서는 딥러닝 네트워크를 사용하여 캐글에 공개된 심전도 데이터(시계열 데이터)를 분석하는 실습을 진행한다. 앞서 살펴본 바와 같이 심전도는 반복되는 형태로 인해 다른 데이터들에 비해 비교적 분석이 쉬운 편이다. 데이터셋의 이름은 ECG Heartbeat Categorization Dataset이다. 이름으로 검색하면 쉽게 찾을 수 있으며, 주소(https://www.kaggle.com/shayanfazeli/heartbeat)를 직접 입력해서 살펴볼 수도 있다[그림 8-18]. 캐글 페이지에는 MIT-BIH 부정맥 데이터셋과 PTB 진단 심전도 데이터가 함께 업로드되어 있는데, 여기서는 이 중 PTB 데이터셋을 사용한다. 이 데이터셋은 14,552개의 데이터를 포함하고 있으며, 125Hz, 즉 초당 125개의 값을 기록

한 것이다. ptbdb로 시작하는 이름의 2개 파일을 클릭하여 다운로드 받고, 다시 코랩에 업로드하라. 2개 파일 중 pdbdb_normal.csv는 건강한 사람의 데이터를, ptbdb_abnormal.csv는 환자의 데이터이다.

이 데이터를 사용해서 만드려는 모델의 목표는 심전도 데이터를 사용하여 심장의 정상/비정상 여부를 자동으로 인식하는 네트워크를 구성하는 것이다.

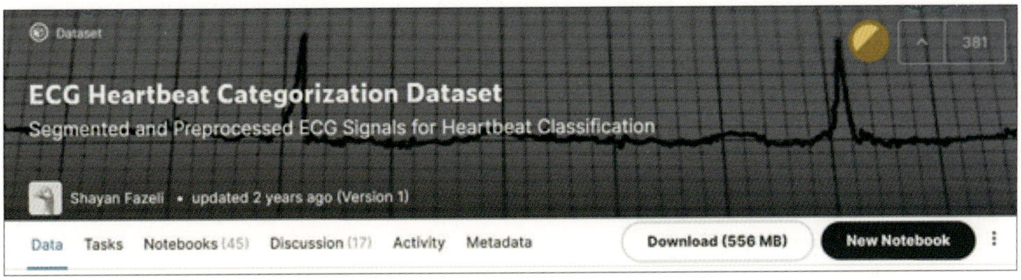

[그림 8-18] 캐글에서 제공하는 ECG Heartbeat Categorization Dataset

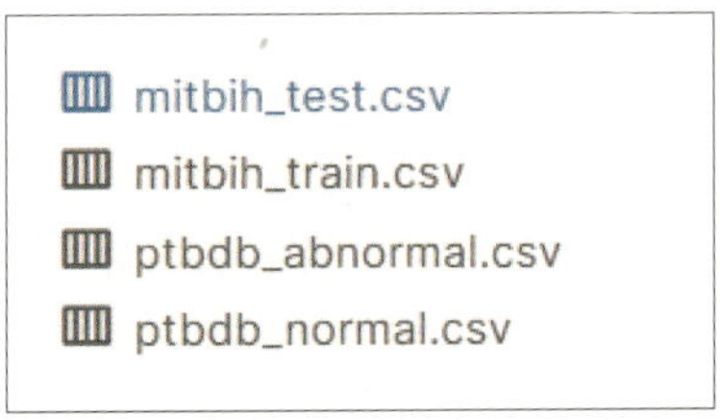

[그림 8-19] ECG Heartbeat Categorization Dataset에 포함된 데이터

데이터를 코랩 서버에 업로드하여 사용하는 것도 가능하지만, 구글 드라이브에 업로드하고 연동하여 사용하는 것이 여러모로 편리하다. 구글 드라이브의 연동 코드는 다음과 같다.

```
from google.colab import drive
drive.mount('/content/gdrive')
```

이후의 코드는 [그림 8-20]의 위치에 파일을 업로드한 상황을 전제하여 작성한 것이다.

파일을 업로드하는 위치는 실습 내용과 무관하지만, 파일경로는 자신의 상황에 맞게 수정하여야 한다.

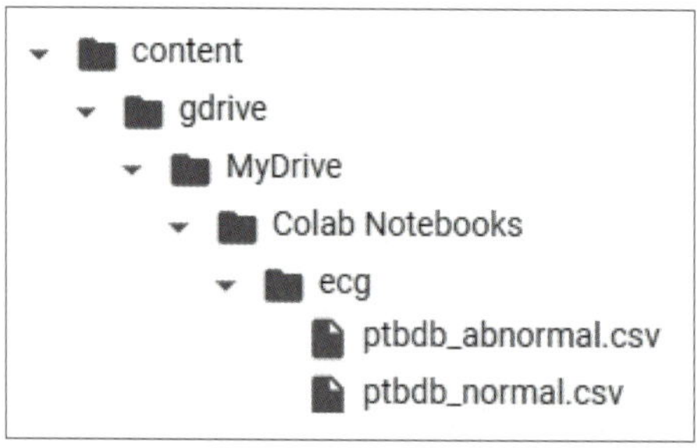

[그림 8-20] 데이터 업로드 경로

8.6.2 데이터의 기초 분석

먼저 Pandas 라이브러리를 사용하여 전체 데이터를 읽고 Numpy 배열로 변환한다.

```
import matplotlib.pyplot as plt
import numpy as np
import pandas as pd
data_no = pd.read_csv
          ('/content/gdrive/My Drive/Colab Notebooks/ecg/ptbdb_normal.csv')
data_ab = pd.read_csv
         ('/content/gdrive/My Drive/Colab Notebooks/ecg/ptbdb_abnormal.csv')

data_no = np.array(data_no)
data_ab = np.array(data_ab)
```

다음 코드를 통해 데이터의 크기를 확인해 보라.

```
data_no.shape
```

데이터는 2차원으로 되어 있으며, 1차원은 각각의 데이터 샘플, 2차원은 시간 축이다. matplotlib를 사용하면 데이터를 화면에 그려 확인할 수 있다. 첫 번째 데이터 샘플을 그리는 코드는 다음과 같다. 인덱스를 바꾸어 다른 데이터 샘플들도 확인해 보자.

```
plt.plot(data_no[0,:])
```

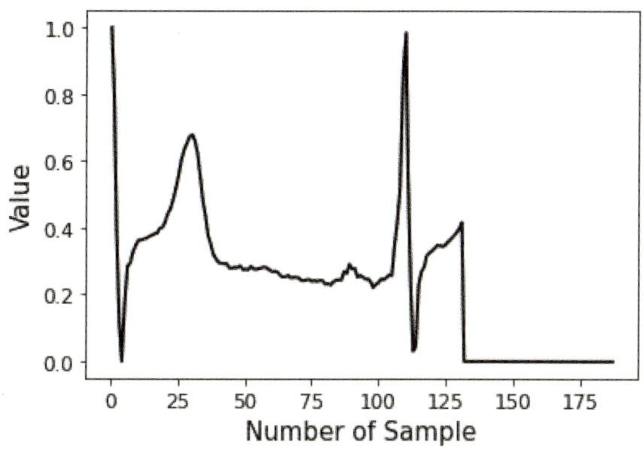

[그림 8-21] ECG 데이터의 그래프

데이터를 그래프로 그려 확인하는 작업은 대부분의 데이터 분석에서 필요한 절차다. 화면에 데이터를 그려 봄으로써 데이터 분석 방법을 보다 효과적으로 결정할 수 있다. 위 과정을 통해 데이터의 값은 0과 1 사이의 값으로 정규화되어 있으며, 하나의 데이터 샘플은 길이가 188로 고정되어 있지만, 데이터의 뒷부분 값은 0으로 지워져 있는 것을 확인할 수 있다.

캐글에서 제공되는 데이터셋은 분할되고 정규화된 상태이지만, 정규화 등이 되지 않은 데이터의 경우에는 앞 장에서 언급한 바와 같은 전처리가 필요할 수 있다. 결측치 등의 존재 여부도 확인하여야 하지만, 제공되는 데이터셋에는 결측치가 없으므로 여기서는 생략하도록 한다.

8.6.3 딥러닝

데이터를 사용해서 딥러닝 모델을 생성하기 전에, 데이터를 학습 및 테스트용으로 나누는 작업이 필요하다. 입력 데이터는 합성곱의 적용을 위해 차원을 하나 추가하고, 출력 데이터는 원-핫-인코딩 방식으로 변환한다.

```
nTrain = 3000
nTest = 1000
x_train = np.concatenate((data_no[:nTrain,:], data_ab[:nTrain,:]),0)
y_train = np.concatenate((np.zeros(nTrain,), np.ones(nTrain,)),0)
x_test = np.concatenate((data_no[nTrain:nTrain+nTest,:],
         data_ab[nTrain:nTrain+nTest,:]),0)
y_test = np.concatenate((np.zeros(nTest,), np.ones(nTest,)),0)

from tensorflow.keras.utils import to_categorical
from tensorflow.keras import Sequential
from tensorflow.keras import layers
from tensorflow.keras import optimizers
y_test = to_categorical(y_test)
y_train = to_categorical(y_train)
x_train = np.expand_dims(x_train,-1)
x_test = np.expand_dims(x_test,-1)
```

이번에 사용하는 딥러닝 네트워크의 구조는 다음과 같다. 합성곱 신경망과 매우 유사한 구조이며, layers.Conv1D 클래스를 사용하여 1차원 합성곱층을 추가하였다. 풀링층도 1차원 클래스인 MaxPooling1D가 사용되었다. 파라미터의 사용법은 합성곱 신경망과 거의 같다. LSTM층은 마지막 합성곱층(풀링층)과 완전 연결층 사이에 사용되었다. 여기서 사용한 LSTM의 파라미터는 하나인데, 이는 LSTM 내부의 노드 수를 의미한다. 이것은 완전 연결층에서의 노드 수와 유사하며, 보다 자세한 내용은 다음 장에서 학습하도록 한다.

```
model = Sequential()
model.add(layers.Conv1D(filters=16, kernel_size= 3,
        input_shape=(x_train.shape[1], 1), activation='relu'))
model.add(layers.Conv1D(filters=16, kernel_size= 3, activation='relu'))
model.add(layers.MaxPooling1D(pool_size = 3, strides=2))
model.add(layers.Conv1D(filters=32, kernel_size= 3,
        input_shape=(x_train.shape[1], 1), activation='relu'))
model.add(layers.Conv1D(filters=32, kernel_size= 3, activation='relu'))
model.add(layers.MaxPooling1D(pool_size = 3, strides=2))
model.add(layers.LSTM(16))
model.add(layers.Dense(units=2, activation='softmax'))
model.compile(loss='categorical_crossentropy', optimizer=
        optimizers.Adam(learning_rate=0.01), metrics=['accuracy'])
```

model.fit 함수를 사용하여 학습을 수행할 수 있다. 에포크 수, 배치 사이즈, 검증 데이터 비율(validation_split) 등의 파라미터의 설정 방법은 합성곱층의 학습에서와 동일하다.

```
model.fit(x_train,y_train, epochs = 50, batch_size=128, validation_split=0.2)
```

결과는 다음 코드를 사용하여 검증할 수 있다. 각각의 코드가 만드는 결과를 확인해 가면서 실습을 진행하면, 코드에 대한 이해도를 더욱 높일 수 있다.

```
o = model.predict(x_test)
o = np.argmax(o,1)
y_test = np.argmax(y_test,1)
sum(np.equal(y_test,o))/len(y_test)
```

요약

1 시계열 데이터는 음성, 동영상 등과 같이 각종 센서에서 일정 시간 간격으로, 지속적으로 측정되는 데이터다.

2 시계열 데이터의 측정은 자이로센서, 압력 센서, 마이크, 카메라 등의 각종 센서를 사용할 수 있다.

3 시계열 데이터의 이름은 데이터가 시간의 흐름에 따라 변화한다는 의미다.

4 티쳐블 머신을 음성/사운드 데이터의 인식에 사용할 수 있다.

5 시계열 데이터가 일반적으로 가지는 특성은 1) 빅데이터, 2) 반복되는 패턴, 3) 결측치/이상치, 4) 잡음이다. 데이터 특성은 데이터의 종류에 따라 다르며, 이 중 일부 특성만 가지는 경우도 많다.

6 시계열 데이터의 학습에 딥러닝을 사용하기 위해서는, 데이터 내에 존재하는 결측치, 이상치, 잡음을 제거하거나 보간하여야 한다.

7 시계열 데이터의 전처리 과정에서 시계열 데이터의 반복적인 특성을 활용할 수 있다. 신호를 분할하여 사용하면 데이터의 크기가 감소하여 학습이 용이해진다.

8 LSTM층은 시계열데이터가 변화하는 양상을 모델링할 수 있는 네트워크층이다.

9 시계열 데이터의 학습을 위해 1차원 합성곱층을 함께 사용할 수 있다.

연습문제

1 네 개 이상의 사운드(음악 장르 구분, 목소리 구분 등)를 구분하는 자신만의 오디오 프로젝트를 만들어 테스트해 보고, 합성곱 신경망에서와 같은 방법으로 Confusion Matrix를 계산하시오. 이 문제를 올바로 풀기 위해서는 먼저 다음과 같은 세부 과제를 수행하거나 질문에 답해야 한다.

1) 어떤 종류의 데이터를 수집할 것인가? (연주 데이터, 실제로 연주를 할 것인지 음악 파일을 재생할 것인지, 목소리를 녹음할 것인지, 녹음 시에 어떤 단어를 말할 것인가 등)

2) 목표는 무엇인가? (음악 장르 구분, 악기 구분, 화자 구분, 단어 구분 등)

3) 몇 사람이 몇 개의 녹음을 할 것인가?

4) 학습용 데이터는 테스트용 데이터와 몇 대 몇으로 수집할 것인가? (7:3, 8:2 등)

		실제 결과	
		정상	비정상
타깃	정상		
	비정상		

2 위 문제에서 합성곱층/완전 연결층의 개수를 변화시켜 가면서, 모델 형태에 따른 정확도의 변화를 확인하고 분석하시오.

3 시계열 데이터와 이미지 데이터의 차이점에 대해 설명하시오.

4 8.6.3절의 실습 코드에서 딥러닝 모델과 학습 파라미터를 수정하여 학습/테스트 과정을 수행하고, 그 결과를 보고하시오. 모델의 수정 등에는 다음과 같은 요소를 고려하여야 한다.

1) 합성곱, LSTM층의 개수

2) 각 층 내부 노드의 수

3) 배치 크기, 에포크 수, 검증 데이터의 비율

결과의 분석에는 다음과 같은 요소를 고려하여야 한다.

1) 학습 중 에포크의 증가에 따른 정확도, Loss 값의 변화

2) 학습이 진행됨에 따른 학습 및 검증 정확도의 차이 변화

3) 파라미터 등의 수정에 따른 학습/테스트 정확도의 차이

CHAPTER 09

순환 신경망과 파라미터 최적화

CHAPTER 09

순환 신경망과 파라미터 최적화

9.1 순환 신경망

9.1.1 순환 네트워크 개요

앞 장에서 살펴본 LSTM은 시계열 데이터를 효과적으로 학습하기 위해 개발된 순환 네트워크의 한 종류이다. 순환 신경망은 완전 연결 신경망에 비해 적은 수의 가중치로 신호의 변화를 효과적으로 학습할 수 있으며, 이에 따라 가속도센서, 자이로센서와 같은 각종 디지털 센서로부터 측정되는 데이터, 자연어 처리 등에 널리 사용되고 있다. 순환 네트워크의 가장 큰 특징은 시계열 데이터를 순차적으로 하나씩 입력을 받으며, 이전 시간에서 발생한 출력을 그 다음 상태의 입력으로 사용하여 출력을 발생시킨다는 것이다. [그림 9-1]은 LSTM층의 내부구조인데, 이를 한 번에 이해하는 것은 쉽지 않다. 이 때문에, 이번 장에서는 순환 네트워크의 보다 단순한 구조인 단순 순환 신경망(Simple Recurrent Neural Network: RNN)을 먼저 살펴볼 것이다.

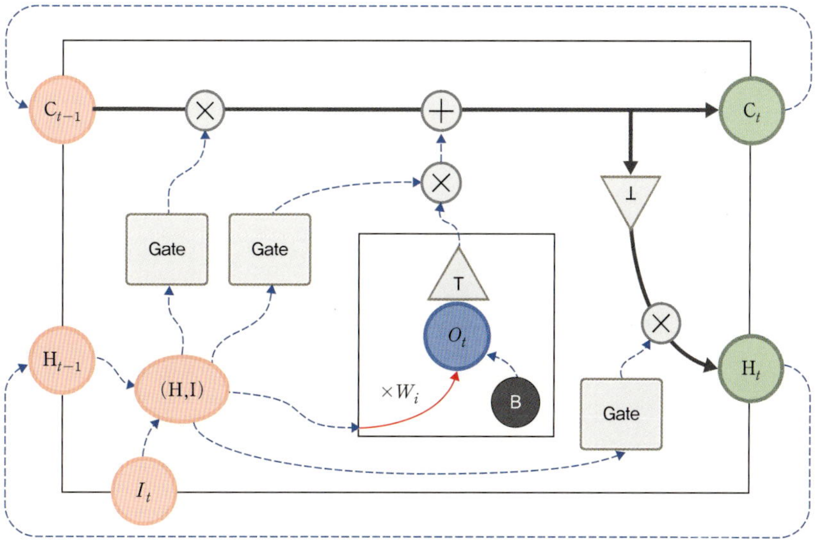

[그림 9-1] LSTM층의 구조

9.1.2 완전 연결층 리뷰

앞서 학습하였던 완전 연결층을 간략히 살펴보자[그림 9-2]. 완전 연결층은 입력과 출력이 서로 다른 가중치를 가진 에지로 연결되어 있는 구조다. 출력은 가중치와 입력의 곱을 모두 더한 것이며, 출력값을 조정하기 위해 시그모이드(Sigmoid), ReLU 등의 활성화 함수가 사용된다. 완전 연결층의 학습은 원하는 출력을 낼 수 있도록 이 가중치들을 조절하여 가는 과정으로 이해할 수 있다. 완전 연결층의 가중치 개수는 입력 데이터의 길이에 비례한다는 것을 주의해서 기억하라.

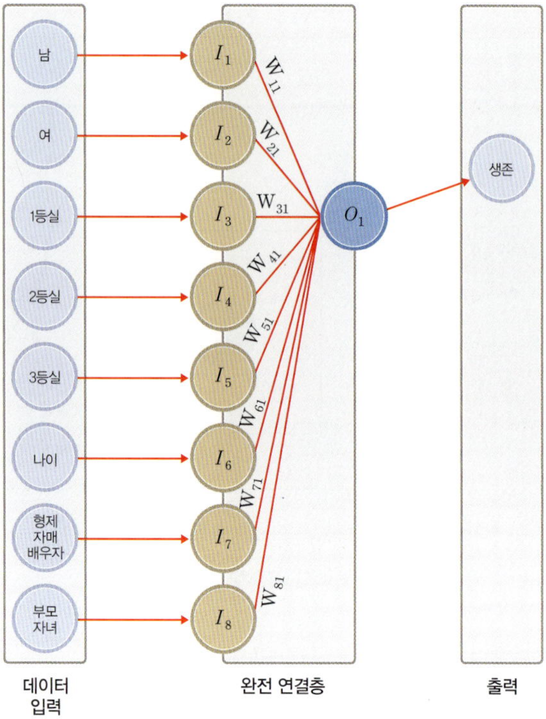

[그림 9-2] 완전 연결층의 구조

9.1.3 단순 순환 신경망(Simple Recurrent Neural Network: Simple RNN)

순환 신경망은 네트워크 연결을 반복 사용함으로 완전 연결층의 가중치 개수를 대폭 감소시킨 것이다. [그림 9-3]은 고전적인 순환 신경망의 구조를 나타낸 것인데, 이를 최근 널리 사용되는 LSTM 등과 같은 순환 신경망과 구분하기 위해 단순 순환 신경망(Simple RNN)이라 하고, RNN으로 간략히 표기한다. RNN이 완전 입력층과 가장 큰 차이를 보이는 부분은 입력부이다. RNN은 하나의 입력 노드만을 가지며, 이전 시간의 출력이 현재의 출력에 영향을 끼친다. 입력 노드가 하나밖에 없기 때문에, 여러 값들은 한꺼번에 입력되지 못하고 한 번에 하나씩 입력된다. I_1부터 I_5까지가 시계열 데이터의 순차적인 데이터 값을 의미한다고 하자. 시간(t)=1 시점에 I_1이 입력되면 해당 시점의 출력은 '입력(I_1)과 가중치(W_i)의 곱'과 '이전 상태의 출력 $H-1$과 가중치(W_h)의

곱', 그리고 '상숫값(B)'의 합으로 결정된다. 이때 이전 시간의 출력은 존재하지 않으므로 0(또는 랜덤 값)으로 간주될 수 있다. RNN층에서도 합성곱층과 마찬가지로 활성화 함수를 사용한다[그림 9-3]. 계산된 세 항의 합(O)은 활성화 함수를 거쳐 시간 t에서 RNN층의 출력(H_t)가 된다. 활성화 함수를 거치기 전의 가중치와 입력간 곱의 합을 중간 출력(O), 활성화 함수를 거쳐서 나온 결과를 출력(H)라고 하자. RNN에서는 활성화 함수로 하이퍼볼릭 탄젠트(Hyperbolic Tangent) 함수를 사용하는 것이 일반적이다.

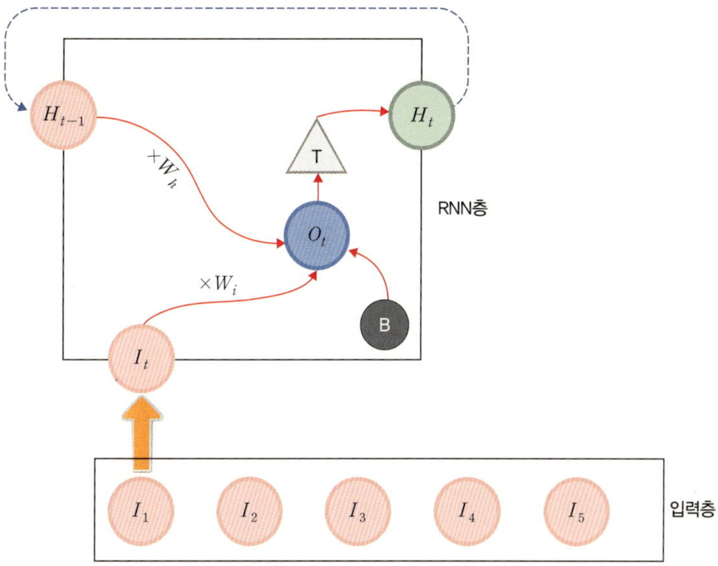

[그림 9-3] 순환 신경망의 구조

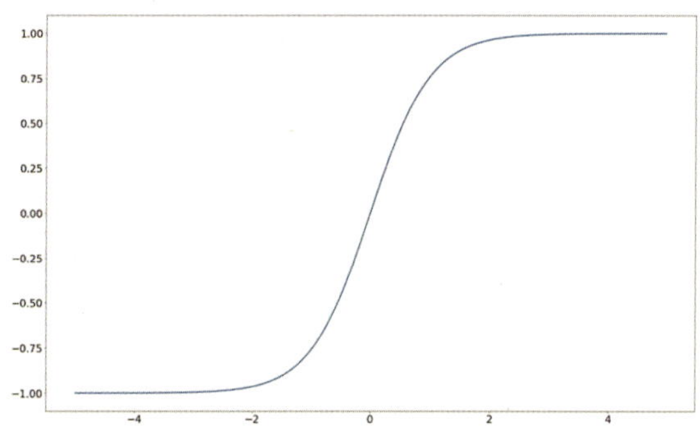

[그림 9-4] RNN의 활성화 함수(하이퍼볼릭 탄젠트)

시간(t)=2에서의 중간 출력(O_2)은 시간(t)=1에서의 출력(H_1)과 가중치(W_h)의 곱, 입력(I_2)과 가중치(W_i)의 곱, 그리고 상숫값(B)의 합으로 결정되며, 이 과정은 모든 데이터가 입력될 때까지 반복된다. 여기서 주의를 기울여야 할 부분은 이 RNN층에는 가중치가 2개밖에 존재하지 않는다는 것이다. 각각의 입력에 대해 서로 다른 가중치가 존재하는 완전 연결층과는 달리, RNN층은 모든 입력에 대해 동일한 가중치를 사용한다. RNN의 계산 과정을 일반화하여 수식으로 적으면 다음과 같다.

$$O_t = I_t \times W_t + H_{t-1} \times W_h + B$$
$$H_t = \tanh(O_t)$$

간편한 설명을 위해 RNN의 입력 I_t가 하나의 실수인 것처럼 설명하였으나, I_t에 다차원 벡터를 넣을 수도 있다. 즉, 입력 데이터 I는 길이가 5인 1차원 데이터 [1,2,3,4,5]가 될 수도, 길이가 5이고 벡터로 구성된 1차원 데이터 [[1,1], [2,3], [3,5], [4,2], [5,9]]가 될 수도 있다.

이해를 돕기 위해 [그림 9-3]의 RNN을 풀어서 살펴보면 [그림 9-5]와 같다. 총 5개의 RNN층이 연결되어 있으나, 이들 층은 모두 다른 시간 대의 동일한 네트워크층을 나타낸다. 즉, 네트워크 내부의 가중치(W_h, W_i)와 바이어스(B)는 모두 동일하다. 이 그림을 통해, RNN은 각 시간별로 출력(H_t)을 발생시키고, 발생한 출력은 다음 시간(t+1)의 입력으로 사용된다는 것을 알 수 있다. 그림과 같이 입력 데이터의 길이가 5라면 총 5개의 출력이 발생한다. 이들 출력 모두를 사용하는 방식을 시퀀스-투-시퀀스(Sequence to Sequence: seq2seq) 구조라 하고, 마지막의 출력만을 사용하는 것을 시퀀스-투-원(Sequence to One: seq2one)이라고 한다.

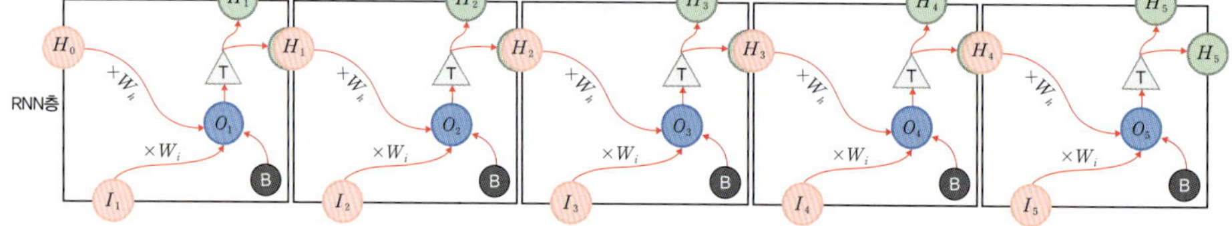

[그림 9-5] 길이가 5인 입력에 대한 RNN층의 구조(seq2seq 구조)

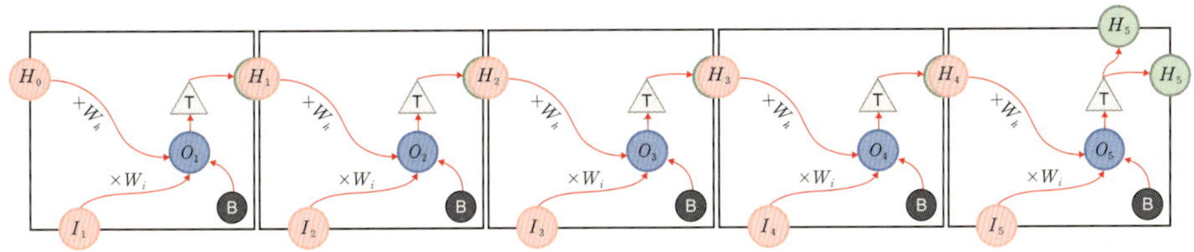

[그림 9-6] 길이가 5인 입력에 대한 RNN층의 구조(seq2one 구조)

[그림 9-6]과 같이 펼쳐놓은 seq2one 모델을 자세히 살펴보면 일종의 다층 네트워크와 유사한 형태를 지니고 있음을 알 수 있다. 특정 시간대의 RNN층을 하나의 '블록(그림에서 하나의 상자)'이라고 한다면, 여러 개의 블록이 연속적으로 구성된 네트워크로 볼 수 있기 때문이다. 중간 출력(O), 활성화 함수, 출력(H)를 하나의 덩어리로 간주하고 바이어스(B)를 무시한다면, 일종의 '불균형 이진트리'의 구조로도 생각할 수 있다. 가중치가 곱해지고, 합산되고, 출력이 다음 블록으로 전달되는 과정은 완전 연결 신경망 등과 동일하므로, RNN의 학습은 다른 신경망과 동일하게 역전파 알고리즘으로 수행된다. 학습은 목표로 하는 정답치를 도출하도록 가중치를 점진적으로 조정하는 작업이다. RNN층에서의 출력 노드는 블록 사이에 존재하는 노드이기도 하기 때문에, **히든 노드**(Hidden Node)라는 이름으로도 불린다.

RNN은 초기에 들어온 입력에 동일한 가중치가 연속적으로 곱해지는 구조를 지닌다. 시간이 흐름에 따라 가중치가 연속적으로 곱해지면서 가장 마지막의 출력에 영향을 끼치게 되고, 새로 들어오는 입력은 가중치(W_i)가 곱해진 후 이전의 출력과 더해진다. 이 때문에 가중치(W_h)의 크기가 1보다 작다면 시간이 지날수록 해당 입력의 영향력이 작아지며, 1보다 크다면 오히려 영향력이 증대된다. 보편적으로 가중치는 −1과 1 사이의 값을 가질 것으로 기대되기 때문에, RNN의 최종 출력은 후반부의 입력에는 영향을 많이 받고, 초반부의 입력은 출력에 별다른 영향을 끼치지 못하게 된다. (만약 가중치의 크기가 1보다 크다면 반대의 상황이 된다.) 이와 같은 특성으로 인해, 길이가 긴 데이터의 학습은 RNN에 그다지 적합하지 않다.

지금까지는 편의상 출력이 하나인 RNN층을 사용하여 설명하였으나, 완전 연결층과 마찬가지로 RNN층도 다수의 출력 노드를 만드는 것이 가능하다. 합성곱층에서의 필터 수, 완전 연결층에서의 출력 노드 수와 유사한 개념이다. 노드의 수가 증가할수록

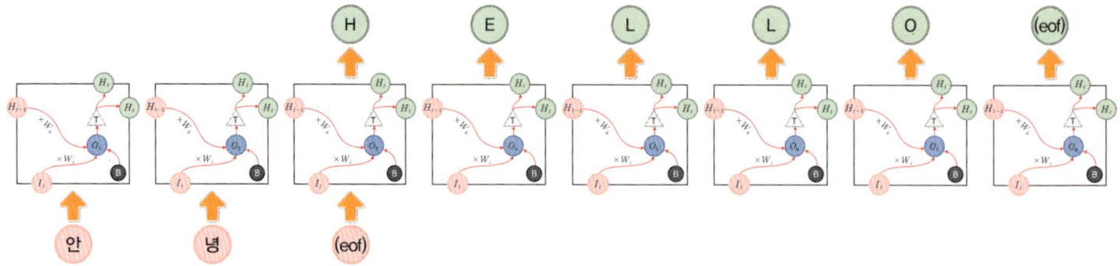

[그림 9-9] 한국어를 영어로 번역하는 RNN

9.2 LSTM층

LSTM층은 장기기억에 대한 RNN층의 한계를 극복하기 위해 개발된 네트워크층이다. 입력에 동일한 가중치가 곱해지며 오래 전의 입력의 영향력이 약해지는 단점을 상쇄하기 위해, LSTM층은 이전 시간의 출력(C_{t-1})을 입력으로 받아 곧바로 해당 시간의 출력(C_t)으로 연결한다[그림 9-10]. RNN층의 구조와 연결을 하나씩 비교하여 보면 그 차이를 발견할 수 있다. [그림 9-10]에서 C로 표기된 LSTM층의 출력은 이전 시간의 C값(C_{t-1})이 가중치나 활성화 함수의 적용 없이 곧바로 전달된 것이며, 여기에 해당 시간에서의 입력이 RNN과 같은 방식으로 계산된 후 더해진다. RNN 구조와의 직접적인 비교를 위해 노드 C를 일종의 '출력'으로 설명하였으나, LSTM에서의 실제 출력 노드(H)는 별도로 존재하며 이에 관하여서는 이후에 설명한다. 출력 또는 숨김(Hidden) 노드와 구분하기 위해 노드 C는 **셀 상태**(Cell State)라고 부른다.

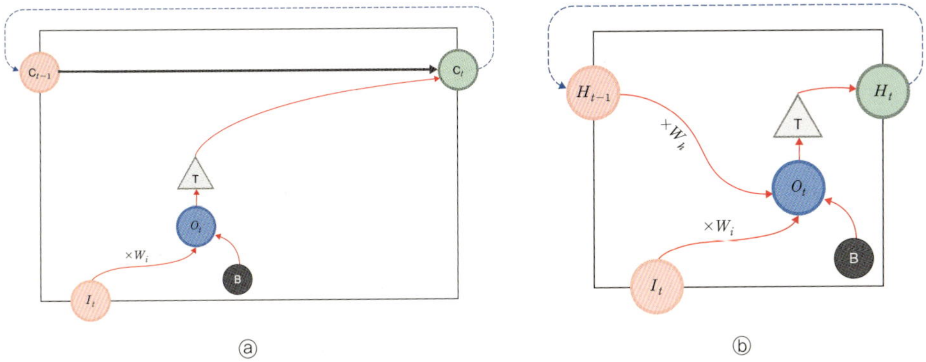

[그림 9-10] ⓐ LSTM층의 기본 구조, ⓑ RNN층의 구조

[그림 9-10]의 네트워크 구조에서 이전 시간의 셀 상태(Cell State) 입력은 감쇠되지 않은 채로 다음 시간으로 전달되지만, 모든 입력이 동일한 가중치(1)를 가지게 되므로 이것만으로 RNN의 문제점을 해결할 수는 없다. 이를 위해 LSTM에서 도입된 것이 '게이트(Gate)'라는 개념이다. 게이트는 이전 시간의 셀 상태를 입력에 따라 감쇠시키는 역할을 한다[그림 9-11]. 게이트의 값은 0과 1이 사이의 값을 가지며, 이 값이 이전의 셀 상태에 곱해져서 셀 상태를 변경시키게 된다. 게이트의 값이 1이라면 이전의 셀 상태가 감쇠 없이 그대로 전달되지만, 이 값이 0에 가까워질수록 감쇠의 폭이 커져 이전 상태가 새로운 상태의 변화에 끼치는 영향이 줄어든다. 이 게이트의 영어 이름은 'Forget Gate'인데, 이것은 네트워크를 일종의 메모리로 간주할 때 게이트의 값에 따라 이전 상태를 기억하는 정도가 줄어든다고 표현할 수 있기 때문이다.

게이트의 내부 구조는 입력에 가중치를 곱한 값과 바이어스(Bias)를 더한 후 활성화 함수를 적용하는 것으로, LSTM이 입력을 다루는 기본 블록과 거의 동일하다. 차이점은 활성화 함수의 종류인데, 게이트는 개념적으로 0과 1 사이의 값을 가져야 하기 때문에 하이퍼볼릭 탄젠트 대신 시그모이드 함수가 사용된다.

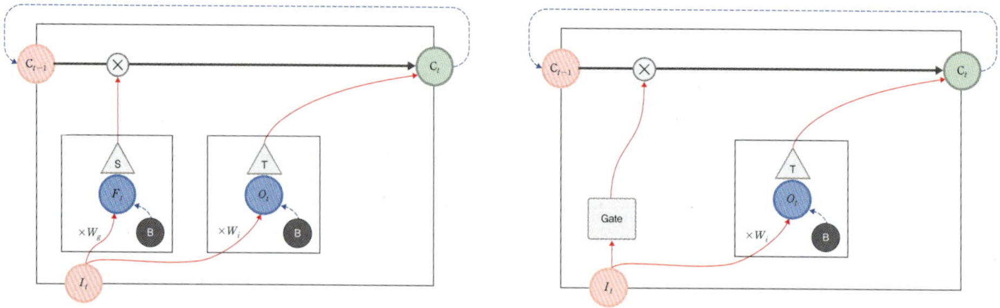

ⓐ ⓑ

[그림 9-11] ⓐ 게이트가 추가된 LSTM층의 구조, ⓑ 게이트를 간략화하여 표시한 구조

셀 상태에 적용된 게이트는 입력 노드의 값에 따라 이전 상태의 영향력을 조정하며, LSTM의 가장 핵심적인 역할을 담당한다고 할 수 있다. LSTM은 이와 같은 게이트를 셀 상태뿐 아니라, 네트워크의 다른 지점에도 적용하여 게이트의 효과를 최대화시키려는 전략을 사용한다. [그림 9-12]는 해당 시간의 입력에서 나오는 중간 출력(O)에 게이트를 추가한 상태다. 이를 Input Gate라고 한다.

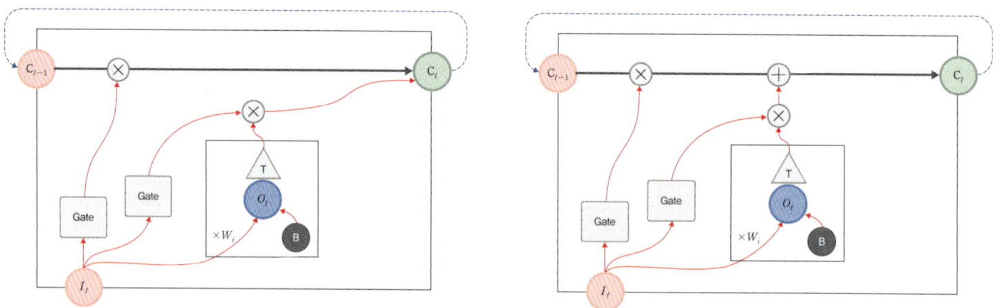

ⓐ ⓑ

[그림 9-12] ⓐ 입력 게이트가 추가된 LSTM층의 구조
ⓑ 더하기 기호를 사용하여 간략화하여 표시한 구조

이번 장의 전반부에서 노드 C가 LSTM의 출력이 아님을 설명한 바 있다. 이것은 근본적으로 노드 C가 활성화 함수를 거치지 않고 나오는 값이기 때문인데, LSTM에서는 이 값에 활성화 함수를 적용하여 별도의 출력(H)을 발생시킨다[그림 9-13]. 이 출력은 다음 시간의 또 다른 입력으로 사용되며, 원래의 입력 데이터와 묶여 하나의 입력인 것처럼 사용된다[그림 9-14].

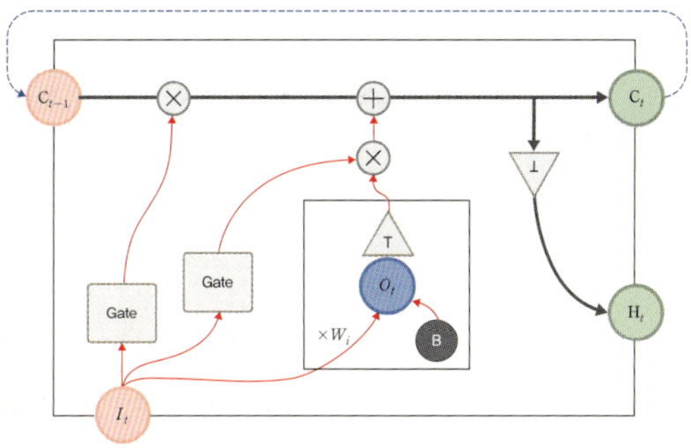

[그림 9-13] 출력(H)이 포함된 LSTM 구조

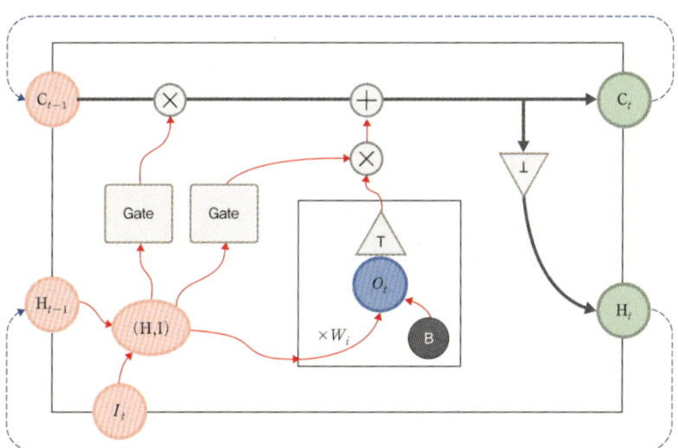

[그림 9-14] 출력(H)의 순환이 포함된 LSTM 구조

마지막으로 LSTM의 출력에 게이트(Output Gate)를 적용하면 다음과 같은 구조가 된다.

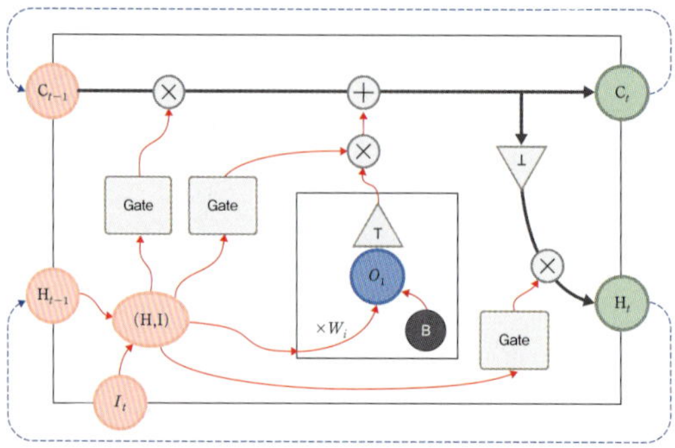

[그림 9-15] 완성된 LSTM의 구조

LSTM의 특징은 다음과 같이 정리해 볼 수 있다.

- 데이터 흐름의 이원화
  - tanh를 거치지 않고 변화하는 셀 상태
  - tanh를 통해 −1~1의 범위로 정규화된 출력
- 게이트를 통해 흐름을 막거나 열 수 있음.
  - 세 개의 게이트 사용: Forget Gate, Input Gate, Output Gate
- 출력 노드 1개에 대해 4개의 가중치가 구성됨.
- 데이터 시퀀스의 각 입력에 대해 가중치를 공유하여, 각 입력을 포괄적으로 나타낼 수 있는 모델을 생성
- 입력에 따라 게이트의 열린 정도를 다르게 설정할 수 있으므로, 게이트 가중치가 동일하더라도 다양한 패턴의 학습이 가능
- 단순 RNN에 비해 긴 패턴의 학습이 가능

LSTM은 순환 신경망의 일종이므로, Seq2Seq, Seq2One 등과 같이 출력을 사용하는 부분, 그리고 출력 노드의 숫자를 조절하고, 완전 연결층과 연결하여 사용하는 등의 개념은 RNN과 동일하다.

이 책에서 설명한 것은 LSTM의 전통적인 구조이며, 이 구조를 변형시키는 연구들이

여럿 발표된 바 있다. 혹시 이 구조를 보면서, 셀 상태(C)와 출력(H)이 꼭 분리되어야 하는지 의문이 든다면 GRU(Gated Recurrent Unit)에 관한 글을 찾아보라.

9.3 딥러닝 파라미터의 최적화

9.3.1 딥러닝 파라미터 최적화 개요

완전 연결층, 합성곱 신경망, LSTM층을 설계하고 구현하기 위해서는 다양한 파라미터의 값을 지정해 주어야 한다. 이번 장에서는 8.6절에서 사용한 심전도 데이터의 인식 코드를 다시 한번 살펴보면서, 딥러닝 파라미터들을 지정하고 조정하여 성능을 개선시키는 방법에 대해 학습한다.

8.6절에서 작성한 코드는 합성곱층, LSTM층, 완전 연결층을 사용하여 심전도 데이터의 정상/비정상 유무를 가리는 것으로, 전체 코드는 다음과 같다. 우선 다음 코드를 다시 한번 실행해 보라. 다음 코드는 1) 데이터 준비, 2) 딥러닝 모델 생성, 3) 학습, 4) 검증의 4단계로 나누어 볼 수 있으며, 딥러닝 파라미터를 지정해야 하는 부분은 2) 딥러닝 모델 생성, 3) 학습 단계이다.

1) 데이터 준비

코드

```
import matplotlib.pyplot as plt
import numpy as np
import pandas as pd
from tensorflow.keras.utils import to_categorical
from tensorflow.keras import Sequential
from tensorflow.keras import layers
from tensorflow.keras import optimizers
```

```
data_no = pd.read_csv
        ('/content/gdrive/My Drive/Colab Notebooks/ecg/ptbdb_normal.csv')
data_ab = pd.read_csv
        ('/content/gdrive/My Drive/Colab Notebooks/ecg/ptbdb_abnormal.csv')

data_no = np.array(data_no)
data_ab = np.array(data_ab)


nTrain = 3000
nTest = 1000
x_train = np.concatenate((data_no[:nTrain,:], data_ab[:nTrain,:]),0)
y_train = np.concatenate((np.zeros(nTrain,), np.ones(nTrain,)),0)
x_test = np.concatenate((data_no[nTrain:nTrain+nTest,:],
        data_ab[nTrain:nTrain+nTest,:]),0)
y_test = np.concatenate((np.zeros(nTest,), np.ones(nTest,)),0)

y_test = to_categorical(y_test)
y_train = to_categorical(y_train)
x_train = np.expand_dims(x_train,-1)
x_test = np.expand_dims(x_test,-1)
```

2) 딥러닝 모델 생성

코드

```
model = Sequential()
model.add(layers.Conv1D(filters=16, kernel_size= 3,
        input_shape=(x_train.shape[1], 1), activation='relu'))
model.add(layers.Conv1D(filters=16, kernel_size= 3, activation='relu'))
model.add(layers.MaxPooling1D(pool_size = 3, strides=2))
model.add(layers.Conv1D(filters=32, kernel_size= 3,
        input_shape=(x_train.shape[1], 1), activation='relu'))
model.add(layers.Conv1D(filters=32, kernel_size= 3, activation='relu'))
model.add(layers.MaxPooling1D(pool_size = 3, strides=2))
model.add(layers.LSTM(16))
model.add(layers.Dense(units=2, activation='softmax'))
```

```
model.compile(loss='categorical_crossentropy',
              optimizer=optimizers.Adam(learning_rate=0.01),
              metrics=['accuracy'])
```

3) 학습

코드

```
model.fit(x_train,y_train, epochs = 50, batch_size=128,
        validation_split=0.2)
```

4) 검증

코드

```
o = model.predict(x_test)
o = np.argmax(o,1)
y_test = np.argmax(y_test,1)
sum(np.equal(y_test,o))/len(y_test)
```

9.3.2 합성곱층의 파라미터

모델에 합성곱층과 풀링층을 추가하고 파라미터를 설정하는 코드는 다음과 같다.

```
model.add(layers.Conv1D(filters=16, kernel_size= 3,
        activation='relu'))
model.add(layers.MaxPooling1D(pool_size = 3, strides=2))
```

간단한 코드지만 합성곱층은 LSTM층이나 완전 연결층에 비해 설정해 주어야 할 부분이 비교적 많은 편이다.

1) 필터 수

필터는 합성곱을 수행하는 가중치의 세트를 말하며, 필터를 통해 입력 데이터가 새로운 특징으로 변화한다[그림 9-16]. 즉, 필터의 개수가 많아질수록 보다 다양한 특징을 추출할 수 있게 된다. 복잡한 데이터를 인식하기 위해서는 다양한 특징을 추출하여 정보량을 늘리는 것은 꼭 필요하기 때문에, 필터 수를 충분히 크게 지정할 필요가 있다. 필터 수의 지정은 다음과 같은 코드를 사용한다.

```
filters=16
```

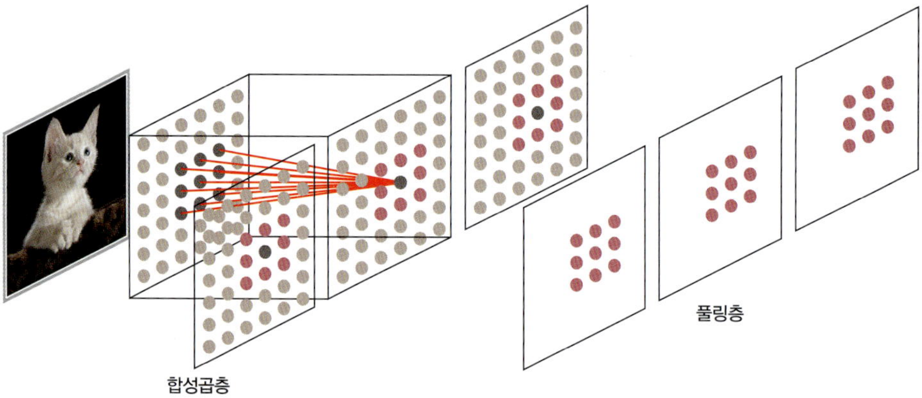

[그림 9-16] 합성곱층과 풀링층의 구조 – 3개의 필터가 사용됨.

하지만, 필터 수가 크다고 무조건 좋은 것은 아니다. 많은 필터들이 모두 올바로 동작하여 중요한 특징들을 추출해 낸다면 좋겠지만, 필터가 올바르게 동작하려면 필터 내부의 가중치들이 올바르게 학습되어야 하기 때문이다. 정리하자면, 필터 수가 클수록 올바르게 학습된 네트워크의 성능은 향상되지만, 네트워크를 학습시키는 것은 더욱 어려워진다.

이 문제를 해결하는 기본 전략은 일단 과도하게 많은 수의 필터를 사용하여 학습을 시도한 후, 크기를 조금씩 줄여나가는 것이다. 필터 수가 너무 적으면 충분한 특징이 추출되지 않아 학습 완료된 네트워크의 성능이 너무 떨어지기 때문이다.

다른 전략은 여러 개의 합성곱층을 사용하면서, 필터 수를 조금씩 늘려 가는 것이다. 한 번에 여러 개의 특징을 추출하는 것은 어렵지만, 추출된 특징을 기반으로 새로운 특징을 찾아내는 것은 상대적으로 쉽기 때문이다. 이때, 필터의 수는 2의 배수로 증가시키는 것이 일반적이나 이를 꼭 고집할 필요는 없다. 케라스 코드에서 여러 개의 합성곱층을 사용하려면, 층을 추가하는 코드를 단순히 복사하여 붙여넣으면 된다. 합성곱층에서 필터 수를 지정하는 코드의 예는 다음과 같다.

```
model.add(layers.Conv1D(filters=8, kernel_size= 3, activation='relu'))
model.add(layers.Conv1D(filters=16, kernel_size= 3, activation='relu'))
model.add(layers.Conv1D(filters=32, kernel_size= 3, activation='relu'))
```

2) 커널 크기

커널 크기는 가중치 배열의 크기를 말한다. [그림 9-16]의 커널은 크기가 (3,3)인 배열이다. 커널 크기는 3(2차원인 경우 (3,3))으로 쓰는 것이 보편적이긴 하지만, 상황에 따라 커널의 크기는 다양하게 바꿀 수 있다. 커널 크기가 클수록 넓은 범위를 포괄하는 특징을 찾고, 작을수록 지엽적인 특징을 추출하는 필터가 만들어진다. 일례로 커널 크기를 1로 하는 경우도 있는데, 커널 크기가 1이면 출력 노드 1개당 가중치의 개수가 하나로 고정되며, 출력은 단순히 공통의 가중치에 각 입력 노드의 값을 곱한 결과가 된다. 커널 크기의 지정은 다음과 같은 코드를 사용한다.

```
kernel_size= 3
```

3) 활성화 함수

활성화 함수는 각 층에서 발생하는 출력을 변형시키는 역할을 하며, 앞 장에서 살펴본 하이퍼볼릭 탄젠트 등은 출력을 특정 범위로 조정하기도 한다. 케라스에서 제공하는 활성화 함수는 〈표 6-5〉, [그림 6-10]과 같다. 합성곱층과 완전 연결층에서 주로 사용하는 활성화 함수는 ReLU인데, ReLU는 0보다 작은 출력을 모두 무시하는 역할을 한다. 이것은 부분적으로 딥러닝에서 사용되는 대부분의 데이터들이 0 또는 양수라는 점에 기인하며, 또한 가중치의 범위를 간접적으로 제한하여, 학습이 보다 쉽고 빠르게 이루어지게 하기 위한 것이다. 활성화 함수의 지정은 다음과 같은 코드를 사용한다.

```
activation='relu'
```

ReLU가 출력의 범위를 0 이상의 정수로 조정한다면, 0과 1 사이, −1과 1 사이의 값으로 출력을 조정하는 함수도 있다. Sigmoid 함수는 ReLU의 개발 이전에 보편적으로 사용되던 활성화 함수이며, 출력값을 0과 1 사이로 조정한다. Sigmoid 함수는 음수의 입력을 무시하지 않으며, 다음 층의 입력을 0과 1 사이의 값으로 제한시킴으로 층 사이에서의 데이터 정규화가 일어나게 하는 효과도 있다. ReLU를 사용하면서도 비슷한 효과를 얻는 방법은 별도의 정규화 층을 추가하는 것인데, 이에 관해서는 다음 장에서 다루도록 한다. Tanh 함수는 출력을 −1과 1 사이의 값으로 조정하며 순환 신경망(RNN, LSTM 등)의 내부에서 사용된다. 순환 신경망의 활성화 함수를 ReLU로 변경하여 성능을 향상시킬 수 있다는 연구 결과가 일부 제시된 바가 있지만, 아직까지 Keras에서는 순환 신경망의 활성화 함수를 변경하는 방법을 별도로 제공하지는 않는다.

Keras를 사용한 코딩에서 대부분의 활성화 함수들은 Activation 파라미터에 〈표 6-5〉의 코드를 지정하여 사용할 수 있다. 다만, Leaky ReLU는 고급 활성화 함수로 간주되어 별도의 네트워크층으로 구성하여야 한다. 활성화 함수를 별도의 층으로 구성할 때에는 합성곱층 등의 Activiation 파라미터를 None으로 지정한 후, 해당 활성화 함수층을 추가한다. 1차원 합성곱층과 Leaky ReLU를 추가하는 코드는 다음과 같다.

```
model.add(layers.Conv1D(filters=32, kernel_size= 3, activation=None))
model.add(layers.LeakyReLU())
```

딥러닝 모델을 구성함에 있어 활성화 함수는 ReLU를 사용하는 것이 최근의 보편적인 흐름이며, 처음 모델을 구성할 때에는 ReLU를 사용하여 모델을 구성하는 것을 추천한다. 하지만 다른 딥러닝 파라미터와 마찬가지로, 여기에도 정답은 없다. 활성화 함수를 바꾸어 가며 학습/테스트를 진행하여 성능의 차이를 살펴보라.

```
model.add(layers.Conv1D(filters=32, kernel_size= 3, activation='relu'))
```

4) 풀링층의 파라미터

앞 장에서 학습한 바와 같이, 풀링은 노드의 수, 즉 특징의 개수를 줄이기 위한 목적으로 사용된다. 풀/stride의 크기가 클수록 특징의 개수가 대폭 줄기 때문에, 학습 난이도가 감소하지만, 동시에 정보 손실이 있을 수 있으므로 적절한 균형을 유지하도록 하는 것이 중요하다. 풀/stride의 크기는 네트워크의 깊이(개수)와도 관련이 있다. 풀/stride의 크기가 크면, 네트워크층을 거쳐갈수록 입력 데이터의 크기가 빠르게 줄어드며, 반대의 경우에는 여러 층을 사용하여도 상대적으로 큰 크기를 유지할 수 있기 때문이다. 예를 들어 16×16 크기의 이미지를 입력으로 받아, 풀/stride의 크기가 2인 풀링층을 세 번만 거치면 4개(2×2)의 노드가 남지만, 만약 크기가 4인 풀링층을 사용한다면 2개 이상의 풀링층은 사용할 수가 없게 된다. 합성곱층과 풀링층이 하나의 세트로 사용되는 점을 생각해 보면, 이것은 네트워크를 구성함에 있어 제법 큰 제약이 된다.

풀링층을 사용하면서도 여러 개의 합성곱층을 사용하는 '딥 네트워크'를 구성하기 위해, 합성곱층과 풀링층을 n:1의 비율로 구성하는 경우도 있다. 합성곱 여러 개를 연속적으로 추가한 후, 풀링층을 한 번만 추가하는 것이다. 다음은 2:1로 합성곱과 풀링층의 세트를 2개 연속으로 구성하는 코드다.

```
model.add(layers.Conv1D(filters=32, kernel_size= 3, activation='relu'))
model.add(layers.Conv1D(filters=32, kernel_size= 3, activation='relu'))
model.add(layers.MaxPooling1D(pool_size = 3, strides=2))
model.add(layers.Conv1D(filters=32, kernel_size= 3, activation='relu'))
model.add(layers.Conv1D(filters=32, kernel_size= 3, activation='relu'))
model.add(layers.MaxPooling1D(pool_size = 3, strides=2))
```

이미지 데이터를 인식하는 네트워크에서의 풀링은 MaxPolling이 사용되는데, 이것은 0에 가까울수록 정보가 적어지는 이미지의 특성 때문이다. MaxPooling을 사용하여 해당 풀에서 최댓값을 선택하므로 정보의 손실을 최소화하는 것이다. 따라서, 작은 값이 보다 중요한 정보를 지니고 있다면 MinPooling을, 모든 값이 중요한 상황이라면 성능을 높이기 위해 AveragePooling을 사용하여 테스트를 해 볼 필요가 있다. MinPooling은 Keras에서는 지원하지 않으므로, 필요 시에는 입력 데이터를 반전하여 사용하거나 MinPooling을 자체적으로 구현해야 한다. Keras에서 제공하는 풀링층을 정리하면 다음과 같다. Global 풀링층은 입력받은 배치에 대해 (채널별로) 전체 평균을 계산해 주는 층이다. 일반적으로 사용하는 것은 Local 풀링층이다.

〈표 9-1〉 데이터의 차원과 풀링 방법에 따른 다양한 풀링층

Local/ Global	풀링 종류	데이터 차원		
		1차원	2차원	3차원
Local	Local	MaxPooling1D	MaxPooling2D	MaxPooling3D
	AveragePooling	AveragePooling1D	AveragePooling2D	AveragePooling3D
Global	MaxPooling	GlobalMaxPooling1D	GlobalMaxPooling2D	GlobalMaxPooling3D
	AveragePooling	GlobalAverage Pooling1D	GlobalAverage Pooling2D	GlobalAverage Pooling3D

풀링층의 또 다른 파라미터는 padding이다. 이 파라미터의 값이 'valid'이면 패딩 없이 풀링을 수행하고, 'same'인 경우 stride가 1일 때를 기준으로 동일한 크기의 출력을 발생시키도록 제로-패딩을 한 후 결과를 계산한다. 파라미터를 명시적으로 지정하지 않으면 기본값인 'valid'로 지정된다.

```
padding = 'valid'
```

9.3.3 LSTM층의 파라미터

1) 노드 수

LSTM층은 합성곱층에 비해 파라미터의 수가 적어, 파라미터의 지정이 비교적 단순

하다. LSTM에서 필수적인 파라미터는 '노드 수'이다. LSTM의 노드 수는 완전 연결층에서의 노드 수와 유사한 개념으로, 네트워크층의 출력 개수를 의미한다. 노드 수가 증가할 수록 네트워크 내의 가중치 수가 늘어나 보다 복잡한 패턴을 인식할 수 있으나, 학습의 난이도가 상승하여 데이터의 개수가 충분하지 않은 경우 네트워크가 올바르게 학습되지 않을 수 있다. LSTM층에서 노드 수의 지정은 다음과 같은 코드를 사용한다.

```
layers.LSTM(16)
```

2) 출력 형태

LSTM의 출력 형태(시퀀스-투-시퀀스, 시퀀스-투-원)를 결정하는 파라미터는 return_sequences이다. 이 값이 True면 시퀀스-투-시퀀스(seq2seq) 형태로, False면 시퀀스-투-원(seq2one)의 형태로 사용된다. 기본값은 False이므로 별도로 지정하지 않는 경우 seq2one으로 사용된다. 출력 형태의 지정은 다음과 같은 코드를 사용한다.

```
return_sequences = True
```

LSTM을 연속해서 연결하려면 return_sequences의 값을 True로 지정해서 데이터의 시퀀스 형태를 유지해 주어야 한다.

```
model.add(layers.LSTM(16, return_sequences=True))
```

두 개 이상의 LSTM층을 연속으로 사용하는 코드는 다음과 같다.

```
model.add(layers.LSTM(16, return_sequences=True))
model.add(layers.LSTM(16, return_sequences=True))
model.add(layers.LSTM(16))
```

3) 양방향 LSTM(Bidirectional)

Bidirectional 옵션은 데이터 시퀀스의 역순으로 입력되는 데이터를 학습하는 네트워크를 추가하는 기능이다. 본래의 LSTM은 데이터의 시퀀스가 순차적으로 입력되어 변화하는 (순방향) 정보를 학습하지만, 양방향 LSTM의 경우에는 역순으로 입력되는 데이터를 학습하는 층(역방향층)을 추가한 후, 순방향 출력과 역방향 출력을 합쳐 층의 출력으로 삼는다. 두 출력을 합치는 것은 단순히 두 결과를 이어 붙이는 것이어서, 양방향 LSTM을 적용하면 LSTM의 출력 개수가 두배로 늘어난다[그림 9-17]. 노드 개수가 16인 양방향 LSTM을 사용하는 코드는 다음과 같다.

```
model.add(layers.Bidirectional(layers.LSTM(16)))
```

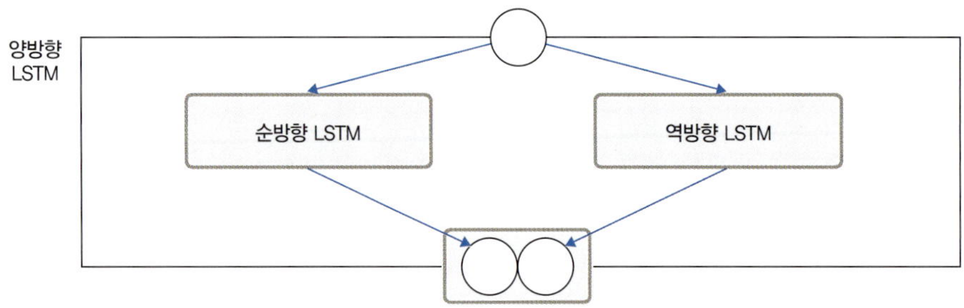

[그림 9-17] 양방향 LSTM

9.3.4 완전 연결층의 파라미터

완전 연결층의 파라미터는 unit(유닛, 또는 노드)의 개수, 그리고 활성화 함수의 종류다. 유닛 수는 출력 노드의 개수를 의미하며, 활성화 함수는 앞서 살펴본 바와 동일하다. 마지막 Dense층은 분류 모델을 사용할 때는 softmax 함수를, 그 외의 경우는 sigmoid, relu 등을 사용하면 된다.

```
model.add(layers.Dense(units=2, activation='softmax'))
```

9.3.5 모델 생성(컴파일) 시의 파라미터

1) 학습률과 최적화 도구

딥러닝에서의 학습은 에지의 가중치를 조정하며 수행되고, 가중치의 조정은 출력 오차를 줄이는 방향으로 진행한다. 즉, 학습의 핵심은 가중치를 조정하여 오차를 최소화 시키는 것인데, 이를 수행하는 라이브러리를 '최적화 도구'라고 부른다. 사실 하나의 데이터에 대해서만 학습을 수행한다면, 해당 데이터가 원하는 출력을 발생시키도록 가중치를 수정하는 것은 매우 쉬운 일이며 한번에 완료할 수도 있다. 하지만 여러 개의 데이터 샘플이 있을 때, 특정 데이터에 대한 오차를 최소화시키도록 학습을 시켜버린다면, 다른 데이터들에 대한 오차는 반대로 상승할 가능성이 높다. 이 때문에 '학습률'이라고 하는 개념이 등장하였다. 특정 데이터(배치)에 대한 오차를 최소화시키기 위해 가중치를 1만큼 더해 주어야 한다면, 1을 바로 더하지 않고, 학습률(α)를 곱해 더한다. 학습률이 0.1이라면, 학습률이 1인 경우에 비해 10배 느리게 학습을 진행하는 것이지만, 여러 데이터에 대해 안정적으로 학습을 진행하기 위해서는 학습률은 충분히 작아야 한다. 보통 0.001에서 0.01 사이의 값이 사용된다.

최근까지 연구 개발된, 그리고 Keras에서 사용할 수 있는 최적화 도구는 매우 다양하지만, 대부분의 최적화 도구는 경사 하강법(Gradient Descent Algorithm)을 기본으로 사용한다. 경사 하강법은 랜덤하게 주어진 가중치의 값에서 출발하여, 가중치를 변화시켰을 때 발생하는 손실(Loss)의 변화를 미리 계산하고, 손실을 줄이는 방향으로 가중치를 변화시키는 것이다. 가중치가 2개(w_1, w_2)인 경우의 예를 [그림 9-18]에서 살펴볼 수 있다. 최초에 랜덤하게 주어진 가중치가 (w_1, w_2) = (0.8,0.3)인 경우, 계산된 손실값은 0.6이다. 여기서 출발하여 가중치를 한 칸씩 살펴보고 손실함수가 줄어드는 방향으로 계속 이동하면, 결국 손실값을 최소화하는 가중치(0.3,0.6)를 찾을 수 있다.

		w_1									
		0.1	0.2	0.3	0.4	0.5	0.6	0.7	0.8	0.9	1
w_2	0.1	0.6	0.6	0.6	0.6	0.6	0.6	0.6	0.6	0.6	0.6
	0.2	0.5	0.5	0.55	0.55	0.55	0.55	0.58	0.55	0.59	0.6
	0.3	0.49	0.5	0.52	0.54	0.55	0.57	0.58	0.6	0.59	0.6
	0.4	0.49	0.5	0.5	0.5	0.5	0.5	0.57	0.58	0.59	0.6
	0.5	0.4	0.5	0.3	0.28	0.3	0.4	0.56	0.58	0.4	0.6
	0.6	0.3	0.2	0.1	0.25	0.3	0.38	0.55	0.58	0.55	0.6
	0.7	0.4	0.5	0.3	0.28	0.28	0.38	0.55	0.58	0.55	0.6
	0.8	0.6	0.5	0.5	0.35	0.28	0.4	0.54	0.58	0.55	0.6
	0.9	0.6	0.6	0.6	0.6	0.35	0.5	0.54	0.58	0.55	0.6
	1	0.7	0.7	0.7	0.6	0.45	0.6	0.6	0.6	0.55	0.6

[그림 9-18] 가중치의 변화에 따른 손실(Loss)의 변화

여기서 조금 더 생각해 보면, 한 칸씩 살펴보고 나아가는 것이 좋지 않은 예도 있음을 알 수 있다. 최초의 가중치가 (1,0.5)로 주어진 경우를 살펴보자. 주변의 손실값 중 가장 낮은 것은 (0.9,0.5)의 0.4인데, 이 지점으로 이동하고 나면 주변에 0.4보다 작은 값이 없으므로 더 나은 값을 찾지 못하고 해당 지점의 가중치가 최적값이라고 답을 하게 된다. 이를 국소 최솟값(Local Minimum)이라고 한다. 국소 최솟값을 방지하는 전략은 여러 가지가 있으나, 비교적 간단한 방법은 한 번에 두 칸(0.2 단위) 떨어져 있는 지점만 살펴보고 이동하는 것이다. 거리가 0.2 이내인 모든 값을 살펴보고 이동하는 것도 가능하지만, 시간 소요가 너무 큰 관계로 실제 학습에 적용하기는 어렵다. 한 번에 여러 칸을 이동하는 방법의 또 다른 장점은 최적 가중치를 찾는 속도, 즉 학습 속도가 매우 빨라진다는 것이다. 한 칸씩 이동할 때에 (0.8,0.3)부터 (0.3,0.6)지점까지 5단계가 소요되었으나, 두 칸씩 이동하면 (0.2,0.6) 지점까지 3번만에 이동할 수 있다. 물론 장점만 있는 것은 아니다. 이 방법은 정밀한 이동이 어렵다. 3번만에 손실값을 0.2까지 줄일 수 있으나, 한번에 두 칸씩 이동하는 관계로 바로 옆의 0.1을 찾는 것은 매우 어려운 일이 되어 버린다. 여기서 한 번에 이동하는 거리는 '학습률'에 비례한다. 한 번에 많이, 빠르게 학습하려면 높은 학습률로, 그렇지 않으면 낮은 학습률을 적용하면 된다.

경사 하강법을 공부할 때에는, 위 표(그림)에 있는 손실값을 모두 알고 있는 상태가 아니라는 점을 기억해야 한다. 편의상 전체 값을 다 적은 상태로 설명하였으나, 실제 최

적 가중치를 찾을 때는 가중치의 개수가 많아 복잡도가 매우 높으므로, 각 가중치에 대한 손실함수를 편미분하여 가중치를 하나씩 수정한다. 구체적인 방법은 알고리즘에 따라 조금씩 달라질 수 있으나, [그림 9-19]의 경우 단순한 역전파 알고리즘이 적용되고 $w_1=0.8$ 지점에서 손실값의 변화량이 0.01이라면, 이 값에 학습률을 곱한 후 w_1에서 빼 준다(6.3절의 역전파 알고리즘 참조).

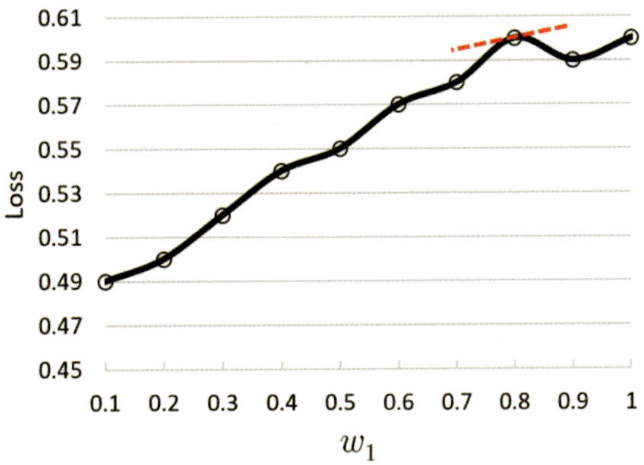

[그림 9-19] w_2의 값이 고정(0.3)되어 있을 때 w_1에 따른 Loss 값의 변화와 $w_1=0.8$ 지점에서의 기울기

이와 같이 경사 하강법에서 가중치를 찾는 것은 여러 가지 고려해야 할 사항이 많으며, 이를 개선하기 위해 다양한 알고리즘들이 개발되어 있다. Keras에서 제공하는 대표적인 최적화 도구들은 다음과 같다.

〈표 9-2〉 Keras에서 제공하는 최적화 도구

최적화 도구		설명	코드 예제
추계적 경사 하강법 (Stochastic Gradient Decent Algorithm)	SGD	가중치의 개수가 증가할수록 주변의 모든 값들을 살펴보는 것은 계산시간의 문제를 발생시킴. 통계적(stochastic) 방법을 사용하여 계산량을 감소시키는 방법	`optimizer=optimizers.SGD(learning_rate=0.01)`
제곱평균제곱근 전파 (Root Mean Square Propagation)	RMSProp	가중치를 변화시키는 방향을 유지하려는 힘(모멘트)을 고려하여, 가중치를 수정(이동)함.	`optimizer=optimizers.RMSProp(learning_rate=0.01)`

적응적 모멘트 추정 (Adaptive Moment Estimation)	Adam	모멘트의 상태에 따라 학습률을 자동으로 변화시킴.	optimizer=optimizers.Adam(learning_rate=0.01)

최적화 도구들 중 가장 보편적으로 쓰이는 Adam을 사용하도록 지정하는 코드는 다음과 같다.

```
optimizer=optimizers.Adam(learning_rate=0.01)
```

2) 손실함수

손실함수는 최종 출력에서 발생하는 오차의 크기를 계산하는 방법이며, Keras에서 제공하는 주요 손실함수는 〈표 6-4〉에서 설명하였다. 분류 모델의 평가에 주로 사용되는 Categorical Crossentropy를 사용하도록 지정하는 코드는 다음과 같다.

```
loss='categorical_crossentropy'
```

9.3.6 학습 파라미터와 오버피팅(Overfitting)

1) 학습 파라미터

학습 시에 조정해야 하는 기본적인 파라미터는 '에포크 수(epochs)', '배치 크기(batch_size)', '검증 데이터 비율(validation_split)'이며 이를 각각 지정하는 코드는 다음과 같다.

```
model.fit(x_train,y_train, epochs = 50, batch_size=128,
          validation_split=0.2)
```

6장에서 학습한 바와 같이, 에포크 수는 전체 데이터를 몇 번 반복해서 학습시킬 것인지를, 배치 크기는 몇 개의 데이터 샘플을 한 번에 학습시킬 것인지를, '검증 데이터 비율'은 주어진 데이터에 대해 학습/검증 데이터를 나누는 비율을 의미한다.

2) 오버피팅

학습 파라미터들을 사용하여 얻고자 하는 것은 데이터를 설명하는 이상적인 모델이다. 이 모델을 찾는 작업을 피팅(Fitting)이라고 한다. [그림 9-20]은 이 과정을 그림으로 설명하고 있다. 딥러닝 모델의 학습 초반에는 모델이 주어진 데이터를 올바로 설명하지 못한다. 이 그림에서 데이터는 (x, y)의 2차원 공간상에 존재하며, 딥러닝 모델의 목표는 주어진 데이터를 잘 설명하는 함수식을 찾는 것이다. 검은 점은 학습을 위해 주어진 점이며, 색칠되지 않은 점은 모델을 테스트하기 위해 별도로 준비해 놓은 데이터다. 이 데이터를 통해 만들어지길 기대하는 모델은 가운데 있는 그림과 같다. 학습된 모델은 주어진 학습용 데이터와 테스트용 데이터 모두를 잘 설명한다. 학습 초반부의 딥러닝 모델은 '언더피팅(Under Fitting)' 상태이다. 아직 데이터에 대한 학습이 충분히 이루어지지 않았으며, 학습 시에 발생하는 손실값은 매우 크다. 네트워크 구조가 적합하다면, 학습이 진행되어 감에 따라 모델은 '이상적인 피팅' 상태로 변화해 간다. 하지만, 네트워크의 학습은 에러를 줄이는 방향으로 계속 진행되므로, 일정 횟수 이상 학습을 계속 진행하다 보면, 거의 필연적으로 모델은 '오버피팅(Over Fitting)' 상태로 변화한다. 학습 시의 손실값은 매우 작지만, 테스트 결과는 참혹할 수 있다.

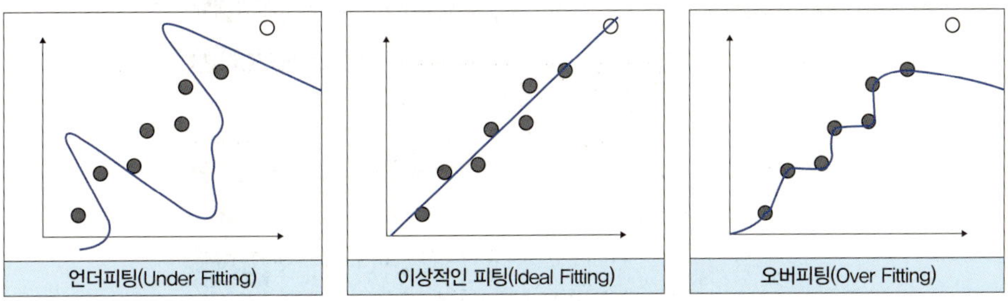

[그림 9-20] 피팅 상태의 변화

학습 파라미터의 조정은 네트워크를 어떻게 언더피팅과 오버피팅의 사이에 두게 할 것인가에 관한 문제이다. 에포크 수가 너무 적으면 언더피팅이, 에포크 수가 너무 많으면 오버피팅이 발생한다. 배치 크기가 너무 크면, 전체 데이터에 대한 손실을 한 번에 계산하기 때문에 오버피팅이 발생할 가능성이 있다. 반대로 배치 크기가 너무 작으면 언더피팅이 발생할 수도 있다.

오버피팅을 방지하기 위해서는 네트워크의 크기(네트워크층의 수, 필터/노드 수)가 문제의 복잡도/데이터의 수에 비해 너무 크지 않아야 한다. 문제의 복잡도가 단순할수록, 데이터의 길이/채널 수가 작을 수록, 데이터 샘플의 수가 작을수록 네트워크의 크기는 더 작아야 한다. 데이터의 길이/채널 수가 큰 데이터여서 네트워크의 크기를 크게 만들어야 하지만, 데이터 샘플 수가 적어 오버피팅이 발생하는 경우라면 추가적인 방법을 고려해 볼 수 있다.

3) 검증 데이터의 분리

검증 데이터를 별도로 나누는 것은 학습을 멈추는 시점을 결정하기 위한 것이다. 테스트 데이터와는 별도로 학습 데이터 중에서 일부를 검증용 데이터로 따로 떼어 놓고, 나머지 데이터들만 가지고 학습을 진행한다. 그리고 에포크가 끝날 때마다 (또는

[그림 9-21] 검증 데이터의 분리

n번의 에포크가 끝날 때마다) 검증 데이터를 사용해 오버피팅이 발생했는지 체크한다. 만약 학습 시의 정확도는 계속 상승하는데, 검증 데이터를 사용하였을 때의 정확도가 지속적으로 하강한다면, 오버피팅이 발생했다고 간주할 수 있으며 오버피팅의 발생이 시작하는 시점에 학습을 멈추도록 하여 오버피팅을 막을 수 있다.

여기서 놓치지 말아야 할 것은 전체 데이터를 학습용-테스트용으로 나눈 후, 학습용 데이터에서 검증용 데이터를 따로 분리해 사용한다는 것이다. 학습을 멈추는 시점을 결정하는 데에 검증용 데이터를 사용하기 때문에 (즉, 검증용 데이터도 학습에 사용된다고 볼 수 있으므로) 검증을 수행하는 경우에는 기존의 학습용 데이터에서 다시 분리하여 사용하여야 한다.

4) 드롭아웃층(Dropout Layer)

오버피팅을 방지하기 위해 가장 보편적으로 사용되는 방법은 네트워크층 내부의 노드/연결을 랜덤하게 제외시키고 학습시키는 것이다. 이 방법을 통해 모델은 특정 노드의 값에 민감하지 않도록 학습되며 더욱 일반적인 모델을 찾는 방향으로 학습이 이루어지게 된다. [그림 9-22]는 완전 연결층 2개로 이루어진 네트워크에 드롭아웃층이 적용된 예를 보여준다. 드롭아웃층은 기본적으로 들어온 입력값을 변화시키지 않고 그대로 출력으로 내보내지만, 학습 시에는 입력과 출력 사이의 연결을 랜덤하게 끊어 해당 노드의 값이 결과에 영향을 끼치지 못하도록 한다. 연결이 끊어진 노드는 데이터의 전파/역전파 과정에서 무시된다. 학습이 완료되고 테스트를 수행할 때에는 연결을 끊지 않고, 모든 노드들을 연결시켜 사용한다.

케라스에서 드롭아웃층을 사용하는 코드는 다음과 같다. layers.Dropout( )의 파라미터(0.3)는 드롭아웃층에서 연결을 끊을 노드의 비율이다.

```
model.add(layers.Dropout(0.3))
```

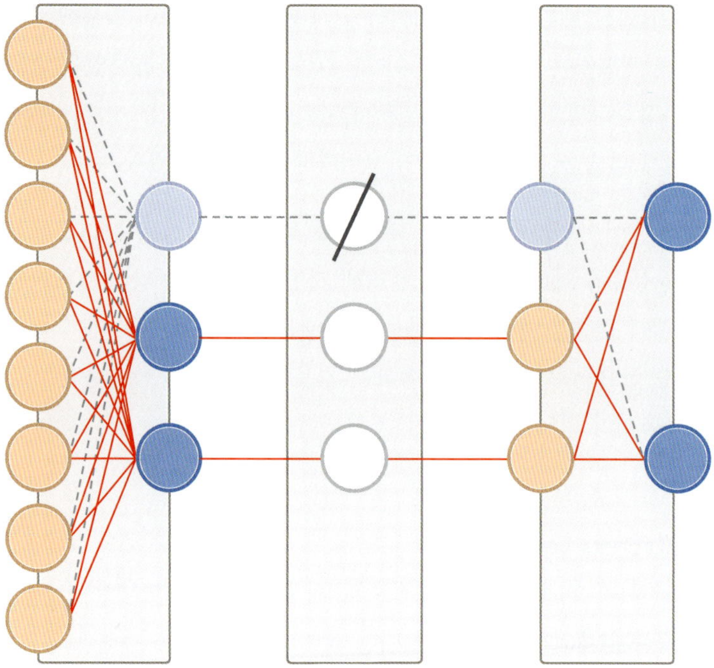

[그림 9-22] 드롭아웃층이 적용된 완전 연결 네트워크

딥러닝 모델의 마지막 완전 연결층에 드롭아웃을 적용하는 전체 코드는 다음과 같다.

```
model = Sequential()
model.add(layers.Conv1D(filters=16, kernel_size= 3,
          input_shape=(x_train.shape[1], 1), activation='relu'))
model.add(layers.Conv1D(filters=16, kernel_size= 3, activation='relu'))
model.add(layers.MaxPooling1D(pool_size = 3, strides=2))
model.add(layers.Conv1D(filters=32, kernel_size= 3,
          input_shape=(x_train.shape[1], 1), activation='relu'))
model.add(layers.Conv1D(filters=32, kernel_size= 3, activation='relu'))
model.add(layers.MaxPooling1D(pool_size = 3, strides=2))
model.add(layers.LSTM(16))
model.add(layers.Dropout(0.3))
model.add(layers.Dense(units=2, activation='softmax'))
```

```
model.compile(loss='categorical_crossentropy',
              optimizer=optimizers.Adam(learning_rate=0.01),
              metrics=['accuracy'])
```

드롭아웃은 완전 연결층의 앞에서 사용하는 경우가 많으며, 경우에 따라 합성곱층의 앞에서 사용하기도 한다. 합성곱층의 경우에는 노드가 2차원 구조를 가지고 있으므로 이를 더욱 잘 활용할 수 있는 드롭블록(Drop Block)층을 사용하기도 한다.

9.3.7 파라미터 최적화 전략

1) 목표 정확도 설정

파라미터의 최적화에 들어가기에 앞서, 달성하고자 하는 목표 정확도를 정하는 것이 좋다. 딥러닝이 달성할 수 있는 정확도는 문제의 난이도, 데이터의 크기 등에 따라 달라지기 때문에 일괄적으로 얘기하기는 어렵지만, 해당 데이터의 분석/예측 등을 해당 분야의 전문가가 직접 수행했을 때의 정확도를 기준으로 삼는 것이 추천된다. 데이터가 익숙하지 않아 전문가 수준의 정확도를 알기 어렵다면, 비슷한 유형의 데이터에 대한 인공지능의 인식 정확도를 검색해서 찾아보는 것도 좋은 방법이다.

높은 수준의 정확도를 달성하는 것이 목표가 아니라면, 정확도의 하한선을 고려해 보는 것도 좋다. 모델이 전혀 학습되지 않는 경우의 정확도를 기준으로 삼아, 이 기준보다 높은 정확도를 달성하는 것을 목표로 삼는 것이다. 랜덤하게 출력이 나오는 경우를 계산하면 된다. 2개 클래스의 분류 문제를 다루고 있다면 50%, 4개 클래스라면 25%이다.

2) 오버피팅

네트워크 구조를 처음 구성할 때에는 네트워크를 해당 데이터를 해결할 수 있는 문제보다 조금 더 크게 구성하는 것이 좋다. 약간의 오버피팅을 감수하는 것이다. 이 방식을 통해 목표 정확도의 달성 가능 여부를 유추할 수 있다. 첫 구성에서 오버피팅이 발생하지 않았다면, 오버피팅이 발생할 때까지 (학습 정확도는 계속 증가하지만, 검증 정확도는 감소할 때까지) 네트워크층의 개수, 필터와 노드의 수 등을 증가시킨다. 최적화 도구, 손실함수 등의 파라미터 조정을 통해 정확도의 개선을 꾀해 볼 수도 있다.

이 단계에서 만족할 만한 학습 결과를 달성하지 못한 경우라면, 데이터 전처리(정규화 등)나 데이터의 추가 수집 등을 통해 입력 데이터 자체를 개선할 수 있는지를 살펴보아야 한다. 문제가 너무 어렵다면, 문제를 단순화시키는 것도 좋다. 분류할 클래스의 수를 줄여서 테스트하거나, 학습이 어려울 것으로 예상하는 데이터를 미리 뺀 다음 학습해 보는 등의 방법이다. 이와 같은 방법을 통해 학습이 잘되지 않는 원인을 파악하여 대처 방안을 수립할 수 있다.

관심이 있다면, 전문서적을 찾아 이 책에서 다루지 않은 고급 기법들을 공부하는 것도 추천한다. 이 책에서는 Sequential 모델만을 설명하였으나, 한 층에서 나온 출력을 두 개 이상의 층에 입력으로 보내거나, 여러 층에서 나온 출력을 하나의 네트워크 층으로 합치는 등의 구성도 가능하다. 문제의 종류와 데이터의 상황에 따라 딥러닝보다 다른 기계학습 이론이 더 좋은 성능을 내는 경우도 많으니, 다른 기계학습 알고리즘의 적용을 고려해 볼 필요도 있다.

3) 오버피팅의 극복

앞 단계에서 구성한 네트워크가 오버피팅되지 않고 학습이 이루어지도록 한다면, 비교적 높은 성능의 딥러닝 모델을 만들 수 있다. 오버피팅의 방지를 위해 앞서 학습한 드롭아웃(Dropout) 레이어의 추가, 데이터 증강, 에포크 수의 감소, 네트워크층의 제거, 필터/노드 수의 축소, 배치 사이즈의 축소 등을 고려하고 파라미터를 조정하여 테스트해 볼 수 있다. 초반의 파라미터 조정 시에는 단위를 조금 크게 두고 조정하는 것이 좋으며, 오버피팅의 정도가 완화됨에 따라 미세조정을 하면 된다.

9.4 합성곱 신경망과 LSTM을 사용하는 시계열 데이터 인식 실습

9.4.1 데이터 개요

이번 절에서는 합성곱 신경망과 LSTM을 사용하여 온라인 서명 데이터를 인식하는 실습을 해 보도록 한다. 여기서 온라인 서명이라 함은, 신용카드 등을 사용한 후 본인임을 확인하기 위해 태블릿 등의 위에 쓰는 서명을 말한다. 종이 위에 쓰는 오프라인 서명과는 달리 서명을 쓰는 속도, 필압 등의 정보를 사용하기 때문에 위조가 어려워 본인 확인에 유용하다.

온라인 서명 데이터는 캐글에 데이터가 없어서, 별도 사이트에서 다운로드 받아 실습을 진행하도록 한다. 2004년에 치루어졌던 온라인 서명 인식 대회인 SVC 2004에서 제공되었던 데이터셋을 인터넷 브라우저를 사용하여 https://www.cse.ust.hk/svc2004/download.html에서 다운로드 받도록 하라[그림 9-23]. 다운로드 페이지에는 Task1과 Task2의 두 가지 데이터셋이 있는데, Task1은 서명의 x, y좌표만, Task2는 필압, 펜 각도 등의 정보가 함께 들어있다. 여기에서는 Task1을 사용하도록 한다. 이 데이터

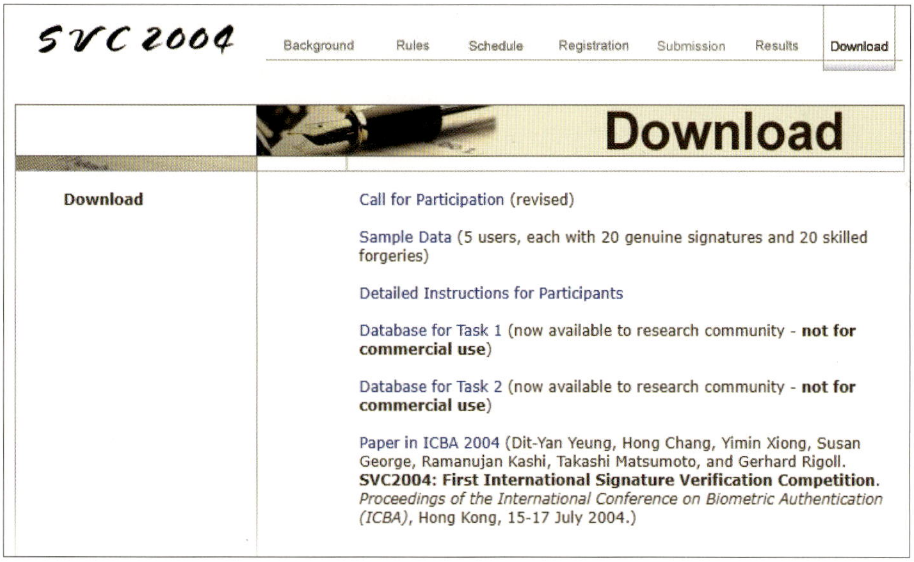

[그림 9-23] 온라인 서명 데이터 다운로드 페이지 – (SVC 2004)

셋은 상업용으로는 사용할 수 없음에 유의하라.

Task1 데이터셋에 포함된 서명은 총 1,600개로, 40명이 20회씩 서명한 진(Genuine) 서명 데이터 800개, 각 서명을 위조한 위조 서명(Forgery) 800개로 구성되어 있다. 이 서명을 섞은 후, 어느 서명이 진/위조 서명인지 맞추는 것이 서명 검증의 실습이 되겠다.

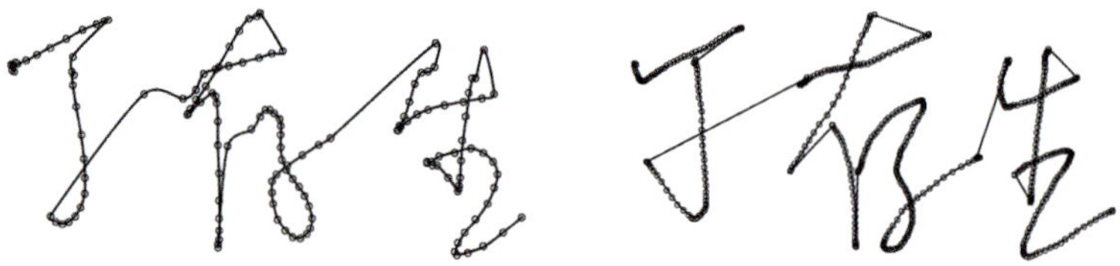

ⓐ ⓑ

[그림 9-24] ⓐ 진 서명, ⓑ 위조 서명 – (SVC 2004 데이터셋)

[그림 9-24]에서는 2차원상에서 그래프로 재구성 된 진 서명과 위조 서명의 예를 볼 수 있다. 이 예에서는 위조 서명과 진 서명의 모양 자체는 크게 차이나지 않으나, 위조 서명의 경우 서명 시의 속도가 느려 더 많은 점이 찍혀 있는 것을 알 수 있다. 이것은 태블릿에서 정해진 시간 간격으로 펜의 위치를 저장하기 때문에 발생하는 현상이다.

서명 파일을 다운로드 받아 파일을 열어보면 데이터가 [그림 9-25]와 같이 구성되어 있다. 서명 시에 변화한 펜 끝의 위치 좌표가 순서대로 저장되어 있으며, 첫 번째 줄에는 좌표의 개수가 들어 있다. 이 데이터의 3번째와 4번째 열은 각각 해당 좌표가 기록된 시간과 펜이 태블릿에 접촉되어 있었는지를 나타내는 정보이다. 마지막 열의 값이 0이면 해당 지점에서 사용자가 펜을 태블릿에서 떼어 한 스트로크(Stroke)가 끝났다는 뜻이다. 서명을 세밀하게 검증하려면 스트로크 정보도 함께 사용하는 것이 좋지만, 이 책에서는 간결한 설명을 위해 스트로크 정보는 무시하고 진행하도록 한다.

```
148
635 5541 31077710 0
618 5431 31077720 1
600 5443 31077730 1
575 5515 31077740 1
575 5515 31077750 1
608 5515 31077760 1
664 5521 31077770 1
778 5564 31077780 1
928 5638 31077790 1
1101 5732 31077800 1
1329 5843 31077810 1
1535 5953 31077820 1
1726 6026 31077830 1
1834 6075 31077840 1
1888 6090 31077850 1
1407 5619 31077970 0
1420 5384 31077980 1
1400 5421 31077990 1
1411 5257 31078000 1
1455 4979 31078010 1
```

[그림 9-25] 메모장에서 살펴본 서명 데이터

9.4.2 학습/테스트 파일 분리와 정답 정보 만들기

데이터 파일의 [그림 9-26]와 같이 U[사용자번호]S[서명번호].TXT의 형태로 되어 있으며, 서명 번호 1번부터 20번까지는 진 서명, 21번부터 40번까지는 위조 서명을 나타낸다. 데이터의 학습/테스트를 위해서는 데이터의 순서를 섞으면서, 각 데이터가 진/위조 서명인지를 나타내는 별도 파일을 만들어야 한다.

[그림 9-26] 다운로드 받은 파일 (일부)

우선, 1) 코랩을 구글 드라이브에 연동하고,

```
from google.colab import drive
drive.mount('/content/gdrive')
```

2) 새로운 폴더를 생성한 후[그림 9-27 ⓐ],

3) 다운로드 받은 파일을 구글 드라이브에 업로드한다[그림 9-27 ⓑ, ⓒ]. 구글 드라이브에 직접 접속하여 업로드해도 무방하다.

파일이 정상적으로 업로드 되었는지를 확인하려면 다음의 유닉스 명령을 사용하여 파일의 개수를 세면 된다. 정상적으로 업로드되었다면 1,600이 화면에 출력될 것이다. 이 명령은 폴더에 있는 파일을 출력하는 ls 명령과, 줄 수를 세는 wc -l 명령을 합쳐서 구성한 것이다.

```
ls '/content/gdrive/MyDrive/Colab Notebooks/svc2004' | wc -l
```

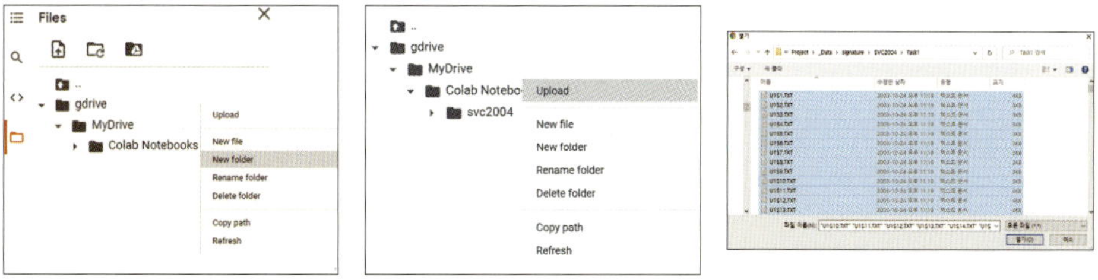

ⓐ ⓑ ⓒ

[그림 9-27] 서명 파일의 업로드

파일의 수가 많아 학습용 데이터와 테스트 데이터를 분리하여 저장한다. 이를 위해 새로운 폴더를 2개 만들어 준다.

```
!mkdir '/content/gdrive/MyDrive/Colab Notebooks/svc2004/train'
!mkdir '/content/gdrive/MyDrive/Colab Notebooks/svc2004/test'
```

1,600개 서명의 이름을 0부터 1,599까지의 숫자로 바꾸되, 순서가 섞이도록 하는 코드는 다음과 같다. 0부터 1,599까지의 숫자를 섞어 배열에 저장한 후, 전체 서명을 순서대로 하나씩 이름을 바꾸어 준다.

```
import numpy as np
import shutil
folderpath= '/content/gdrive/MyDrive/Colab Notebooks/svc2004'

# 0부터 1,599까지의 값을 가지는 배열(rand_number)을 만들고 순서를 섞는다.
rand_number = np.array(range(1600))
np.random.shuffle(rand_number)

n_train = 1200
n_test = 400

# 각 서명의 이름이 rand_number의 번호가 되도록 이름을 바꾸어 저장한다.
cnt = 0
```

```
for u_id in range(1,41):
  for s_id in range(1,41):
    filepath_from = f'{folderpath}/U{u_id}S{s_id}.TXT'
    # 파일의 번호에 따라 학습용/테스트용 데이터로 나눈다.
    if rand_number[cnt] < n_train:           # 학습용 데이터인 경우
      filepath_to = f'{folderpath}/train/{rand_number[cnt]}.TXT'
    else:                                    # 테스트용 데이터인 경우
      filepath_to = f'{folderpath}/test/{rand_number[cnt]}.TXT'
    shutil.move(filepath_from, filepath_to)
    cnt = cnt + 1
```

새롭게 바뀐 서명 데이터의 이름에는 위조 서명 여부에 관한 정보가 포함되어 있지 않으므로, 이 정보를 잃어버리지 않기 위해, 각 서명의 진/위조 서명 여부를 numpy 배열에 저장한 후, csv 파일로 저장해 둔다. 코드는 다음과 같다.

```
# 각 서명의 진/위조 서명 여부를 저장한다.
b_genuine = np.zeros((1600,2))
b_genuine[:,0] = range(1600)
cnt = 0
for u_id in range(1,41):
  for s_id in range(1,41):
    if s_id<21:
      b_genuine[rand_number[cnt],1] = 1            # 진 서명
    else:
      b_genuine[rand_number[cnt],1] = 0            # 위조 서명
    cnt = cnt +1
```

csv 파일로 저장하기 위해서는 pandas 라이브러리를 사용하여 DataFrame 형식으로 변환하여야 한다. 코드는 다음과 같다.

```python
# pandas 라이브러리 사용
import pandas as pd
# 진/위조 서명 여부를 csv 파일로 저장한다.

df_genuine = pd.DataFrame(b_genuine)
df_genuine.columns =['ID','bGenuine']
df_genuine = df_genuine.astype('int32')
df_genuine.to_csv(f'{folderpath}/train_info.csv', index = False)
```

9.4.3 데이터 읽기 및 전처리

서명 데이터를 읽고, numpy 배열에 저장하기 위해서는 조금 복잡한 과정이 필요하다. 각각의 서명 데이터의 길이가 다르기 때문이다. 이를 해결하기 위해, 여기서는 다음 3개 함수를 제작하여 사용한다. 1) get_max_len 함수는 전체 서명에서 가장 긴 서명의 길이를 찾는 함수, 2) load_data 함수는 주어진 폴더 전체의 서명을 읽고 저장하는 함수, 3) load_a_sig 함수는 서명 1개의 데이터를 읽어 반환하는 함수다. 함수의 정의는 다음과 같다. 딥러닝의 수행 방법을 이해하는 데에 이 코드의 이해가 필수적인 것은 아니므로, 파이썬 코드에 익숙하지 않은 독자들이라면 다음 코드를 무리해서 이해하려 할 필요는 없다. 다음 코드를 코랩의 실행 창에서 실행시키면, 함수를 곧바로 사용할 수 있다.

```python
import numpy as np
import os

##########################################################################
# get_max_len 함수
# 파라미터로 학습 및 테스트 폴더의 모든 서명 데이터를 읽고,
# 전체 서명의 길이 중 가장 긴 길이의 값을 반환한다.
def get_max_len(folderpath_train, folderpath_test):
  n_max_len = 0
  for filename in os.listdir(folderpath_train):
```

```
    filepath = f'{folderpath_train}/{filename}'
    d, tmp = load_a_sig(filepath)
    if d.shape[0] > n_max_len:
      n_max_len = d.shape[0]

  for filename in os.listdir(folderpath_test):
    filepath = f'{folderpath_test}/{filename}'
    d, tmp = load_a_sig(filepath)
    if d.shape[0] > n_max_len:
      n_max_len = d.shape[0]

  return n_max_len


#######################################################################
# load_data 함수
# 파라미터로 주어진 폴더에 들어 있는 서명 파일 전체를 읽고,
# n_files x n_max_len x 2 크기의 numpy 배열로 만들어 반환한다.
# 파라미터 n_max_len은 전체 서명 데이터들 중 가장 긴 서명의 길이를 의미한다.
#
# 데이터와 함께 반환하는 len_sign는 각 서명의 실제 길이를 의미한다.
def load_data(folderpath, n_max_len, sig_ids):
  filelist = os.listdir(folderpath) # 폴더에 포함된 파일들의 리스트를
                                    # 가져온다.
  n_files = len(filelist) # 파일의 개수를 가져와 n_files 변수에 저장한다.
  d = np.zeros((n_files,n_max_len,2))  # n_files x n_max_len x 2 크기의
                                       # numpy 배열을 만든다.
  len_sign = np.zeros(n_files)         # n_files x 1 크기의 배열을 만든다.
                             # 이 변수에는 각 서명의 실제 길이를 저장한다.

  for i in sig_ids:
    filepath = f'{folderpath}/{i}.TXT' # 파일 이름을 지정한다.
    d_tmp, len_sign[i-sig_ids[0]] = load_a_sig(filepath) # 서명 데이터를
                                               # 읽어서 임시변수에 저장한다.
    d[i-sig_ids[0],:d_tmp.shape[0],:] = d_tmp   # 준비한 배열(d)에 저장한다.
  return d, len_sign
```

```
##########################################################################
# load_a_sig 함수
# 파라미터로 주어진 서명 파일을 읽고, nPoint x 2 크기의 numpy 배열로
# 만들어 반환한다.
def load_a_sig(filepath):
  f = open(filepath,'rt')
  nPoints = int(f.readline())           # 데이터의 첫 번째 줄을 읽어,
                                        # nPoint 변수에 저장한다.
  d = np.zeros((nPoints,2))
  for i in range(nPoints):              # 포인트의 개수만큼 반복하면서
    line = f.readline()                 # 각각의 줄을 읽고,
    toks = line.split(' ')              # x, y 좌표를 분리하여
    d[i,:] = [int(toks[0]), int(toks[1])] # 저장한다.
  f.close()
  return d, nPoints
```

위 함수를 사용하여 데이터를 읽어오는 코드는 다음과 같다.

```
# 각 데이터의 길이를 체크하고 최대 길이 확인
n_max_len = get_max_len( f'{folderpath}/train', f'{folderpath}/test')

# 학습용 데이터 load
x_train, x_train_len = load_data(f'{folderpath}/train', n_max_len,
           range(n_train))
# 테스트용 데이터 load
x_test, x_test_len = load_data(f'{folderpath}/test', n_max_len,
           range(n_train,1600))
```

읽어온 데이터는 매우 다양한 값을 가지므로 정규화 작업이 필요하다. 정규화 작업에 들어가기 전에 현재 데이터가 어떻게 구성되어 있는지 plot 함수를 사용하여 확인해 보자. 서명의 뒷부분은 모두 0으로 채워져 있으므로, 각 서명의 길이 정보를 가지고 있는 len 변수를 사용하여 앞 부분만 그린다. 서명은 랜덤하게 섞인 상태이므로, 화면에 출력된 서명 이미지는 각자 다를 수 있다[그림 9-28].

```
import matplotlib.pyplot as plt
s_id = 10
len_sig = int(x_train_len[s_id])
plt.plot(x_train[s_id,:len_sig,0],x_train[s_id,:len_sig,1])
```

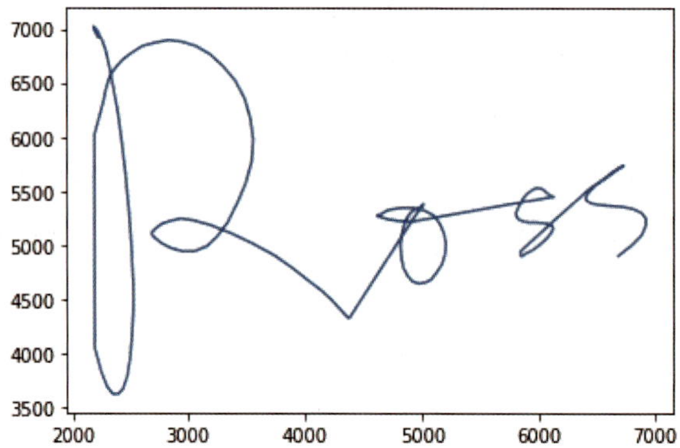

[그림 9-28] 정규화 전의 서명 데이터 – (SVC 2004 데이터셋)

원본 데이터의 값을 확인하였으므로, 이제 서명 데이터의 값을 0에서 1 사이의 값으로 정규화한다. 학습용 데이터와 테스트 데이터의 값을 정규화하는 코드는 다음과 같다. for 문을 사용하여 반복하며, 각각의 데이터에 대해 너비/높이의 최솟/최댓값을 구하고, 0과 1 사이의 값으로 정규화한다. 단, 서명은 높이/너비의 비율이 중요하므로, 이 정보를 잃지 않도록 이 비율을 미리 계산해 두고, 마지막에 곱하여 y 값을 보정한다.

```
for i in range(x_train.shape[0]):
  len_tmp = int(x_train_len[i])
  h_min = np.min(x_train[i,:len_tmp,0])
  h_max = np.max(x_train[i,:len_tmp,0])
  v_min = np.min(x_train[i,:len_tmp,1])
  v_max = np.max(x_train[i,:len_tmp,1])

  w_h_ratio = (v_max - v_min)/ (h_max – h_min)          # 너비-높이 비율

  x_train[i,:len_tmp,0] = (x_train[i,:len_tmp,0] - h_min) / (h_max - h_min)
```

```
  x_train[i,:len_tmp,1] = (x_train[i,:len_tmp,1] - v_min) / (v_max - v_min)
        * w_h_ratio


for i in range(x_test.shape[0]):
  len_tmp = int(x_test_len[i])
  h_min = np.min(x_test[i,:len_tmp,0])
  h_max = np.max(x_test[i,:len_tmp,0])
  v_min = np.min(x_test[i,:len_tmp,1])
  v_max = np.max(x_test[i,:len_tmp,1])

  w_h_ratio = (v_max - v_min)/ (h_max - h_min)

  x_test[i,:len_tmp,0] = (x_test[i,:len_tmp,0] - h_min) / (h_max - h_min)
  x_test[i,:len_tmp,1] = (x_test[i,:len_tmp,1] - v_min) / (v_max - v_min)
        * w_h_ratio
```

정규화 후의 서명 데이터를 화면에 그려 보면 [그림 9-29]와 같이 0과 1 사이의 값을 가지게 되었음을 알 수 있다. 다음 코드는 서명 이미지를 화면에 출력하여 그리는 코드다. 배열의 값을 끝까지 그렸으므로 서명의 뒷부분 좌표가 (0,0)으로 되어 있다.

```
import matplotlib.pyplot as plt
s_id = 10
plt.plot(x_train[s_id,:,0],x_train[s_id,:,1])
```

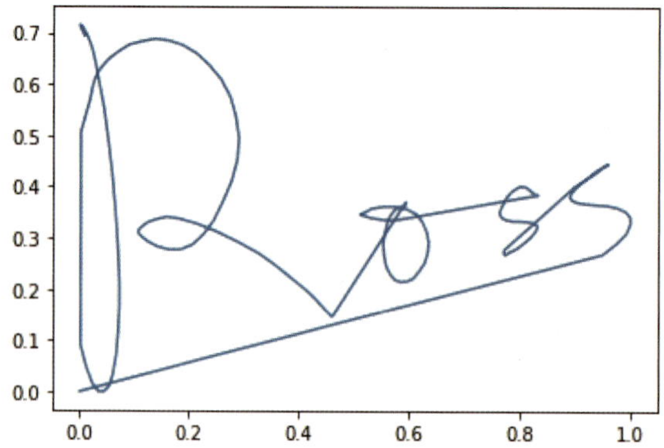

[그림 9-29] 정규화 후의 서명 데이터 - (SVC 2004)

읽어온 데이터의 진/위조 서명 여부 정보를 파일에서 읽고, 학습/테스트용 값으로 분리한다.

```
import pandas as pd
from tensorflow import keras

y_pd = pd.read_csv(f'{folderpath}/train_info.csv')
y_all = np.array(y_pd['bGenuine'])
y_train = y_all[:n_train]
y_train_cat = keras.utils.to_categorical(y_train)
y_test = y_all[n_train:]
```

9.4.4 모델 구조 지정, 학습 및 테스트

학습을 위해 모델의 기본 구조를 지정한다. 다음 코드에서는 합성곱층 6개, MaxPooling층 3개, LSTM층 1개, 그리고 완전 연결층 1개로 네트워크 구조를 구성한다. 완전 연결층의 앞에는 드롭아웃층을 추가하여 오버피팅을 방지할 수 있도록 하였다.

```
from tensorflow.keras.layers import *
from tensorflow.keras import Sequential

# 모델 구조 지정
model = Sequential()
model.add(Conv1D(8, kernel_size=3, padding='same', activation='relu'))
model.add(Conv1D(8, kernel_size=3, padding='same', activation='relu'))
model.add(MaxPooling1D(pool_size=3, strides=2))

model.add(Conv1D(16, kernel_size=3, padding='same', activation='relu'))
model.add(Conv1D(16, kernel_size=3, padding='same', activation='relu'))
model.add(MaxPooling1D(pool_size=3, strides=2, input_dim=2))

model.add(Conv1D(32, kernel_size=3, padding='same', activation='relu'))
model.add(Conv1D(32, kernel_size=3, padding='same', activation='relu'))
model.add(MaxPooling1D(pool_size=3, strides=2, input_dim=2))

model.add(Bidirectional(LSTM(128)))

model.add(Dropout(0.3))
model.add(Dense(units=2, activation='softmax'))
```

모델을 컴파일, 학습하는 코드는 다음과 같다. 여기에서는 Adam Optimizer를 사용하고, 학습률을 0.001로 하였다.

```
# 모델 컴파일
model.compile(loss='categorical_crossentropy',
              optimizer=Adam(learning_rate=0.001), metrics=['accuracy'])

# 학습
hist = model.fit(x=x_train, y=y_train_cat, epochs=80,
       validation_split=0.3, batch_size=16)
```

테스트 데이터를 사용하여 결과를 추정하고, 그 정확도를 체크하는 코드는 다음과 같다. 딥러닝의 학습에는 랜덤성이 있어, 학습을 수행할 때마다 결과가 다르게 나오긴 하지만, 대체로 85% 내외의 정확도를 얻을 수 있다.

```
# 테스트
o = model.predict(x_test)

# 정확도 체크
o = np.argmax(o,1)
sum(np.equal(y_test,o))/len(y_test)
```

네트워크의 구조, 파라미터의 설정 등에 따라 결과는 전혀 달라진다. 다음 절에서 설명하는 온라인 대회를 활용하여 자체 대회를 만들어 본다면 딥러닝 학습 파라미터에 대한 이해를 대폭 향상시킬 수 있을 것이다.

9.5 수업용 온라인 대회 만들기

캐글 InClass 페이지(https://www.kaggle.com/c/about/inclass)[그림 9-30]에 접속하면 수업이나 동아리 등을 위한 내부 대회를 무료로 만들 수 있다.

Create Competition 버튼을 누르고, 대회 제목과 간단한 설명을 적으면[그림 9-31], 대회의 주소와 생성된 대회 화면을 확인할 수 있다[그림 9-32].

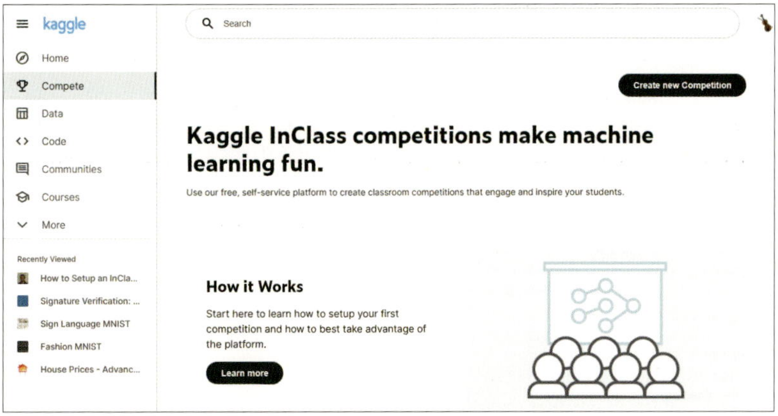

[그림 9-30] 캐글 InClass 페이지

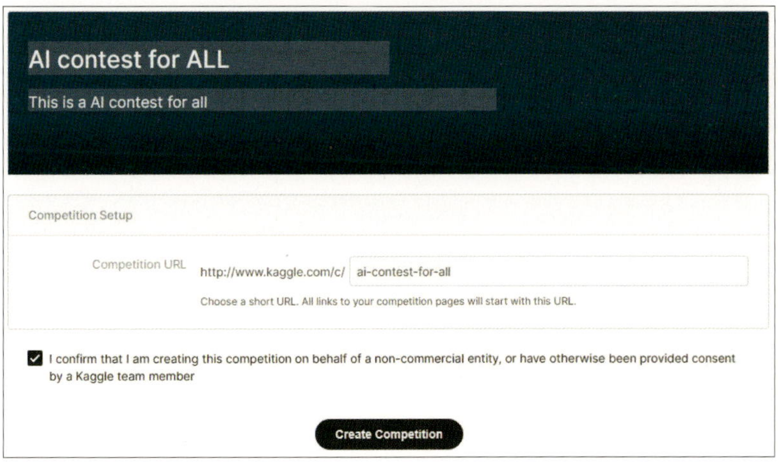

[그림 9-31] 대회 제목 입력 화면

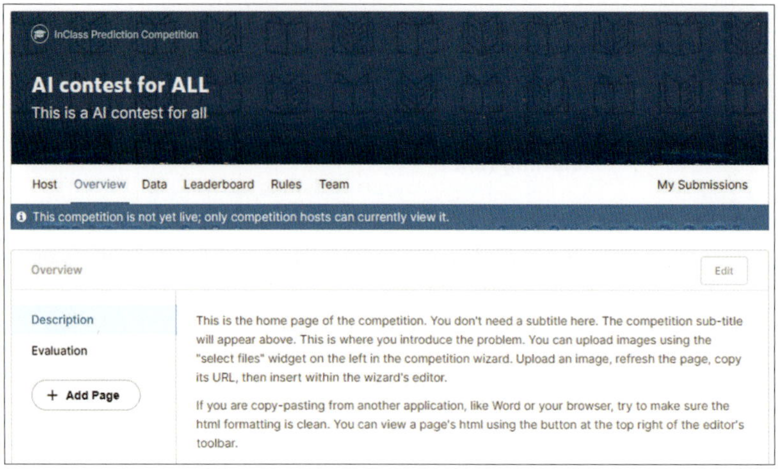

[그림 9-32] 대회 생성이 완료된 화면

대회가 생성되면 Edit 버튼을 눌러 대회 설명(Description)과 평가 방법(Evalution)의 설명을 수정할 수 있다. 적절히 내용을 수정하자. 대회를 생성하기 위해 기본으로 올려야 하는 데이터는 다음 [그림 9-33]과 같다.

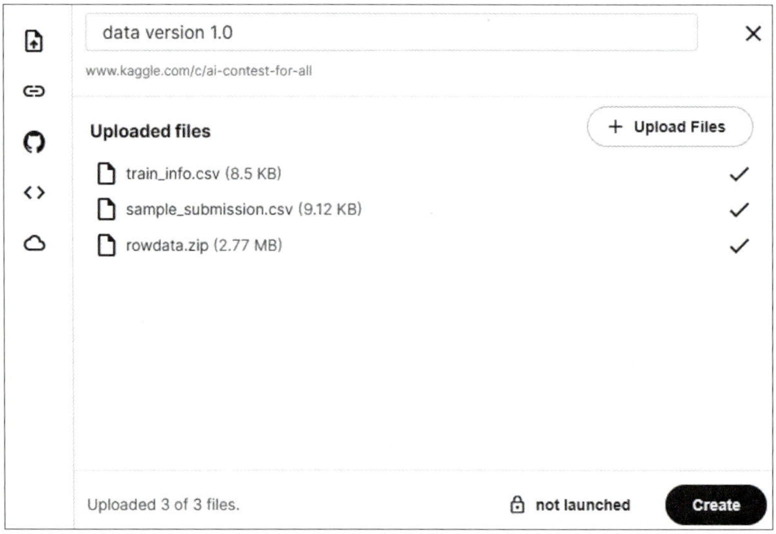

[그림 9-33] 데이터 업로드 화면

1) 학습용 및 테스트용 데이터 파일: 학습 및 테스트에 사용할 데이터 파일이다. 특별한 형태가 요구되지는 않으나, 대회 참여자가 각각의 데이터를 구분할 수 있도록, 데이터 id 등의 정보가 포함되어야 한다.

2) train_info.csv: 학습용 데이터의 id와 정답 정보를 가진다[그림 9-34 ⓐ].

3) sample_submission.csv: 학생들이 제출할 정답 파일의 예제이다[그림 9-34 ⓑ].

new_id	bGenuine
0	0
1	1
2	1
3	0
4	0
5	1
6	1
7	1
8	0
9	0
10	0

ⓐ

id	predicted
800	0.738
801	0.66
802	0.302
803	0.914
804	0.711
805	0.449
806	0.43
807	0.565
808	0.604
809	0.382

ⓑ

[그림 9-34] ⓐ train_info.csv의 형태, ⓑ sample_submission.csv의 형태

Create 버튼을 눌러 데이터를 생성한다. 데이터 생성이 완료되면 다음과 같이 데이터를 다운로드 받을 수 있는 파이썬 코드가 생성된다.

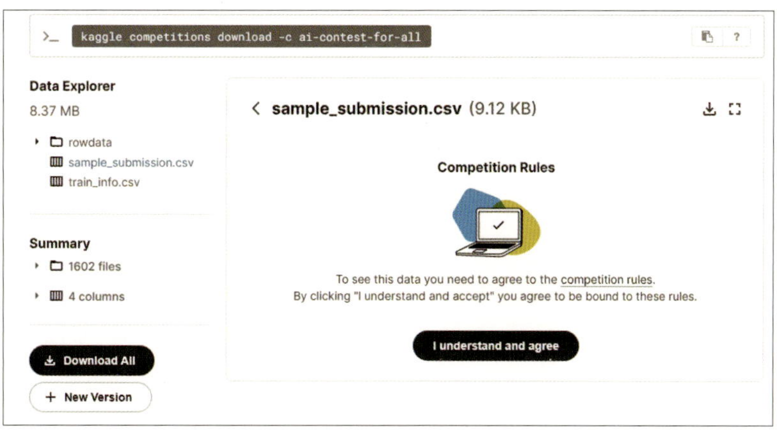

[그림 9-35] 데이터 생성이 완료된 화면

참가자가 업로드된 데이터의 내용을 이해할 수 있도록 Edit 버튼을 눌러 관련 설명을 추가/수정한다[그림 9-36].

[그림 9-36] 데이터 설명 수정 화면

이번에는 참가자가 답안을 업로드하면 답안이 자동으로 채점될 수 있도록 설정을 해 주도록 하자. 상단 메뉴에서 Host 를, 좌측 메뉴에서 Evaluation 을 선택하여 평가 설정 페이지로 이동한다. 데이터에 따라 선택해야 할 옵션이 다르지만, 일반적인 분류 문제인 경우, Scoring Metric은 Categorization Accuracy로 선택을 하고, 정답 파일을 업로드한다. 정답 파일의 형식은 [그림 9-37 ⓑ]와 같이 되어 있어야 한다. 열 제목은 데이터의 종류에 맞추어 바꾸어도 무방하며, 정답 파일을 업로드하면 각각의 열이 의미하는 바가 무엇인지 가르쳐 주어야 한다. [그림 9-37 ⓐ]에서는 num이 데이터의 번호, bGenuine이 예측해야 하는 값이므로, num을 Id에, bGenuine을 Category에 매칭하였다. 이후, 결과가 공개되는 Public Leaderboard의 비율을 지정할 수 있다. 숫자를 입력하고 Set Solution Mapping 버튼을 누르면 된다. [그림 9-37 ⓐ]에서는 70%로 지정하였다.

ⓐ

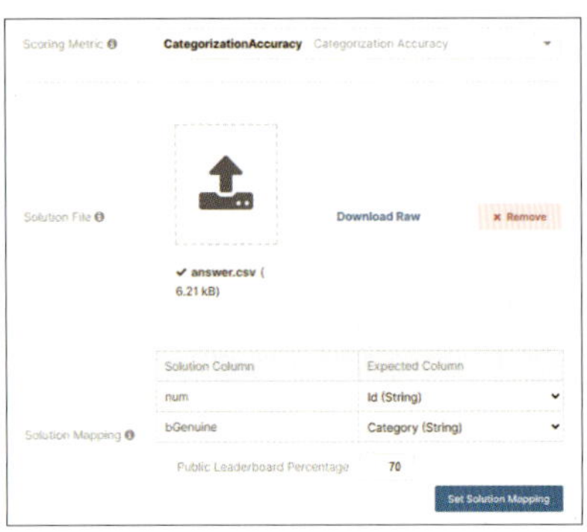

ⓑ

num	bGenuine
800	0
801	0
802	1
803	0
804	0
805	1
806	1
807	0
808	0
809	1
810	1

[그림 9-37]
ⓐ 평가 설정 화면,
ⓑ 정답 파일의 형태

이번에는 샘플 제출(sample submission) 파일을 업로드하여, 지금까지의 과정이 올바로 수행되었는지 체크해 보자. sample submission 파일을 업로드한 후 id는 Id에, predicted는 Category에 지정한 후[그림 9-38], Set Solution Mapping 버튼을 눌러 매핑 작업을 수행한다. 결과는 Sandbox Submissions 메뉴에서 확인할 수 있다. 만약 미리 준비한 정답 데이터를 업로드한다면 100%(1.000)의 정확도를 볼 수도 있다[그림 9-39].

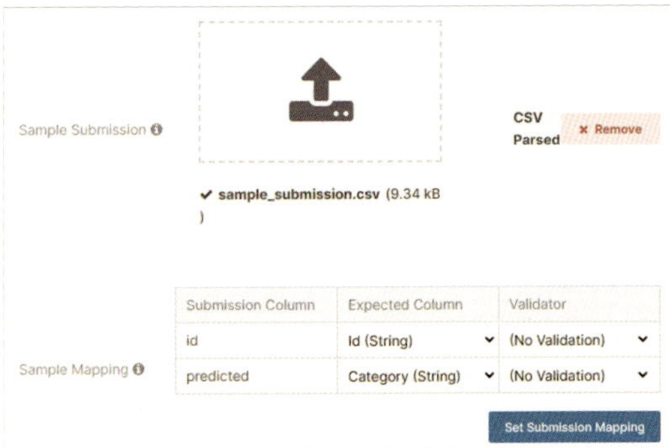

[그림 9-38] 샘플 파일의 매핑

Name		Date	Public	Private	Benchmark
answer.csv		a few secon...	1.00000	1.00000	☐
sample_submission.csv		9 minutes a...	0.00178	0.00000	☐

[그림 9-39] 샘플 파일 테스트 결과

이제 대회의 마감 날짜만 설정하면 대회를 시작할 수 있다. Settings 메뉴에서 마감일과 시간을 지정하자. Settings 메뉴에서는 그 외의 다양한 설정이 가능하다. Scored Private Submission을 1로 지정하면 참가자의 여러 제출 결과 중 가장 좋은 결과를 나타낸 모델이 자동으로 Private Submission 에 사용되며, 1보다 큰 경우에는 참가자가 어떤 것을 사용할 것인지 선택할 수도 있다. Maximum Daily Submissions는 하루에 제출할 수 있는 횟수 제한이다.

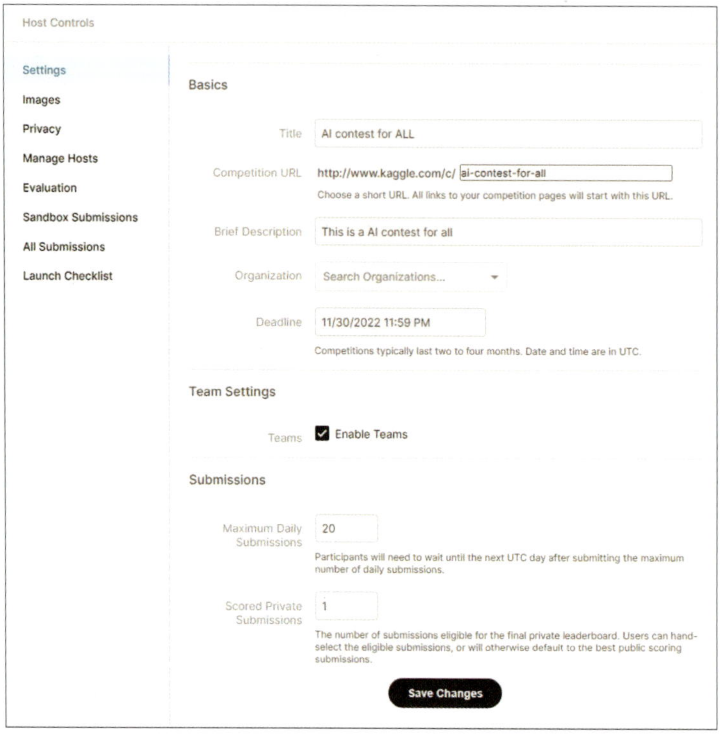

[그림 9-40] 대회 기본 설정 화면

이제 Launch Checklist 메뉴를 선택하여 빠뜨린 것이 없는지 체크하고 대회를 오픈하자. 빠진 부분이 없다면 [그림 9-41]과 같은 화면이 보인다. Launch Competition Now 버튼을 누르면 대회가 곧바로 시작된다. 브라우저 상단의 대회 주소를 참가 희망자들에게 전달하여 대회에 참여할 수 있도록 하라.

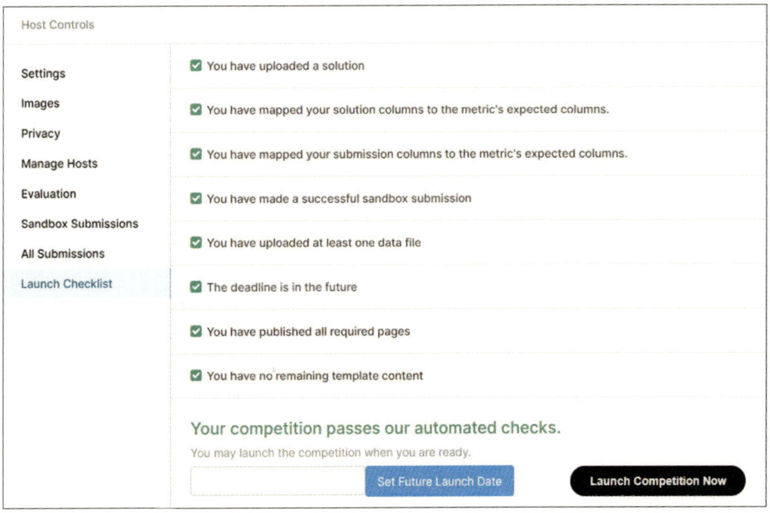

[그림 9-41] 체크리스트와 대회 시작 버튼

요약

1 LSTM은 시계열 데이터를 효과적으로 학습하기 위해 개발된 순환 네트워크의 한 종류다.

2 순환 신경망은 완전 연결 신경망에 비해 적은 수의 가중치로 신호의 변화를 효과적으로 학습할 수 있으며, 이에 따라 가속도센서, 자이로센서와 같은 각종 디지털 센서로부터 측정되는 데이터, 자연어 처리 등에 널리 사용되고 있다.

3 단순 순환 신경망(Simple Recurrent Neural Network: RNN)은 순환 네트워크의 한 종류로 LSTM에 비해 구조가 단순하다.

4 LSTM의 특징은 다음과 같다.

- 데이터 흐름이 이원화(tanh를 거치지 않고 변화하는 셀 상태, tanh를 통해 −1~1의 범위로 정규화된 출력)되어 있다.
- 게이트(Forget Gate, Input Gate, Output Gate)를 통해 흐름을 막거나 열 수 있다.
- 출력 노드 1개에 대해 4개의 가중치가 구성되어 있다.
- 데이터 시퀀스의 각 입력에 대해 가중치를 공유하여 각 입력을 포괄적으로 나타낼 수 있는 모델을 생성한다.
- 입력에 따라 게이트의 열린 정도를 다르게 설정할 수 있으므로, 게이트 가중치가 동일하더라도 다양한 패턴의 학습이 가능하다.
- 단순 RNN에 비해 긴 패턴의 학습이 가능하다.

5 합성곱층에서 조정 가능한 주요 파라미터는 필터 수, 커널 크기, 활성화 함수, 풀링층의 풀/스트라이드 크기, 풀링층의 종류, 활성화 함수의 종류가 있다.

6 LSTM층에서 조정 가능한 주요 파라미터는 노드 수, 출력 형태, 양방향 여부 등이 있다.

7 완전 연결층에서 조정 가능한 주요 파라미터는 유닛 수, 활성화 함수의 종류 등이다.

8 모델 생성 시의 파라미터는 학습률, 최적화 도구의 종류, 손실함수 등이다.

9 학습 시에 조정해야 하는 기본적인 파라미터는 '에포크 수(epochs)', '배치 크기(batch_size)', '검증 데이터 비율(validation_split)' 등이다.

10 Confusion Matrix는 여러 데이터 중 어떤 패턴이 문제를 많이 발생시켰는지를 확인하는 데 사용되는 도구이다.

11 파라미터의 최적화에 들어가기에 앞서, 달성하고자 하는 목표 정확도를 정하는 것이 좋다.

12 파라미터의 최적화 초기에는 오버피팅을 감수하며 학습 정확도를 높이는 데에 치중하는 것이 좋다고 알려져 있다. 이후 네트워크의 크기를 줄이고 드롭아웃 등을 추가하면서 오버피팅의 크기를 감소시켜 가며 최적화를 수행한다.

연습문제

1 LSTM은 어떤 데이터에 흔히 사용되고 있는지, 인터넷을 통해 자료를 조사하여 보고하시오.

2 LSTM이 단순 순환 신경망(RNN)에 비해 가지는 장점을 정리하시오.

3 각 층에서 조정 가능한 파라미터의 종류에 대해 정리하시오.

4 어떤 새로운 종류의 센서가 특정 기계에 부착되어 있으며, 해당 센서를 사용하여 기계의 고장 여부를 자동 인식하는 시스템을 만드려고 한다. 딥러닝의 학습을 위해 1초간 측정된 데이터를 10,000개(정상 5,000개, 고장 5,000개)를 측정하여 획득하였다. 이 데이터를 사용하여 딥러닝 모델을 생성하여야 한다. 딥러닝 모델의 생성을 위한 구체적인 계획을 작성하시오.

5 파라미터의 조정을 통해 9.4절에서 실습한 서명 데이터의 인식 정확도를 분석하시오. 결과가 향상되면 좋으나, 필수적인 것은 아니다.

1) 주어진 모델의 학습 기록을 그래프로 나타내어 보고, 그 변화를 분석하시오.

2) 파라미터 값의 변화에 따른 인식 정확도의 변화를 분석하시오.

3) 오버피팅을 극복하기 위해 어떠한 방법을 사용할 수 있는가? 몇 가지 방안을 설명하고, 그 중 하나를 선택하여 시도해 본 후 결과를 보고하시오.

4) 최종 모델을 사용하여 인식 정확도를 보고하시오.

5) 최종 모델을 사용하여 Confusion Matrix를 작성하고, 9.4절에서의 결과와 비교 분석하시오.

CHAPTER 10

생성 네트워크

CHAPTER 10

생성 네트워크

10.1 생성 네트워크

10.1.1 생성 네트워크 개요

9장까지 학습한 딥러닝 네트워크는 데이터를 입력으로 받아, 해당 데이터의 종류를 인식하거나 상태를 분석하는 기능을 하였다. 이번 장에서 학습할 생성 네트워크는 이 과정을 반대로 수행하는 네트워크다. 즉, '고양이'라는 입력을 주면, 고양이 이미지를 생성하는 기능을 한다. 얼핏 생각하면 대부분의 사람들이 그리 어렵지 않게 할 수 있는 쉬운 일이지만, 비교적 최근까지도 컴퓨터에게는 매우 어렵고 불가능에 가까운 일로 여겨졌던 일이기도 하다. 흔히 GAN(Generative Adversarial Network)으로 불리는 네트워크 학습 개념이 등장하면서 이전의 인공지능에게 불가능했던 영역이 새로 개척되었고, 컴퓨터의 높은 계산속도에 힘입어 사람에게는 매우 어렵거나 전문가가 많은 시간을 들여서야 겨우 가능한 일을 짧은 시간내에 처리할 수 있게 되었다.

[그림 10-1]은 전문 댄서의 영상으로부터 포즈를 추출하고, 추출된 자세 정보와 원본 영상, 그리고 일반인의 영상을 사용하여 일반인이 전문 댄서와 동일한 동작을 하는 장면을 보여준다. 유튜브에 공개된 영상을 시청해 보면 생성 네트워크의 기능을 보다 실감나게 느낄 수 있을 것이다.

[그림 10-1] 전문 댄서의 영상을 사용하여 제작(생성)된 일반인이 춤을 추는 영상[1)]

[그림 10-2]는 그림을 사진으로, 사진을 그림 스타일로 변환하거나, 사진에 각종 효과를 추가하거나 제거하여 겨울/여름 느낌으로 사진을 보정한 결과다. 일반적인 사진 보정 필터와는 비교하기 어려운 수준의 변화를 볼 수 있다. 물론 포토샵 등과 같은 기존의 보정 프로그램으로도 이와 같은 작업을 수행할 수는 있으나, 그에 들어가는 전문가의 시간과 노력은 매우 클 것이다.

1) Chan et al. 2018. https://www.youtube.com/watch?v=PCBTZh41Ris

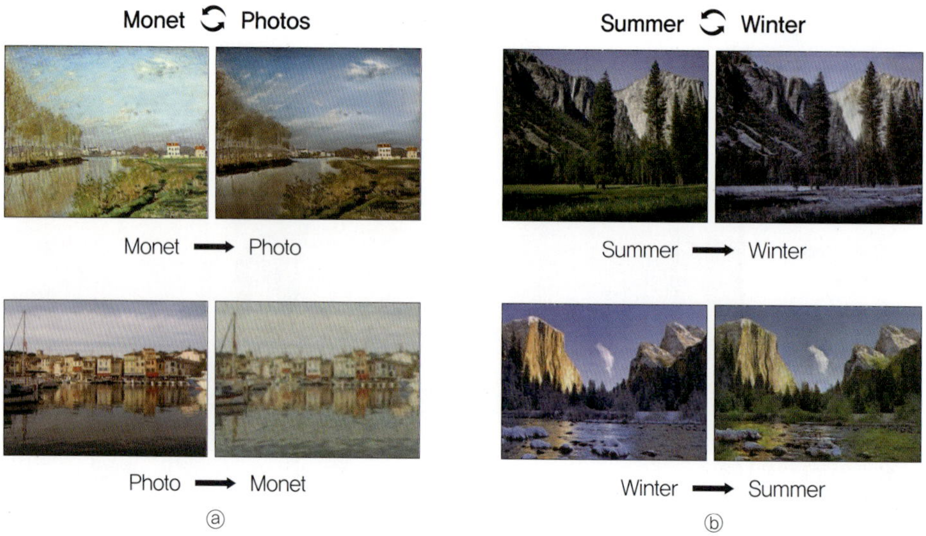

[그림 10-2] ⓐ 사진과 그림의 스타일 변환, ⓑ 눈의 추가 및 제거 등을 통한 사진 효과 생성[2)]

생성 네트워크는 다양한 데이터들에 활용될 수 있다. 이미지를 생성하는 생성 네트워크의 모델[그림 10-2]들이 대중에 많이 알려져 있으나, 음성, 소리와 같은 시계열 데이터에도 적용 가능하다. 작곡을 하거나, 자연스러운 성우의 목소리를 만들어 내는 인공지능도 생성 네트워크다. 설명의 편이성 향상과 학기 동안 학습 분량의 한계로 인해 이 책에서는 이미지를 사용하는 생성 네트워크만을 다루도록 한다.

생성 네트워크는 일반 네트워크와 반대의 기능을 하므로 네트워크의 구조와 내부에서 일어나는 전파/역전파의 과정도 반대다[그림 10-3]. 고양이/개라는 정보는 네트워크층을 통해 변환되며 이미지를 만들어 내게 되며, 최종 네트워크에서 발생한 손실은 이전의 층으로 역전파되며 가중치가 수정된다. 이렇게 반대로 동작하는 네트워크를 구현하기 위해서는 기존에 학습한 네트워크층 외에도 두 개의 새로운 네트워크층(Resampling, Reshape)이 필요하다.

2) Zhu et al. 2017. https://arxiv.org/pdf/1703.10593.pdf

〈표 10-1〉 분류 네트워크와 생성 네트워크의 입출력

	분류 네트워크	생성 네트워크
입력	이미지, 오디오 등 데이터	종류, 추가 정보
출력	종류	이미지, 오디오 등 데이터

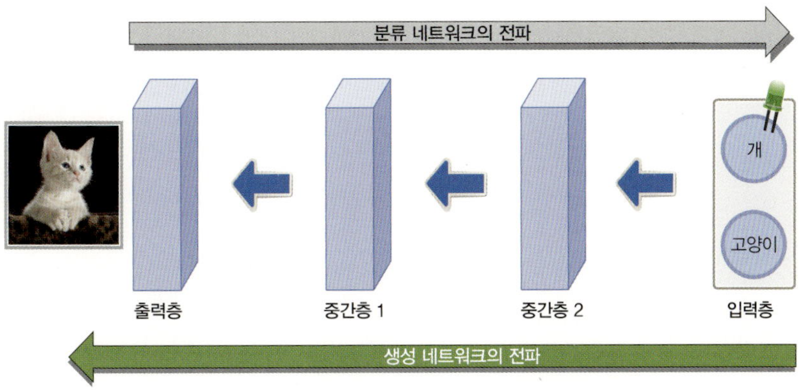

[그림 10-3] 분류 네트워크와 생성 네트워크의 전파

10.1.2 네트워크층

1) Reshape층

Reshape층은 데이터의 모양(행렬의 차원, 행·열 크기 등)을 변형하는 층으로, 이미지를 생성하는 네트워크에서는 1차원 데이터를 2차원으로 바꾸는 데에 사용한다[그림 10-4]. 이미지 생성 네트워크의 입력은 1차원인데, 출력은 2차원으로 나타나야 하기 때문이다. 이미지를 사용하는 합성곱 네트워크에서 사용하는 Flatten층(2차원 데이터를 1차원으로 바꾸는 층)의 입력과 출력을 반대로 하기 위한 연산으로 이해할 수 있다.

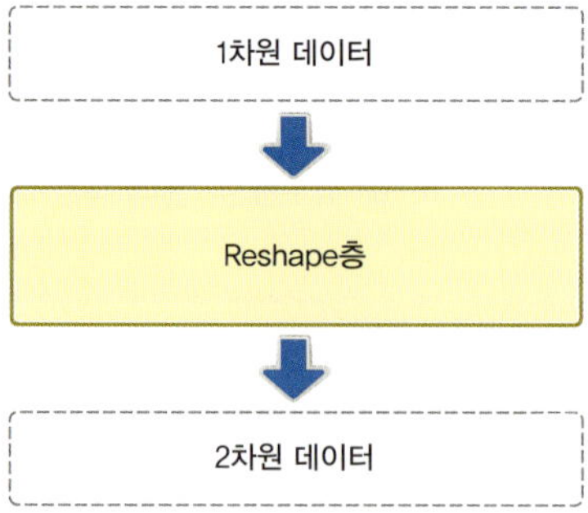

[그림 10-4] Reshape층

2) Upsampling층

Upsampling층은 데이터의 크기(행·열 크기 등)를 확대하기 위한 층이다[그림 10-5]. 합성곱 신경망에서 풀링층의 위치에서 반대되는 역할을 수행한다. 풀링층의 경우 입력으로 받은 데이터를 1/2, 1/3 등으로 축소하였지만, Upsampling층은 작은 크기의 데이터를 원본 이미지의 크기로 만들기 위해 점진적으로 행렬의 크기를 키우는 역할을 맡는다.

한편, Upsampling층이 MaxPooling 등의 역연산을 온전하게 구현하는 것은 불가능하다. 축소된 상태에서는 정보가 이미 손실되어 있기 때문이다. 이 때문에 Upsampling층은 주어진 행렬의 값을 특별한 보간 없이 주어진 배수에 따라 확대한다. 이미지의 보간 작업은 이후의 합성곱층에서 이루어진다.

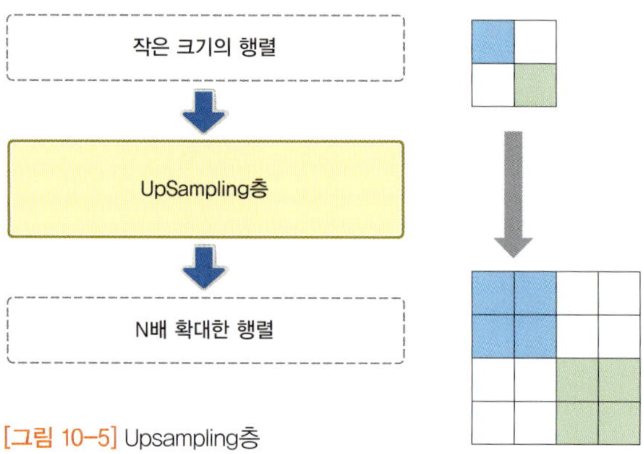

[그림 10-5] Upsampling층

10.1.3 생성 네트워크의 구성

Reshape층, UpSampling층을 사용하는 이미지 생성 네트워크의 기본 구조는 [그림 10-6]과 같다. 앞서 살펴본 바와 같이, 합성곱 신경망을 뒤집은 구조이며, 풀링층 대신 UpSampling층이 Flatten층 대신 Reshape층이 자리를 차지하였다. 주어진 데이터(분류 정보)는 완전 연결층을 통해 여러 개의 노드로 전파되며, Reshape층을 통해 작은 크기의 이미지 형태를 가지게 된다. 그리고 UpSampling층과 합성곱층을 반복하며, 목표하는 크기의 이미지를 생성하게 된다. 네트워크를 구성할 때 한 가지 주의해야 할 것은 생성하고자 하는 이미지의 크기를 고려하여 UpSampling층의 개수와 확대할 배수를 지정하여야 한다는 것이다. Reshape층의 출력 크기가 3×3이고, 목표하는 최종 출력의 크기가 12×12 이미지라면 입력을 2배로 키우는 Upsampling층을 2개 사용하면 된다. 목표 출력의 크기가 27×27이고 UpSampling층을 2개만 사용하기 원한다면, UpSampling층의 배수는 3으로 지정해야 할 것이다.

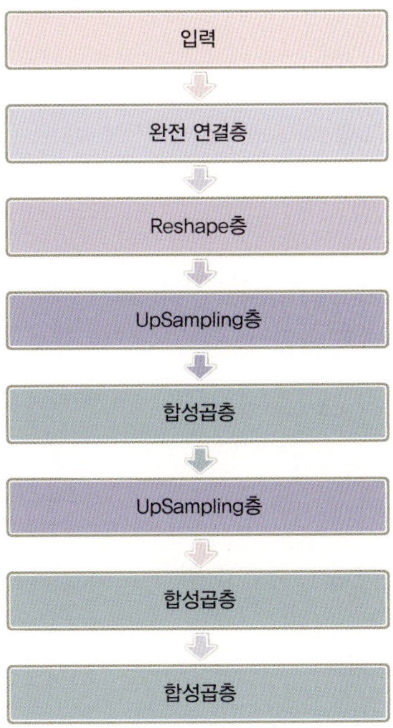

[그림 10-6] 생성 네트워크의 네트워크층 구조

10.2 생성 네트워크 실습

이번 장에서는 생성하고 싶은 숫자 번호를 입력하면 MNIST와 유사한 숫자 이미지를 출력하는 네트워크 모델을 만드는 실습을 진행한다. 이 네트워크는 원-핫-인코딩 된 배열을 입력으로 받고, 28×28 크기의 이미지를 출력하도록 학습된다[그림 10-7]. 왼쪽 그림에서 하나의 행이, 오른쪽 그림에서 하나의 숫자 이미지에 대응한다.

```
1 0 0 0 0 0 0 0 0 0
0 1 0 0 0 0 0 0 0 0
0 0 1 0 0 0 0 0 0 0
0 0 0 1 0 0 0 0 0 0
0 0 0 0 1 0 0 0 0 0
0 0 0 0 0 1 0 0 0 0
0 0 0 0 0 0 1 0 0 0
0 0 0 0 0 0 0 1 0 0
0 0 0 0 0 0 0 0 1 0
0 0 0 0 0 0 0 0 0 1
```

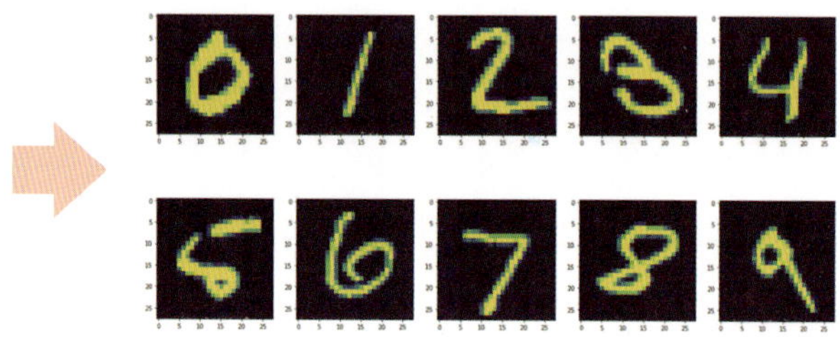

[그림 10-7] 숫자 이미지 생성 네트워크

MNIST 숫자 데이터를 생성하는 파이썬 코드는 다음과 같다. 실습 코드는 코랩을 기준으로 하여, MNIST 데이터는 ./sample_data 폴더에 저장되어 있음을 전제한다. 코랩 외의 다른 환경에서 코딩한다면 MNIST 데이터셋을 다운로드 받은 후 진행해야 한다.

1) 데이터 확인

Pandas 라이브러리를 사용하여 데이터를 읽고, numpy 배열로 변환한다.

```
import pandas as pd
import numpy as np
data = pd.read_csv('./sample_data/mnist_train_small.csv',header=None)
data = np.array(data)
```

데이터의 첫 번째 열은 해당 데이터의 분류 정보이므로, 분류 정보와 이미지 데이터를 분리하여 저장한다. 분류 네트워크와는 다르게 분류 정보가 입력, 이미지 데이터가 출력이다. n(데이터 개수)×784의 2차원으로 저장되어 있는 이미지 데이터는 n×28×28의 3차원 배열로 변환하여 저장한다.

```
y_train = data[:,1:]
x_train = data[:,0]
y_train = y_train.reshape(-1,28,28)
```

읽은 데이터는 matplotlib의 imshow 함수를 사용하여 화면에 그려 확인해 보고, 해당 데이터의 분류 정보도 확인해 보라. imshow 함수는 2차원 배열을 그림으로 보여주는 함수다.

```
import matplotlib.pyplot as plt
plt.imshow(y_train[1,:,:])
x_train[1]
```

2) 원-핫-인코딩과 정규화

입력 데이터, 즉 클래스 정보는 0부터 9까지의 십진수로 되어 있으므로, to_categorical 함수를 사용하여 원-핫-인코딩을 수행한다. 출력 데이터는 0부터 1 사이의 값으로 정규화한다.

```
import tensorflow.keras as keras

x_train = keras.utils.to_categorical(x_train)
y_train = y_train/255
```

3) 네트워크 구성

MNIST 이미지의 생성을 위해 사용할 네트워크 구조는 [그림 10-8]과 같다. 완전 연결층의 출력 노드 수는 3,136개로, 이는 Reshape층을 통해 7×7×64 크기의 출력으로 변환된다. 여기서 64는 합성곱 신경망에서 필터를 사용하여 출력되는 7×7 데이터의 개수로 이해 가능하다. UpSampling층과 합성곱층의 세트를 두번 거치며 출력의 크기는 28×28×32로 변화하고, 마지막 합성곱층에서는 필터의 개수를 1로 조정하여 Grayscale의 이미지가 출력되도록 하였다.

[그림 10-8] 생성 네트워크의 구조

위 네트워크를 구성하는 코드는 다음과 같다. 코드의 마지막 줄에서 손실함수가 mean_squared_error로 되어 있는 것에 유의하라. 생성 네트워크의 목표 출력은 여러 개이며, 각각의 출력 노드는 0에서 1 사이의 다양한 값을 가져야 하기 때문이다.

```
from keras.models import Sequential
from keras import layers
from keras import optimizers

model = Sequential()
model.add(layers.Dense(units=3136, input_shape=(10,), activation='relu'))
model.add(layers.Reshape((7,7,64)))
model.add(layers.UpSampling2D((2,2)))
model.add(layers.Conv2D(filters=16, kernel_size = 3,
          padding='same', activation='relu'))
model.add(layers.UpSampling2D((2,2)))
model.add(layers.Conv2D(filters=32, kernel_size = 3,
          padding='same', activation='relu'))
model.add(layers.Conv2D(filters=1, kernel_size = 3,
          padding='same', activation='sigmoid'))
model.compile(loss='mean_squared_error', optimizer=optimizers.
          RMSprop(learning_rate=0.001), metrics=['accuracy'])
```

아래 코드를 실행하면, 위에서 구성한 네트워크 구조를 확인할 수 있다[그림 10-9].

```
model.build()
model.summary()
```

```
Model: "sequential_2"
_________________________________________________________________
Layer (type)                 Output Shape              Param #
=================================================================
dense_2 (Dense)              (None, 3136)              34496
_________________________________________________________________
reshape_1 (Reshape)          (None, 7, 7, 64)          0
_________________________________________________________________
up_sampling2d_2 (UpSampling2 (None, 14, 14, 64)        0
_________________________________________________________________
conv2d_3 (Conv2D)            (None, 14, 14, 16)        9232
_________________________________________________________________
up_sampling2d_3 (UpSampling2 (None, 28, 28, 16)        0
_________________________________________________________________
conv2d_4 (Conv2D)            (None, 28, 28, 32)        4640
_________________________________________________________________
conv2d_5 (Conv2D)            (None, 28, 28, 1)         289
=================================================================
Total params: 48,657
Trainable params: 48,657
Non-trainable params: 0
_________________________________________________________________
```

[그림 10-9] 학습에 사용할 네트워크 구조

4) 학습

다음 코드를 사용하여 학습을 수행할 수 있다.

```
hist = model.fit(x_train, y_train, epochs= 10, batch_size=64,
          validation_split=0.3)
```

5) 테스트

숫자 4를 생성하도록 네트워크에 입력을 주고, 결과를 확인하자. 4번째 위치의 값만 1이고 나머지는 0이며, 길이가 10인 numpy 배열을 만들고 predict 함수를 사용하여 결과를 확인하라.

```
test_d = np.zeros((1,10))
test_d[0,4] = 1
o = model.predict(test_d)
```

출력된 결과의 크기는 1×28×28×1인데, 이를 28×28로 바꾸고, imshow 함수를 사용하여 결과를 확인해 볼 수 있다.

```
im = o.reshape((28,28))
plt.imshow(im)
```

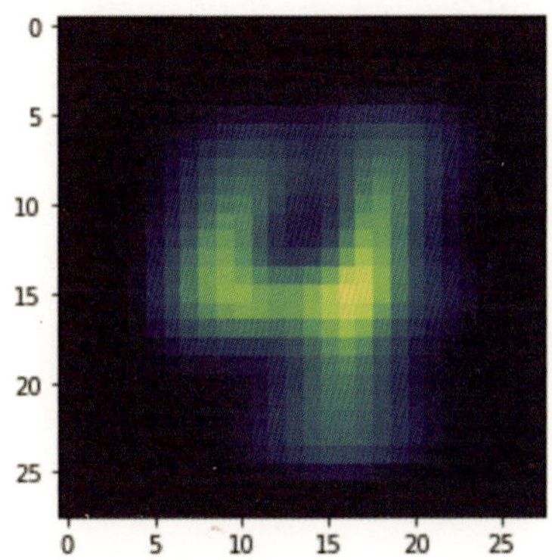

[그림 10-10] 네트워크를 통해 생성된 숫자 4 이미지

6) 전체 결과 확인

위 코드를 활용하여 0부터 9까지의 숫자를 모두 생성해 볼 수 있다[그림 10-11]. 입력으로 주는 정보는 0부터 9까지의 숫자 정보뿐이지만, 이를 바탕으로 28×28의 숫자 이미지를 성공적으로 생성할 수 있다. 생성된 이미지는 원본 이미지보다 오히려 숫자가 깔끔하고 읽기 편하지만, 가장자리는 흐릿하게 나타난 것을 볼 수 있는데, 이것은 하나의 입력(예를 들어 1 0 0 0 0 0 0 0 0 0)에 대한 목표(Target) 데이터가 여러 개 존재하여, 네트워크가 해당 데이터들의 평균 이미지를 출력하도록 학습되었기 때문이다. 결과적으로, 생성된 이미지는 개성이 사라지고 원본 이미지와 확연히 구분되는 형태

를 가지게 된다. 생성 네트워크의 입력으로 랜덤 벡터를 받아 다양성을 증가시키는 것도 가능하겠지만(10.4절 참고), 이를 올바르게 학습시키는 것은 생성 네트워크만으로는 쉽지 않은 일이다.

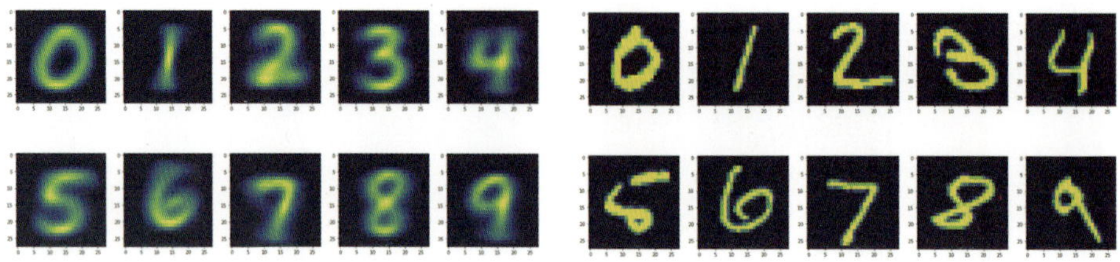

ⓐ ⓑ

[그림 10-11] ⓐ 생성된 숫자 이미지, ⓑ 원본 이미지 샘플

10.3 적대적 생성 네트워크(GAN)

10.3.1 GAN의 개념

적대적 생성 네트워크(Generative Adversarial Network: GAN)는 이안 굿펠로우 박사(Dr. Ian Goodfellow)가 2014년에 제안한 딥 네트워크의 학습 방법으로, 두 네트워크 간의 상호 경쟁을 통해 네트워크의 성능을 향상시키는 개념을 구현한 것이다. GAN은 흔히 위조지폐범과 경찰(지폐 검사관)의 관계로 설명된다. 어떤 도시에 위조지폐를 만드는 범죄자가 살고 있는데, 만약 그 도시에 있는 경찰(검사관)이 위조지폐를 올바로 구분해 낼 능력이 거의 없어서 종이에 손으로 그린 지폐도 구분해 내지 못할 수준이라면, 위조지폐범은 자신의 위조 능력을 향상시켜야 한다는 압박을 거의 받지 않게 되고, 만들어진 위조지폐는 다른 도시에 사는 사람이 살펴본다면 매우 쉽게 구분해 낼 수 있을 것이다. 이 경찰관이 공부하며 위조지폐의 감식 능력을 점진적으로 향상시킨다고 생각해 보자. 위조범은 경찰이 구분할 수 없도록 조금씩 위조지폐의 질을 높여 갈 것이고, 경찰은 이를 막기 위해 감식 능력을 더욱 증대시키려 노력할 것이다. 만약 위조범이 끝까

지 잡히지 않는다면, 경찰은 의도와는 관계없이 위조범의 지폐 위조 능력을 향상시키게 되고, 어느 시점이 지나게 되면 누구도 실제 지폐와 분간하기 어려운 수준의 위조 지폐가 탄생하게 될 것이다. 물론, 이 경찰 또한 위조범 덕분(?)에 위조지폐의 감식 능력이 매우 높아지게 될 것 또한 자명하다.

[그림 10-12] 위조지폐범과 경찰

범죄행위를 예로 들게 되어 아쉽지만, GAN은 원본과 유사한 가짜(합성) 데이터를 만드는 것을 목표로 개발되었기 때문에 불가피한 측면이 있다. 이 예에서 위조지폐범은 '생성 네트워크(생성자)'를, 경찰은 '판별(분류) 네트워크(판별자)'를 나타낸다. 생성 네트워크에서 생성한 결과를 판별 네트워크에서 분석하고 평가하므로, 생성 네트워크는 원본 데이터와 더욱 유사한 데이터를 생성해 내도록 학습된다. 바로 앞 장에서 학습한 바와 같이 생성 네트워크가 단독으로 원본 데이터와 매우 유사한 수준의 결과를 출력하도록 학습시키는 것은 매우 어렵지만, 이번 장에서 학습하는 GAN은 경쟁을 통해 네트워크가 자동으로 학습되도록 한다.

10.3.2 GAN의 학습 원리

GAN은 판별자와 생성자의 두 개 네트워크로 구성된다. 판별자는 합성곱 신경망, 순환 신경망 등의 일반적인 '분류 네트워크'를 사용하며, 입력받은 데이터가 원본인지 AI가 생성한 데이터인지를 분류한다. 생성자는 앞 장에서 학습한 '생성 네트워크'를 사용한다. 생성자는 랜덤한 숫자들을 입력으로 받아 원본과 유사한 데이터를 생성한다. 여기서 랜덤한 숫자를 입력으로 받는 것은 특정한 종류의 데이터(예를 들어 특정 숫자)

를 만드는 것이 목표가 아니기 때문이다. 이 생성 네트워크는 어떤 숫자든지 원본 데이터와 유사한 데이터를 다양하게 만들어 내는 것을 목표로 한다. 여러 개의 랜덤한 숫자를 사용하여 다양한 입력에 따라 다양한 결과 데이터가 생성되게 하며, 학습 시에는 어떤 종류의 데이터를 생성했는지가 아닌, 원본 데이터인 것처럼 판별자를 속일 수 있는지만 고려한다.

여기서 판별자는 정답을 맞힐 수 있도록 학습하지만, 생성자는 판별자가 정답을 틀리도록 학습한다는 점에 주의하라.

1) 판별자의 학습

판별자의 학습을 위해 주어지는 데이터는 1) n개의 원본 데이터와 2) m개의 생성자에 의해 생성된 데이터다. 각 데이터 샘플의 수는 다를 수 있으나, 일반적으로는 비슷한 수준으로 유지하는 것이 학습에 용이하다. 판별자는 합성곱 신경망 등의 학습과 마찬가지로, 주어진 데이터의 종류를 올바로 맞힐 수 있도록 학습된다. 즉, 최종 출력 노드에서 발생하는 손실을 최소화하도록 학습된다.

2) 생성자의 학습

생성자의 학습은 판별자에 비해 조금 까다롭다. 생성자 단독으로는 생성된 데이터가 원본 데이터와 유사한 특성을 가지는지 알 수 없기 때문이다. 이 문제를 극복하기 위해 생성자는 판별자와 네트워크를 연결시켜서 학습한다. 생성자에서 생성된 데이터는 판별자에 입력으로 주어지고, 판별자는 이 데이터가 원본으로 판단되는 정도(1이면 원본이 확실함, 0이면 원본이 아님.)를 출력한다. 이때 판별자의 목표는 원본과 생성본을 구분해 내는 것이다. 즉, 생성된 이미지가 입력되었을 때 판별자가 1에 가까운 숫자를 출력한다면 생성자 입장에서는 성공한 것이지만, 판별자는 에러를 발생시킨 것이 되며, 생성자의 학습은 판별자에서 발생하는 손실을 최대화시키는 방향으로 이루어지게 된다. 이때 생성자가 학습하는 동안 판별자의 내부 가중치가 수정되어서는 안 된다는 점에 주의해야 한다. 판별자는 생성자와 함께 학습하며 발전해야 하는데, 생성된 이미지가 원본 데이터인 것처럼 출력하도록 판별자를 학습한다면 판별자의 성능이 하락하기 때문이다.

한편, 생성자의 학습에 있어서 원본 데이터는 사용되지 않고, 생성된 데이터만 사용되는데, 이것은 생성자가 직접적으로 원본 데이터를 활용할 방법이 없기 때문이다.

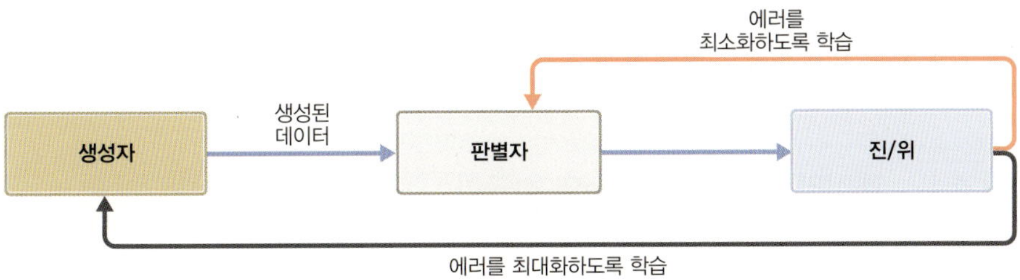

[그림 10-13] 생성자와 판별자의 학습

10.3.3 배치 정규화 층

다음 장의 실습에서는 GAN의 안정적인 구현을 위해서 '배치 정규화(Batch Normalization) 층'이라는 이름의 새로운 네트워크층이 사용된다. 배치 정규화 층은 주어진 입력을, 평균이 0이고 표준편차가 1이 되도록 데이터를 정규화한 후 선형으로 변형하여 출력하는 네트워크층이다. 여기서 선형 변형은 가중치를 곱하고, 바이어스(Bias)를 더하는 작업을 의미하며, 가중치와 바이어스는 학습 과정을 통해 조정될 수 있다. 배치 정규화 층은 신경망의 각 층에서 나오는 출력의 분포를 균일화시켜 주는 역할을 하는데, 이 작업을 통해 네트워크 학습의 속도와 성능을 향상시킬 수 있으며, 드롭아웃층의 역할을 일부 수행하여 경우에 따라서는 드롭아웃층 대신에 사용할 수도 있다. 배치 정규화는 학습 및 테스트 도중에 이루어지므로, 전체 데이터가 아니라 배치 단위로 정규화가 이루어지며, 테스트 시에는 배치의 평균과 표준편차를 사용할 수 없으므로, 학습 단계에서의 평균 등을 사용하여 정규화된다.

10.4 GAN 실습

이번 장에서는 랜덤 벡터를 입력받아 MNIST와 유사한 숫자 이미지를 출력하는 적대적 생성 네트워크 모델을 만든다. 10.2절에서 작성한 생성 네트워크의 코드, 결과와 비교하면서 차이를 살펴보면 이해에 도움이 될 것이다.

10.4.1 데이터 읽기, Reshape와 정규화

Pandas 라이브러리를 사용하여 csv 파일을 읽고, Keras에서 사용할 수 있도록 numpy 배열 형식으로 변환한다. 이미지 데이터는 28×28 크기로 변형하고, 0과 1 사이의 값을 갖도록 정규화한다. 입력 데이터는 랜덤 벡터를 사용할 것이므로 별도로 저장하지 않는다.

```
import pandas as pd
import numpy as np

d = pd.read_csv('./sample_data/mnist_test.csv', header=None)
d = np.array(d)
y_train = d[:,1:].reshape(-1, 28,28)
y_train = y_train/255
```

10.4.2 네트워크의 구성

1) 생성 네트워크의 구성

생성 네트워크의 구성은 다음과 같다. 10.2절의 생성 네트워크와 거의 동일하며, 주요 차이점은 생성 네트워크의 안정적인 학습을 위해 배치 정규화 층이 추가된 것이다. 학습률은 0.002로 조정되었는데, 이것은 판별 모델에 비해 생성 네트워크가 조금 더 빠르게 학습되도록 하기 위한 것이다. 판별 모델이 너무 빠르게 학습될 경우, 생성 네트워크가 그 속도를 따라가지 못하고 학습에 실패하는 경우가 발생하기 때문에, 생성 네트워크의 학습률은 상대적으로 조금 높게 잡는 것이 좋다. 물론, 데이터의 종류와 상황에 따라 이 비율은 적절히 조정되어야 한다. 손실함수는 binary_crossentropy가 사용되었다. 이것은 생성 네트워크의 학습이 판별 네트워크와 함께 연결되어 이루어지기 때문이다.

```
import tensorflow.keras as keras
from keras import Sequential
from keras import layers, optimizers

model_gen = Sequential()
model_gen.add(layers.Dense(units=3136, activation='relu'))
model_gen.add(layers.BatchNormalization())
model_gen.add(layers.Reshape((7,7,64)))
model_gen.add(layers.UpSampling2D((2,2)))
model_gen.add(layers.Conv2D(filters=32, kernel_size = 3, padding='same',
              activation='relu'))
model_gen.add(layers.BatchNormalization())
model_gen.add(layers.UpSampling2D((2,2)))
model_gen.add(layers.Conv2D(filters=16, kernel_size = 3, padding='same',
              activation='relu'))
model_gen.add(layers.BatchNormalization())
model_gen.add(layers.Conv2D(filters=1, kernel_size = 3, padding='same',
              activation='sigmoid'))
model_gen.compile(loss='binary_crossentropy', optimizer=optimizers.
              RMSprop(learning_rate=0.002), metrics=['accuracy'])
```

2) 판별 모델의 구성

판별 모델은 합성곱층과 풀링층, Flatten층과 완전 연결층을 사용하여 구성되었고, 최종 출력 노드는 하나(0은 생성된 이미지, 1은 원본 이미지)로 설정하여, 손실함수는 binary_crossentropy가 사용되었다. 마지막 완전 연결층의 출력은 sigmoid가 사용되었는데, 이것은 최종 출력이 0과 1 사이의 실수로 나와야 하기 때문이다.

```
model_disc = Sequential()
model_disc.add(layers.Conv2D(filters=16, kernel_size = 3, padding='same',
               input_shape = (28,28,1), activation='relu'))
model_disc.add(layers.Conv2D(filters=16, kernel_size = 3, padding='same',
               activation='relu'))
model_disc.add(layers.MaxPooling2D(pool_size = (3,3), strides=2))
model_disc.add(layers.Conv2D(filters=16, kernel_size = 3, padding='same',
               activation='relu'))
model_disc.add(layers.Conv2D(filters=16, kernel_size = 3, padding='same',
               activation='relu'))
model_disc.add(layers.MaxPooling2D(pool_size=(3,3),strides=2))
model_disc.add(layers.Flatten())
model_disc.add(layers.Dense(units=1, activation='sigmoid'))
model_disc.compile(loss='binary_crossentropy', optimizer=optimizers.
                   RMSprop(learning_rate=0.001), metrics=['accuracy'])
```

3) 생성 모델과 판별 모델의 연결

생성 모델의 학습을 위해서는 생성 모델과 판별 모델을 연결하는 모델을 만들어야 한다. Sequential 형태로 새로운 모델을 만든 다음, 생성 모델과 판별 모델을 차례로 추가하고 판별 모델의 가중치가 바뀌지 않도록 컴파일 전에 가중치를 고정한다. 가중치를 고정하는 코드는 다음과 같다.

```
[모델].trainable = False
```

여기서 설정한 가중치의 고정은 생성 모델의 학습 시에만 적용되고, 판별 모델에서는 적용되지 않으므로, 이 값을 다시 True로 바꿀 필요는 없다.

```
model_comb = Sequential()
model_comb.add(model_gen)
model_comb.add(model_disc)
model_disc.trainable = False
model_comb.compile(loss='binary_crossentropy', optimizer=optimizers.
```

```
                     RMSprop(learning_rate=0.001), metrics=['accuracy'])
```

10.4.3 학습

GAN에서의 학습 코드는 조금 까다롭다. Fit 함수 하나를 호출하기만 했던 이전 네트워크들과는 달리, 생성자와 판별자를 각각 학습시켜주어야 하기 때문이다. GAN의 학습을 위해, 먼저 배치 크기와 입력벡터의 크기를 설정한다. 배치 크기는 64로, 입력 벡터의 크기는 10으로 하였다. 이 값들은 절대적인 것이 아니므로, 상황에 따라 얼마든지 변경 가능하다.

이번 실습에서의 배치 크기는 이전에 사용했던 개념과 조금 차이가 있으니 주의하기 바란다. 이전 네트워크들의 학습에서는 원본 이미지를 배치 크기 단위로 나누어 학습을 시키며 모든 원본 이미지를 학습에 사용하였으나, 이번 실습에서는 원본 이미지와 대응하는 생성 이미지를 매 에포크마다 새롭게 생성하여야 한다. 이로 인해 전체 원본 이미지의 개수만큼 생성하여 학습을 수행하는 것은 많은 시간이 소요되며 효율적이지 않다. 이를 극복하기 위해, 여기에서는 원본 이미지를 배치 크기만큼 랜덤하게 선택하고 같은 개수의 이미지를 생성한 후 해당 이미지만을 사용하여 한 번의 에포크를 완료하는 것으로 설정하였다. 시간의 여유가 있다면, 한 에포크에서 모든 이미지에 대해 학습을 수행하도록 코드를 변경해 보는 것도 좋다.

학습을 위한 전체 코드는 다음과 같다.

```
# 배치 크기 등 설정
nOrig = 64
nGen = nOrig
vector_size = 10
nEpoch = 2000


# 반복
```

```
for i in range(nEpoch):
  # 이미지 생성
  y_gen = np.zeros((nGen,28,28))
  test_input = np.random.rand(nGen,vector_size)
  for j in range(nGen):
    o = model_gen.predict(test_input[j,:].reshape(1,10))
    o = o.reshape((28,28))
    y_gen[j,:] = o
  y_gen = np.expand_dims(y_gen,-1)


  # 원본 이미지 선택
  idx = np.array(range(y_train.shape[0]))
  np.random.shuffle(idx)
  idx = idx[:nOrig]
  y_orig = y_train[idx,:,:]
  y_orig = np.expand_dims(y_orig,-1)


  # 원본 이미지 - 생성 이미지 결합
  test_img = np.concatenate((y_gen, y_orig),0)
  test_target = np.concatenate((np.zeros(y_gen.shape[0]),
            np.ones(y_gen.shape[0])),0)


  # 판별자 학습
  loss_disc = model_disc.train_on_batch(test_img, test_target)


  # 생성자 학습
  loss_gen = model_comb.train_on_batch(test_input, np.ones
            (test_input.shape[0]))
```

전반적인 학습 진행의 흐름은 [그림 10-14]와 같다. 가장 처음의 for 문은 여러 에포크를 반복한다는 의미다. 각 에포크는 1) 이미지 생성, 2) 원본 이미지 선택, 3) 원본 이미지와 생성 이미지의 결합, 4) 판별자 학습, 5) 생성자 학습의 단계를 거쳐 수행된다. 여기서 판별자와 생성자의 학습은 순차적으로 일어난다. 판별자와 생성자는 번갈아 가면서 각자의 목표를 위해 개선된다. 판별자와 생성자는 상호간에 영향을 지속적으로 주고받으므로, 학습의 균형을 맞추는 것은 매우 중요하다. 어느 한 쪽으로 기울지 않도록 배치 크기와 학습률 등의 세심한 조정이 필요하다.

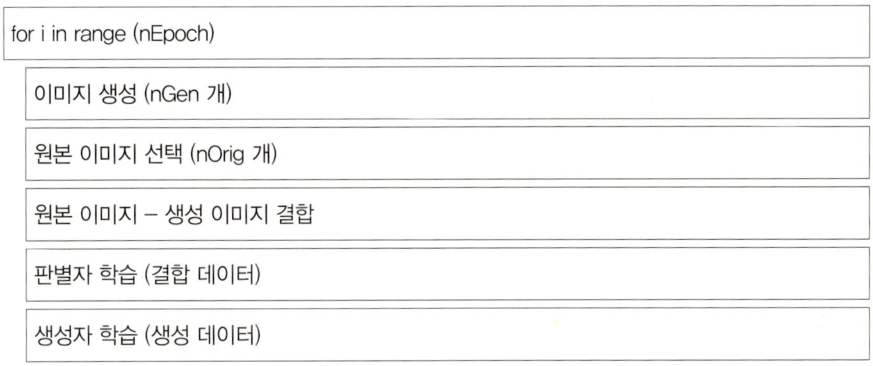

[그림 10-14] GAN의 학습 흐름

전체 코드를 각 부분으로 나누어 살펴보도록 하자. 먼저, 다음은 nEpoch 만큼 학습을 반복하는 코드이다.

```
for i in range(nEpoch):
```

1) 이미지 생성

지정된 개수의 이미지를 생성하기 위해, 먼저 numpy의 rand 함수를 사용하여 입력으로 사용할 벡터를 만든다. 출력은 0으로 미리 채워진 3차원 배열로 준비한다. 이 배열의 크기는 [생성할 이미지의 수]×28×28이 된다. for 문을 사용하여 반복하며 입력 벡터를 생성 네트워크에 넣어 전파시키면 해당 입력에 대한 출력을 얻을 수 있다. 생성된 이미지 배열에는 차원을 하나 추가하여 합성곱층에서 사용할 수 있도록 한다.

```
y_gen = np.zeros((nGen,28,28))
test_input = np.random.rand(nGen,vector_size)
for j in range(nGen):
  o = model_gen.predict(test_input[j,:].reshape(1,10))
  o = o.reshape((28,28))
  y_gen[j,:] = o
  y_gen = np.expand_dims(y_gen,-1)
```

2) 원본 이미지 선택

판별자의 학습에 사용할 원본 이미지를 선택한다.

numpy.random 라이브러리의 shuffle 함수는 배열의 값을 섞는 기능을 한다. range 함수를 써서 1부터 원본 이미지 개수까지의 정수를 일렬로 늘어놓고, shuffle 함수를 사용하여 섞은 다음, nOrig 만큼의 숫자만을 선택한다. 이 숫자들이 학습에 사용할 원본 이미지의 인덱스가 된다. 인덱스를 사용하여 이미지들을 선택하여 별도의 변수(y_orig)에 저장하고, 역시 합성곱층에서 사용할 수 있도록 차원을 추가한다.

```
idx = np.array(range(y_train.shape[0]))
np.random.shuffle(idx)
idx = idx[:nOrig]
y_orig = y_train[idx,:,:]
y_orig = np.expand_dims(y_orig,-1)
```

3) 원본 이미지와 생성 이미지의 결합

판별자를 학습하기 위해 원본 이미지와 생성 이미지를 결합하여 하나의 변수에 저장한다. 각각의 이미지가 원본인지를 알려주는 레이블 정보도 함께 결합한다.

```
test_img = np.concatenate((y_gen, y_orig),0)
test_target = np.concatenate((np.zeros(y_gen.shape[0]),
              np.ones(y_gen.shape[0])),0)
```

4) 판별자 학습

판별자를 학습시킨다. 하나의 배치에 대해서만 학습을 수행하는 것이므로, 배치 단위의 학습을 위해 제공되는 train_on_batch 함수를 사용한다. fit 함수가 주어진 데이터에 대해 학습을 시작부터 끝까지 수행한다면, train_on_batch 함수는 하나의 배치에 대한 학습만을 수행한다. GAN에서는 하나의 배치에서 생성자와 판별자를 각각 학습시켜야 하므로, fit 함수를 사용해서는 네트워크를 학습시킬 수 없다. train_on_batch 함수의 기본 파라미터는 '입력'과 '타깃'이다.

```
loss_disc = model_disc.train_on_batch(test_img, test_target)
```

5) 생성자 학습

역시 train_on_batch 함수를 사용하여 생성자를 학습시킨다. 앞서 설명한 대로 생성자의 입력은 랜덤 벡터가 되며, 출력은 1에 가까워지길 기대한다. 타깃 데이터는 모두 1로 만들면 되므로, numpy의 ones 함수를 사용하여 값이 모두 1인 1차원 배열을 만들어 사용한다.

```
loss_gen = model_comb.train_on_batch(test_input, np.ones
                (test_input.shape[0]))
```

10.4.4 이미지 생성과 생성된 이미지의 확인

학습된 모델에 랜덤 벡터를 넣고, 이미지들을 생성한다. 생성된 이미지들은 add_subplot 함수와 imshow 함수를 사용하여 화면에 표시된다. add_subplot 함수는 공간을 나누어 하나의 칸 안에 여러 개의 figure가 들어가도록 하기 위한 함수며, imshow 함수는 그림을 화면에 그리는 함수다. add_subplot 함수를 사용하기 위해 figure를 하나 만들어 그림/그래프의 전체 공간 크기를 설정한다. figsize의 값을 바꾸면 크기가 변경된다. add_subplot 함수의 첫 번째, 두 번째 파라미터는 이미지가

요약

1 생성 네트워크는 주어진 파라미터로부터 해당 파라미터와 연관된 데이터를 자동으로 만드는 네트워크이다.

2 생성 네트워크는 특정한 형상을 가지는 소리, 이미지, 비디오 등을 생성하는 데에 사용된다.

3 생성 네트워크를 구성하기 위해 Reshape층, Upsampling층 등이 사용된다. Reshape층은 Flatten층의 역연산으로, Upsampling층은 풀링층의 역연산으로 생각할 수 있다.

4 적대적 생성 네트워크(GAN)는 두 네트워크 간의 상호 경쟁을 통해 네트워크의 성능을 향상시키는 개념을 구현한 것이다.

5 GAN은 판별자와 생성자의 두 개 네트워크로 구성된다. 판별자는 합성곱 신경망, 순환 신경망 등의 일반적인 '분류 네트워크'를 사용하며, 생성자는 '생성 네트워크'를 사용한다.

6 안정적인 GAN의 구현을 위해 배치 정규화 층이 활용될 수 있다. 배치 정규화 층은 합성곱 신경망에서 오버피팅을 감소시키기 위해 사용되기도 한다.

연습문제

10.2절의 실습에 대해 다음을 시도하고, 그 결과를 보고하시오.

1 에포크 수에 따라 생성되는 숫자의 모양이 어떻게 달라지는가? 학습이 진행됨에 따라 생성되는 숫자 모양의 변화를 확인하시오.

2 네트워크의 층 개수, 파라미터의 변화에 따라 생성되는 숫자의 모양이 달라질 수 있다. 다양한 실험을 통해 출력되는 숫자 모양의 변화를 확인하시오.

3 네트워크의 입력 데이터를 원-핫-인코딩(한 노드의 값만 1이고 나머지는 모두 0이다.) 대신 실숫값으로 나타내는 것도 가능하다. 예를 들어, 0번인 정도가 비교적 높은 경우는 0.8, 조금 낮다면 0.2 등으로 설정할 수 있다. 이 경우 출력이 어떻게 변화하는지, 그리고 그러한 결과가 나타난 원인이 무엇으로 추정되는지 확인하시오.

CHAPTER 11

정답을 찾아가는 에이전시 : 강화 학습과 AWS 딥레이서

11.1 강화 학습 개요

강화 학습은 전략 게임, 바둑, 체스 등의 보드게임의 인공지능 구현에 널리 사용되고 있으며, 로봇/드론의 행동 제어, 전투기의 조종 등과 같은 실제 환경에서의 제어 문제에도 활용되어 뛰어난 성능을 보이고 있다. [그림 11-1 ⓐ]는 스타크래프트 환경에서 강화 학습으로 인공지능을 구현하고 적용한 모습을 보여주고 있다. 해당 게임의 개발사인 블리자드는 스타크래프트 1, 2를 강화 학습 환경으로 사용할 수 있도록 API 라이브러리를 제공하고 있어, 관심이 있는 사람이라면 누구나 인공지능을 개발할 수 있으며, 인공지능끼리 대결을 하는 스타크래프트 대회가 매년 열리고 있으므로 팀을 구성하여 참가해 볼 수도 있다. 여러 대학들에서 스타크래프트 대회를 자체적으로 열고 있는데, 이 중 〈AIIDE 대회〉에서는 2018년에 삼성SDS의 사이다 팀이 우승을 한 바 있다.[1]

ⓐ

ⓑ

[그림 11-1] 강화 학습의 예 ⓐ 스타크래프트 인공지능
ⓑ 장애물을 피해 목적지까지 도달하는 최적 길을 찾아 움직이는 로봇

1) https://www.cs.mun.ca/~dchurchill/starcraftaicomp/

[그림 11-1 ⓑ]는 로봇[Fetch]이 장애물을 피해 목적지까지 갈 수 있도록 강화 학습으로 로봇의 내비게이션을 구현, 적용한 모습이다. 고정된 지도상에서 길을 찾는 것은 전통적인 알고리즘들로도 가능하지만, 사람들이 오가며 실시간으로 변화하는 상황에서 최적의 움직임을 찾는 것은 생각처럼 간단한 일은 아니다. 로봇은 강화 학습을 통해 훈련된 인공지능 모델을 가지고 있으며, 내장된 센서를 사용하여 주변 환경의 변화를 실시간으로 감지하여 최종 목적지까지의 경로를 업데이트한다.

강화 학습은 이전까지 학습한 다른 인공지능 네트워크, 학습 모델과는 근본적인 차이를 가지고 있다. 이전까지의 인공지능은 지도 학습이라고 하는 큰 하나의 카테고리로 묶여질 수 있다. 지도 학습은 문제에 대한 정답이 제공되는 학습 방식인데, 이것은 주어진 이미지에 적힌 글자가 무엇인지, 심전도 데이터가 정상인지 비정상인지 등에 대한 정보가 주어진다는 뜻이다. GAN에서도 판별자에 입력되는 데이터가 원본인지 생성된 데이터인지를 네트워크에 알려주며, 판별자와 생성자는 실제 출력과 정답 데이터의 차이로부터 계산된 손실 값을 바탕으로 학습된다.

강화 학습은 특정 입력에 대해 지정된 정답을 알 수 없는 경우를 위해 개발된 학습법으로, 강화 학습의 목표는 주어진 상황에서 최적의 행동을 도출하는 것이다. [그림 11-2]는 게임 캐릭터가 동전을 먹기 위해 움직여야 하는 상황을 보여 주고 있다. 일반적인 지도 학습이라면, 현재의 상황(캐릭터의 위치, 지도, 동전의 위치 등)을 입력으로 주고, 해당 상황에서 수행해야 하는 동작(예를 들어 오른쪽으로 점프)을 제시하여 캐릭터를 학습시키려 할 것이다. 그런데 이 방법에는 심각한 문제가 있다. 게임 캐릭터의 위치, 동전의 위치, 지도 등의 각종 상황은 너무 다양해서 모든 경우의 수를 학습 데이터로 만들어 제공하는 것은 매우 어렵고, 경우에 따라 불가능에 가까운 경우가 많다는 것이다. 게임 캐릭터는 공중에서 떨어지는 도중일 수도 있고, 뒤쪽을 바라보고 있을 수도 있고, 이론적으로 해당 지도상의 어떤 곳에든지 배치될 수 있다. 여기에 적 캐릭터까지 등장한다면, 그 경우의 수는 기하급수적으로 늘어난다.

게임 캐릭터의 이동을 지도 학습으로 해결하기 어렵게 하는 또 다른 문제는 특정 상황에서의 올바른 움직임을 정의하는 것 자체가 매우 어렵다는 것이다. 캐릭터가 특정 상황에서 오른쪽으로 이동하는 것과 오른쪽으로 점프하면서 이동하는 것에는 큰 차이가 없을 수 있고, 어떤 행동이 가장 최선의 행동인지는 몇 턴이 지나야 알 수 있는 경우가 대부분이다. 이것은 바둑과 같은 보드게임에서도 마찬가지인데, 바둑판의 특정 지점에 돌을 놓는 것이 좋은 수였는지는 게임이 끝날 때가 되어서야 알 수 있는 경우도 있기 때문이다. 이와 같은 이유로 복잡한 게임 환경에서의 인공지능을 구현하는 데에 기존의 지도 학습 방법은 그다지 적합하지 않다.

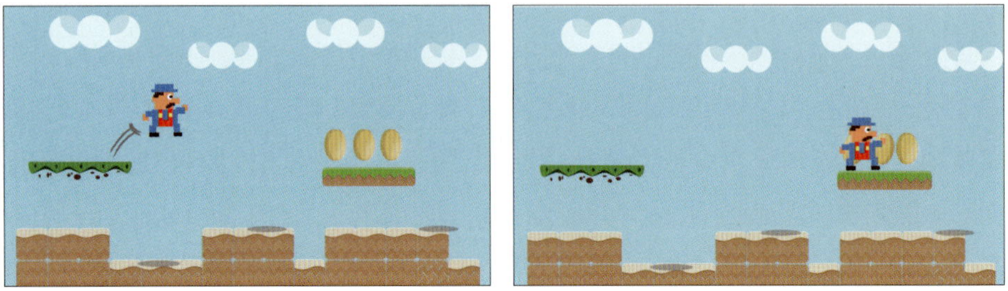

[그림 11-2] 강화 학습이 필요한 게임 환경

이와 같이 주어진 상황에 대한 정답을 명확히 알기 어려운 경우는 실생활 속에 많이 존재한다. 게임 AI의 경우, 인공지능이 사람과 유사한 수준으로 플레이할 것으로 기대되지만, 인공지능을 학습시켜야 하는 입장에서 이것은 매우 어려운 일이다. 축구 게임에서 선수들은 공을 가지지 않은 상황에서도 계속 움직여야 하며, 특정 상황에서 어떤 동작을 해야 한다고 일괄적으로 지정하는 것 매우 어려운 일일 수밖에 없다. 자동으로 움직이는 드론을 학습시키는 것도 마찬가지다. 드론의 상태(기울기, 속도 등) 뿐 아니라 지형, 장애물, 움직이는 사람과 동물, 바람 등과 같은 주변의 환경이 매우 다양하게 바뀔 수 있는데, 그 상황에 대한 대응책을 지정하는 것은 매우 어려우며, 해당 대응이 실제로 좋은 결과를 가져올 것인지에 대해서도 확신하기 어렵다.

강화 학습은 이 문제를 **행동**에 따라 변화하는 **환경**을 구현하여 해결한다. 강화 학습을 사용하면 각 상황에 대한 정답을 명확히 알지 못하는 경우에도, 목표만 명확히 주어진다면 그 상황에서 수행해야 할 행동을 도출하는 인공지능을 학습시킬 수 있다. 앞서 언급한 상황들을 살펴보면, 게임 캐릭터의 목표는 더 많은 코인을 획득하는 것이고, 축구 선수의 목표는 골을 넣고 막는 것이며, 드론의 목표는 목표 지점까지 안전히 비행하는 것이다. 강화 학습은 이와 같이 주어진 환경에서의 최적 행동을 추정하는 데에 사용되며, 최적 행동을 일일히 정의하기는 어렵지만 행동의 목표가 명확한 경우에 활용될 수 있는 인공지능 학습 알고리즘이다.

11.2 강화 학습의 원리

11.2.1 환경과 에이전트

강화 학습은 **환경**(State)과 **에이전트**(Agent)의 상호작용을 기반으로 한다. 여기서 환경은 학습이 이루어지는 다양한 정보들을, 에이전트는 주어진 환경을 기반으로 어떤 행동을 할지 제시하는 인공지능을 의미한다. 예를 들어, 11.1절에서 살펴본 동전 획득 게임의 경우에, 환경은 게임 캐릭터의 현재 위치, 동전의 위치, 지도(지형정보), 장애물 등이 되고, 에이전트는 이와 같은 정보를 받아, 어떻게 행동해야 하는지(움직임 방향, 버튼 등)를 제시하고 수행하는 역할이다.

환경은 에이전트가 제시한 행동에 의해 변화된다[그림 11-3]. 에이전트의 명령에 따라 캐릭터가 움직이고, 그 움직임에 따라 벽과의 거리, 땅과의 거리, 동전과의 거리 등 다양한 정보가 변화하게 된다. 환경은 에이전트와 무관하게 시간의 흐름에 따라 변화하기도 한다. 벽이나 공간이 움직일 수도, 적 캐릭터가 정해진 움직임을 반복할 수도 있다.

에이전트에 의해 변화된 환경은 다시 에이전트에게 제시된다. 에이전트는 이 정보를 바탕으로 새로운 행동을 제시하고, 환경은 이를 다시 반영한다. 에이전트는 일종의 게임 플레이어이고, 환경은 게임 그 자체라고 생각하면 이해가 편하다. 보통은 에이전트가 실제 사람인 경우로, 게이머가 게임을 플레이하는 경우지만, 강화 학습에서의 에이전트는 인공지능이라는 부분이 다를 뿐이다.

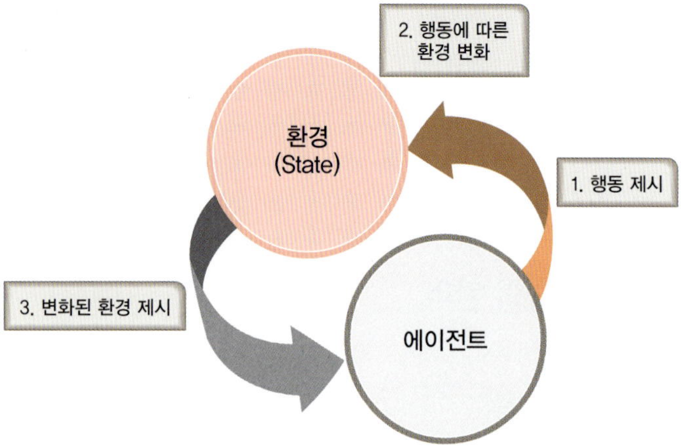

[그림 11-3] 강화 학습에서의 환경과 에이전트

환경은 그 종류에 따라 에이전트와 동기화되어 운영될 수도, 비동기식으로 운영될 수도 있다. 동기화된다는 것은 에이전트가 어떤 **행동**(Action)을 취하지 않으면 환경의 변화가 일어나지 않는다는 뜻이다. 바둑이나 장기 등의 보드게임이 대표적인 예이다. 이 경우 환경과 에이전트와의 관계는 일종의 '턴'제로 동작한다고 볼 수 있다. 에이전트의 행동 제시가 없다면 환경은 변화하지 않기 때문이다.

반면, 실시간 전략 게임(Real Time Strategy) 등에서는 에이전트 없이도 상황이 지속적으로 바뀐다. 이 경우는 게임 내 시간을 기준으로 환경의 변화가 이루어진다. 환경은 지속적으로 변화하며, 해당 시간에 에이전트는 특정한 행동을 취할 수도, 아무런 행동을 취하지 않을 수도(No Action) 있다. 여기서 에이전트가 취할 수 있는 행동들의 집합을 액션 스페이스(Action Space)라고 부른다.

이같은 환경과 행동 사이의 관계를 [그림 11-4]에서 보여주고 있다. 이 그림에서 게임 캐릭터의 위치, 상태, 동전의 위치, 지도 등이 존재하는 게임 환경(State: S)이 존재하며, 이 환경은 특정 시간대의 행동(Action: A)에 의해 변화한다. 행동에는 오른쪽/왼쪽 이동, 점프 등이 있으며, 아무 행동도 취하지 않을(No Action) 수도 있다. S_t를 시간 t에서 환경의 상태라고 한다면, 다음 시간의 상태 S_{t+1}은 현재의 행동 A_t에 의해 결정된다고 정의할 수 있다. [그림 11-5]에서는 시간의 흐름 속에서 행동이 취해지고, 그 행동에 따라 환경(캐릭터의 위치, 동전과의 거리 등)이 변화하는 예를 살펴볼 수 있다.

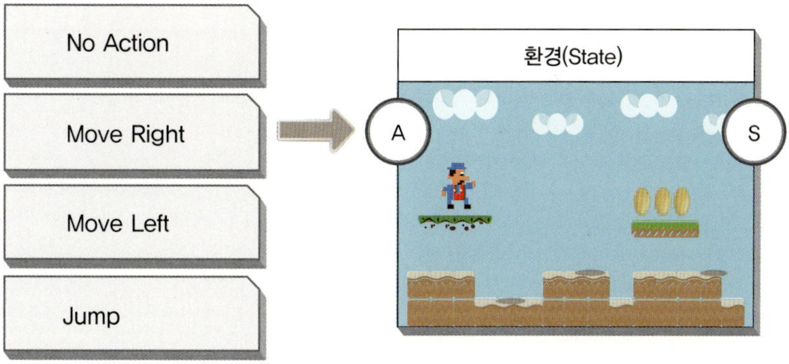

[그림 11-4] 강화 학습에서의 환경과 행동

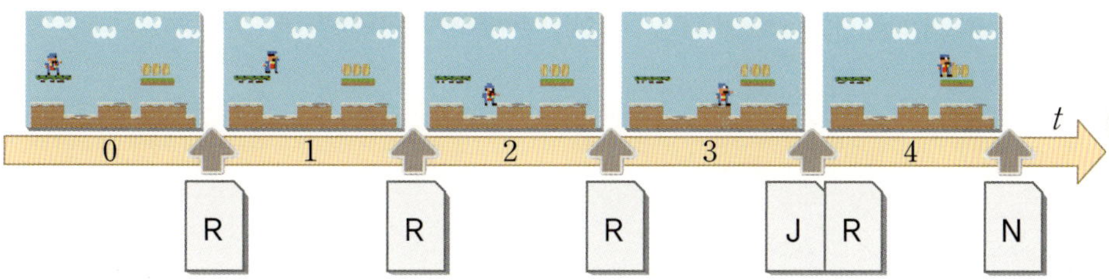

[그림 11-5] 시간의 흐름 속에서 행동에 따라 변화하는 환경

게임을 사람이 플레이하는 경우에는 이 행동을 결정하는 것은 사람이지만, 강화 학습에서는 행동의 결정을 사람 대신 인공지능 에이전트(Agent)가 하게 된다[그림 11-6]. 강화 학습은 인공신경망 외에도 다양한 인공지능을 포괄하는 개념으로 에이전트는 다양한 이론을 탑재한 모델이 될 수 있으나, 여기에서는 인공신경망을 사용하여 구성된 에이전트가 사용하는 경우에 한정하여 설명한다.

에이전트의 내부에 있는 딥러닝 모델은 이전 시간의 환경정보(S_{t-1})를 입력으로 받아, 수행해야 할 행동(A_t)을 출력으로 발생시킨다. 그리고 여기서 발생한 출력은 실제 환경에 입력으로 주어져 환경을 변화시킨다. 변화된 환경에 관한 정보는 지속적으로 에이전트에게 제공되며, 에이전트는 수행할 행동을 환경에 제시한다. [그림 11-6]의 에이전트는 2개의 출력을 가지고 있으며, 첫 번째 출력이 0이면 왼쪽으로 이동, 1이면 오른쪽으로 이동할 것을 의미한다. 두 번째 출력이 0이면 점프를 하지 않고 걸어가며, 1이면 점프를 하라는 의미로 구성되었다. 설명의 간편성을 위해 No Action의 출력은 없이,

모든 시간대에 행동을 취하도록 하였다.

이 설명이 조금 어렵다면, 에이전트는 인공지능 플레이어, 환경은 게임 그 자체에 빗대어 이해하면 된다. 사람이 눈으로 게임 환경을 보고 버튼을 눌러 캐릭터를 조작하듯이, 인공지능 플레이어가 환경을 데이터로 받아들여 수행할 명령을 지시하는 것이다.

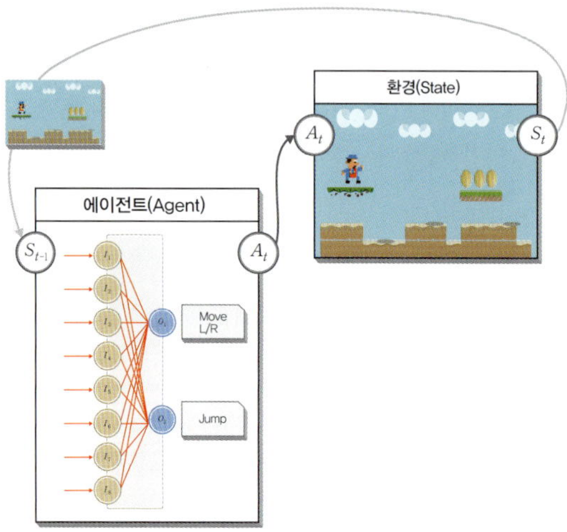

[그림 11-6] 환경과 에이전트의 관계

11.2.2 학습

강화 학습의 목표는 똑똑한 에이전트를 만드는 것이다. 딥 네트워크로 구성된 에이전트를 일반적인 방식으로 학습시키려면 특정 입력에 대한 목표 출력(타깃)을 지정해 주어야 하지만, 이런 학습용 데이터셋을 구성하기는 매우 어렵고, 때에 따라서는 불가능에 가까운 경우도 많다. 경우의 수가 너무 다양하고 정답을 모르는 경우도 많기 때문이다(예: 다수의 적 출현, 난이도 상승 등). 일반적으로 강화 학습에서는 이 문제를 시뮬레이션과 보상 함수를 사용하여 해결한다.

시뮬레이션은 임의의 환경 상태에서 시작하여, 이 환경 상태를 에이전트에게 제공하고 에이전트의 응답을 환경에 적용하는 과정이다. 이것은 앞서 설명한 환경과 에이전트의 관계를 이용하여 게임을 플레이하는 과정과 같지만, 처음 주어지는 환경 상태는 임의의 데이터이며, 시뮬레이션이 끝난 뒤에는 보상이 주어진다는 점이 다르다. 시뮬레이션이 수행되는 동안 에이전트 내부 네트워크의 가중치는 수정되지 않으며 동일한 상태로 유지된다는 점에 주의하라. [그림 11-7, 11-8]은 시뮬레이션의 예를 보여주고 있다.

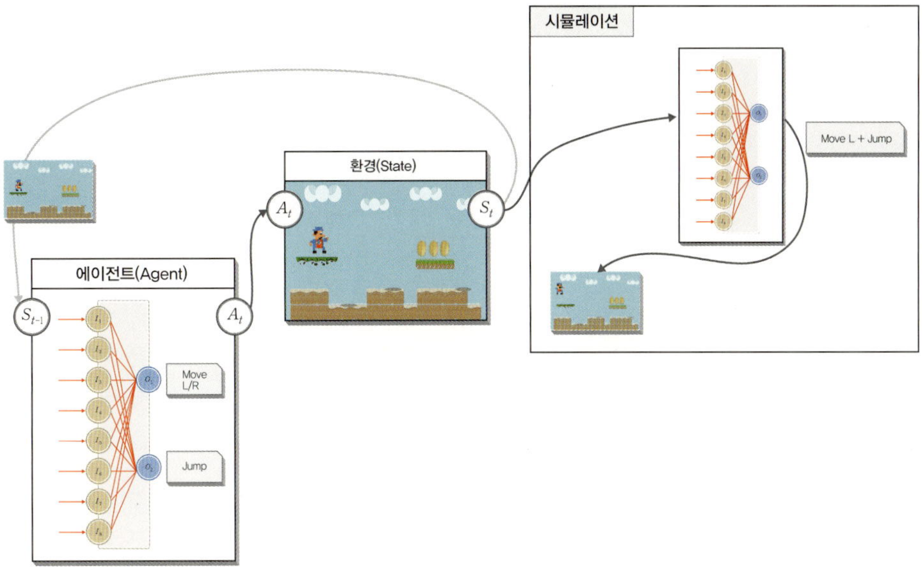

[그림 11-7] 환경, 에이전트, 시뮬레이션과의 관계

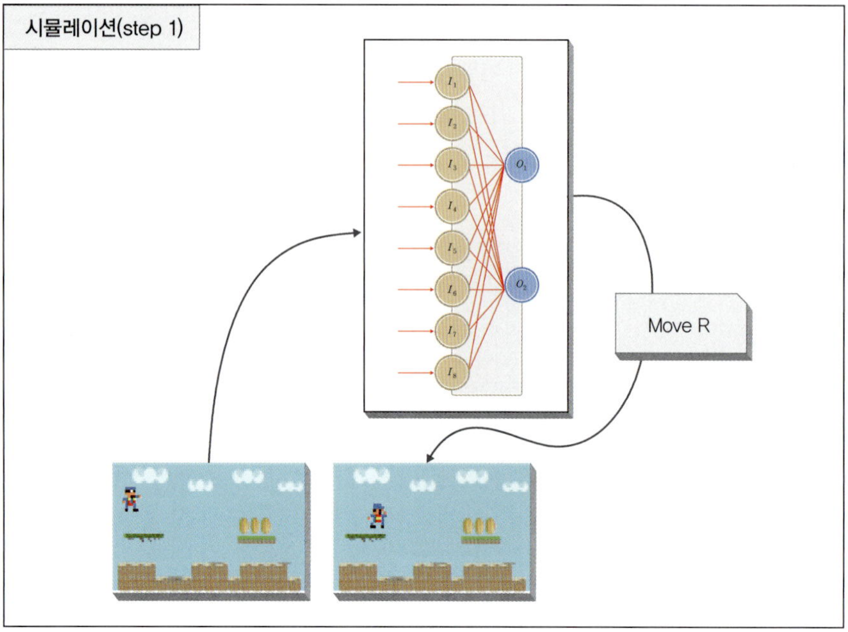

시뮬레이션(step 1)
Move R

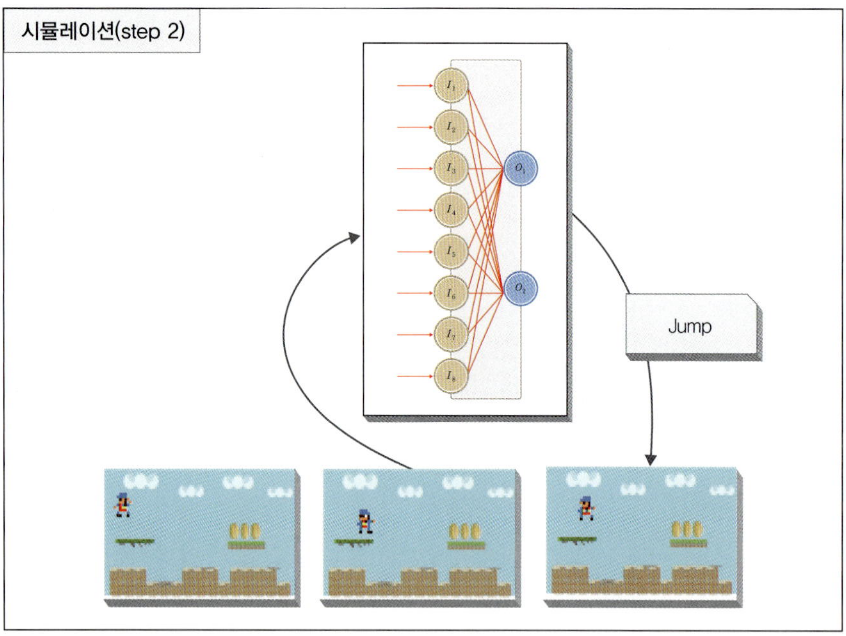

시뮬레이션(step 2)
Jump

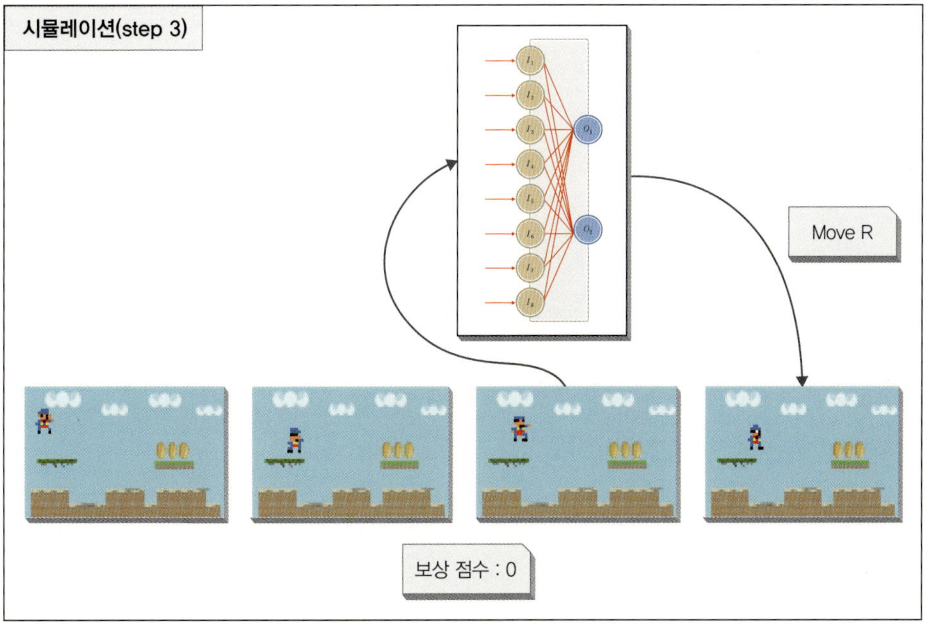

[그림 11-8] 시뮬레이션과 보상

시뮬레이션은 특정 시간 동안 계속해서 수행되거나, 특정 조건을 만족하면(동전 획득, 지하로 추락, 적과의 부딪힘 등) 종료된다. 시뮬레이션이 종료되면 에이전트에게 보상이 주어지는데, 이 보상은 게임의 목표를 얼마나 잘 달성하였는지에 따라 주어지며, 다양한 방법으로 정의될 수 있다. 예로 든 게임의 목표가 동전을 빨리 획득하는 것이라고 한다면, 보상의 양은 동전을 획득한 시간에 반비례하여 정의되게 된다. 예를 들어

$$보상 = 1/ 걸린 시간$$

과 같이 정의할 수 있다. 이와 같이 보상을 정의하는 함수를 **보상 함수**(Reward Function)라고 한다.

강화 학습에서의 에이전트 학습은 여러 번의 시뮬레이션을 통해 보상을 최대화하도록 학습될 수 있다[그림 11-9]. 딥러닝 분류 네트워크의 학습 시에 에러를 최소화하는 방향으로 가중치를 학습하는 것을 생각하면, 강화 학습의 학습은 이와 반대라고 할 수 있다.

강화 학습의 학습은 보상 함수를 통해 그 방향이 정해져 수행되므로, 보상 함수를 잘 정의하는 것은 강화 학습의 구성에서 매우 중요한 요소다. 보상은 모든 환경 상태(S)에서 계산될 수 있도록 정의하는 편이 학습에 용이하다. 앞서 설명한 예에서 사용한 1/(걸린 시간)이라는 보상 함수는, 캐릭터가 동전을 획득하지 못한 경우에는 보상 점수를 전혀 받을 수가 없으므로, 네트워크를 수정해야 하는 방향(즉, 어떻게 하면 보상을 늘릴 수 있는지)을 찾기가 어렵다. 하지만 캐릭터와 동전 사이의 거리를 사용하여 임의의 상태에 대한 가치를 정의하고, 시뮬레이션 도중 나타나는 모든 상태의 가치를 반영하여 보상 함수를 정의한다면, 보상의 크기는 모든 환경 상태에 대해서 계산할 수 있다. 즉, 에이전트의 성능을 더욱 세밀하게 정의할 수 있게 되어, 네트워크를 학습해 나가야 하는 방향을 알아내기가 상대적으로 쉬워진다.

한 시뮬레이션에 대한 보상을 정의할 때는, 보통 **할인율**(Discount Factor)이라는 개념을 사용하여 더 빨리 얻은 보상에 대한 가치를 더 높게 책정한다. 즉, 시뮬레이션 시작으로부터 n 시간이 지난 특정 상태의 가치는 해당 상태의 기본 가치에 할인율을 n 거듭제곱한 수를 곱하여 계산된다. 어떤 상태에 대한 기본 가치의 크기가 100이고, 시간이 2만큼 지난 상태에 할인율이 0.9라면, 그 가치는 81(=100×0.9×0.9)이 되는 것이다.

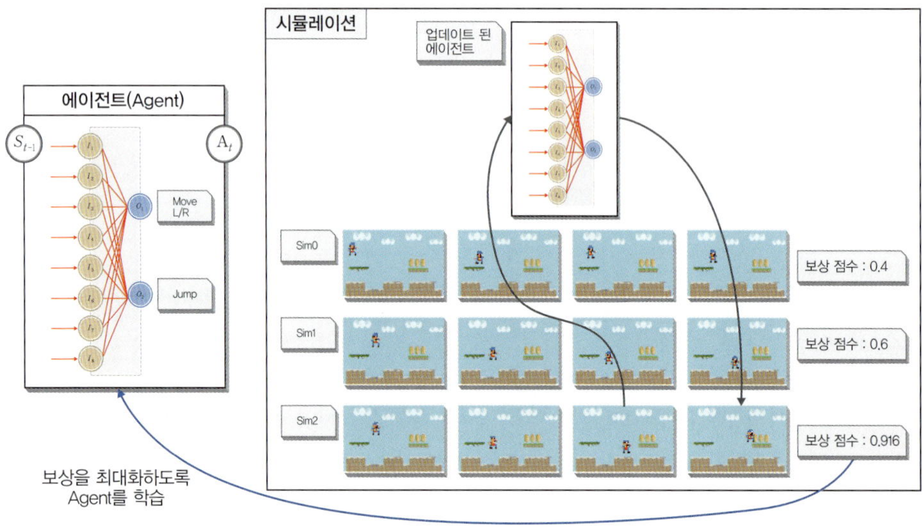

[그림 11-9] 시뮬레이션과 보상

11.3 아마존 웹 서비스와 딥레이서

아마존 웹 서비스(Amazon Web Service: AWS)는 서버 컴퓨터를 대여해 주고, 이를 사용하는 각종 서비스를 제공해 주는 아마존의 온라인 상품이다. 사용자는 대여받은 컴퓨터에 인터넷을 통해 연결할 수 있으며, 적은 비용으로 고가의 서버를 테스트하고 사용할 수 있어 홈페이지 서버, 게임 서버 등 다양한 용도로 널리 사용되고 있다. AWS에서 제공해 주는 컴퓨터는 실제의 독립된 컴퓨터가 아니라 클라우드(여러 컴퓨터의 묶음.)상에서 존재하는 가상머신이지만, 가상화가 잘 되어 있기 때문에 사용할 때에는 별 불편함 없이 독립된 서버를 사용하듯이 쓸 수 있다. 이와 같이 여러 대의 컴퓨터를 묶어 하나의 데이터 센터에서 관리하고, 컴퓨터 자산을 사용자들에게 나누어 주는 것을 '클라우드 컴퓨팅'이라고 부르며, 아마존 외에도 구글, 마이크로소프트, 네이버, 카카오 등이 클라우드 컴퓨팅 서비스를 제공하고 있다.

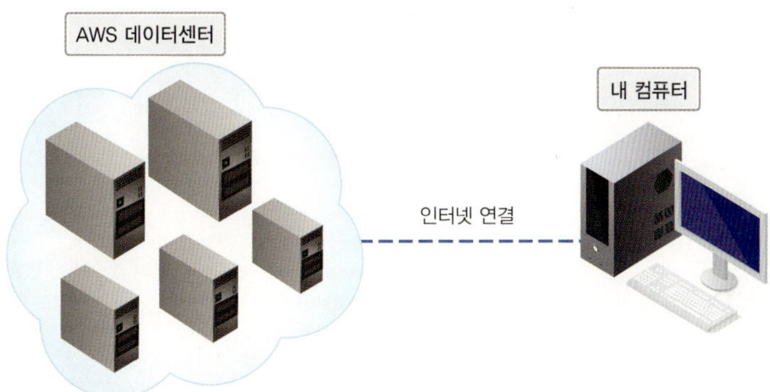

[그림 11-10] 클라우드 컴퓨팅

인공지능을 이야기하는 책에서 갑자기 클라우드 컴퓨팅을 언급하는 이유는 이들 클라우드 업체에서 해당 컴퓨팅 자산을 활용하는 각종 인공지능 서비스들을 함께 제공하고 있기 때문이다. 구글은 클라우드 AI 플랫폼, 아마존은 AWS 세이지메이커(SageMaker), 마이크로소프트는 애저 머신러닝(Azure Machine Learning)을 제공하여 사용자들이 손쉽게 인공지능 코딩을 할 수 있는 서비스를 제공한다.

이 중, AWS에서 제공하는 딥레이서는 강화 학습 기반의 자율주행 자동차 레이싱 대회로, 사용자는 코딩을 통해 강화 학습의 보상 함수와 각종 파라미터를 조정하여 에이전트 모델을 학습시킬 수 있다. 학습된 모델은 온라인 시뮬레이션을 통해 테스트하고 경주에 참여할 수 있으며, 소형 자율주행 자동차를 사용하는 오프라인 대회도 자주 열리고 있어 강화 학습에 관심이 많은 학생이라면 참가하여 상금 획득에 도전해 보길 권한다[그림 11-11]. (2020년부터는 코로나19 바이러스의 유행으로 인해 대유행이 종료될 때까지 오프라인 대회는 연기되었으나, 상금이 있는 온라인 대회가 계속 열리고 있다.) 오프라인 대회는 소형 자율주행 자동차에 시뮬레이션을 통해 학습한 모델을 이식하여 수행되며, 이 자동차는 인터넷으로 구매가 가능하다.

[그림 11-11] AWS 딥레이서 오프라인 대회[2]

AWS 딥레이서 온라인 대회에 참가하기 위해서는 AWS 계정을 먼저 만들어야 한다. AWS 웹사이트(https://aws.amazon.com/ko/)에 접속하고, 우측 상단의 **콘솔에 로그인** 버튼을 눌러 로그인/계정 생성 페이지로 이동하라[그림 11-12].

2) https://aws.amazon.com/blogs/machine-learning/developer-at-the-aws-deepracer-league-singapore-race-sets-new-world-record-lap-time/

[그림 11-12] 로그인 페이지

AWS 계정 새로 만들기 버튼을 누르면 계정 생성 화면으로 전환된다[그림 11-13]. 이메일 주소를 입력하고, 패스워드를 두 번 입력한 후, AWS 어카운트 이름(Account Name)을 적는다. 어카운트 이름은 AWS 계정의 아이디로 생각하면 된다. 영어와 숫자를 섞어 어카운트 이름을 만들도록 하자. 자동 계정 생성을 방지할 목적으로 만들어진 글자 입력 화면을 지나면, 계정 정보를 입력하는 화면이 나온다[그림 11-14].

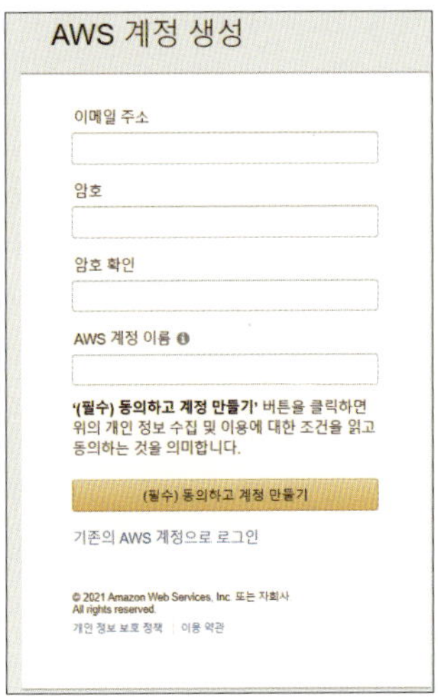

[그림 11-13] 계정 생성 화면

계정 정보 화면에서는 자신의 정보(이름, 전화번호, 국가, 주소, 시, 도, 우편번호)를 입력하되, 어카운트 종류(Account Type)는 개인(Personal)으로 선택하여 진행한다. 개인 정보 동의에 체크하고 

버튼을 눌러 계정을 생성한다.

[그림 11-14] 계정 정보 입력 화면

계정이 생성되면 체크/신용카드 정보를 입력하고 인증을 받아야 한다. AWS에서는 1년간 주요 기능을 무료로 사용할 수 있게 해 주므로 조금만 주의하여 사용하면 1년간 요금을 내지 않고 다양한 경험을 할 수 있다. 신용카드 인증을 위해서는 해외에서 사용 가능하도록 카드 설정이 되어 있어야 한다.[3] 체크카드도 가능하지만, 체크카드의 경우

3) 최근 국내 전용 카드도 사용할 수 있도록 허용한다는 기사가 발표되었다. 책이 출간될 때쯤에는 국내 전용 카드도 가능하게 될 수 있으니 시도해 보기 바란다.

에는 인증을 위해 1$가 미리 결제된 후, 1~2개월 후 환급된다. 신용카드의 경우에는 1$가 승인만 되고, 실제 청구되지는 않는다. 신용카드가 승인되는 데에는 시간이 걸린다. 최대 1주일 가까운 시간이 걸리는 경우도 있으니, 이를 감안하여 실습에 들어가기에 앞서 미리 준비하자.

만약 사정이 있어서 신용카드를 사용할 수 없다면, AWS Educate(https://aws.amazon.com/ko/education/awseducate/)에 학교 이메일로 가입하여 무료 크레딧을 받을 수도 있다. 무료 옵션은 시기에 따라서 계속 바뀌므로 자세한 내용은 AWS Educate 홈페이지를 참고하라.

[그림 11-15] AWS Educate 홈페이지

11.4 딥레이서 실습

AWS의 계정 생성이 완료되면, [그림 11-16]과 같이 AWS의 서비스 화면을 볼 수 있다. 검색창에 DeepRacer라고 입력하면 해당 서비스 화면으로 이동하는 링크가 나타난다[그림 11-17]. 링크를 눌러 딥레이서 화면으로 이동하자. 이때 Region에 따라 딥레이서 서비스를 지원하지 않는 경우가 있으므로, 미국 동부(버지니아 북부) Region으로 변경하고 진행해야 한다[그림 11-18]. 여기서 Region은 데이터센터가 실제로 존재하는 위치를 말한다. 서울에도 AWS Region이 있으나, 아쉽게도 DeepRacer는 지원하지 않는다.

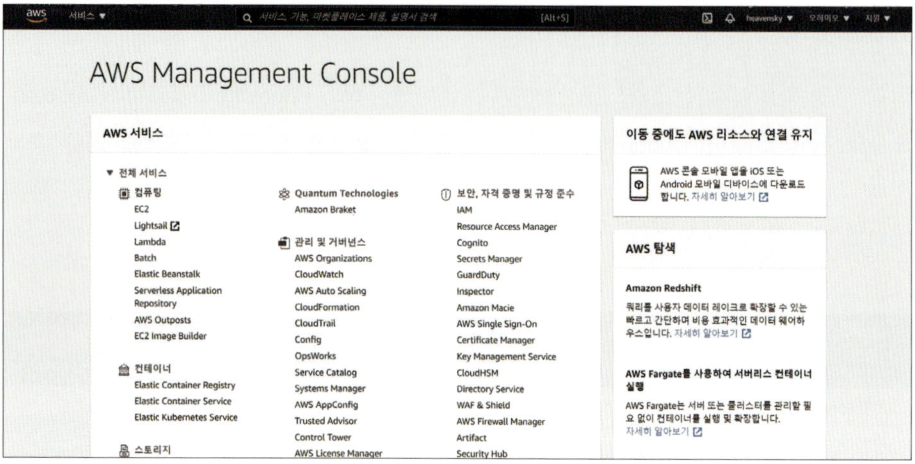

[그림 11-16] AWS의 서비스 화면

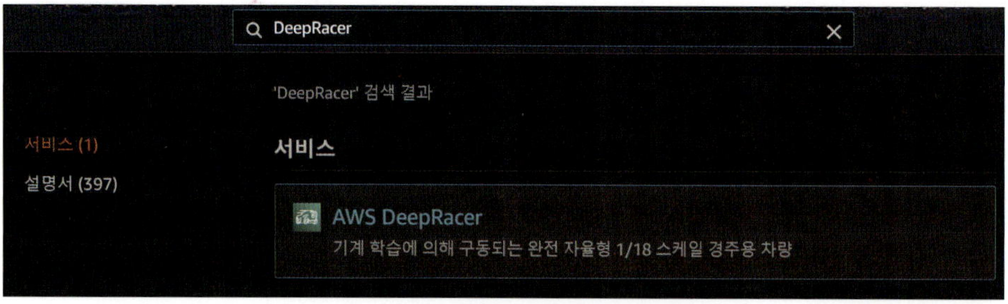

[그림 11-17] DeepRacer 서비스 검색 화면

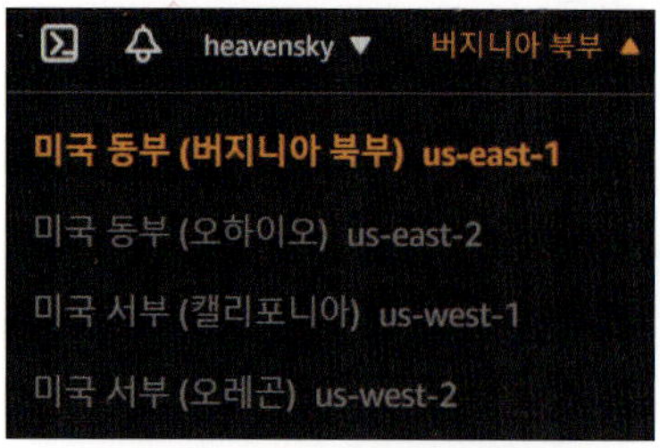

[그림 11-18] Region 변경 화면

딥레이서 서비스 페이지는 [그림 11-19]와 같다. Get started 버튼을 눌러 딥레이서를 시작하자. AWS는 딥레이서의 사용 방법을 [그림 11-20]과 같이 설명하고 있다. 먼저 **1) 강화 학습이 무엇인지 그 기초를 배우는 단계**이다. 이 책으로 공부하는 독자라면 이미 이전 장에서 학습한 부분이므로 넘어갈 수 있다. 웹사이트에서도 관련 강좌를 간단히 제공하므로, 관심이 있는 독자라면 시청해 보는 것도 좋다. 두 번째 단계는 **2) 모델을 생성하는 단계**이다. 보상 함수를 설정하고, 각종 파라미터를 설정한다. 그 다음 단계는 **3) 학습**과 **4) 평가** 단계이다. 모델을 학습시키고, 학습된 모델의 성능을 평가한다. 학습이 완료되면, **5) 학습된 모델을 딥레이서 리그에 제출**하여 온라인 대회에 참가할 수 있다. 참가비는 무료이며, 대회의 결과는 실시간으로 업데이트되므로 여러 번 제출하는 것도 가능하다. 자신의 등수를 확인하고 모델을 복사(Clone) 및 수정하여 새로운 모델을 학습하고 테스트해 볼 수 있다. 다만, 모델을 한 번 학습시키는 데에 1시간 가까운 시간이 소요되므로, 학습에 소요되는 비용은 감수해야 한다. AWS에 처음 가입하여 Free-Tier가 적용된 경우라면, 최대 10시간의 모델 학습 및 평가를 무료로 수행할 수 있다. 1시간씩 학습을 시킨다면 여유 있게 9회 정도 모델을 생성하고 테스트해 볼 수 있다는 뜻이다. 무료 학습 시간을 모두 사용하고 나면 등록된 신용카드에서 비용이 지불되므로 주의가 필요하다. 모델의 학습 & 평가 비용은 원래 시간당 3.5$이며, 모델의 학습 & 평가 비용은 AWS의 정책에 따라 달라질 수 있으므로 공식 웹사이트(https://aws.amazon.com/ko/deepracer/pricing/)를 참고하라.

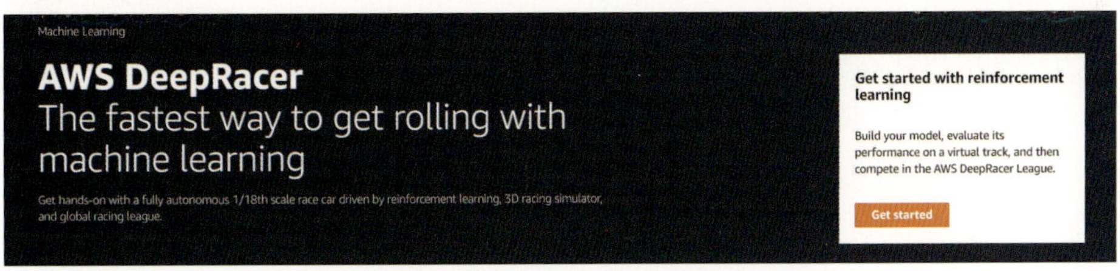

[그림 11-19] Deep Racer 페이지

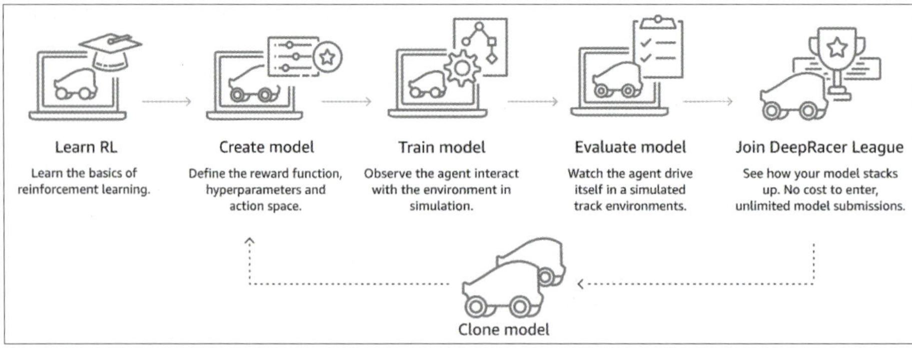

[그림 11-20] 딥레이서의 사용 방법[4]

Step 2의 Create model 버튼을 눌러 모델 생성 페이지로 이동하자[그림 11-21].

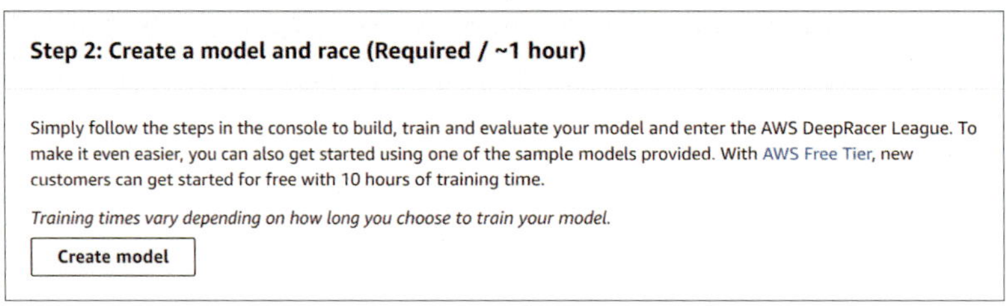

[그림 11-21] 모델 생성 단계에 대한 설명과 이동 버튼

딥레이서에서의 환경과 에이전트, 에이전트의 행동 사이의 관계는 [그림 11-22]로 표현될 수 있다. 이전 장에서 설명했던 강화 학습의 모델 구조와 그림을 그린 방식은 조금 다르지만, 개념적으로는 동일한 내용이다. 여기서 에이전트는 가상공간에 존재하는 자동차이고, 환경은 자동차의 전면 카메라(다른 센서를 사용할 수도 있다.)로부터 획득된 도로 및 주변의 모습이다. 자동차가 주행함에 따라 환경이 지속적으로 변화하게 되며, 에이전트는 환경정보를 바탕으로 어떻게 주행할 것인지를 결정하여 행동하게 된다. 학습 시에는 변화되는 환경에 따라 에이전트에게 보상이 주어진다. 보상 함수는 다양하게 정의할 수 있는데, 자동차가 도로의 밖으로 나가게 되면 주행에 실패한 것으

4) https://console.aws.amazon.com/deepracer/home?region=us-east-1

로 간주되므로, 밖으로 나가지 않고 빠른 속도로 주행하는 것에 대해 높은 보상을 주어야 한다.

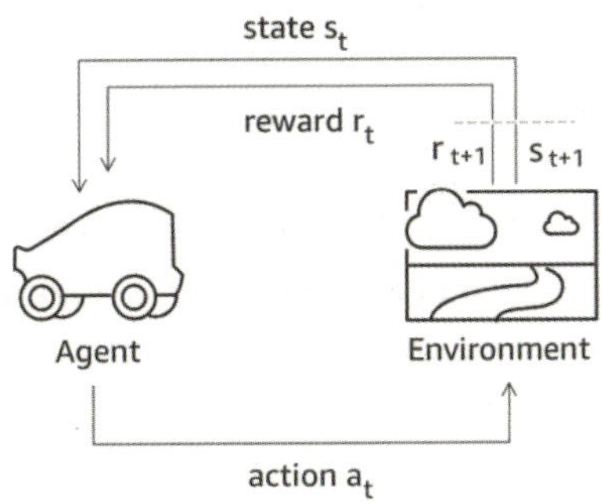

[그림 11-22] 딥레이서에서의 환경, 에이전트, 행동[5)]

Training details[그림 11-23]은 모델의 이름과 모델에 대한 간단한 정보를 기록하는 곳이다. 이것은 모델들을 서로 구분하기 위한 것인데, 학습을 진행하다 보면 여러 개의 모델이 생겨 관리의 필요성이 발생하기 때문이다.

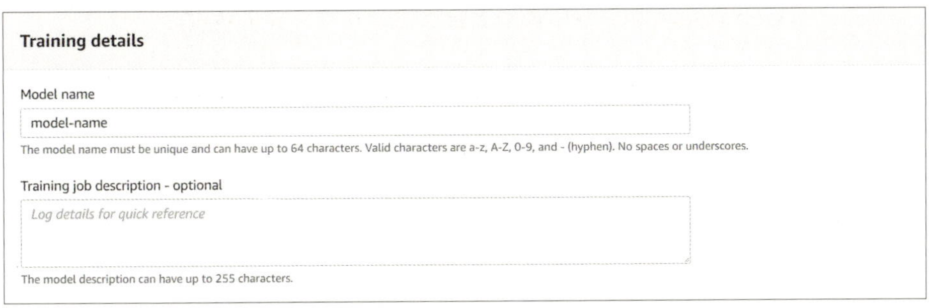

[그림 11-23] 모델 정보 생성

Environment simulation은 학습을 진행할 트랙을 설정하는 곳이다. 복잡한 트랙일수록 학습에 오랜 시간이 걸리고, 정확한 학습을 위해서는 보다 정밀한 보상 함수의 모델을 필요로 한다.

5) 딥레이서 홈페이지

처음 시도해 보는 것이기 때문에, 훈련은 비교적 단순한 re:Invent 2018 트랙을 사용하도록 하자. 마우스로 화면을 스크롤해서 내리면 해당 트랙이 보일 것이다[그림 11-24]. 트랙을 선택했으면 Next 버튼을 눌러 다음으로 이동하자.

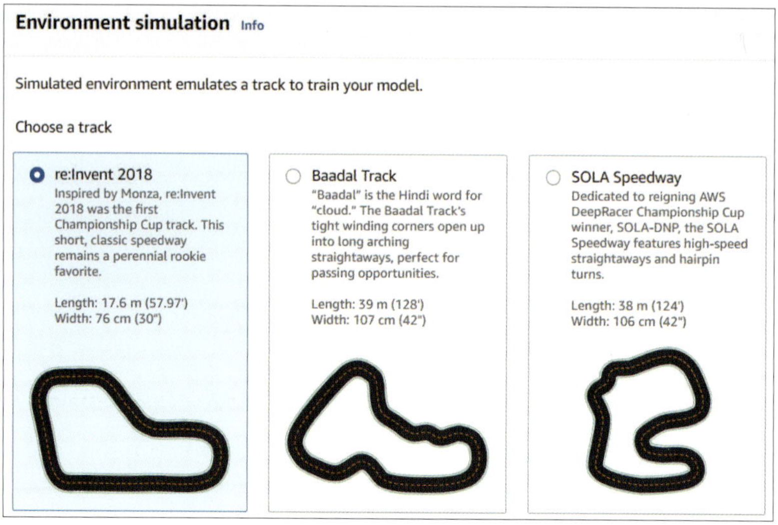

[그림 11-24] 주행 트랙의 선택

Race type은 레이싱의 종류를 선택하는 곳이다. Time trial은 기본적인 속도 경쟁 레이스로 비어 있는 도로에서 자동차 한 대가 혼자서 주행한다. Object avoidance는 도로에 장애물이 놓여져 있는 상황, Head-to-head racing은 두 대의 자동차가 경주하는 상황에서의 레이싱을 시뮬레이션한다. 여기서는 이 세 가지 종류 중 가장 기본이 되는 Time trial 레이싱을 사용하여 실습하도록 한다[그림 11-25].

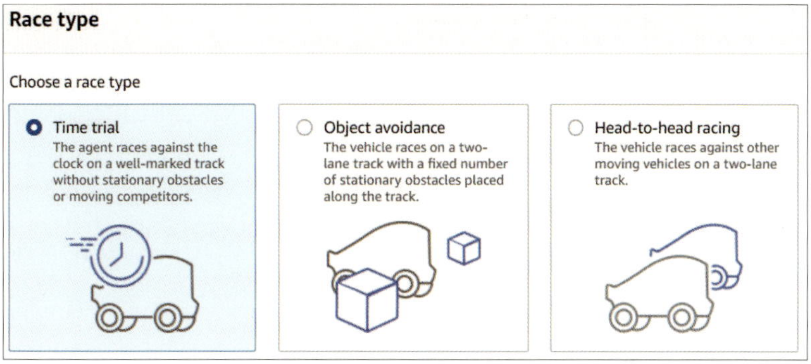

[그림 11-25] 레이싱 타입의 선택

Training algorithm and hyperparameters은 딥러닝 학습에 사용되는 여러 파라미터를 설정하는 섹션이다.

▼ Hyperparameters 를 클릭하면 각종 파라미터들을 볼 수 있다[그림 11-26]. 대부분의 파라미터들은 이전 장에서 이미 설명하였거나 합성곱 신경망 등에서 사용하는 파라미터와 같은 의미를 지닌다. 새롭게 나타난 파라미터는 **1) 엔트로피**(entropy), **2) 손실 타입**(loss type), 그리고 **3) 정책 업데이트를 위한 에피소드 횟수**(Number of experience episodes between each policy-updating iteration)라고 하는 긴 이름의 옵션이다. 먼저 엔트로피는 에이전트가 행동을 취할 때 발생할 수 있는 랜덤성을 의미하며 에이전트의 본래 출력에 약간의 노이즈를 추가하는 방식으로 적용된다. 0과 1 사이의 값을 가지며 0일 경우 랜덤성이 없는 상태, 1인 경우에는 랜덤성이 매우 강한 상태다. 손실 타입은 앞서 학습한 손실함수를 의미한다. Huber라는 이름의 손실함수가 나왔는데, 이 손실함수는 오차가 작을 때는 평균제곱오차(Mean square error)와 유사하게 비선형으로 증가하지만, 오차가 특정 값보다 커지는 경우에는 손실이 선형으로 커지도록 디자인된 함수이다. AWS에서 제공하는 딥레이서 가이드에 따르면, 평균제곱오차는 학습 속도에서의 장점이 있으며, 평균제곱오차를 사용해서 학습 성능이 목표 수준으로 수렴하지 않는 경우에는 Huber를 사용하여 성능 향상을 기대해 볼 수 있다고 한다. 정책 업데이트를 위한 에피소드 횟수는 학습에 사용할 시뮬레이션의 횟수를 의미한다. 이 값이 커질수록 학습에 소요되는 시간은 늘어나지만, 모델의 학습에 사용되는 데이터가 늘어나, 학습이 올바르게 될 가능성이 높아진다. 5와 100 사이의 값을 지정할 수 있다.

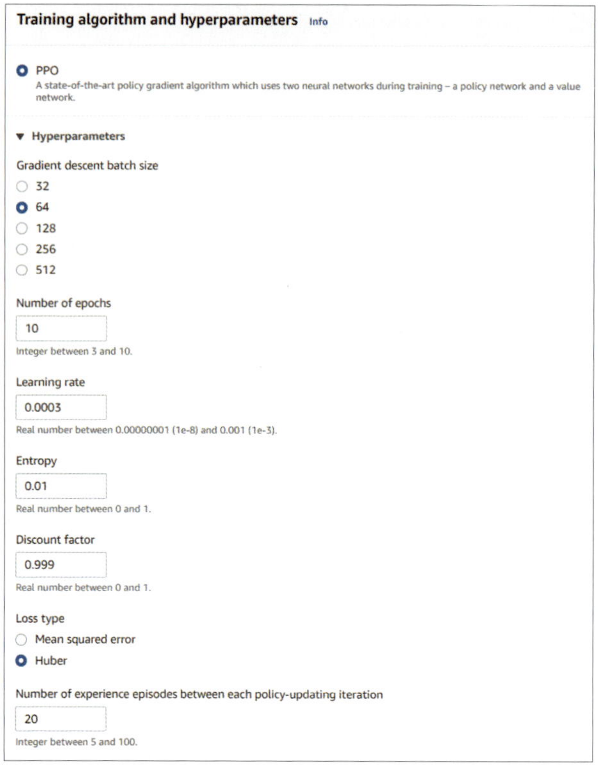

[그림 11-26] 딥레이서의 하이퍼 파라미터 조정

Agent는 사용하는 자율주행 자동차의 종류를 의미한다[그림 11-27]. Head-to-head 주행 등으로 카메라 외의 다른 센서 사용이 필요한 경우에는 이를 수정해야 하지만, Time-trial 주행에서는 기본값 그대로 사용하면 된다.

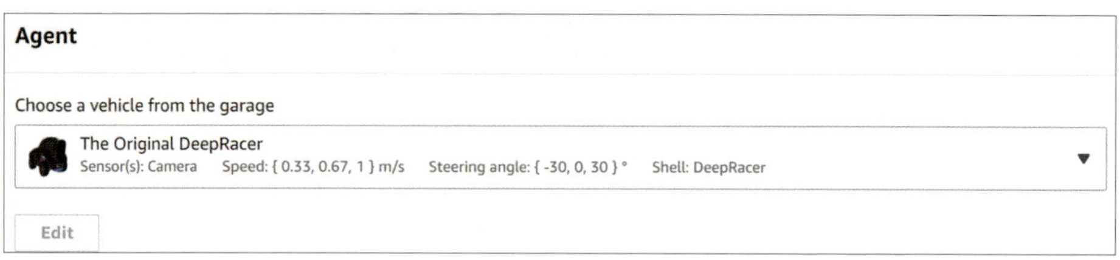

[그림 11-27] 에이전트 선택

에이전트의 선택이 완료되면 **Next** 버튼을 눌러 보상 함수의 설정 화면으로 이동한다. 보상 함수는 파이썬 코드를 사용하여 다양한 방식으로 구성될 수 있으며, 참고할 수 있도록 몇 가지 샘플 코드가 제공된다.

Reward function examples 버튼을 눌러 다른 샘플 보상 함수를 사용해 볼 수 있다. 기본 보상 함수는 다음과 같다. 보상 함수에 대한 자세한 설명과 수정은 다음 장으로 미루고, 여기에서는 기본 함수를 그대로 사용하여 학습을 진행해 보도록 하자. 이 함수는 자동차가 길의 중앙에 가까울수록 더 높은 보상을 주도록 구성되어 있다.

```
def reward_function(params):
  # Read input parameters
  track_width = params['track_width']
  distance_from_center = params['distance_from_center']
  # Calculate 3 markers that are at varying distances away from the
  # center line
  marker_1 = 0.1 * track_width
  marker_2 = 0.25 * track_width
  marker_3 = 0.5 * track_width
  # Give higher reward if the car is closer to center line and vice
  # versa
  if distance_from_center <= marker_1:
    reward = 1.0
  elif distance_from_center <= marker_2:
    reward = 0.5
  elif distance_from_center <= marker_3:
    reward = 0.1
  else:
    reward = 1e-3              # likely crashed/ close to off track
  return float(reward)
```

Stop conditions 섹션에서는 학습을 수행할 최대 시간을 정한다. 기본값으로 60분이 지정되어 있다. 학습 시간이 길어질수록 에이전트가 더 많이 학습하며 정확도가 점점 더 향상될 가능성이 있지만, 앞서 다른 네트워크들을 학습하며 살펴본 바와 같이, 항상 그런 것은 아니니, 적절한 값을 입력하여 학습을 수행하도록 하자. Free-tier의 한계도 있으므로, 우선 60분으로 제한하도록 한다[그림 11-28].

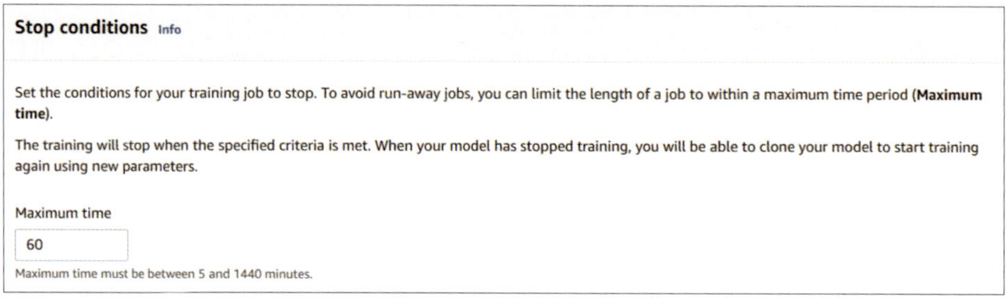

[그림 11-28] 최대 학습 시간 설정

딥레이서 리그에 자동 제출(Automatically submit to the DeepRacer League)은 말 그대로, 학습 완료된 모델을 레이싱 리그에 자동으로 제출하여 등수를 살펴볼 수 있도록 하는 옵션이다. 별도로 비용이 발생하지 않으니, 제출하여 성능을 확인해 보기 바란다[그림 11-29]. 이로써 강화 학습에 필요한 옵션 설정이 모두 종료되었다.

Create model 버튼을 눌러 모델을 학습하도록 하자.

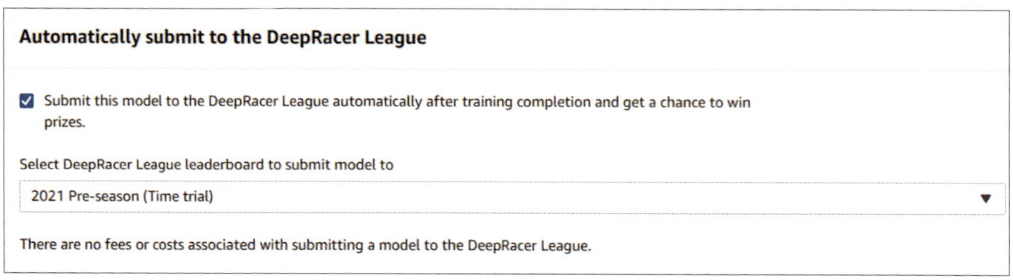

[그림 11-29] 딥레이서 리그에 자동 제출하는 옵션

학습이 시작되면 [그림 11-30]과 같이 수행 중인 시뮬레이션의 상황을 비디오 스트리밍을 통해 확인할 수 있다. 자동차는 임의의 위치에서 주행을 시작하여, 밖으로 나가거나 일정 시간이 경과하는 경우 다시 새로운 위치에서 주행을 시작한다. 다양한 상황에서 에이전트가 학습을 할 수 있도록 하는 전략이다. 학습이 진행됨에 따라 자동차의 주행거리는 점점 늘어난다.

Simulation video stream

[그림 11-30] 학습 비디오 화면

하나의 에피소드가 수행되면 각 에피소드에서 에이전트가 얻은 보상, 그리고 검증 단계에서 자동차가 트랙 밖으로 나가기 전까지 주행한 트랙의 비율을 각 Iteration별로 보여준다. 여기서 한 Iteration는 앞서 설정한 **정책 업데이트를 위한 에피소드 횟수**만큼의 에피소드가 진행됨을 의미한다. 한 Iteration이 끝나면 그동안의 결과를 바탕으로 에이전트를 학습시키고 검증을 수행한다. 검증은 트랙의 시작점부터 자동차를 달리게 하여, 얻는 보상과 주행거리 비율을 평가하는 것이다. [그림 11-31]의 결과는 10회 Iteration 동안의 학습을 통해 전체 트랙을 성공적으로 주행하게 되었음을 보여준다.

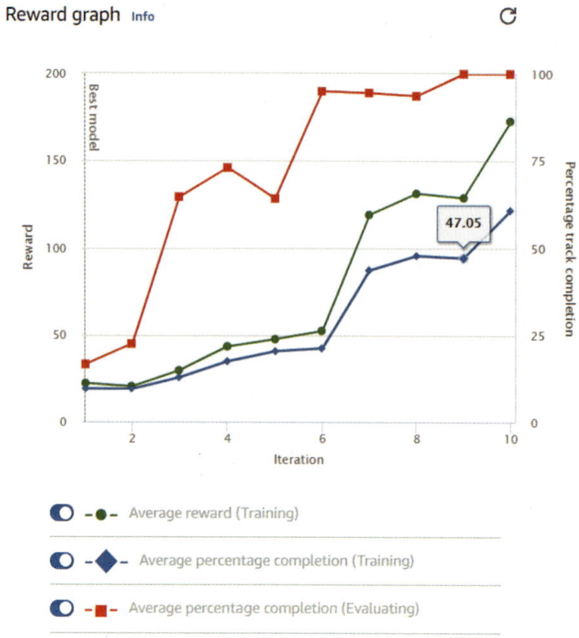

[그림 11-31] 학습 진행 과정

학습이 완료되면 Evaluation 섹션의 **Start evaluation** 버튼을 눌러 에이전트를 다양한 트랙에서 평가해 볼 수 있다. 복잡한 트랙에서 시도해 볼 수도 있지만, 에이전트를 매우 단순한 트랙에서 학습시켰기 때문에 복잡한 트랙에서 높은 성능을 기대하기는 힘들다. The 2019 DeepRacer Championship Cup 트랙을 선택하여 평가해 보자[그림 11-32]. 트랙의 아래쪽에 있는 **Start evaluation** 버튼을 다시 누르면 평가가 시작된다.

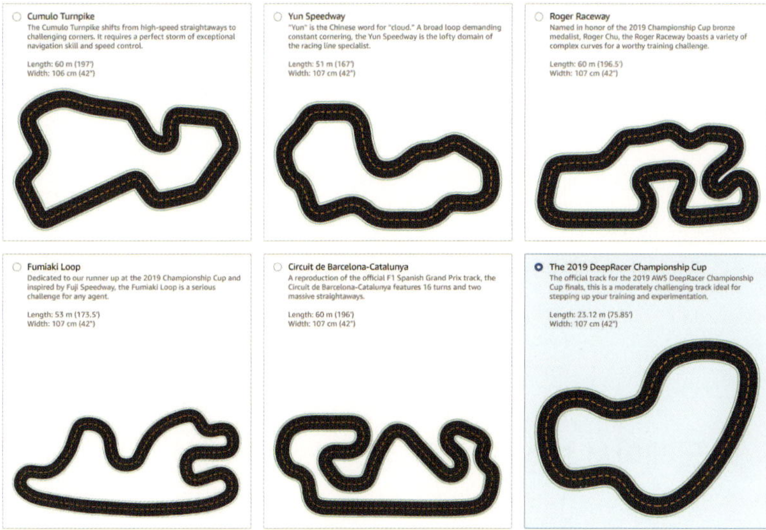

[그림 11-32] 검증 시작 및 트랙 선정 화면

[그림 11-33]은 시뮬레이션을 통해 모델을 평가하는 화면이다. 세 번의 시도에서 한번 랩을 완주했으며 걸린 시간은 42.084초임을 알 수 있다. 학습 시마다, 평가 시마다 결과가 조금씩 달라질 수 있음에 유의하라.

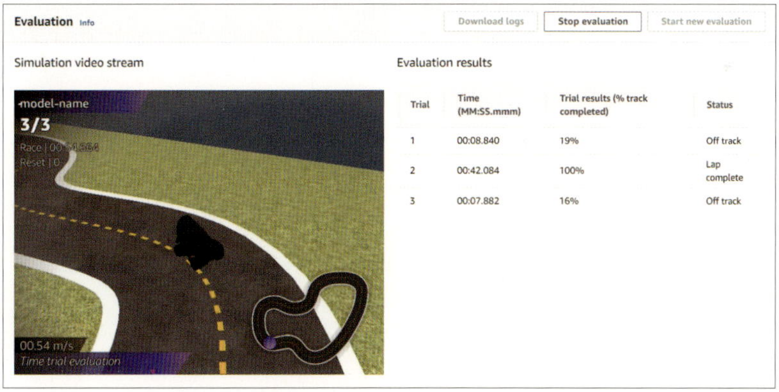

[그림 11-33] 모델 평가 결과 화면

자동 제출된 대회 결과는 [그림 11-34]의 Track here 버튼을 눌러 확인 가능하다.

[그림 11-34] 대회 결과 확인

학습된 모델은 다른 트랙에서도 테스트해 볼 수 있다. 학습에서 사용하였던 re:Invent 2018 트랙에서 주행 테스트를 한다면 더 높은 성능을 기대해 볼 수 있을 것이다.

11.5 딥레이서 보상 함수의 수정과 모델 개선

11.5.1 기본 보상 함수 분석

딥레이서에서 보상 함수는 에이전트의 학습 성능을 좌우하는 매우 강력한 역할을 맡고 있다. 앞 장에서 살펴본 바와 같이 몇몇 파라미터를 제외하고는 웹상에서 수정이 가능한 유일한 부분이기도 하다. 지난 장에서 사용한 기본 보상 함수 코드를 한 줄씩 살펴보자. 이 코드는 트랙의 중심에서 가까울수록 높은 보상을 받도록 한다.

```
def reward_function(params):
```

보상 함수의 이름은 reward_function이며 파라미터로 딕셔너리 형태의 변수인 params를 전달받는다. 변수 params에는 특정 환경 상태에 대한 다양한 정보가 포함되어 있는데 그 리스트는 다음과 같다. Head-to-head 등에서 사용하는 장애물과 관련된 정보는 빼고 설명하였다. 공식 웹사이트[6]를 참조하라.

6) https://docs.aws.amazon.com/ko_kr/deepracer/latest/developerguide/deepracer-reward-function-input.html

〈표 11-1〉 딥레이서 보상 함수에서 사용할 수 있는 파라미터의 키

키(Key)	설명
all_wheels_on_track	자동차의 모든 바퀴가 도로 안에 위치하고 있는지 여부
x	자동차의 x 좌표
y	자동차의 y 좌표
waypoints	웨이포인트. 트랙 중앙을 따라 순서대로 나열된 점들의 목록
closest_waypoints	자동차와 가장 가까운 두 개의 웨이포인트
distance_from_center	트랙 중앙으로부터 자동차가 떨어져 있는 거리
is_left_of_center	자동차가 길 왼쪽편에 있는지 여부
is_offtrack	자동차가 길 밖으로 나갔는지 여부
is_reversed	자동차가 트랙의 시계방향으로 운행하고 있는지 여부
heading	절대좌표계의 (양의) x축을 기준으로 자동차가 바라보는 각도
progress	전체 트랙 거리 대비 주행을 완료한 거리의 비율
speed	자동차의 속도 (m/s)
steering_angle	자동차 앞바퀴의 각도(핸들 조향). 음수인 경우 핸들이 오른쪽으로, 양수인 경우 왼쪽으로 꺾여 있음을 의미
steps	완료한 스텝(step) 수. 한 스텝은 에이전트가 행동을 한번 취한 것을 의미
track_length	트랙 전체 길이
track_width	트랙의 너비

여러 키 값들 중 'track_width'와 'distance_from_center'를 가져와 새로운 변수에 저장한다.

```
track_width = params['track_width']
distance_from_center = params['distance_from_center']
```

자동차가 트랙의 중앙/가장자리 중 어디에 있는지 판별하기 위한 기준점을 설정한다. 트랙 너비의 10%, 25%, 50% 길이를 각각 marker_1, marker_2, marker_3에 지정하였다.

```
marker_1 = 0.1 * track_width
marker_2 = 0.25 * track_width
marker_3 = 0.5 * track_width
```

위 코드에 따르면 자동차와 트랙 중앙 지점과의 거리가 트랙 너비의 10% 이하인 경우 1점, 25% 이하인 경우 0.5점, 50% 이하인 경우 0.1의 점수를 얻는다. 거리가 도로 너비의 50%를 넘는다는 것은 도로 밖으로 나갔다는 의미이며, 이 경우 매우 작은 크기의 점수(여기서는 0.001)을 얻는다.

```
if distance_from_center <= marker_1:
  reward = 1.0
elif distance_from_center <= marker_2:
  reward = 0.5
elif distance_from_center <= marker_3:
  reward = 0.1
else:
  reward = 1e-3
```

계산한 점수를 보상값으로 반환한다.

```
return float(reward)
```

11.5.2 웨이포인트(Waypoints)를 사용하는 보상 함수

이번에는 웨이포인트(waypoints)를 사용하는 보상 함수를 살펴본다. 이 보상 함수도 공식 웹사이트에서 예제로 제공하는 것이다. 웨이포인트는 트랙 중앙을 따라 순서대로 나열된 점들의 목록으로[그림 11-35], 자동차가 웨이포인트의 방향과 평행하게 주행하는 것이 이상적이라고 가정하고, 1) 자동차의 방향과 2) 자동차에 가장 가까운 두 개의 웨이포인트로 이루어진 방향이 얼마나 유사한지를 계산하여 이로부터 보상의 크기를 정의한다.

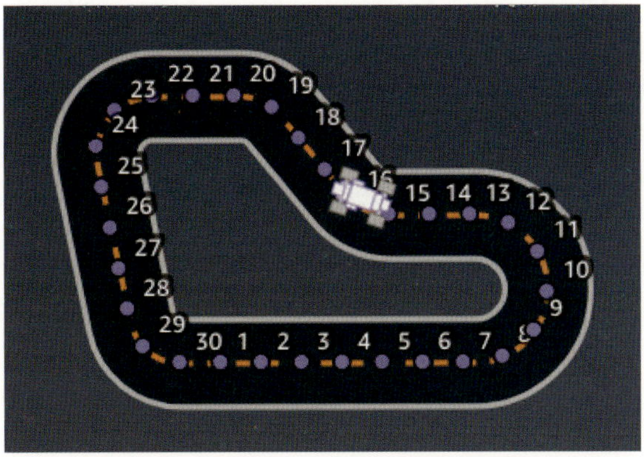

[그림 11-35] 딥레이서와 웨이포인트[7]

코드는 다음과 같다.

먼저, 사용할 라이브러리를 import하고 함수 이름과 파라미터를 정의한다.

```
import math

def reward_function(params):
```

파라미터로부터 전체 웨이포인트의 리스트와 자동차와 가장 가까운 웨이포인트의 번호, 그리고 자동차의 방향을 가져와 각각의 변수에 저장한다.

```
waypoints = params['waypoints']
closest_waypoints = params['closest_waypoints']
eading = params['heading']
```

가까운 웨이포인트는 길이가 2인 1차원 배열이다. 0번 인덱스에는 뒤쪽, 1번 인덱스에는 앞쪽의 웨이포인트가 저장되어 있는데, 이를 각각의 변수에 저장한다.

7) https://docs.aws.amazon.com/ko_kr/deepracer/latest/developerguide/deepracer-reward-function-input.html

```
next_point = waypoints[closest_waypoints[1]]
prev_point = waypoints[closest_waypoints[0]]
```

이 정보로부터 웨이포인트의 각도를 계산할 수 있다. 역탄젠트 함수를 사용하여 각도(라디안)를 계산하고, math.degrees 함수를 사용해서 각도 단위로 변환한다. 각도 단위로 변환하는 것은 이해를 돕기 위한 것으로, 번거롭다면 라디안 값을 곧바로 사용해도 된다.

```
track_direction = math.atan2(next_point[1] - prev_point[1],
                             next_point[0] - prev_point[0])
track_direction = math.degrees(track_direction)
```

이렇게 계산된 방향과 자동차 방향의 차이(차의 절댓값)를 계산한다. 각도 사이의 계산이므로 차이가 180도보다 큰 경우에는 360에서 그 차이를 다시 빼서 보정해 준다. 예를 들어 359도와 1도는 실제로 2도 밖에 차이가 안 나지만, 단순히 빼기만 하는 경우 358도의 큰 차이가 있는 것처럼 계산된다. 이를 보정하기 위해 360에서 358을 다시 빼 주면 정확한 결괏값을 얻을 수 있다.

```
direction_diff = abs(track_direction - heading)
if direction_diff >180:
  direction_diff = 360 - direction_diff
```

방향각의 차이가 특정 값(여기서는 10도)보다 큰 경우에는 보상을 0.5로 주고, 그렇지 않은 경우에는 1로 준다.

```
DIRECTION_THRESHOLD = 11.0
if direction_diff >DIRECTION_THRESHOLD:
  reward = 0.5
else:
  reward = 1.0
return float(reward)
```

이 보상 함수를 사용하여 딥레이서의 학습을 진행하고, 그 결과를 살펴보라.

11.5.3 새로운 보상 함수의 디자인

parms에 포함된 여러 정보를 사용하여 새로운 보상 함수를 만들어 볼 수 있다. 다음 코드는 자동차의 속도가 빠를수록 높은 보상이 주어지도록, 기본 보상 함수의 값에 속도를 곱하여 보상을 정의할 수 있다. 속도의 영향력을 조정하기 위해서 속도에 약간의 가중치를 곱하여 사용할 수 있다. 여기서는 0.2를 곱한다.

```
def reward_function(params):
 # 파라미터 읽기
 track_width = params['track_width']
 distance_from_center = params['distance_from_center']
 speed = params['speed']                          # 자동차의 속도

 # Calculate 3 markers that are at varying distances away from the
 # center line
 marker_1 = 0.1 * track_width
 marker_2 = 0.25 * track_width
 marker_3 = 0.5 * track_width

 # Give higher reward if the car is closer to center line and vice
 # versa
 if distance_from_center <= marker_1:
   reward = 1.0
```

```
    elif distance_from_center <= marker_2:
      reward = 0.5
    elif distance_from_center <= marker_3:
      reward = 0.1
    else:
      reward = 1e-6                  # 밖으로 나가는 경우의 보상을 더 낮춤

   # 스피드에 따라 보상의 크기가 달라지도록 설정
    reward = reward * speed * 0.2

    return float(reward)
```

웨이포인트 보상 함수를 사용하여 테스트해 보았다면, 자동차의 방향은 올바로 설정되지만, 차가 길 밖으로 쉽게 나가버린다는 것을 발견할 수 있었을 것이다. 자동차와 길 중심과의 거리를 사용하여 이 부분을 보완해 볼 수도 있다.

먼저 웨이포인트를 사용하는 보상 함수를 사용자 정의 함수로 제작한다. 보상의 크기는 정규분포 함수의 기본 공식을 조금 수정하여 각도 차가 커질수록 보상이 적어지게 할 수 있다[그림 11-36].

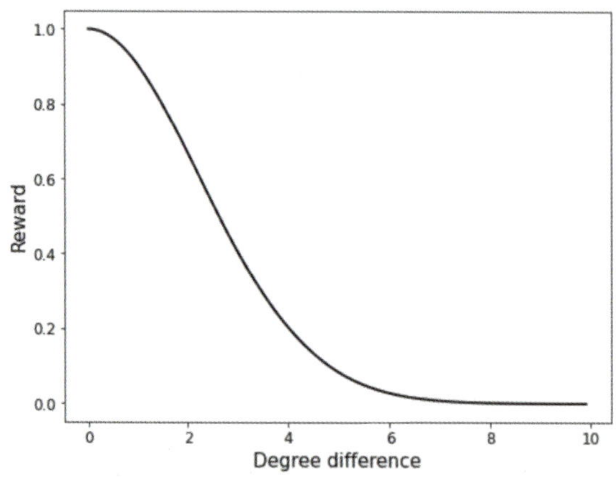

[그림 11-36] 웨이포인트와의 각도 차이에 따른 보상의 변화

이를 활용하는 코드는 다음과 같다.

```
import math

def reward_waypoint(params):
  waypoints = params['waypoints']
  closest_waypoints = params['closest_waypoints']
  heading = params['heading']
  next_point = waypoints[closest_waypoints[1]]
  prev_point = waypoints[closest_waypoints[0]]
  track_direction = math.atan2(next_point[1] - prev_point[1],
                    next_point[0] - prev_point[0])
  track_direction = math.degrees(track_direction)
  direction_diff = abs(track_direction - heading)
  if direction_diff >180:
    direction_diff = 360 - direction_diff

# 정규분포 함수를 이용하여 각도 차가 커짐에 따라 보상이 작아지도록 설정
  reward = np.exp(-pow(direction_diff,2)/2*0.2)

  return float(reward)
```

이번에는 센터와의 거리가 커짐에 따라 보상 점수가 작아지도록 비슷한 함수를 만들어 정의한다. 속도를 높이기 위해 센터와의 거리는 조금 떨어져도 무방하므로, 시그모이드 함수를 변형하여 다음과 같이 조금 더 완만한 경사를 만들 수 있다[그림 11-37].

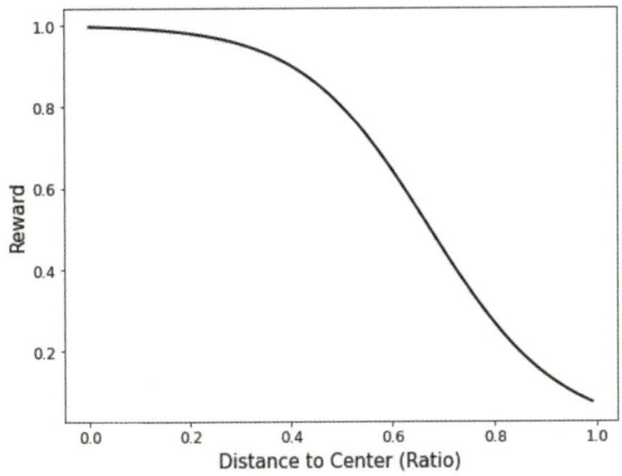

[그림 11-37] 중심과의 거리(비율)에 따른 보상의 변화

이를 사용하는 보상 함수 코드는 다음과 같다.

```
import numpy as np
def reward_center(params):
  track_width = params['track_width']
  distance_from_center = params['distance_from_center']
  # (중심과의 거리):(트랙너비*0.5)
  dist_ratio = distance_from_center/(track_width*0.5)
  reward = 1/(1 + 0.25 * np.exp(dist_ratio*8-4))
  return float(reward)
```

최종 보상 함수는 두 보상 함수에서 도출된 결과와 속도의 곱으로 정의한다.

```
def reward_function(params):
  reward = reward_center(params) *reward_waypoint(params) *
           params['speed']/5 return float(reward)
```

보상 함수를 작성한 뒤에 [Validate] 버튼을 누르면 보상 함수에 잘못된 부분이 있는지 체크해 볼 수 있다. 문제없이 통과했다면, 이 보상 함수를 사용하여 모델을 생성해 보라.

다음의 간단한 코드를 사용하여 [그림 11-37]에 나오는 그래프를 그려볼 수 있다. 수식을 수정할 경우에는 미리 이 코드를 사용하여 원하는 형태인지 확인하고 사용하라.

```
x = np.array(range(0,100))/100
y = 1/(1 + 0.25 * np.exp(x*8-4)))

plt.plot(x, y)
```

수정된 보상 함수를 사용하여 딥레이서를 주행해 보라.

11.6 딥레이서 에이전트와 행동(Action)

앞서 살펴본 바와 같이 강화 학습을 이루는 주된 요소는 환경, 에이전트의 행동, 그리고 행동에 따른 보상이다. 이번 절에서는 딥레이서 에이전트의 액션을 설정하는 방법을 살펴본다. 딥레이서 메인화면 좌측의 메뉴 중 Your garage (차고)를 선택한다[그림 11-38].

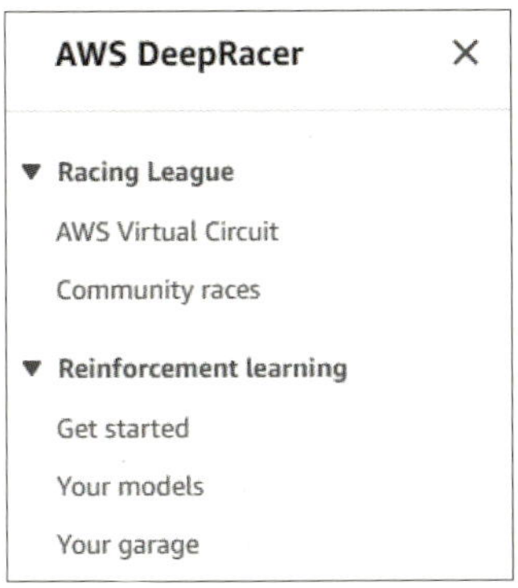

ⓐ

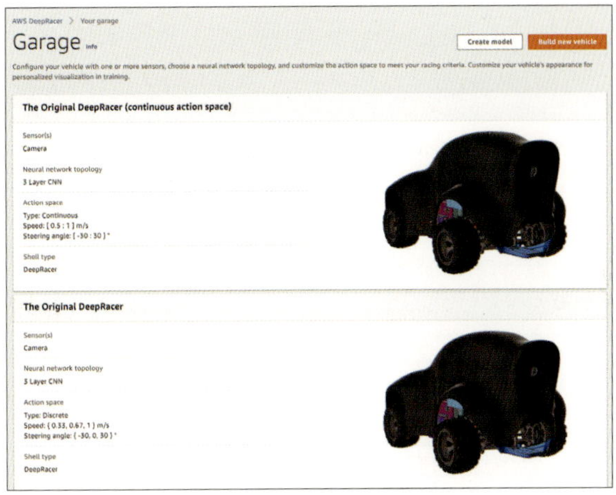

ⓑ

[그림 11-38] ⓐ 차고(Garage) 선택 메뉴, ⓑ 차고 페이지

차고에는 두 대의 기본 차량이 배치되어 있다. 한 대는 연속적(Continuous)인 액션 스페이스(Action Space)를, 다른 한 대는 이산적(Discrete)인 액션 스페이스를 가지고 있다. 액션 스페이스가 연속적이라는 것은 차량의 제어가 소수점 단위로 정밀하게 이루어진다는 것이고, 이산적이라는 것은 미리 정해진 몇 단계의 정도값으로 제어가 이루어진다는 뜻이다. 실제로 연속적 액션 스페이스를 가지는 기본 딥레이서 차량은 속도를 0.5에서 1m/s로, 조향 각도는 -30도에서 30도 사이의 어떤 값으로도 조정될 수 있지만, 이산적인 액션 스페이스를 가지는 차량은 속도가 0.33, 0.67, 1m/s의 3단계로, 조향 각도도 -30, 0, 30도의 3단계로만 조정 가능하다.

어느 쪽이 낫다고 단정적으로 얘기하는 것은 어려우나, 일반적으로 연속적인 액션 스페이스를 가지고 있는 에이전트의 성능이 더 높게 향상될 가능성이 높다고 할 수 있다. 다만, 세밀한 조정을 위해서는 보상 함수의 디자인이 적절하게 이루어져야 하며, 충분한 양의 학습이 필요하다.

Build new vehicle 버튼을 눌러 자신만의 에이전트와 액션 스페이스를 만들어 보자. [그림 11-39]는 에이전트의 센서 설정 화면이다. 다른 물체와의 거리를 계산할 수 있도록 하기 위해서는 스테레오 카메라나 라이다(LIDAR) 센서가 필요하지만, 이 책에서는 혼자서 주행하는 경우만을 다루고 있으므로, Camera만 선택하고 **Next** 버튼을 눌러 다음으로 넘어가자.

[그림 11-39] 에이전트의 센서 설정 화면

액션 스페이스는 연속[그림 11-40] 또는 이산[그림 11-41]으로 설정 가능하다. 연속으로 설정하는 경우에는 에이전트가 선택할 수 있는 조향 각도 및 속도의 범위를 지정하며, 이산으로 설정하는 경우에는 최대 조향 각도 및 속도 외에, 선택 가능한 액션을 몇 단계로 할 것인지에 대한 정보를 설정해 주어야 한다. [그림 11-41]에서는 최대 조향 각도를 30도, 최대 속도는 4m/s로, 선택 가능한 액션의 수는 각각 7과 3으로 지정하였다. 결과적으로, 이산 모델을 사용하는 에이전트가 선택할 수 있는 액션의 총 가짓수는 21개다[그림 11-42]. 딥러닝 에이전트 모델의 출력이 21개로 나온다는 뜻이다.

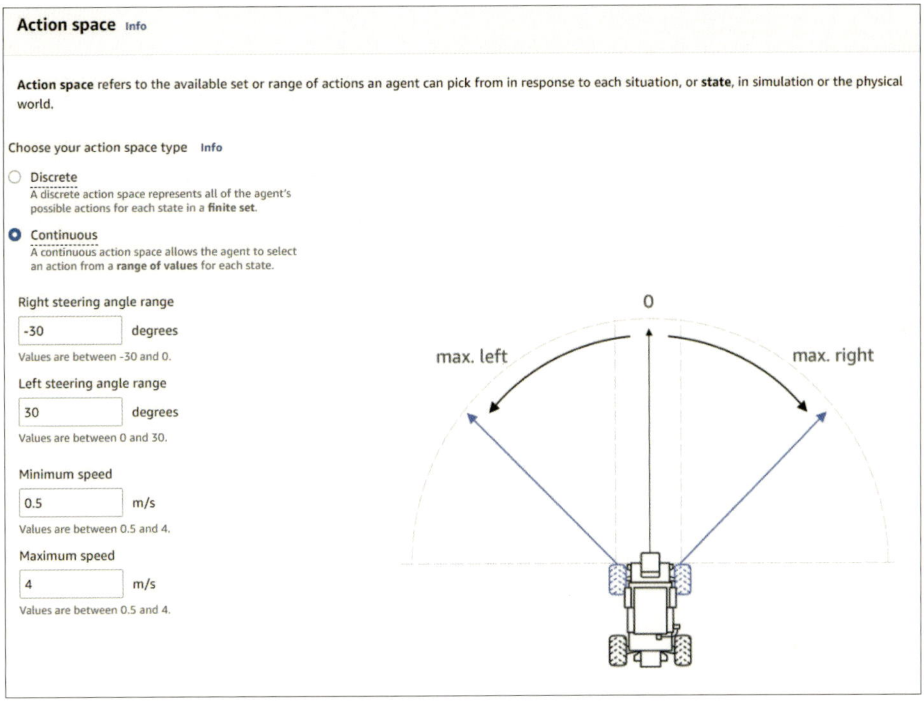

[그림 11-40] 연속 액션 스페이스의 설정 화면

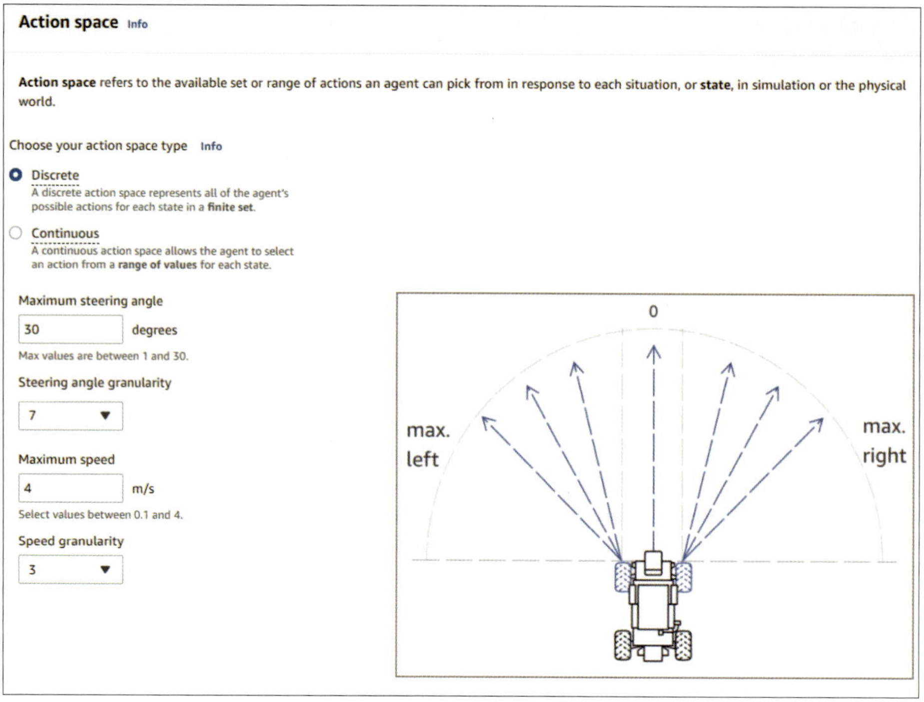

[그림 11-41] 이산 액션 스페이스의 설정 화면

Action list

Action number	Steering angle	Speed
0	-30 degrees	1.33 m/s
1	-30 degrees	2.67 m/s
2	-30 degrees	4 m/s
3	-20 degrees	1.33 m/s
4	-20 degrees	2.67 m/s
5	-20 degrees	4 m/s
6	-10 degrees	1.33 m/s
7	-10 degrees	2.67 m/s
8	-10 degrees	4 m/s
9	0 degrees	1.33 m/s
10	0 degrees	2.67 m/s
11	0 degrees	4 m/s
12	10 degrees	1.33 m/s
13	10 degrees	2.67 m/s

14	10 degrees	4 m/s
15	20 degrees	1.33 m/s
16	20 degrees	2.67 m/s
17	20 degrees	4 m/s
18	30 degrees	1.33 m/s
19	30 degrees	2.67 m/s
20	30 degrees	4 m/s

[그림 11-42] 조향 각도가 7단계, 스피드가 3단계인 경우의 액션 스페이스

기본적인 설정이 끝나면 에이전트의 모양을 커스터마이징할 수 있다[그림 11-43]. 이름을 결정하고 색과 모양을 바꾸어 보라. Done 버튼을 누르면 새롭게 만든 에이전트가 차고에 추가된다. 자신만의 에이전트를 사용하여 모델을 학습시키고 대회에 참가해 보기 바란다. 모델의 학습과 대회 참가는 11.4절의 실습 순서를 그대로 따라가면 되며, 에이전트 선택 화면에서 (이번 절에서 만든) 원하는 에이전트를 선택하면 된다[그림 11-27].

[그림 11-43] 에이전트 외양의 커스터마이징

요약

1 강화 학습은 특정 입력에 대해 지정된 정답을 알 수 없는 경우를 위해 개발된 학습 방법으로, 주어진 상황에서 최적의 행동을 도출하는 것을 그 목표로 한다.

2 강화 학습은 전략 게임, 바둑, 체스 등의 보드게임의 인공지능 구현에 널리 사용되고 있으며, 로봇/드론의 행동 제어, 전투기의 조종 등과 같은 실제 환경에서의 제어 문제에도 활용되어 뛰어난 성능을 보이고 있다.

3 게임 캐릭터/자동차 등의 제어 문제를 일반적인 지도 학습으로 풀기 어려운 이유는 특정 상황에서의 올바른 움직임을 정의하는 것 자체가 매우 어렵다는 것이다.

4 강화 학습은 환경(State)과 에이전트(Agent)의 상호작용을 기반으로 한다. 에이전트의 행동(지시)에 따라 변화하는 환경을 디자인하고, 에이전트가 최적의 결과를 내도록 학습한다.

5 환경은 그 종류에 따라 에이전트와 동기화되어 운영될 수도, 비동기식으로 운영될 수도 있다.

6 강화 학습에서 에이전트는 시뮬레이션을 수행 후 보상을 획득한다.

7 할인율은 획득하는 보상의 지연에 따라 손실되는 보상의 정도를 나타낸다.

8 AWS는 서버 컴퓨터를 대여해 주고, 이를 사용하는 각종 서비스를 제공해 주는 아마존의 온라인 상품이다.

9 딥레이서는 AWS에서 제공하는 강화 학습 기반의 자율주행 자동차 레이싱 대회로, 사용자는 코딩을 통해 강화 학습의 보상 함수와 각종 파라미터를 조정하여 에이전트 모델을 학습시킬 수 있다.

연습문제

1 각종 미디어에서 강화 학습은 어떤 식으로 언급되고 있는가? 강화 학습의 활용처를 조사하시오.

2 강화 학습에 적합한 문제와 적합하지 않은 문제는 어떤 것들이 있는가? 예를 들어 설명하시오.

3 강화 학습에서 환경과 에이전트의 관계에 대해 설명하시오.

4 보상 함수와 할인율은 강화 학습의 성능을 결정하는 중요한 요소이다. 각각의 개념을 설명하시오.

5 게임 캐릭터가 앞으로 달려가면서 코인을 수집하도록 하는 'OOO런'이라는 게임이 있다. 이 게임을 자동으로 플레이하는 인공지능을 강화 학습을 사용하여 만들려고 한다. 보상 함수와 할인율을 어떻게 설계하면 좋을지 설명하시오.

6 모델이 한번 만들어지면, [Start new evaluation] 버튼을 눌러 여러 트랙을 주행하고 학습된 모델을 평가해 볼 수 있다. 11.4절에서 만든 모델을 사용하여 5개의 트랙을 골라 평가하고, 결과를 비교 분석하시오.

7 에이전트를 새롭게 생성하고, 보상 함수를 수정하여 진행 중인 온라인 대회에 참가하시오. 그리고 보상 함수의 변화에 따른 성능 차이를 비교 분석하시오.

닫는 말

450페이지가 넘는 내용을 모두 학습한 독자 여러분께 축하의 말씀을 전해 드립니다. 딥러닝은 전 세계적으로 활발히 연구되고 있는 분야이며, 지금, 이 순간에도 새로운 기술이 개발되고 발표되고 있습니다. 빠르게 바뀌는 분야인 만큼 계속해서 공부하지 않으면 뒤처질 수밖에 없는 분야이지만, 이 책에서는 가장 기초가 되는 기본 개념들을 실습과 함께 익힐 수 있도록 구성해 보았습니다. 이 책의 실습을 전반적으로 잘 따라오셨다면, 여러분은 인공지능의 개념과 역사부터, 합성곱 신경망, LSTM, GAN, 강화 학습까지 다양한 이론들의 기초 개념과 활용 방법을 어느 정도 익히셨을 것이며, 이 과정을 통해 조금 더 고급 단계의 공부로 진행할 수 있는 토대를 쌓으셨을 것입니다.

고급 단계의 딥러닝 학습은 다양한 전문 서적과 원서, 최신 학술 논문들을 활용하여 학습하면 좋을 것입니다. 최신 기술을 계속 공부하기가 쉽지만은 않겠지만, 기술을 제대로 익히고 새로운 길을 개척해 나갈 때 얻게 되는 즐거움도 그만큼 크리라 생각합니다. 패턴인식을 전공하는 한 사람의 교수로서, 여러분의 길을 응원하겠습니다.

참고 문헌

1. 인공지능의 개념

1. Moor, J., The Dartmouth College Artificial Intelligence Conference: The Next Fifty years, AI Magazine, Vol 27, No., 4, Pp. 87–9, 2006.
2. Kline, Ronald R., Cybernetics, Automata Studies and the Dartmouth Conference on Artificial Intelligence, IEEE Annals of the History of Computing, October–December, 2011, IEEE Computer Society.
3. McCarthy, J., Minsky, M., Rochester, N., Shannon, C.E., A Proposal for the Dartmouth Summer Research Project on Artificial Intelligence., August, 1955.
4. Kate Strachnyi, Brief History of Neural Networks, Analytics Vidhya, 2019. https://medium.com/analytics-vidhya/brief-history-of-neural-networks-44c2bf72eec
5. Gary Marcus, Hyping Artificial Intelligence, Yet Again, The New Yorkers, 2013. https://www.newyorker.com/tech/annals-of-technology/hyping-artificial-intelligence-yet-again
6. 홍성욱, 포스트휴먼 오딧세이, gbajsltmxm, 2019.
7. 삼성SDS, 연산처리의 성능 한계에 도전하는 병렬컴퓨팅. https://www.samsungsds.com/global/ko/news/story/1203229_2919.html
8. 컴퓨팅 하드웨어의 역사. https://en.wikipedia.org/wiki/History_of_computing_hardware
9. 차분기관, 위키피디아. https://ko.wikipedia.org/wiki/%EC%B0%A8%EB%B6%84%EA%B8%B0%EA%B4%80
10. 인공지능의 역사, 위키피디아. https://en.wikipedia.org/wiki/History_of_artificial_intelligence
11. 컴퓨터의 역사, 위키피디아. https://ko.wikipedia.org/wiki/%EC%BB%B4%ED%93%A8%ED%84%B0%EC%9D%98_%EC%97%AD%EC%82%AC
12. Dartmouth_workshop, 위키피디아. https://en.wikipedia.org/wiki/Dartmouth_workshop

2. 인공지능의 역사

1. 4차산업혁명위원회 지원단, 글로벌 AI정책 동향, 2020.
2. 4차산업혁명위원회, 4차산업혁명 대정부 권고안, 2019.
3. 심홍진, 인공지능(AI)과 프라이버시의 역설: AI 음성비서를 중심으로, KISDI Premium Report, 18-12, 2018.
4. 최해옥, 일본 국가전략인 「미래투자전략 2017」 대응 정책과 시사점, 동향과 이슈, 31호, 2017.
5. 양희태, 최병삼, 이제영, 장훈, 백서인, 김단비, 인공지능기술 전망과 혁신정책 방향, 과학기술정책연구원, 2018.
6. 이승민, 정지형, 2020년 AI 7대 트랜드, 에트리 인사이트, 2019.
7. 대한민국 정책브리핑.
   http://www.korea.kr/special/policyCurationView.do?newsId=148868542&pWise=nb3
8. 중국지능형로봇산업현황과 협력방안, 한중과학기술협력센터, 2018.
   http://kostec2018n.cafe24.com/wp-content/uploads/2018/07/%EC%A4%91%EA%B5%AD%EC%A7%80%EB%8A%A5%ED%98%95%EB%A1%9C%EB%B4%87%EC%82%B0%EC%97%85%ED%98%84%ED%99%A9%EA%B3%BC%ED%98%91%EB%A0%A5%EB%B0%A9%EC%95%8820180103.pdf
9. 13억 얼굴 3초 내 인식…'빅브라더' 중국의 무서운 AI 기술, 중앙일보, 2018.04.21.
10. 中, Ai 등 첨단기술 패권 시동…6년간 1727조원 투자, 한국일보, 2020.05.21.
11. 김용성, 인공지능 시대 주요국의 인재양성 정책 동향, 소프트웨어 정책연구소, 2019.
12. 영국, 인공지능(AI) 산업 발전 파트너십 전략 발표, 글로벌 과학기술정책정보 서비스, 2019.
    https://now.k2base.re.kr/portal/trend/mainTrend/view.do?poliTrndId=TRND0000000000036564&menuNo=200004&searchSubj=03&pageIndex=1
13. EU, AI 산업에 향후 10년간 매년 200억 유로 투자, 전자신문, 2020.04.06.
14. [포커스분석] 아베 정부의 규제개혁에서 배우자, 미래한국, 2019.08.21.
15. 최해옥, 일본 국가전략인 '미래투자전략 2017' 대응 정책과 시사점, 2017.06.20.

16. 한 눈에 보는 정책 – 인공지능, 정책위키, 대한민국 정책브리핑, 2020.02.28.
http://korea.kr

17. Accelerating America's Leadership in Artificial Intelligence, White House, 2019.
https://www.whitehouse.gov/articles/accelerating-americas-leadership-in-artificial-intelligence/

3. AWS 딥레이서

1. Train and Evaluate AWS DeepRacer Models Using SageMaker Notebooks.
https://docs.aws.amazon.com/deepracer/latest/developerguide/train-evaluate-models-using-sagemaker-notebook.html

2. Custom deep reinforcement learning and multi-track training for AWS DeepRacer with Amazon SageMaker RL Notebook,
https://aws.amazon.com/ko/blogs/machine-learning/custom-deep-reinforcement-learning-and -multi-track-training-for-aws-deepracer-with-amazon-sagemaker-rl-notebook/

3. https://github.com/aws-samples/aws-deepracer-workshops/blob/master/Workshops/2019-AWSSummits-AWSDeepRacerService/Lab1/Readme-Korean.md

찾아보기